Wolfgang C. Schroeder
Musik – Spiegel der Seele
Eine Einführung in die Musiktherapie

Wolfgang C. Schroeder

MUSIK
Spiegel der Seele

Eine Einführung in die Musiktherapie

Junfermann Verlag · Paderborn
1999

© Junfermannsche Verlagsbuchhandlung, Paderborn 1995
2., erweiterte Auflage 1999
Covergestaltung: Petra Friedrich

Satz: adrupa Paderborn
Druck: PDC – Paderborner Druck Centrum

Die Deutsche Bibliothek – CIP-Einheitsaufnahme
Schroeder, Wolfgang C.:
Musik – Spiegel der Seele: Eine Einführung in die Musiktherapie/
Wolgang C. Schroeder. – Paderborn: Junfermann, 1995
    ISBN 3-873387-069-X
NE: GT

ISBN 3-87387-069-X

DIESES BUCH WIDME ICH

MEINEN KINDERN

CHRISTELLA UND THOMAS SCHROEDER

IM ANDENKEN AN

MEINE MUTTER,

DIE PIANISTIN ILSE SCHROEDER,

UND AN MEINEN VATER,

DEN ARZT HERBERT CHRISTIAN SCHROEDER

Inhalt

Zu diesem Buch

Die Einbeziehung musiktherapeutischer Elemente in das ärztliche Handeln, besonders in die seelische Krankenbehandlung, ist eigentlich nichts anderes als eine Rückbesinnung auf die alten Traditionen der Schamanen und Medizinmänner. In einer Zeit, in der immer mehr naturheilkundliches Wissen und entsprechende Erfahrungen auch in die Schulmedizin einziehen, sollten die kreativen Verfahren in der täglichen Praxis und in der Gesundheitsvorsorge nicht mehr unberücksichtigt bleiben.

Ärzte haben wohl immer ein besonderes Verhältnis zu den Künsten, ganz besonders aber zur Musik gehabt. Auch die Beziehungen dieses Berufsstandes zu Fragen von Medizin und Musik als Möglichkeit der Heilung oder Linderung sind besonders evident.

Ich denke da an den Chirurgen *Billroth*, der ein exzellenter Pianist und Freund von *Johannes Brahms* war, an den Nobelpreisträger *Albert Schweitzer*, der mit seinen Orgelkonzerten und seinem Buch über *Bach* Geld für sein Krankenhaus in Lambarene sammelte.

Viele Pioniere und Förderer der Musiktherapie waren und sind Ärzte und Musiker wie *Benenzon, Grote, Martha Brunner-Orne, Teirich, Willms, Kohut, Spittler, Strobel* oder Psychologen wie *Schwabe* und *Rauchfleisch*.

Als Arzt und Musiker, der lange Zeit »mit sich selbst Musiktherapie gemacht« hat (ehe ich diesen Beruf ergriff), schreibe ich dieses Buch als eine Einführung in die Musiktherapie in dieser Form aus der Sicht des Klinikers, über meine Arbeit und die damit verbundenen Erfahrungen in Klinik, Forschung und Lehre.

Vorwort

In den siebziger Jahren begegnete ich in einer norddeutschen Klinik *Werner Edzard,* der noch bei *Fritz Perls* die Gestalttherapie in Esalen (Kalifornien) kennengelernt hatte. In der Zusammenarbeit mit *Edzard* in einem Zeitraum von über zwei Jahren wurde mir klar, daß aus einer Verbindung von Musiktherapie und Gestalttherapie ein sinnvolles neues Therapiekonzept entstehen könnte, um die alten, noch sehr »verschulten«, von der Musikpädagogik und der musikalischen Früherziehung geprägten musiktherapeutischen Ansätze abzulösen.

Bestätigt wurde ich in dieser Auffassung durch die Zusammenarbeit mit der Ärztin und Psychotherapeutin *Lotte Hartmann-Kottek-Schroeder,* die an der Hardtwaldklinik I in Zwesten als Psychiaterin und Gestalttherapeutin 1978 die erste Abteilung Deutschlands für klinische Gestalttherapie als Klinikum des *Fritz-Perls-Instituts* Düsseldorf begründete. Zusammen mit ihr habe ich in der Zwestener Klinik und im Rahmen der ärztlichen Weiterbildung an der Psychotherapie-Weiterbildungsstätte Marburg/Kassel über ein Jahrzehnt die Integration dieser beiden Verfahren weiterentwickelt. In einer Veröffentlichung zur »Integration von Musik – und Gestalttherapie«, deren Konzept auch diesem Buch zugrundeliegt, haben wir schon 1982 davon berichtet. In erweiterter Form sollen jetzt in diesem Buch Theorie und Praxis der Musiktherapie vorgestellt werden, wie sie sich aus der gemeinsamen Arbeit als »Psychotherapie im Medium Musik« entwickelt hat.

Musiktherapeuten sind zunächst Psychotherapeuten und dann erst Musiker. Aus diesem Grund habe ich den theoretischen Grundlagen der Psychoanalyse, der humanistischen Verfahren und der Verhaltenstherapie so viel Raum in diesem Buch gegeben. Ohne diese theoretischen Kenntnisse kommt eine musiktherapeutisch tätige Ärztin oder ein Arzt nicht aus, weil viele Prozesse, die durch dieses differenzierte Verfahren ausgelöst werden können, nicht oder nur sehr unvollständig verstehbar wären. Ein Einsatz der Musiktherapie als »Psychotherapie im Medium Musik« wäre nicht denkbar.

Wie die Therapieprotokolle zeigen, arbeite ich mit dem »Material« der Patienten. Gelegentlich verwende ich aber auch eine der »klassischen Musiktherapie-Übungen«, so zum Beispiel bei den ersten

Treffen einer neuen Gruppe, zur Einstimmung, zum Abschluß einer Therapiestunde oder, wenn es gilt, bestimmte Situationen für die Patienten zu verdeutlichen oder die Erlebnisqualität zu vertiefen. Das von mir in der Musiktherapie verwendete Instrumentarium ist in den vergangenen Jahren immer umfangreicher geworden. Hinzugekommen sind viele außereuropäische Instrumente wie afrikanische Trommeln, große Gongtrommeln, chinesische Gongs, kleine und große tibetanische Klangschalen (Reibegongs), steal drums, ocean drums, verschiedene Schamanentrommeln, das australische Schwirrholz und das Didjeridou. Das Monochord findet in seiner 13- oder 26-saitigen Form zusammen mit der japanischen Koto oder der nordindischen Tambura Einsatz in der meditativen Musiktherapie.

Den Protokollen jeder Einzel- oder Gruppentherapiestunde folgen »Exkurse«, die ich besonders für die ärztlichen Kolleginnen und Kollegen in der psychotherapeutischen Weiterbildung geschrieben habe, um ihnen daran meine therapeutischen Überlegungen, Interventionen und methodischen Ansätze deutlich zu machen.

Der besseren Lesbarkeit wegen habe ich auf eine »exakte« wissenschaftliche Schreibweise und Zitierpraxis verzichtet und die meisten Quellen aus dem Gedächtnis zitiert. Im Literaturverzeichnis finden sich weiterführende Hinweise.

Als Therapeut habe ich für mich und die Patienten die männliche Form gewählt. Ermutigt wurde ich zu dieser Einseitigkeit in der Formulierung durch ein Buch über Gestalttherapie von vier *Frauen*, die aus ihrer Identität von *Therapeutinnen* und *Patientinnen* schreiben. Ich bitte an dieser Stelle alle Leserinnen um liebevolle Nachsicht und hoffe, daß sie trotz dieser Vereinfachung an meinen Ausführungen Interesse finden.

Die Namen aller Patienten sind so verändert, daß die therapeutisch wichtige Anonymität gewährleistet ist und sie für Außenstehende nicht identifizierbar sind.

Jeder Musiktherapeut findet im Laufe seiner Arbeit zu *seinem eigenen Stil, seinem (Arbeits-)Rhythmus* und *seinem therapeutischen Ansatz,* der für ihn »stimmig« ist. In der hier vorliegenden Einführung in die Musiktherapie beschreibe ich *meine* Arbeitsweise, die ich im Laufe der letzten Jahre entwickelt habe. Beim Schreiben dieses Buches war es mein besonderes Anliegen, den ärztlichen Weiterbildungskandidatinnen und -kandidaten, aber auch Musiktherapeuten anderer Schulen und interessierten Lesern wichtige Aspekte der klinischen Musiktherapie in verständlicher Form zu vermitteln.

Richtungweisend für neue Wege in der Musiktherapie ist für mich das Kapitel von Wolfgang Strobel am Ende des Buches. Es zeigt, wie wir unser therapeutisches Angebot in bestimmten Therapiesequenzen noch erweitern können, wenn wir bereit sind, von den uralten Traditionen der Schamanen und Medizinmänner zu lernen.

Ich hoffe und wünsche, daß dieses Buch dazu beitragen möge, die schulenübergreifende Integration der Psychotherapie weiter voranzubringen zum Wohl der uns anvertrauten Patienten.

Bad Zwesten, im Frühjahr 1995
Wolfgang Christian Schroeder

Danksagungen

Es ist mir nicht möglich, all den Menschen zu danken, die meinen Weg in der Musiktherapie begleitet und gefördert haben. Dennoch möchte ich versuchen, es auf diesem Weg zu tun.

An erster Stelle gilt mein besonderer Dank *Hanns Reinartz*, dem damaligen Präsidenten der Musikhochschule Würzburg, der mich 1976 an die Hochschule berief und mir den Aufbaustudiengang Musiktherapie für Mediziner, Psychologen und Lehrer an Sonderschulen anvertraute.

Dieser Dank gilt auch den Kolleginnen und Kollegen, die im Curriculum Musiktherapie mitgearbeitet haben. Stellvertretend für das ganze Kollegium nenne ich hier *Helge Pfeuffer, Renate Weisse, Claus Stahmer, Kurt Hausmann, Josef Ulsamer, Siegfried Fink* und – als Gastdozenten – *Johannes Kneutgen, Gustav Gunsenheimer, Wolfgang Strobel* und den Gestalttherapeuten *Hans-Jürgen Süss*.

Danken möchte ich meinen amerikanischen Freunden und Kollegen aus der *Bach-Society* in Baltimore, mit denen ich erste musiktherapeutische Erfahrungen schon in den Jahren 1957-1962 machen konnte.

Herzlich danke ich *Magdalene Kemmlein*, die mir, in Erinnerung an die gemeinsame Dresdener Zeit, Einblicke in ihre musiktherapeutische Arbeit ermöglichte.

Ein ganz besonders herzlicher Dank gilt *Mary Priestley* in London, die mir half, meine praktische und theoretische Basis in der Musiktherapie und in der musiktherapeutischen Supervision entscheidend zu verbreitern. Viele Impulse in der Einzeltherapie gehen auf die intensive Arbeit mit ihr zurück.

Danken möchte ich auch *Werner Edzard*, der mich in die Kunst der Gestalttherapie nach *Perls* einführte.

Ganz besonders herzlich danke ich *Lotte Hartmann-Kottek*, mit der ich gemeinsam in Zwesten und Kassel an der Integration von Gestalttherapie und Musiktherapie gearbeitet habe. Ohne ihre Unterstützung, ihren Rat und ihre kritischen Anregungen wäre ich wohl weder der Gestalttherapeut noch der Musiktherapeut geworden, der ich heute bin. Von ihr stammen eine Reihe von Zeichnungen in diesem Buch, für die ich mich an dieser Stelle auch noch einmal herzlich bedanke.

Hilarion Petzold danke ich sehr für seine Unterstützung meiner klinischen Arbeit in Zwesten, die auch Musiktherapie einschließt, und seine Ermutigung, dieses Buch auf den Weg zu bringen.

Gertrud Loos danke ich für ihre Begleitung meiner musiktherapeutischen Arbeit in den vergangenen Jahren. Dies gilt auch für *Johannes Eschen* und *W. Dogs*.

Wolfgang Strobel danke ich herzlich für gemeinsam erlebte Musiktherapiestunden und seinen, neue musiktherapeutische Horizonte eröffnenden Beitrag zu diesem Buch.

Fritz Reimer danke ich sehr für die Unterstützung und Förderung meiner musiktherapeutischen Arbeit.

Schließlich gilt mein herzlicher Dank meinem Oberarzt *Ulrich Wolf*, ohne dessen Unterstützung in der Abteilungsleitung ich nicht die Gelegenheit gehabt hätte, dieses Buch zu schreiben. Desgleichen danke ich auch den Therapeuten meiner Abteilung für ihr Verständnis.

Meinem Verleger, Herrn *Dr. Reinhard Martini*, danke ich für die Bereitschaft, dieses Buch über klinische Musiktherapie in sein Verlagsprogramm aufzunehmen.

Für die Zeichnungen verschiedener Musikinstrumente danke ich dem Architekten und Dipl.-Ing. *Gert Grüter*.

Mein ganz besonders herzlicher Dank gilt auch unserer Abteilungssekretärin, Frau *Sigrid Weber*, die seit über einem Jahrzehnt das Sekretariat unserer Abteilung leitet und neben ihrem Dienst mit ungeheurem Einsatz das Manuskript dieses Buches geschrieben hat.

Danken möchte ich auch meiner Frau *Ulrike*, die mir den inneren und äußeren Raum gab, dieses lang geplante Werk endlich zu vollenden und mir tatkräftig beim Schreiben und den Korrekturen half.

Ohne die Patienten, Weiterbildungskandidaten und Studenten wäre dieses Buch nicht entstanden. Ihnen verdanke ich die Erfahrung und auch das Wissen, das in diesem Buch seinen Niederschlag findet.

Ihnen allen sei dieses Werk dankbar gewidmet.

1. Einleitung

In diesem Buch möchte ich die Anwendungsmöglichkeiten der Musiktherapie (MT) in der Psychotherapie und Psychosomatik beschreiben. Dieses Buch ist auf die Praxis ausgerichtet und beschäftigt sich nur insoweit mit den theoretischen Grundlagen, die mir notwendig erscheinen, um Musiktherapie als *Psychotherapie im Medium Musik* zu verstehen.

Der Einsatz von Musik ist aus der Therapie seelischer Störungen nicht mehr wegzudenken. Verschiedene Formen akustischer Signale, von einfachen Rhythmen, Klängen, Tonfolgen bis zu den hochdifferenzierten Strukturen europäischer und außereuropäischer Musik haben den Menschen in seiner Entwicklung begleitet.

Die Geschichte gibt reichlich Zeugnis von Therapien mit Hilfe von Musik, die von der Behandlung des depressiven Saul durch den harfe- spielenden David, den Heilgesängen der Griechen in Epidaurus, der Musik für schlaflose Patienten in mittelalterlichen Hospitälern, der Vertreibung böser und krankmachender Geister bei Naturvölkern bis zu musikalischen Veranstaltungen für psychisch Kranke in den letzten hundert Jahren reichen.

Es zeigt sich, daß die heute praktizierte moderne Musiktherapie nichts anderes darstellt als eine Rückbesinnung und Wiederbelebung alter, wenn auch zum Teil bei uns vergessener schamanischer Erfahrungen und Praktiken, die sich bis heute bei einigen verbliebenen Naturvölkern dieser Welt erhalten haben, die wir dort studieren und von ihnen in adaptierter Form übernehmen können.

Jean Gebser schreibt sinngemäß in seinem Buch »Ursprung und Gegenwart«:

... Musik ist wie jede Kunst ... vornehmlich innerhalb der magischen und mythischen Bewußtseinsstrukturen beheimatet. Die Wurzeln der Musik liegen wahrscheinlich noch tiefer, denn sie ist die ursprungsnaheste Ausdrucksart des Menschen. Was sich in Tönen ausdrückt, ... ist mit Worten nicht wiederholbar. Wie soll also mit Mitteln der Sprache Aufschluß gegeben werden über Werke der Musik, die sich ohne Sprache Ausdruck verschaffen?

Dies gilt auch für ein Buch über MT: Auch wenn in diesem Buch die musikalischen Klangbeispiele fehlen und Worte den musikalisch-improvisatorischen Prozeß nur unzureichend wiedergeben können, möchte ich versuchen, den therapeutischen Ablauf und die musiktherapeutischen Improvisationen möglichst genau zu beschreiben. Unproblematisch ist dagegen die Wiedergabe der Gespräche über die in der MT gemachten Erfahrungen.

Musiker, Musikwissenschaftler und Philosophen aller Jahrhunderte haben sich immer wieder mit den Sinnfragen schöpferischer Prozesse in der Musik beschäftigt. Auch in der Musiktherapie suchen wir Antworten auf die Fragen nach den Quellen und den steuernden Impulsen schöpferischer Prozesse, um sie besser zu verstehen und in das therapeutische Geschehen einbinden zu können.

Der schöpferische Prozeß

Die schöpferische Idee, der schöpferische Prozeß in der Musik, das kreative Umgehen mit musikalischen Materialien kann auf ganz verschiedene Weise zu neuen Werken führen:

1. In einer Komposition schafft der Komponist nach einem eigenen Entwurf, tradierten oder selbst gegebenen musikalischen Regeln ein eigenes musikalisches Werk.

2. Textvorlagen wie Gedichte werden zu Liedern komponiert, Librettos zu Opern verarbeitet, Naturereignisse in ein symphonisches Werk eingebaut wie die »Szene am Bach« oder das Gewitter in Beethovens »Pastoralsinfonie« oder in der Tondichtung »Eine Alpensinfonie« von Richard Strauss. Emotional bewegende Ereignisse wie der Verlust eines geliebten Menschen finden in musikalisch verdichteter Form höchste Expressivität im »Ein Deutsches Requiem«, das Johannes Brahms auf den Tod von Robert Schumann komponierte (nach anderen Quellen soll es zum Tod der Mutter geschrieben worden sein).

2.1 Das Generalbaßspiel ist ein wichtiger Teil instrumentaler Praxis in der Barockmusik, wobei die Cembalisten in einer Kantate, einem Oratorium oder einem Orchesterwerk (Concerto grosso), aber auch in Kammermusikwerken über einer Baßlinie unter Beachtung der Generalbaßziffern Akkorde und Tonfolgen improvisieren mußten.

2.2 Improvisationen finden wir als wichtige Bestandteile im Jazz. Hier führen kreative Einfälle einzelner Musiker zu einem bestimmten Grundthema (Melodie, Blues-Schema etc.), zu einem lebendigen Miteinander-Spielen. Solche Stücke zeugen dann oft von hoher Kreativität, Spontaneität und Musikalität.

3. Auch in der Musiktherapie wird durch Improvisationen zu therapeutischen Themen ein solcher kreativer Prozeß in Gang gesetzt: Patienten spielen ihre Konflikte, Probleme oder Gefühle auf Instrumenten, die sie sich für diesen Augenblick ausgewählt haben und »komponieren« ein Stück nach ihren eigenen Regeln zu einem selbst bestimmten Thema (z.B. »Mein Konflikt mit ..., meine Trauer über ...«).

Gemeinsam ist diesen drei beschriebenen Formen der Musikgestaltung das Verschlüsseln (Kodieren) bestimmter Empfindungen oder Bilder und das Umsetzen in Klänge, Rhythmen, Harmonien und Melodien.

In der klassischen Musik oder im Jazz werden die Instrumentalisten durch ihre Interpretation zum Mittler zwischen dem Komponisten und dem Hörer, der die musikalischen Botschaften übersetzen (dekodieren) kann, um sich so von den Empfindungen des Komponisten erreichen zu lassen.

In der Therapie ist der Patient sein eigener »Komponist, Interpret und Zuhörer« und kann beim Anhören einer Tonbandaufzeichnung seine eigene Musik entschlüsseln, also dekodieren und interpretieren, so, als hörte er dem Werk eines anderen zu.

Wenn wir uns Musik von *Bach, Beethoven, Tschaikowsky, Strawinsky* oder den *Beatles* anhören, können wir meist die Komponisten an ihrer unverwechselbaren Art zu komponieren, ihren Klängen und Rhythmen, also an ihrer »musikalischen Handschrift« erkennen. Läßt sich ein Stück einmal nicht genau zuordnen, so können wir in der Regel wenigstens die Zeitepoche benennen, in der eine Komposition entstanden ist.

Auch die Patienten spielen in einer bestimmten Weise, die man *pattern* (etwa: ein bestimmtes Muster) nennen könnte. Diese patterns gilt es zu entdecken und zu differenzieren, um sie auf ihren Symbolgehalt zu untersuchen. Hierbei spielen das frühe musikalische Umfeld des Patienten eine ebenso wichtige Rolle wie Elemente, die aus den Wurzeln der eigenen Persönlichkeit, dem kollektiven Unbewußten oder aus Hörerfahrungen anderer Musik kommen.

Igor Strawinsky hat einmal den Satz gesagt: »*Musik stiftet Ordnung zwischen den Menschen und der Zeit.*«

Auf MT bezogen, könnte er lauten: »*Musiktherapie stiftet Ordnung zwischen dem Menschen und seinen Gefühlen.*«

Ordnung steht hier im weitesten Sinn für Erkennen, Wahrnehmen, Zu-Ordnen, Zulassen und Akzeptieren. Improvisierte Musik kann helfen, aus der umfangreichen Palette musikalischer Ausdrucksmöglichkeiten bestimmte Gefühle und Wahrnehmungen unterschiedlicher Art zu differenzieren und dem Kontext des therapeutischen Arbeitens zuzuordnen.

Sigmund Freud nennt Prozesse, die im wesentlichen im Unbewußten ablaufen und vom *Es* gesteuert werden, *Primärprozesse.* Typische Merkmale des Primärprozeßhaften sind das Spontane und Kreative ohne zeitliche, räumliche oder logische Grenzen oder Strukturen. Die Primärebene ist bei Kindern die Ebene des Handelns und der kindlichen Phantasien – bei uns Erwachsenen ist sie die Ebene der Träume und schöpferischen Kräfte.

Auf der *Sekundärebene* werden die noch ungeordneten Strukturen der Primärebene durch die Entwicklung des *Ich* nach neuen Zusammenhängen in *Sekundärprozessen* strukturiert und von den Aktivitäten des Ich gesteuert, wobei Raum, Logik und Zeit jetzt eine wichtige Rolle spielen. In Analogie zu diesen von Freud beschriebenen Ebenen spricht der Psychoanalytiker Heinz Kohut von *musikalischen Primär- und Sekundärebenen.*

Auf der *musikalischen Primärebene* hören wir die Aktivitäten des *musikalischen Es.* Die für uns in der Musiktherapie wichtigen primärprozeßhaften Aktivitäten finden wir besonders im improvisierten Spiel, welches, »quasi frei« von Spieltechniken und musikalisch-gestaltenden Formen, die Patienten rasch in Kontakt mit unbewußtem Material in Beziehung bringt und es über den Spielprozeß bewußt werden läßt. Auf dieser Ebene finden Emotionen und Konflikte ihren musikalischen Ausdruck. Eine seelisch-körperliche Spannung, die durch verdrängte Wünsche oder eingehaltene Gefühle entstanden ist, kann sich im musikalischen Ausdruck stellvertretend lösen und bis zur Katharsis führen.

Hier klingt die improvisierte Musik oft recht chaotisch, viele Einfälle kennzeichnen den spielerischen Umgang mit dem Tonmaterial und den Instrumenten. Formprinzipien oder Strukturen sind noch nicht hörbar.

Für die sich später entwickelnde *musikalische Sekundärebene* gelten die Gesetze des *musikalischen Ich*. Hier hören wir kleine Motive oder Melodien, die sich über entstehende oder bestehende Klänge oder Rhythmen entwickeln. Patienten können über solche Improvisationen mit den Gefühlen oder Erinnerungen in Kontakt kommen, die ihnen nicht mehr bewußt sind, jedoch über den musiktherapeutischen Spielprozeß wieder ins Bewußtsein und ins *Hier und Jetzt* geholt werden können, um sie so einer entsprechenden musik- und verbaltherapeutischen Bearbeitung zugänglich zu machen.

Historischer Rückblick

Die Anfangsjahre der Musiktherapie (MT) in Deutschland nach 1945 waren geprägt von den Pionieren *Blanke, Grote, Kohler, Schwabe* und *Teirich*, die mit ihren Patienten gemeinsam Musik hörten, die sie ihnen entweder selbst auf einem Instrument oder von Tonträgern vorspielten, um anschließend mit den Patienten über das Gehörte und die mit der Musik verbundenen Erlebnisse, Erinnerungen, Gefühle oder aufsteigenden Bilder zu sprechen. Diese Form der Musiktherapie bezeichnen wir als *rezeptive Musiktherapie*.

Neben der *rezeptiven* MT hat die *aktive Musiktherapie* in den letzten Jahrzehnten eine immer größere Bedeutung bekommen. Darunter verstehen wir das Improvisieren
- auf leicht zu spielenden Instrumenten,
- mit der eigenen Stimme und
- mit dem eigenen Körper bei Bewegungen zu bestimmten Musikangeboten.

Diese Entwicklung basiert auf musikpädagogischen Ansätzen und Spielanweisungen von *Gertrud Meyer-Denkmann, Lilly Friedemann, Carl Orff* mit seinem Schulwerk, *Gertrud Orff* mit der Orff-Musiktherapie und *Lex Wils* und ist – durch die Adaptation an die therapeutische Arbeit – eng mit den Namen *Decker-Voigt, Frohne, Loos, Schwabe* und *Willms* in Deutschland, *Priestley* in England, *Schmölz* in Österreich und *Hegi* in der Schweiz verbunden.

Der Unterschied zwischen den beiden Formen der MT läßt sich wie folgt charakterisieren:
- In der **aktiven Musiktherapie** spielt der Patient in seiner Improvisation eigenes »Tonmaterial«, um eigene Gefühle auszu-

drücken und somit besser wahrzunehmen und letztlich auch neue Lösungsstrategien zu entwickeln. Nach einer Einführung in die Ziele der MT, den Umgang mit Instrumenten, einer Phase des Ausprobierens und dem Hinweis, daß es in der MT kein »richtig oder falsch« (sondern eher ein »stimmig« oder »nicht stimmig«) gibt, lassen sich Patienten meist ohne Zögern darauf ein, über eigene Themen zu improvisieren.

Die Themen einer solchen Improvisation entwickeln sich aus einem kurzen, einleitenden Gespräch zu Beginn jeder musiktherapeutischen Einzel- oder Gruppenarbeit. Zusätzliche Hilfen bei der Themenfindung liefern Zeichnungen, Bilder oder Stofftiere, welche die Patienten mitbringen. Manchmal malen wir zu Beginn der Stunde eine »Spielpartitur« nach dem Konzept der »geführten Zeichnung« von *Graf Dürckheim* oder einen »Lebensfluß« nach *Petzold*. Auch geformte Figuren aus Ton (entstanden in der Gestaltungstherapie) können zum Thema einer Improvisation werden.

Über die Improvisation können sich die Themen vom Hintergrund des inneren Wahrnehmungshorizontes abheben und in den Vordergrund treten, entsprechend dem Modell aus der Gestaltpsychologie von »Figur/(Hinter-)Grund« (siehe dort im Kapitel über Musik und Gestalt). Durch den Einsatz musikalischer Elemente verlassen wir die verbale Ebene, wo Dinge oder Gefühle, die eigentlich mit Worten »unsagbar« sind, jetzt »spielbar« werden können.

Der Patient kann in der MT versuchen, das mit Worten »Unaussprechliche« auf einer Reihe von Instrumenten zum Klingen oder mit der Stimme zum Tönen zu bringen und so alte, bereits vergessene Spuren wieder aufnehmen und Konflikte ins »Hier und Jetzt« holen und abgespaltene Erlebnisinhalte (z.B. längst vergessener Ärger über Eltern oder Geschwister, Lehrer oder Partner, aber auch Scham, Trauer, Gefühl des Verlassen-Seins) erkennen und fühlen, um sich in der Musiktherapie damit auseinanderzusetzen und diese alten Inhalte zu re-integrieren.

■ In der **rezeptiven MT** hört der Patient »Tonmaterial« eines anderen, das ihm helfen kann, über akustische Erinnerungen und Assoziationsketten an eigene Gefühle heranzukommen und sie zuzulassen. In beiden Therapieformen begleiten wir unsere Patienten in diesen Prozessen und versuchen sie dort abzuholen, wo sie im Augenblick emotional gerade sind.

1958 schrieb Teirich in einer Arbeit über die »Musik im Rahmen einer nervenärztlichen Praxis«:

... einleitend scheint der Hinweis am Platz, daß Musiktherapie, in welcher Form auch immer, stets nur ein Teilgebiet einer ärztlichen Praxis sein wird. Eine ausschließliche musikalische Behandlung etwa von neurotischen Patienten dürfte m.E. fragliche Ergebnisse zeigen. Hingegen werden die verschiedenen »Hilfsmethoden der Psychotherapie«, zu denen die Musik zu rechnen ist, immer mehr an Bedeutung erlangen, da sie einer Ganzheitsbehandlung entgegenkommen.

Das hier skizzierte, breiter gewordene therapeutische Spektrum mit entsprechender psychotherapeutischer Fundierung der Arbeit zeigt, welche Entwicklung die Musiktherapie in den letzten Jahrzehnten gemacht hat.

So ist MT auch zu einem Teil der ärztlichen Psychotherapie geworden und damit zu einem, von den Landesärztekammern anerkannten Bestandteil der psychotherapeutischen Weiterbildung für Ärzte.

Auf der anderen Seite ist der Beruf des Musiktherapeuten geschaffen worden, für den man sich über Hochschulstudien oder auch berufsbegleitend qualifizieren kann.

Impulse verdankt die Musiktherapie – wie schon erwähnt – verschiedenen Anleitungen zu Improvisationen, die inzwischen durch mehrere Generationen von Musiktherapeuten weitergegeben worden sind, so daß sich die ursprünglichen Autoren oft gar nicht mehr eindeutig feststellen lassen. Zahlreiche Improvisationsanleitungen sind in jüngerer Zeit aufgeschrieben und veröffentlicht worden (vgl. Literaturverzeichnis, z.B. *Decker-Voigt*, *Frohne*, *Hegi* und *Martin Schwabe*).

Ergänzt und vertieft wird das Spektrum der MT durch den schamanischen Ansatz von *Wolfgang Strobel*. Er benutzt für seine Arbeit chinesische Gongs, afrikanische Trommeln, Schamanentrommeln, Klangschalen, Didjeridou (das Instrument der australischen Ureinwohner) und Monochorde. In dieser Form kommt es zu einer therapeutisch sehr wirkungsvollen Mischung von aktiven und rezeptiven musiktherapeutischen Anteilen. Erfahrungen aus seiner musiktherapeutischen Praxis finden sich in dem Kapitel »Grenzzustände« in diesem Buch.

Eine andere Möglichkeit der rezeptiven MT habe ich mir durch das Spiel auf der indischen Tambura (dem Basisinstrument der indischen Musik), der japanischen Wölbbrettzither Koto und indischen oder japanischen Flöten erschlossen, die ich in bestimmten musiktherapeutischen Sequenzen spiele und als »musikalische Einstimmung oder Meditation« anbiete.

Definition der Musiktherapie

Die Musikwissenschaft definiert **Musik** als eine besondere Kunstform, in der Töne und Klänge nach klangästhetischen Gesichtspunkten und musikalischen Gesetzmäßigkeiten zu bestimmten Formen zusammengefügt werden. Die Form und der Ausdruck von Gefühlen steht bei einem musikalischen Werk an erster Stelle. Musik, geschaffen nach solchen Kriterien, hat ihren festen Platz in der rezeptiven Musiktherapie.

Für die aktive **MT** läßt sich die oben gegebene Definition nicht anwenden. Da es hier wichtig ist, einen musikalischen Ausdruck für Gefühle wie Ärger, Wut, Schmerz oder Trauer zu finden, kann nicht das Erzeugen besonders wohlklingender, harmonischer und ästhetisch »schöner« Klänge das primäre Ziel einer solchen Improvisation sein.

Therapie ist – übernommen aus der Schulmedizin und auf die Psychotherapie angewandt – die Behandlung von Krankheiten mit dem Ziel der Heilung, Besserung oder zumindest Linderung von Beschwerden. Der Begriff Therapie bedeutet im Griechischen Heilen, Helfen, Lindern, Begleiten und setzt sowohl für eine medizinische als auch psychotherapeutische Behandlung voraus, daß zuerst eine Diagnose der Störung oder der Krankheit erstellt wird, die behandelt werden soll. Dazu werden die seelischen Störungen oder Krankheiten in einer ausführlichen biographischen Krankengeschichte (Anamnese) erhoben und das jetzige Krankheitsgeschehen zu früheren Erlebnissen oder Störungen in Beziehung gebracht.

Wie machen sich diese Störungen im seelischen oder körperlichen Bereich bemerkbar? Welche anderen krankmachenden Faktoren spielen hier eine Rolle? Gemeinsam mit dem Patienten suchen wir nach selbstschädigendem Verhalten, einer falsch verstandenen Leidens- und Opferbereitschaft oder den Schwierigkeiten, sich gegen störende Einflüsse von außen (Familie, Arbeitsplatz, Umwelt) oder von innen (Leistungsanspruch, eigene Wertsysteme) nicht abgrenzen zu können und so unter Streß und Druck zu geraten.

In der Therapie versuchen wir, uns mit den gesunden Anteilen des Patienten zu verbünden. Dabei hilft besonders das therapeutische »Um«-Definieren von Abwehrstrategien und Widerständen. Dies bedeutet, daß wir seelische Störungen, neurotische Verhaltensweisen oder körperliche Symptome einer psychosomatischen Erkrankung als Signale und (wenn auch nicht optimale) Bewältigungsstrategien verstehen und akzeptieren können, da sie das seelische und körperliche Funktionieren des Menschen bis zum Beginn der Therapie mehr oder weniger »garantiert« haben, wenn auch zum Preis der Störung oder der körperlichen Erkrankung.

Juliette Alvin hat die Musiktherapie seinerzeit definiert als eine »kontrollierte Anwendung von Musik (vom einfach akustischen Signal bis zu komplexen musikalischen Worten) in der Behandlung von psychischen und physischen Störungen«.

Harm Willms spricht von »der Arbeit mit Musik bzw. akustischen Mitteln zu therapeutischen Zwecken«.

Für mich ist Musiktherapie »Psychotherapie im Medium Musik« und ein Musiktherapeut in meinem Verständnis ist in allererster Linie Psychotherapeut und nicht etwa ein konzertierender Musiker. Das heißt, daß an den Musiktherapeuten die gleichen Anforderungen gestellt werden müssen wie an den Gesprächstherapeuten. Durch meine Weiterbildung in der Psychotherapie (Tiefenpsychologie, Psychoanalyse, Psychotherapeutische Medizin und Gestalttherapie), Psychiatrie und die Weiterbildung in Musiktherapie stehen mir beide Zugänge zum Patienten zur Verfügung, die ich – je nach therapeutischer Situation – miteinander verbinde.

Psychotherapeutische Grundlagen der MT

Musiktherapie hat – wie auch andere kreative Verfahren – keine eigene Krankheits- und Neurosenlehre und kein eigenes musiktherapie-spezifisches Menschenbild und wird deshalb meist nicht als »eigenständiges« Psychotherapieverfahren anerkannt.

Da sich die Musiktherapie gut mit den Krankheitsbildern, den Hypothesen und Theorien der Psychoanalyse und ihren Nachfolgeschulen sowie den Ansätzen aus den humanistischen Verfahren und der Verhaltenstherapie verbinden und erklären läßt, sollen hier die besonderen und spezifischen Eigenschaften und Möglichkeiten der Musiktherapie auf der Basis der oben erwähnten Hypothesen, Gesetzmäßigkeiten und Krankheitslehren beschrieben werden. Musiktherapie hat für mich einen zentralen und wichtigen Platz im Rahmen der kreativen Psychotherapien, die uns helfen können, auch dann zu Patienten Kontakt und einen Zugang zu finden, wenn die Sprache nicht bzw. noch nicht greift, da die zu behandelnde Störung noch vor der Verbalisierungsphase liegt.

Aus diesen Gründen haben wir in den letzten Jahren überprüft, in wie weit sich die vorhandenen Hypothesen und Theoriebildungen der **Psychoanalyse** (*Freud, Adler, Jung*) und ihrer Nachfolgeschulen (*Schultz-Hencke, Klein, Mahler, Kernberg, Kohut* et al.), der **Verhaltenstherapie** und der **humanistischen Verfahren** (Gestalttherapie nach *Perls*, Integrative Therapie nach *Petzold*, Psychodrama nach *Moreno*, Gesprächstherapie nach *Rogers* und Transaktionsanalyse nach *Berne*), auf die Musiktherapie anwenden und als Erklärungsmodell für die psychotherapeutischen Prozesse verwenden lassen. Dabei zeigt sich, daß sich wichtige theoretische und praktische Ansätze aus den verschiedenen Therapien mit den spezifisch musiktherapeutischen Elementen gut verbinden lassen und dadurch eine ganz besondere Integration verbaler und non-verbaler Teile gelingt, die das Besondere und Einmalige der MT ausmachen.

In psychoanalytischen Veröffentlichungen lese ich immer wieder den Satz,»daß MT ein»non«-verbales (nicht an das Wort gebundenes) oder a-verbales (wörtlich: sprach-loses) Verfahren sei«. Dies stimmt so natürlich nicht. Die Sprache hat auch in der Musiktherapie einen wichtigen Platz, und oft ist die Hälfte einer Therapiestunde dem Gespräch gewidmet, in dem es besonders darum geht, das in der MT Erlebte zu »verbalisieren« und zu reflektieren. Das gilt sicher nicht für Einzeltherapien mit frühgestörten Patienten, wo längere Zeit die Kommunikation über die Musik und vielleicht den Körperkontakt läuft wie bei *Gertrud Loos*, die Musik-und Körpertherapie in ihren Therapien von Anorexien und frühen Störungen verbindet.

Die MT fordert vom musiktherapeutisch tätigen Arzt als Basis für sein Handeln ein umfangreiches psychotherapeutisches Wissen und Können, eine ausreichende Selbsterfahrung in der MT und einem anderen psychotherapeutischen Verfahren (humanistische Verfahren, Psychoanalyse), entsprechende therapeutische Erfahrungen und gute Wahrnehmungsfähigkeiten nicht nur für musikalische Prozesse, sondern auch für die anderen Signale des Patienten wie Körperhaltung, Körpersprache, Klang der Stimme etc.

Musikalische Fähigkeiten sind eine Grundvoraussetzung für die musiktherapeutische Arbeit. Hohe instrumentale Fertigkeiten, die in der Frühzeit der Musiktherapie in den USA, England und in Deutschland an erster Rangstelle standen (d.h. noch *vor* der psychotherapeutischen Eignung und Kompetenz eines Ausbildungskandidaten), sind für viele musiktherapeutische Prozesse nicht von *der* eminenten Wichtigkeit, wie zunächst angenommen und ausbildungsmäßig gefordert wurde. Pianistische Fähigkeiten sind jedoch erforderlich für einige musiktherapeutische Verfahren wie die »analytische Musiktherapie« nach *Priestley* oder »die schöpferische Musiktherapie« nach *Nordhoff* und *Robbins*. Spielfähigkeiten auf anderen Instrumenten und Singen bereichern die musiktherapeutischen Angebote.

In einer Klinik kann ein Musiktherapeut auf Grund seiner musikalischen Kompetenz auch als Musiker gefordert sein, wenn es gilt, Konzerte für Patienten zu veranstalten oder im Orchester oder als Solist mitzuspielen. Bei solchen Aufgaben helfen dem Musiktherapeuten seine instrumentalen Fähigkeiten, die er auch nach dem Studium nicht vernachlässigen sollte. Darüber hinaus stellt das Übernehmen von konzertanten Aufgaben für den musiktherapeutisch Tätigen ein notwendiges Gegengewicht dar zu der Gefahr eines »musikalischen Burn-out-Syndroms«, zu dem es durch die ausschließliche Verwendung von Musik zu therapeutischen Zwecken kommen kann.

Für die rezeptive Musiktherapie, bei der sich Patienten zusammen mit Therapeuten ausgesuchte Musikstücke anhören, sind gute Kenntnisse der Musikliteratur verschiedener Stilepochen notwendig, um geeignete Stücke mit unterschiedlichen Themen für die rezeptive MT auszuwählen und anbieten zu können.

Wenn ich eine musiktherapeutische Gruppe leite, so leite ich zunächst erstmal eine Gruppe von Patienten, die in bestimmter Weise aufeinander reagieren und eine eigene Dynamik der Beziehungen untereinander entwickeln. Dies macht es erforderlich, sich als Therapeut besonders mit der Dynamik und den »therapeutischen Faktoren der Gruppentherapie« auseinanderzusetzen und entsprechende Erfahrungen zu sammeln (vgl. das Kapitel Gruppentherapie nach *Yalom* in diesem Buch).

Diese Interaktionen müssen mir als Therapeuten vertraut sein, um sie erkennen und mit ihnen therapeutisch umgehen zu können. Dazu gehören unter anderem auch die Rangordnung, die sich Patienten untereinander geben. Hier gilt es, die Besetzung des »ersten und letzten Platzes« (Alpha- und Omega-Positionen) und die der Mitläufer in der Gruppe zu erkennen (vgl. S. 143).

Musiktherapie wird im Spektrum der Therapieverfahren zu den »kreativen Verfahren« gerechnet und hat hier einen gleichberechtigten Platz neben der Gestaltungs- und der Bewegungstherapie. Erfahrungen der letzten Jahre haben gezeigt, daß die Kenntnis von Ansätzen anderer kreativer Verfahren und deren Einsatz uns helfen können, den therapeutischen Prozeß in Gang zu bringen, an manchen Stellen noch weiter zu verstärken, ihn zu verdeutlichen bzw. in Gang zu halten.

Aus diesen aufgezeigten theoretischen und praktischen Quellen habe ich eine integrative MT entwickelt, die es mir ermöglicht, unterschiedliche Medien dann einzusetzen, wenn ich vom Ablauf des therapeutischen Prozesses den Eindruck habe, daß ein Medienwechsel für eine bestimmte Situation sinnvoller ist als das Verweilen auf der musiktherapeutischen Ebene und für eine Zeit auf einer anderen kreativ-therapeutischen Ebene oder mit einem bewegungsmäßigen Ansatz weiterarbeite, um dann wieder auf die musiktherapeutische Ebene zurückzukommen.

Für mich spielen aus den eben erwähnten Gründen Teile anderer kreativer Verfahren in meiner musiktherapeutischen Arbeit eine große Rolle und ich nähere mich damit dem alten griechischen Begriff der *musike*, der Einheit von Musik, Sprache und Tanz – heute noch ergänzt durch das kreative Malen. Dieser Ansatz entspricht auch dem Konzept der »Integrativen Therapie« von *Hilarion Petzold*.

Musiktherapie ist ein kommunikatives Verfahren, bei dem ein Teil des sonst sprachlichen Austausches zwischen Therapeuten und Patienten auf eine nicht sprachliche Ebene verlagert wird. Patienten haben so die Möglichkeit, die ihnen vertraute (aber auch Schutz gewährende) Sprache zu verlassen, um mit Hilfe von Instrumenten Klänge, Melodien oder Rhythmen zu erzeugen, die ihrer augenblicklichen Befindlichkeit entsprechen. Viele Patienten, die eher in einer logisch-rationalen Denkweise verhaftet sind und über die Sprache versuchen, alles zu erklären, haben es zu Beginn in der Musiktherapie nicht immer leicht, diese völlig neuen und unvertrauten Ausdrucksmöglichkeiten auszuprobieren.

Vieles, was »unaussprechlich« ist, d.h. mit unseren Worten nicht mitgeteilt werden kann, läßt sich auf Instrumenten zum Tönen oder zum Klingen bringen. Die Möglichkeit, statt der Sprache jetzt Töne zu verwenden, erleichtert es uns, alte, oft »vergessene« Konflikte, innere und äußere Kämpfe und Widerstände, die wir in unserer Jugend bewältigen mußten und doch daran scheiterten, wieder ins *Hier und Jetzt* zu holen und die dabei abgespaltenen Erlebnisinhalte (z.B. »längst vergessenen« Ärger, Verletzungen, Kränkungen und Gewalt durch Eltern, Lehrer oder Partner, Trauerreaktionen, Ängste und Versagensgefühle) aufzuspüren und musiktherapeutisch mit Hilfe von Instrumenten durchzuarbeiten und anschließend zu re-integrieren. Rationale Widerstände lassen sich so leichter umgehen, d.h. genauer gesagt, »umspielen«, wodurch der Zugang zum Unbewußten erleichtert wird.

In der Musiktherapie, besonders im Ansatz von *Strobel* gelingt es, vom Heute eine Brücke zu schlagen zu einer längst vergangenen Zeit, in der bei unseren Vorfahren noch magisches Denken und Handeln vorherrschte und die alten Heilkünste der Medizinmänner oder Schamanen das Leben und Leiden der Menschen begleiteten. So stehen in der heutigen MT alte schamanische Praktiken neben modernen musiktherapeutischen Ansätzen der aktiven und rezeptiven MT. Aus der therapeutischen Situation heraus hat der Musiktherapeut die Möglichkeit zu entscheiden, welche musiktherapeutischen Angebote er in der einen oder anderen Situation dem Patienten oder einer Gruppe machen möchte. Alle haben ihre spezifischen Indikationen – und der Therapeut sollte sich von seinen Erfahrungen leiten lassen, für welche Art der MT er sich in einer bestimmten Situation entscheidet.

2. Formen der Musiktherapie

1. Rezeptive Musiktherapie

Erste eigene Erfahrungen mit dieser Form der Musiktherapie machte ich 1956, als ich zusammen mit zwei Kollegen in einem Landeskrankenhaus für psychisch kranke Menschen in der Nähe von Freiburg ein Konzert gab, in dem ich Lieder von *Schubert, Schumann* und *Brahms* sang und mein Freund Sätze aus Cello-Sonaten von *Schubert, Beethoven* und *Brahms* spielte. Die freundliche Aufnahme dieses Konzertes von den Patienten ist mir noch in guter Erinnerung.

Besonders beeindruckt war ich allerdings von der Rückmeldung einer Patientin, die plötzlich aufstand und mir bedeutete, ich habe in einem *Schubert*-Lied eine Strophe weggelassen (die ich tatsächlich auch nicht gesungen hatte).

Diese Erfahrung sollte ich in der Musiktherapie, besonders in der Psychiatrie, noch häufiger machen, wenn ich Patienten zu Liedern am Klavier begleitete und jedes Mal aufs neue überrascht war, wenn besonders die älteren Patienten nicht nur den ersten oder zweiten, sondern auch den neunten und zehnten Vers eines Liedes auswendig konnten. Diese Form des Singens mit Patienten war schon im 19. Jahrhundert eine Vorläuferform der heutigen Musiktherapie.

Unter *rezeptiver Musiktherapie* verstehen wir das gemeinsame Anhören von bestimmten Musikstücken, die entweder der Therapeut oder aber auch die Patienten auswählen. Im Anschluß an das gemeinsame Hören sprechen wir über die dabei auftretenden Assoziationen oder Emotionen.

Diese Form musiktherapeutischer Arbeit lief lange Zeit unter der Regie oder Mitarbeit von musikausübenden Ärzten, Schwestern oder Pflegern. Manche von ihnen hatten neben ihrer medizinischen oder pflegerischen Ausbildung auch Instrumentalunterricht gehabt oder sich das Gitarrespiel selbst beigebracht, andere absolvierten sogar ein Musikstudium.

Hier sei besonders auf den Arzt *Louis Radcliffe Grote* hingewiesen, der neben seiner medizinischen Ausbildung Klavier studierte und der seinen Patienten schon in den zwanziger Jahren im Sanatorium »Lahmann« in Dresden, später im »Glotterbad« bei Freiburg ein- bis zweimal in der Woche »Hörstunden« anbot, in denen er klassische Musik am Klavier vortrug.

Ich besitze noch heute eine alte Langspielplatte, auf der *Grote* Werke von *Chopin* spielt und einen Vortrag über musiktherapeutische Ansätze in der Medizin hält. Interessant ist, daß *Grote* 1958 schrieb:

Von Musiktherapie als einer Methode zur Behandlung kranker Menschen zu sprechen, ist auf den ersten Blick ein offenbar etwas verwegenes Unternehmen.

Für *Grote* ist

Musik eine Kunst, die in besonders begabten Menschen von innen heraus entstehe und selbst nicht lehrbar sei.

Im Musikunterricht könnten zwar instrumentale oder Gesangstechniken und Musiktheorie vermittelt werden, nicht jedoch der Aspekt, daß

Kunst auch Teilhaben an einer metaphysischen Wirklichkeit, an Bereichen ist, die mit logischen Begriffsbildungen nicht zureichend erfaßt werden.

Ähnliche Gedanken hatte, wie schon eingangs erwähnt, auch *Gebser*.

Grote beschreibt in diesem Artikel, wie er die von ihm praktizierte Form der rezeptiven Musiktherapie durchführt. Seine Patienten sind um ihn herum versammelt, der Raum ist verdunkelt, die Zuhörer, es sind manchmal mehr als 50, sitzen gelöst und auf die Musik gerichtet, innerlich offen und ohne hemmende Kritik in bequemer Haltung. *Grote* spielt dazu am Flügel, der nur am Notenpult beleuchtet ist, ein bis zwei Sonaten eines Komponisten, z.B. von *Ludwig van Beethoven*. Er schreibt:

Die Musik wirkt also nicht unmittelbar, wie sie aus der schaffenden Seele des Schöpfers komme, sondern ein zweiter Mensch sei schlechterdings unentbehrlich, der das spiele, was der erste mit schwarzen Notenköpfen und Strichen auf das Papier geschrieben habe. Eine zweite Menschlichkeit mischt sich damit in diesen Vorgang, ... die sich bemüht, das zu verwirklichen und dem Hörer zu vermitteln, was sich an beglückenden Antrieben in dieser Musik verbirgt und zum Ausdruck drängt ...

Die Ärzte, die in diesem Sinne Musik interpretieren, sind meist Dilettanten, die, wie Goethe einmal schrieb, der Kunst näher stünden als mancher, der von berufswegen dichte, schreibe, musiziere oder male, weil sie – wir ihr Name besagt – die Kunst lieben. Für sie ist Kunst in der Tat Ausdruck der belebten Seele, die auf andere Art nicht wirklich und nicht wirkend wird. Entsteht sie aber, so wird im Augenblick des Spiels auf einem Instrument die Komposition neu geboren ...

Dann überträgt sich diese Enthebung aus dem Realen auf den Hörer und der Arzt erlebt beim Kranken eine Erschütterung und Befreiung, die an ein Aha-Erlebnis grenzen kann. Musik wird gespielt und dieses Spiel wirkt auf Gefühle und Triebe der Seele, deren Emotion und Erweckung auf den ganzen Menschen ausstrahlt.

Bemerkenswert für die damalige Zeit ist ein Absatz in dem zitierten Artikel, in dem *Grote* schreibt:

> Ich bediene mich deshalb keiner irgendwie gearteten technischen Wiedergabe der Werke wie Schallplatten oder anderer Apparaturen. Ich meine, auch auf die Gefahr hin, einen Fingersatz zu verfehlen oder eine – sei es drum – technische Schwierigkeit zu vergreifen, der menschlichen Wirkung mehr und besser dienen zu können als mit Hilfe der genannten, technisch so einwandfreien Apparate.

Dieses Bekenntnis *Grotes* zum eigenen Spiel ist fast 70 Jahre alt und steht für eine Grundkonzeption musiktherapeutischen Wirkens. Ich kann mich dieser Ansicht nur anschließen. Auch ich spiele immer wieder in Therapiestunden kleinere Sequenzen oder veranstalte Hörstunden für Patienten auf dem Flügel, aber auch gern auf der Orgel, dem Cembalo und dem Hammerflügel – oder singe für sie.

Grote spielt an einem solchen Abend nur Werke eines Komponisten. Er schreibt:

> Reizvolle Abwechslungen würden sowohl gegen den guten Geschmack wie auch gegen die Einheitlichkeit des Ganzen verstoßen. Besser nur zwei Sonaten, denn die Aufnahmefähigkeit der nicht geübten Hörer darf nicht überfordert werden. Die Frage nach dem gesundheitlichen Nutzen dieser Abende für die Hörer wird sinnvoller in die Frage nach dem menschlichen Erleben umgewandelt. Eine physiologische Analyse der Ergebnisse solcher bewegenden Eindrücke dünkt mir nahezu unangemessen. Ich sage nicht, daß sie nicht wünschenswert oder eigentlich erforderlich wäre ..., ich traue den sich dann ergebenden Messungen nur nicht recht zu, jene Wirkung zu erklären, die ich einfach beobachte.
>
> Man kann nämlich immer feststellen, daß die Hörenden ganz still und stumm, kaum atmend dasitzen, daß sie gleichsam entrückt sind, und daß nach dem Verhallen des letzten Tones immer eine lange Zeit vergeht, bis der eine oder der andere sich erhebt und sich irgend etwas zu sagen getraut. Niemand empfindet an diesen Abenden etwas Konzertähnliches, so daß er sich zu einem Beifall hinreißen ließe. Das ist ganz selten und soll nicht sein. Aber die Stimmung, als ob der Geist *Beethovens* sie

berührt und bewegt habe, ist ganz von selbst da. Die Hörer sind musikalisch sehr verschieden und im ganzen eigentlich wenig vorgebildet. Hausmusik im früheren Sinn ist ja vielfach durch den Rundfunk oder konservierte Musik verdrängt und ersetzt. Im übrigen trägt die Überschwemmung mit Musikvariablen, vielfach fragwürdigen Wertes, durch das Radio dazu bei, sie mehr oder weniger als ein gefühlsmäßig unbetontes Geräusch zu empfinden. Die musiktherapeutischen Abende sind für viele – begreiflicherweise nicht für alle Gäste des Sanatoriums – zu einem integrierenden Bestandteil der Kur geworden.

Obwohl diese Form der Musiktherapie unspezifisch ist, ist für *Grote* das Allgemeingefühl der Menschen vielfach so gehoben, daß er von einer Therapie zu sprechen wagt:

Den Menschen kann durch die Musik ein verschütteter Weg, der im Bewußtsein kaum mehr als vorhanden empfunden wird, zur Metaphysik, zu zeitlosen Werten, zu Gott eröffnet werden. Der Weg führt in die eigene Mitte und löst die Entfremdung, die sie sich selber gegenüber empfinden. Hierin darf man dann wohl auch die Berechtigung erblicken, eine solche Vermittlung der Musik als Therapie, als Sorge für den Menschen anzusehen.

Ich habe aus diesem bemerkenswerten Artikel aus dem Jahr 1958 ganz bewußt längere Passagen zitiert, weil *Grote* hier genau das musiktherapeutische Feld der rezeptiven Musiktherapie beschreibt, so, wie ich sie auch heute noch verstehe.

Etwas ähnliches vermitteln in unserer Klinik die Patienten-Konzerte, die von unserem Verwaltungsleiter in der Kulturhalle zwei bis vier Mal im Monat veranstaltet werden. Für diese Konzerte gelingt es *Lothar Günther* immer wieder, herausragende Künstler zu gewinnen, die mit ihren Beiträgen unsere *therapeutische Arbeit* unterstützen. Das musikalische Angebot reicht von Solo- oder Duo-Konzerten über Trios, Quartette, Kammerensembles bis hin zu Chören und Symphonieorchestern, die über das Jahr verteilt zu hören sind. Patienten, die sonst nie in ein Konzert mit klassischer Musik gehen würden, haben so im Haus die Möglichkeit, mal ein »Ohr zu riskieren« und berichten meist sehr begeistert von den dabei gemachten Erfahrungen.

Im Zeitalter der klanglich ständig besser werdenden Tonträger (Band, Kassette, CD), werden junge Menschen immer weniger ermutigt, ein Instrument zu erlernen, schon gar nicht eines der klassischen Instrumente, die heute auch weit hinter den Instrumenten der Popmusik rangieren. Ältere Menschen, auch wenn sie wieder mehr Zeit haben, sind nur selten bereit, ihr früheres Instrumentalspiel wieder aufzufrischen, weil sie spüren, mit ihren Fähigkeiten das Niveau des heutigen Musikbetriebes nicht mehr erreichen zu können. Als wäre das wirklich wichtig! Hier könnte ein Zen-Gedanke helfen: »Der Weg ist das Ziel.« Auch in der Musik gilt es, sich wieder auf den Weg und sich mit dem Instrument und seiner Musik vertraut zu machen.

Erfreulicherweise bringt aber die Begegnung mit der Musik und den Instrumenten manche Patienten dazu, ein früher gespieltes Instrument wieder zu aktivieren oder in einen Chor zu gehen und mit den Kindern gemeinsam zu musizieren.

Christoph Schwabe hat in seiner regulativen Musiktherapie den Grundgedanken von *Grote* aufgegriffen, allerdings mit bestimmten Variationen. Er beschränkt sich in der Regel auf Musikstücke, die von Tonträgern wiedergegeben werden, um auf diese Weise das Repertoire der Musikbeispiele zu erweitern und besonders durch Orchesterwerke zu ergänzen.

Er verwendet in erster Linie langsame Sätze aus Werken verschiedener Komponisten der Barockzeit oder der Klassik. Als Einstieg wählt er meist ein Werk, dessen Akzeptanz bei den Patienten vorausgesetzt werden kann. In der Einzeltherapie können die Patienten das erste Werk selbst bestimmen. Das zweite Musikstück wird nach therapeutischen Kriterien ausgewählt und das dritte Werk einer solchen Hörstunde hat wieder eher ausgleichende Wirkung. Alle Beispiele und die Resonanz der Patienten werden dann mit dem Therapeuten besprochen.

Für eine Zeitlang habe ich mich in meiner musiktherapeutischen Praxis mehr der aktiven Musiktherapie zugewandt, ohne allerdings die rezeptive MT ganz zu verlassen. Früher habe ich viele Stunden mit rezeptiver MT gestaltet. Heute gibt es in einer MT-Stunde rezeptive und aktive Teile nebeneinander.

Grund für diese Entwicklung waren meine Erfahrungen, daß Menschen, die klassische Musik von sich aus nicht hören würden, mit solcher Musik nichts anfangen konnten und viele Titel aus dem Poprepertoire für die rezeptive MT ungeeignet sind.

Als wichtige Werke von der Renaissance bis zur Moderne, die mich in meiner musiktherapeutischen Tätigkeit ständig begleiten, möchte ich hier nennen:

Vokalmusik:
- die »Klagelieder des Jeremias« von *Thomas Thallis*
- Vokalmusik des Italieners *Palestrina* für 5-6stimmigen Chor a capella

Orchesterwerke:
- Streicherkanon von *Johann Pachelbel*,
- langsame Sätze aus Werken von *Joh. Seb. Bach* (z.B. die Air aus der 3. Orchestersuite),
- die langsamen Sätze aus dem Klarinettenquintett und dem Klarinettenkonzert von *Wolfgang Amadeus Mozart*,
- Sätze aus dem »Deutschen Requiem« von *Johannes Brahms*,
- Sätze aus Sinfonien oder Orchesterwerken von *Felix Mendelsohn-Bartholdy*, *Gustav Mahler* (Adagietto aus der 5. Sinfonie), *Max Reger* (Mozartvariationen), *Richard Strauss* (Metamorphosen, Oboenkonzert, Capriccio).

Besonders durch Chorwerke mit ihrer »geatmeten Musik« sind Patienten aus verschiedenen Berufs- und Bevölkerungsgruppen mit ganz unterschiedlichen Hörerfahrungen gut erreichbar. Dies gilt für Patienten in der Psychotherapie, Psychosomatik oder Psychiatrie genauso wie für Alkoholiker, die ich im Rahmen einer Alkoholentziehungsbehandlung in einem Psychiatrischen Landeskrankenhaus behandelte.

Die meisten Menschen wissen genau, welche Musikstücke sie in einer bestimmten Situation gern oder ungern hören wollen. Vorlieben für bestimmte Stücke gilt es in der rezeptiven MT aufzuspüren, um den Patienten so einen Einstieg in die Therapie zu erleichtern. Dies gilt auch für den großen und bei vielen Patienten so beliebten Bereich der Unterhaltungsmusik.

In den letzten Jahren erlebe ich sehr viel Resonanz in unterschiedlich zusammengesetzten therapeutischen Gruppen, wenn ich ihnen auf einem Monochord vorspiele. Dieses Instrument hat seit etwa zehn Jahren im musiktherapeutischen Bereich Einzug gehalten. Wenn ich mit beiden Händen sanft über die 13 oder 26 gleichgestimmten Saiten streiche, entsteht über dem Grundton ein reiches Oberton-Spektrum, das die Hörer oft als »Sphärenmusik« beschreiben. Durch die »Einfarbigkeit« des Klanges werden die Hörer in eine tiefe Ruhe bis hin zu einem trance-ähnlichen Zustand mit verstärkter Innenwahrnehmung und zunehmender Ausschaltung äußerer, störender Einflüsse versetzt.

Auch das Spiel der japanischen *Koto*, einer Wölbbrettzither, hat eine ähnliche Wirkung, die mit der für unsere Ohren »exotisch« klingenden Pentatonik zusammenhängt. Bei der Koto spielen Obertöne wie beim Monochord keine so wichtige Rolle, eher sind es die Intervalle und das Vibrato, das man auf dem Instrument spielen kann, wenn man die Saiten hinter den kleinen Stegen mit einer Bebung, einem mehr oder weniger schnellen Herunterdrücken und Loslassen der Saite zum Vibrieren bringt.

Dem Spiel beider Instrumente ist eines gemeinsam: Bei der Musik auf dem Monochord oder der Koto sind – anders als sonst in der europäischen Musik – musikalische oder rhythmische Strukturen nicht im Vordergrund, und ähnlich wie in der »minimal music« des 20. Jahrhundert gibt es keine Taktschwerpunkte oder Pausen: die Musik fließt »einfach so dahin«, die harmonischen Veränderungen beim Kotospiel sind »minimal(!)«. Die Musik des Monochords vermittelt den Eindruck »schwebender Klänge«. Viele Patienten lassen sich von diesen Klängen »aufheben und forttragen«, was mit der strukturierten europäischen Musik in diesem Zusammenhang kaum gelingt, die durch Taktschwerpunkte, bestimmte Rhythmen oder musikalische Muster so strukturiert ist, daß wir für unsere Ohren immer etwas finden, um uns »akustisch« anzukoppeln.

Auch das Spielen einer Schamanen-Trommel, eines australischen Blasrohres Didjeridou, einer Klangschale, einer großen Gong-Trommel zusammen mit einem »Regenmacher« oder einer »Oceandrum« beim Spiel von Herzschlag und Atemgeräuschen, gehört in dieses Kapitel der rezeptiven Musiktherapie, ebenso wie das Oberton-Singen des Therapeuten zu einer indischen Tambura, dem vier- oder fünfsaitigen Baßinstrument der indischen Musik.

In der Trauerarbeit habe ich die Patienten entweder mit archaischen Instrumenten wie Gongs, tiefen Klangschalen oder Trommeln begleitet oder ihnen einen Satz aus dem »Deutschen Requiem« für Soli, Chor und Orchester von *Johannes Brahms* vorgespielt. Dieses Werk ist ein »Requiem aeternam«, eine Totenmesse in deutscher Sprache, mit Texten, die *Johannes Brahms* selbst aus der Bibel ausgewählt hat. Bereits der Text des ersten Chores »Selig sind, die da Leid tragen, denn sie sollen getröstet werden«, hilft Patienten, sich ihrer Trauer hinzugeben und – getragen von dieser Musik – ihren Schmerz loszulassen.

Musik und Autogenes Training

Zu diesem Thema schreibt *H.R. Teireich* in dem von ihm herausgegebenen Buch »Musik in der Medizin«, daß das von *I.H. Schultz* eingeführte Autogene Training (AT) bei entsprechender Indikation wohl eine der wirkungsvollsten therapeutischen Hilfen in der therapeutischen Praxis, insbesondere zur Behebung von Angst-, Hemmungs- und Spannungszuständen sei.

Teirich verbindet Musik mit dem AT und beginnt zunächst mit den normalen Übungsschritten des Autogenen Trainings bis zur Wärmesuggestion im Sonnengeflecht. Die Patienten bleiben entspannt mit geschlossenen Augen liegen oder sitzen. In dem gleichen Tonfall, in dem das AT vorgesprochen wird, sagt *Teirich* den Patienten ungefähr folgendes:

> Sie brauchen nichts zu tun, nichts zu denken, nichts erwarten, nur geschehen zu lassen. Stellen Sie sich ganz einfach auf die Musik ein, unterdrücken Sie weder Bilder und Vorstellungen, lassen Sie diese Bilder einfach kommen und gehen. Sie stammen aus der Tiefe Ihres Unbewußten, aus dem sie traumartig auftauchen. Das Gefühl der inneren Ruhe verstärkt sich immer mehr ...

Nach Beendigung des Musikstückes fordert der Übungsleiter die Patienten in der üblichen Weise auf, »zurückzunehmen«, also:

> Arme fest, tief atmen, Augen auf! Gut durchstrecken, räkeln.

Zum Abschluß wiederholt der Patient mit lauter Stimme:

> Ich fühle mich erfrischt, gestärkt, ohne jede Angst.

Die Musik, etwa langsame Sätze aus Barock-Konzerten, die *Teirich* verwendet, beschreibt er als organisch und klar gegliedert. Wichtig ist für *Teirich*, daß der Patient nach dem Zurücknehmen entweder mit dem Übungsleiter über seine Erlebnisse spricht oder sie aufzeichnet, um sie beim nächsten Mal zu besprechen.

Auch in der Anfangszeit meiner musiktherapeutischen Tätigkeit in einer norddeutschen Klinik, in der Hypnose und Autogenes Training besonders im Vordergrund standen, habe ich zwischen Entspannung und Rücknahme Musikstücke eingespielt und danach mit den Patienten über das Gehörte gesprochen. Bis auf wenige Ausnahmen haben die Patienten diese Darbietungsform der Musik als sehr intensiv erlebt und konnten in der Ruhetönung durch das AT und die Ausschaltung störender Umweltgeräusche viel intensiver der Musik zuhören, um danach von Bildern, Phantasien oder Assoziationen zu berichten, die wir entweder sofort oder in der nächsten Gruppentherapie weiter bearbeitet haben.

Exkurs: Musiktherapie und Schmerz

Eine besondere Wirkung der rezeptiven Musiktherapie, die mir aus der Literatur bereits bekannt war, fand ich bestätigt, als mir meine Mutter von einem stationären Aufenthalt in einer Klinik in Dresden berichtete. Ich hatte ihr eine Tonkassette mit längeren Choralvorspielen von *Johann Sebastian Bach* auf der Orgel eingespielt, die eines gemeinsam hatten: Sie waren durchzogen von einem gleichmäßigen, langsam und ohne jede Hast dahinfließenden Tempo. Die reich verzierten Choralmelodien wurden von den Begleitstimmen getragen, so, wie es der amerikanische Dirigent und Komponist *Leonard Bernstein* in einem Bild einmal sehr anschaulich beschrieben hat: der Hörer werde von den Begleitstimmen wie von einem Boot auf einem Fluß dahingetragen, in dem ab und zu die Zeilen der Choralmelodie wie Inseln auftauchen würden.

Diese Orgelkassette hatte meine Mutter mit ins Krankenhaus genommen und sie öfter gehört, bis sie dann von einer Mitpatientin im Zimmer angesprochen wurde, die Kassette wieder aufzulegen, weil dann »ihre Gelenkbeschwerden für eine Zeitlang verschwinden würden« (die Patientin litt unter einer schweren rheumatoiden Arthritis). Gleiche Wirkungen beschreiben unsere Patienten bei Kopfschmerzen, Magenbeschwerden oder Muskelverspannungen.

Musikalisches Tempo

Im Zusammenhang mit der »therapeutischen«, schmerzlindernden Wirkung dieser langsam gespielten Musik, die übrigens auch in der Anästhesie eingesetzt wird, habe ich mich in den letzten Jahren auch mit Fragen des Tempos in unserer heutigen Musizierpraxis beschäftigt, auf die ich unter dem Titel »Tempo giusto« in einem speziellen Abschnitt in diesem Buch eingehen werde.

An dieser Stelle möchte ich vorwegnehmen, daß das schnelle, rastlose Tempo, die hohe Geschwindigkeit, mit der wir heute leben und essen, reisen, eine Arbeit verrichten, auch voll in den heutigen Musikbetrieb durchgeschlagen hat, wo es nicht mehr um die »Gemüthsergötzung der Musikliebhaber« (*J.S. Bach*) geht, sondern vor allem um Profilierung der Interpreten oder Dirigenten und um geschäftliche Interessen im hart umkämpften Musikmarkt. Nur der ist und bleibt im Geschäft, der die olympischen Ideale »schneller, höher, weiter« auch in der Musik zu erfüllen vermag.

Zum Schluß dieses Abschnittes zur rezeptiven Musiktherapie möchte ich noch einmal *Teirich* zitieren, der in dem vorhin genannten Artikel über Autogenes Training und Musik folgendes ausführt:

Mir scheint der Hinweis am Platze, daß Musiktherapie, in welcher Form auch immer, stets nur ein Teilgebiet einer ärztlichen Praxis sein wird. Eine *ausschließliche* musikalische Behandlung etwa von neurotischen Patienten dürfte meines Erachtens fragliche Ergebnisse zeigen. Hingegen werden die verschiedenen »Hilfsmethoden der Psychotherapie«, zu denen die Musik zu rechnen ist, immer mehr an Bedeutung erlangen, da sie einer Ganzheitsbehandlung entgegenkommen.

Diese Sätze von *Teirich* stammen aus dem Jahr 1958. An dieser von ihm beschriebenen Form musiktherapeutischer Arbeit mit Neurose-Kranken hat sich bis heute nicht viel geändert.

2. Aktive Musiktherapie

In der rezeptiven Musiktherapie, die ich im vorigen Abschnitt ausführlich beschrieben habe, ist der Patient in der Regel nur äußerlich ruhig. Das Zuhören selbst ist ein sehr aktiver Prozeß, wird es doch begleitet von einer Fülle von biologischen und seelischen Vorgängen: Puls, Blutdruck, Atmung, Hautreaktionen verändern sich. Außerdem können Gefühle wie Freude, Schmerz, Angst, Trauer oder Langeweile wahrgenommen werden.

In der aktiven Musiktherapie, von der in diesem Abschnitt die Rede sein soll, sind die Patienten auch äußerlich aktiv, d.h. sie gestalten den musikalischen Prozeß mit. Die Herauslösung des Patienten aus seiner ursprünglichen, eher inaktiven Patientenrolle war schon in den zwanziger Jahren ein besonderes Anliegen von *Victor von Weizsäcker*. Ihm ging es darum, als Therapeut nicht *so viel* für den Kranken zu tun und ihn so in seiner »häufig erlernten Hilflosigkeit« zu belassen sowie ihn zu ermutigen, *selbst* etwas für seine Gesundung zu tun.

Eine sehr bewährte Methode, um nicht zu sagen ein gewisser »Kunstgriff« in der aktiven MT ist das gemeinsame Improvisieren. Damit haben auch völlig unmusikalische bzw. im Instrumentalspiel ungeübte Patienten die Möglichkeit, in den musiktherapeutischen Prozeß einzusteigen. Wir improvisieren auf einer Vielzahl von einfach zu bedienenden Klangerzeugern wie Trommeln in verschiedenen Größen, Gongs, Stabspielen mit Holz- oder Metallstäben (Xylophonen oder Metallophonen), allerlei Blasinstrumenten wie einfachen Eintonflöten, indischen oder südamerikanischen Blockflöten, Obertonflöten und Lotosflöten (d.h. Flöten, bei denen die Tonhöhe durch einen verschiebbaren Kolben erzeugt wird).

Ein vielfältiges außereuropäisches Instrumentarium aus Afrika, Nord-, Mittel- und Südamerika, dem asiatischen Raum einschließlich China, Japan und Australien ergänzt unser Instrumentarium. Hinzu kommen verschiedene Saiteninstrumente wie Harfen, Leiern und Kantilen, die gezupft werden, und Streichinstrumente wie Quintfideln und Streichpsalter. Neben diesen Instrumenten stehen natürlich auch klassische Instrumente zur Verfügung. Klaviere, Streichinstrumente wie Geigen, Celli oder Kontrabässe, Blasinstrumente wie Vogelflöten, Querflöten, Gemshörner, Krummhörner (letztere sind Instrumente aus der Renaissance-Zeit).

Auch mit körpereigenen »Instrumenten« improvisieren wir: mit dem Körperklang durch Klatschen in die Hände oder auf Körperteile oder durch Stampfen; wir setzen die Sing- und Sprechstimmen ein oder improvisieren Bewegungen mit dem Körper. Hier gibt es fließende Übergänge zur modernen Bewegungs- und Tanztherapie.

Der Ansatz der aktiven Musiktherapie ist, daß der Patient seine Befindlichkeit, seine Beziehungsmuster zu Menschen seiner näheren und weiteren Umgebung, seine Konfliktfelder mit Hilfe selbstgewählter Instrumente und eigener Improvisationsmuster untersucht, bearbeitet und dabei auch eigene, neue Lösungsmöglichkeiten ausprobiert.

Die aktive Musiktherapie enthält sowohl regressive als auch progressive Anteile:

Die *regressiven Anteile* werden dort erkennbar, wo unbewußtes Material über akustische Erinnerungen aufgespürt und erinnert wird. Das können friedliche und freundliche Geräusche wie das

Ticken der großen Uhr im Wohnzimmer in der elterlichen Wohnung sein, der Klang der Glocke einer benachbarten Kirche oder der Friedhofskapelle bei der Beerdigung des geliebten Großvaters. Eine sanfte Improvisation mit Röhrenglocken erinnerte eine Patientin an glückliche Stunden mit ihrer Mutter. Ein laut gespielter Gong erinnerte einen älteren Patienten an das Dröhnen von Kampfflugzeugen und die Bombenabwürfe über seiner Heimatstadt. Ein anderer, ebenfalls älterer Patient assoziierte bei ganz harten, metallischen Schlägen auf einer Stahlplatte Maschinengewehrfeuer aus dem letzten Krieg.

Ein weiterer regressiver Anteil wird in der »klanglichen Symbiose« deutlich, wenn die Klänge der verschiedenen Instrumente zu einem gemeinsamen »Gruppen-Wir« verschmelzen und die einzelnen Patienten dabei ihre individuelle, musikalische Persönlichkeit für eine Spielphase zurücknehmen. Solche Klänge entstehen auch bei der Vorgabe eines »musikalischen Klangteppichs« für die Begleitung einer Patientin, die in der Einzelarbeit in der Gruppe an die Begegnung mit ihrem »inneren Kind« kam. Dazu hat die Gruppe einen liebevollen, warm klingenden »musikalischen Mantel« aus Tönen auf Glockenspielen, Metallophonen, Gongs, Becken und Klangschalen gewirkt, welcher die Patientin mit ihrem »kleinen inneren Kind« umhüllte und ihr Sicherheit und Schutz bot, mit ihrer kleinen Flöte in dieses Erleben tiefer einzusteigen.

Neben der regressiven Seite werden in der aktiven Musiktherapie aber auch die progressiven Anteile deutlich. Wie können wir sie bemerken? In einer Improvisation entsteht oft aus einem völligen Durcheinander von Tönen und Rhythmen mehr und mehr Ordnung, bis schließlich Strukturen auftauchen, die sich die Gruppe gibt. Jeder in der Gruppe erlebt sich als ein Teil des Prozesses und kann durch eigenes Spielen dazu beitragen, daß sich die Gruppe findet. Während wiegende Rhythmen und leise Tonfolgen eher regressionsfördernd und beruhigend klingen, wirkt lautes Spiel, ein schneller Beat, scharf akzentuierte Synkopen oder unrhythmisches Spiel antiregressiv (= progressiv) und antriebsfördernd.

Für die aktive Musiktherapie ist der unübersehbare und unüberhörbare Aufforderungscharakter der Instrumente besonders wichtig. Patienten, die zum ersten Mal in die Musiktherapie kommen, gehen auf die verschiedenen Instrumente zu, um sie anzufassen, sie zu »begreifen« und auszuprobieren. Damit zeigen sie ein ganz normales und gesundes Neugierverhalten.

Musikinstrumente bieten den Patienten in der Therapie viele musikalische Ausdrucksmöglichkeiten, können aber auch Schutzfunktionen übernehmen, wenn das zerbrechliche oder unsichere Selbst diesen Schutz braucht. Dafür geeignete Instrumente sind das Klavier, die großen Xylophone oder Kontrabaßstäbe, die Gongtrommel oder ein großes Vibraphon. Diese Instrumente kann man vor sich oder um sich herum wie eine Schutzmauer aufstellen.

3. Der musiktherapeutische Prozeß

In Anlehnung an eine graphische Darstellung des psychotherapeutischen Prozesses von *Günther Maass* habe ich den musiktherapeutischen Prozeß dargestellt, wie sie in der nachfolgenden Abbildung 1 zu erkennen ist.

Zum besseren Verständnis dieser Graphik sollen einige Begriffe hier näher erklärt werden.

Unter einem *»infantilen Trauma«* versteht die Psychoanalyse eine frühe Verletzung, Kränkung oder Ablehnung des Kindes, die zu der Zeit, in der sie geschah, von dem kleinen Kind noch nicht in angemessener Weise beantwortet werden konnte, sondern verdrängt werden mußte. Eine aktive Auflehnung gegen die strengen, versagenden (im Sinne von nicht-gewährenden) oder auch ungerecht strafenden Eltern wäre noch nicht möglich gewesen. Aus der Verdrängung ins Unbewußte entsteht der infantile Primärkonflikt, der in der Abbildung durch eine entsprechende gestrichelte Rechteckform dargestellt wird.

Im psychoanalytischen Verständnis stellt der Beginn einer seelischen oder psychosomatischen Störung oder Erkrankung, mit der die Patienten später in unsere Behandlung kommen, die Reaktivierung oder Aktualisierung eines infantilen Primärkonfliktes dar. Auslöser für die akute Symptomatik sind wieder Kränkungen (welche »krank« machen), Verlust von wichtigen Personen (wie Trennung von den Eltern, Scheidung, Tod von Angehörigen), der Verlust des Arbeitsplatzes oder ein Umzug, auf die Patienten entsprechend reagieren.

In einer musiktherapeutischen Improvisation kann der Patient solche Konflikte oder Symptome zum Thema machen. Dabei können der Therapeut und die anderen Gruppenmitglieder eine Vielzahl von Beobachtungen machen und akustische Informationen bekommen, die in der Graphik in dem Dialogfenster Patient/Therapeut aufgezeigt werden:

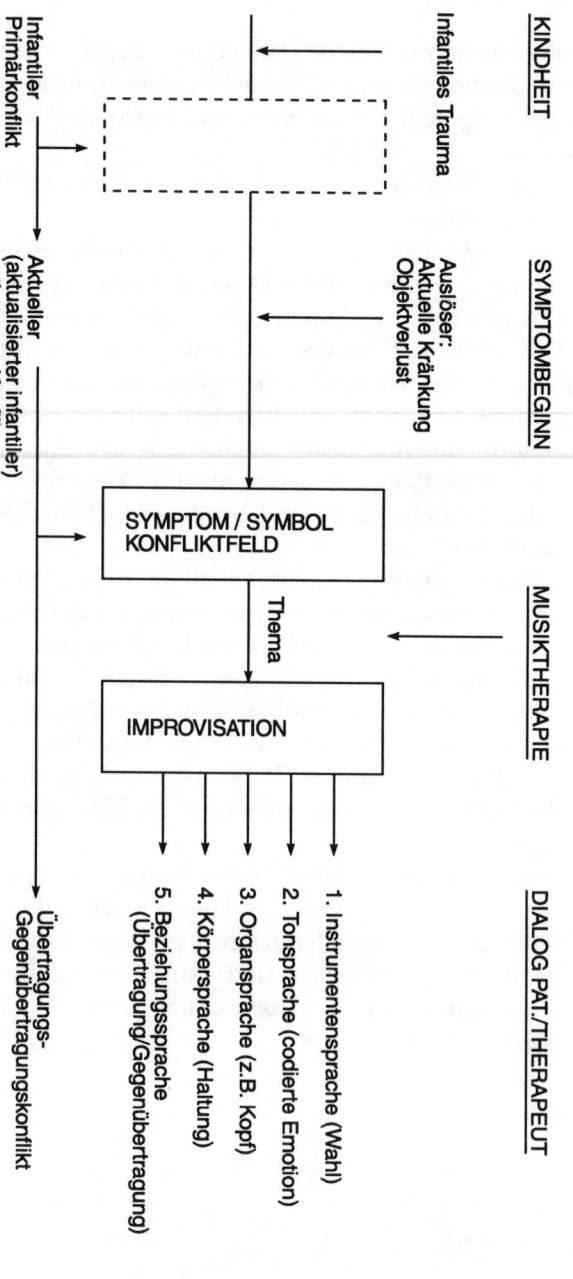

MUSIKTHERAPEUTISCHER PROZESS

KINDHEIT

Infantiles Trauma

Infantiler
Primärkonflikt

SYMPTOMBEGINN

Auslöser:
Aktuelle Kränkung
Objektverlust

Aktueller
(aktualisierter infantiler)
pathogener Konflikt

MUSIKTHERAPIE

SYMPTOM / SYMBOL
KONFLIKTFELD

Thema

IMPROVISATION

DIALOG PAT./THERAPEUT

1. Instrumentensprache (Wahl)
2. Tonsprache (codierte Emotion)
3. Organsprache (z.B. Kopf)
4. Körpersprache (Haltung)
5. Beziehungssprache
   (Übertragung/Gegenübertragung)

Übertragungs-
Gegenübertragungskonflikt

Abb. 1: Der musiktherapeutische Prozeß (modifiziert nach einer Darstellung von G. *Maass*).

46

1. Instrumentensprache

Welche Instrumente wählt ein Patient, um sein Symptom/Problem zu spielen? Hier gibt es immer wieder ganz überraschende Beobachtungen: Ein Leiter einer größeren Abteilung mit zahlreichen Mitarbeitern sprach von seinen Schwierigkeiten, seine Richtungs- und Weisungskompetenz in angemessener Weise zu realisieren, weil er immer wieder von seinen Mitarbeitern hinterfragt wurde. Auf meine Einladung, er möge sich doch einmal Instrumente suchen und dieses Gefühl, was dann bei ihm auftauche, klanglich ausdrücken, holte er sich zunächst eine große Kesselpauke. (Mein erster Eindruck dabei war, daß dieses Instrument gut geeignet sei, sich als Chef »durchzusetzen« und mal wirklich »auf die Pauke zu hauen!«) Aber – dann holte sich der Patient noch ein Glockenspiel und stellte es auf die Kesselpauke und funktionierte dieses große Instrument zu einer Abstellfläche um. Die Gruppe meldete ihm dann zurück, nachdem er auf dem Glockenspiel gespielt hatte, was sie wahrgenommen hatten. Die Betroffenheit über sein Spiel und seine Instrumentenwahl war dem Patienten deutlich anzumerken. Und, wie in solchen Prozessen dann zu erwarten, konnten sich an dieser Stelle einige andere Gruppenteilnehmerinnen und -teilnehmer einklinken und von sich berichten, daß sie ihre Gefühle selten in angemessener und in deutlich erkennbarer Weise den Mitmenschen ihres Umfeldes mitteilten.

Meist sind die Patienten in der Auswahl ihrer Instrumente sicher und suchen sich Zupf- oder Streichinstrumente und Flöten für die weicheren Seiten, Trommeln, Pauken oder Trompeten für aggressive Anteile, und Instrumente, die länger nachklingen, wie Metallophone, Gongs oder Klangschalen für verschmelzende Impulse.

2. Tonsprache

Darunter verstehen wir das, was der Patient mit Hilfe der Töne und Klänge auszudrücken versucht. Seine Gefühle, die er hier auf einer nicht-sprachlichen Ebene zum Ausdruck bringt, sind *codiert* und können in der Therapie wieder *decodiert* werden. Ich fordere den Patienten auf, seine eigene Improvisation selbst zu deuten, wenn er sie nach dem Spiel – und somit ein zweites Mal – beim Abhören der Tonbandaufzeichnung noch einmal hören und erleben kann. Auch zunächst Ungeübte können ihre Gefühle gut mit Instrumenten ausdrücken, und ihre Tonsprache stimmt mit den Affekten überein. Diskrepanzen, die wir in der Gruppe hören können, beziehen sich auf die Deutlichkeit des Ausdruckes oder auch die Ehrlichkeit des Spiels – die Gruppe spürt sehr schnell, wenn etwas nicht »stimmig« ist. Das gilt z.b. für die Lautstärke: Viele Patienten behaupten nach ihrem Spiel, sie hätten laut und deutlich gespielt (oder auch leise und zaghaft), um dann auf dem Tonband oder durch Rückmeldungen der Gruppe genau das Gegenteil zu hören. Oder: die Improvisation »scheint vom Thema abzuweichen«, weil das Thema noch nicht »dran« ist oder die Wirklichkeit noch vermieden werden muß. Oder Gegenimpulse tauchen auf, deutlich, und das, was der Patient eigentlich zu vermeiden sucht, kommt hier, ähnlich wie bei einem Versprecher oder einer anderen »Fehlleistung«, zum Vorschein. Tonbandaufzeichnungen helfen auch, die Teile der Improvisation wieder zu erinnern, welche die Patienten nach dem Spiel nicht mehr oder nur bruchstückhaft erinnern (erinnern wollen?).

3. Organsprache

Wie auch bei anderen Formen des psychotherapeutischen Durcharbeitens können während einer musiktherapeutischen Improvisation Körperreaktionen auftreten, die der Patient wahrnimmt und uns mitteilt. Diese bezeichnen wir in diesem Zusammenhang als Organsprache.

Es meldet sich z.B. der Kopf mit heftigen Schmerzen, der Bauch fängt an zu grimmen, da der Darm seine Peristaltik verstärkt, die Blase drängt auf baldige Entleerung, die Atmung wird schneller oder ist erschwert, das Herz klopft schneller oder es entsteht das Gefühl, als würde etwas den Hals zuschnüren. Die Kraft in einem Arm läßt nach, der Arm fühlt sich wie gelähmt an.

Der Zusammenhang von Organsprache und dem therapeutischen Prozeß wird auch für den Patienten deutlich, verbergen sich dahinter doch Widerstände, die sich hier einen »somatischen« Ausweg oder Kanal suchen. Hier hat der Patient die Chance, die Symptome seines Körpers als Botschaften oder Signale besser zu verstehen und in Zukunft besser darauf zu achten. Treten solche Körpersignale auf, bitte ich den Patienten, Kontakt mit dem *gelähmten Arm*, dem *abgeschnürten Hals* oder dem *schmerzenden Kopf* aufzunehmen und einen musikalischen Dialog zu spielen, bei dem ein vom Patienten bestimmtes Instrument die Rolle des Körperorgans übernimmt und entsprechend im Rollentausch auch vom Patienten gespielt wird.

4. Körpersprache

Die Körpersprache, die wir an Haltung, Mimik und Gestik erkennen, gibt uns viele Informationen über den Patienten und seine augenblickliche Befindlichkeit. Dazu einige Beispiele:

■ Bei sanftem Spiel sehe ich, daß ein Patient seine Kaumuskeln wie beim Kauen ständig anspannt, so, als wolle er etwas durchbeißen oder mit den Zähnen festhalten.

■ Eine andere Patientin sitzt vorn übergebeugt, als wolle sie in das Instrument hineinkriechen und nicht gesehen werden.

■ Eine dritte Patientin spielt mit kräftigen Schlägen auf der großen Gong-Drum, ich kann aber beobachten, daß sie beim Spielen die Augen schließt, als wolle sie das »Gegenüber« nicht anschauen oder vor dem Problem die Augen verschließen.

■ Eine Patientin, die immer von ihrem »idealen« Ehemann gesprochen hatte, spielt mit ihrem Ehering und steckt ihn an den Zeigefinger der anderen Hand. Ich lade Sie ein, uns den Klang dieses Ringes an dem Zeigefinger zu spielen.

Wie halten Patienten die Instrumente oder die Schlägel? Eine Patientin spielt die Konfliktsituation mit ihrem Ehemann auf einem Xylophon und hält die Schlägel sozusagen »mit spitzen Fingern«, so als wollte sie die »Sache«, d.h. hier die Schlägel, gar nicht richtig anfassen, um damit nicht be-»faßt« zu sein. Sind Körpersprache und Instrumenten- Spiel mit dem Thema in Übereinstimmung, können Informationen über die anderen Kanäle gewonnen werden.

5. Beziehungssprache

Auf die Begriffe Übertragung und Gegenübertragung werde ich in einem späteren Kapitel näher eingehen. Hier geht es darum, auch in der musiktherapeutischen Arbeit ein Gespür dafür zu entwickeln, was der Patient mit dem Therapeuten und umgekehrt, was der Therapeut mit dem Patienten macht.

Die Analyse der Beziehungsmuster hilft uns, die verschiedenen Übertragungsmuster zu erkennen, zu benennen und sie entsprechend zu bearbeiten und abzulösen.

4. Wahrnehmen von Musik

... oder Variationen über das Thema »Musikgenuß« von *Heinz Kohut*.
Der Psychoanalytiker *Heinz Kohut* hat mit seinen Arbeiten »über
den Musikgenuß« und »Betrachtungen über die psychologischen
Funktionen der Musik« wichtige psychoanalytische theoretische
Grundlagen für die moderne Musiktherapie geschaffen. *Kohut* ge-
hört zu der eher kleinen auch selbst musizierenden Gruppe von
Psychoanalytikern, die sich aus analytischer Sicht zur Musik äußern
und sich mit der therapeutischen Wirkung der Musik befassen.

Von *Sigmund Freud* ist bekannt, daß er kurze therapeutische
Kontakte mit *Gustav Mahler* und *Bruno Walter* hatte, die ihn um Rat
baten. Zur Musik und ihrer Wirkung hat sich *Freud* nicht geäußert.

Das nachfolgende Kapitel bezieht sich im wesentlichen auf *Heinz
Kohut*, ergänzt durch psychoanalytische Betrachtungen aus dem
klinischen Bereich von *Paul Janssen*, der Musik- und Maltherapie im
Rahmen seiner Klinik einsetzt und sich mit der Wirkung dieses
Verfahrens auseinandersetzt.

Kohut zitiert zu Beginn seiner Ausführungen den Forscher *Dar-
win*, für den Musik den Überrest eines früher bedeutenden Mittels
zwischenmenschlicher Kommunikation im Dienst des Überlebens
der Rasse darstellt. Bei *Spencer* (zit. bei *Kohut*) ist Sprache in Verbindung mit Emotionen verantwortlich für die Hervorbringung von
Musik. So können wir uns die Entstehung von Rufen vorstellen, mit
denen unsere Vorfahren sich verständigt oder vor Gefahren ge-
warnt haben. Wenn wir heute die Namen unserer Kinder oder
Angehörigen rufen, so tun wir dies in der Regel auch nicht auf einem
Ton, sondern benutzen mehrere Töne im Abstand einer Terz. Diese
sogenannte Rufterz gibt es in der Natur als Kuckucksruf. Ein heute
überall zu hörendes Warnsignal ist die Tonfolge c-f des Martins-
horns im Quartabstand, wie wir es von der Polizei, der Feuerwehr
und den Krankenwagen kennen. Diese Tonfolgen haben dieselbe
warnende Funktion wie die früheren Signale.

Die Gesänge der Buckelwale, von denen es heute gute Tonauf-
nahmen gibt, sind ein gutes Beispiel, wie sich die großen Meeres-
säuger über viele Kilometer mit ihren Tönen, Pfiffen und »Melodi-
en« verständigen. *Whitehead* (zit. bei *Kohut*) spricht davon, daß
Musik ein *semantisches* Symbol ist, das besonders für emotionale
Mitteilungen geeignet sei. Dies führt uns zur musikalischen Affek-

tenlehre, nach der die Komponisten in der Zeit von 1600 bis etwa 1780 (also des musikalischen Barock und des »empfindsamen Zeitalters«) die bewegenden Leidenschaften und Gemütsbewegungen der menschlichen Seele in der Musik durch Verzierungen von Noten (wie Triller, Praller, Schleifer etc.) und durch bestimmte Akkordverbindungen auszudrücken suchten.

Schon in der griechischen Antike finden wir Hinweise auf die musikalische Affektenlehre. So spielten die Affekte für *Platon* eine wichtige Rolle, wobei nur *die* Musik Wertschätzung besaß, welche sich als ethisch positiv auszeichnete und der Erziehung diente. An anderer Stelle sagt Platon:

> ... die Musik ist nicht zu unverständlicher Ergötzung, sondern dazu da, die ungeordneten Bahnen unserer Seele in Ordnung und Einklang mit sich selbst zu bringen.

In der Renaissance verband *Zarlino* 1558 die Affekte mit der Intervallehre und sprach davon, daß die Intervalle ohne Halbton (Sekunde, große Terz) Affekte der Freude darstellen, während Intervalle mit einem Halbton (z.B. kleine Terz oder Sexte) Traurigkeit ausdrücken. Bei *Rene Descartes* finden wir 1649 in seiner Abhandlung über die Gefühle die Grundformen der Verwunderung (Admiration), Liebe (Amour) und Haß (Haine), Verlangen (Desir), Freude (Joie) und Trauer (Tristesse). *Kircher* spricht in seiner »Musurgia universalis« (1650) von den Affekten als den Typen seelischer Erregungszustände und belegt diese Hypothese mit Werken bedeutender Komponisten.

Ganz allgemein lassen sich dabei folgende Regeln erkennen: Der Affekt der Freude wird durch Dur-Tonarten dargestellt, durch schnelles Tempo, vorwiegend konsonante und große Intervalle, durch welche die Lebensgeister (Spiritus animales) in Bewegung geraten sowie durch eine höhere und glanzvolle Klanglage, der Affekt der Traurigkeit hingegen durch Moll-Tonarten, häufige Verwendung von Dissonanzen, von Querständen und engen Intervallen, durch welche die Lebensgeister sich zusammenziehen, sowie durch langsameres Tempo und dunklere (mittlere oder tiefe) Lagen. Die musikalische Rhetorik kennt zahlreiche Figuren zur Darstellung von Affekten. Es ist keine Frage, daß besonders die Barockkomponisten, insbesondere *Johann Sebastian Bach* und seine Zeitgenossen bis hin zu den *Bach*-Söhnen, die Figurenlehre und die Affektenlehre wohl einzusetzen wußten, um bestimmte musikalische Ausdrücke für Gemütszustände zu finden.

Wir können davon ausgehen, daß ein Gefühl des Genusses dann entsteht, wenn eine bestimmte Spannung, die wir in uns aufgebaut haben, gelöst wird oder die Lösung kurz bevorsteht. Die vorher gebundenen Energien können dann freigesetzt werden. Was heißt das? Wir alle haben unsere besonderen Vorlieben für bestimmte Musiken aus unterschiedlichen Musikbereichen. Jedes Mal dann, wenn wir uns eine Kassette oder eine CD auflegen, oder ein bestimmtes Stück auf dem Programm eines Konzertes finden, geraten wir in eine bestimmte Erwartungsspannung, die sich erst dann löst, wenn wir die erwartete Passage in dem Musikstück gehört haben.

Musiker erleben eine andere, zunächst nicht primär musikalische Spannung und bemühen sich um deren Auflösung: Vor einem Konzert stehen sie meist unter besonderer Anspannung und haben gewisse »Rituale« entwickelt, um mit dieser »Über«-Spannung (»Lampenfieber«) fertigzuwerden. Sie gehen vor ihrem Auftritt im Künstlerzimmer oder hinter der Bühne unruhig hin und her, bis sie das erlösende Zeichen zu ihrem Auftritt erhalten. Mit dem Spielen der ersten Töne verschwindet meist das Lampenfieber und die Freude über das Erklingen des Instrumentes, das gemeinsame Erleben der Musik hilft, diese Spannungen abzubauen. Jetzt können sich die Musiker auf die eigentlichen musikalischen Aufgaben, die Ausführung ihres Orchester- oder Solistenparts konzentrieren.

Bei Patienten beobachte ich ein ähnliches Phänomen: sie setzen sich vor ihrem Spiel unter Druck, der erst dann weicht, wenn die Improvisation zu Ende oder wenigstens in Gang gekommen ist.

Aus den Konzerten, Oratorien und Opern, die ich gehört habe, fallen mir in diesem Zusammenhang einige besonders eindrucksvolle Beispiele ein:

In der »Matthäuspassion« von *Johann Sebastian Bach*, fragt Pilatus die aufgebrachte Menge, wen er denn freigeben solle, Jesus oder Barrabas, worauf die aufgewiegelte Menge wütend »Barrabas« schreit. Dieser laute Choreinwurf, begleitet vom gesamten Orchester im fortissimo, wird umrahmt von den Worten des Erzählers, des Evangelisten, der seinen Bericht mit Orgelbegleitung gibt. Der krasse Gegensatz zwischen dem erzählenden Evangelisten und dem Chor-Schrei »Barrabas!« schafft hier einen hochdramatischen Affekt, der den Zuhörer in die Handlung einbezieht.

Ein anderes Beispiel von *Bach* sei hier noch kurz erwähnt, weil es die besondere Erwartungshaltung und die damit verbundene Anspannung darstellt und die Auflösung deutlich macht, die mit dem berühmten

»Schauer, der einem über den Rücken läuft«, auch als körperliche Reaktion einhergeht.

Das Ereignis, was sich für mich damit verbindet, ist rasch berichtet: Es war zu einem *Bach*-Fest in Bethlehem im Staate Pennsylvania (USA), wo der englische Dirigent *Ifor Jones* mit den dortigen *Bach*-Chor die h-moll-Messe von *Johann Sebastian Bach* aufführte. Dieses Werk beginnt mit einem Forte-Einsatz von Chor und Orchester in der Tonart h-moll. Meist lassen sich die Chorsänger ihren Ton leise vom Orchester geben, was deshalb wichtig ist, da *Bach* kein Orchestervorspiel komponiert hat und der Chor sofort einsetzen muß. *Ifor Jones* löste das Problem für den Chor auf eine ganz überraschende und auch sehr originelle Weise: Er ließ vom Turm der Kirche, in dem die *Bach*-Messe aufgeführt wurde, eine halbe Stunde vorher ein Blechbläserquartett (2 Trompeten und 2 Posaunen) vierstimmige *Bach*-Choräle spielen, von denen der letzte eben in h-moll endete und bei dem Verklingen des letzten Tones Chor und Orchester mit dem erschütternden Ruf: »Kyrie eleison« einsetzten.

Einen ähnlichen Affekt erinnere ich aus der Oper »Don Giovanni« von *Wolfgang Amadeus Mozart*, wo am Ende der Oper der Comptur als steinerner Gast auftritt und versucht, in einem Dialog Don Giovanni zur Umkehr zu bringen. Dieser zeigt sich aber uneinsichtig und fährt mit einem großen Schrei unter Blitz und Donner zur Hölle.

Dies sind einige Beispiele aus der klassischen Musik, die sich mit Beispielen aus anderen Musikgattungen ergänzen ließen. So hörte ich in der Zeit von 1957 bis 1962 in den Vereinigten Staaten Konzerte des BigBand-Ensembles von *Sten Kenton*, dessen gewagter und harmonisch aufregender Bläsersatz mich immer wieder faszinierte. Von den kleineren Ensembles habe ich das Quintett von *George Shearing* in Konzerten gehört. Bis heute habe ich diese weichen, melodischen, swingenden Klänge und Harmonien, die so typisch für *Shearing*s Klavierspiel sind, in guter Erinnerung. Manchmal hole ich meine alten LP's, Remake-CD's oder Videos dieser Combo hervor und erlebe noch einmal die erste Begegnung mit diesen Musikern, die beim Hören auch heute noch Aha-Erlebnisse und die berühmten Schauer über den Rücken oder eine besonders angenehme Entspannung auslösen. Ähnliche Reaktionen verspüre ich bei *Oscar Peterson*.

Entwicklungsgeschichtliche Ansätze

Welche frühen akustischen Erfahrungen haben wir als Menschen gemacht, mit denen wir heute unsere Vorlieben, aber auch Abneigungen gegen bestimmte Stilrichtungen der Musik erklären können?

Das heranwachsende Baby kann ab etwa der 17. Woche im Mutterleib hören und nimmt, geborgen in der »Höhle« der Gebärmutter, erste akustische Reize wahr, mit denen es in den Monaten des intrauterinen Lebens relativ schnell vertraut wird. Dazu gehört in erster Linie der Herzschlag, der direkt über die großen Blutgefäße und, wie *Tomatis* nachgewiesen hat, über das Knochensystem fortgeleitet wird, wobei die Beckenschaufeln der Mutter wie große Schalltrichter wirken, welche die akustischen Signale an den Uterus weitergeben. Wie stark diese akustische Prägung durch die Herztöne der Mutter ist, mag daran deutlich werden, daß ein heranwachsendes Kind im Mutterleib etwa 28 Millionen Herzschläge in der Zeit bis zu seiner Geburt hört (*G. Loos*). Hinzu kommen noch die Geräusche des Atmens, des Darmes und akustische Reize von außen wie die Stimme der Mutter oder des Vaters und anderer Personen in der Außenwelt. Auch Musik kann in dieser Zeit eine große Rolle spielen, wie an folgendem Beispiel deutlich wird: Eine Pianistin hatte in der letzten Phase ihrer Schwangerschaft eine bestimmte *Beethoven*-Sonate gespielt, nach der Entbindung dieses Werk dann aber ruhen lassen. Als nun der Vater des Kindes, ebenfalls Pianist, nach etwa fünf Jahren diese Sonate für ein Konzert vorbereitete, kommt der Sohn zum Flügel, singt mit und gibt zu erkennen, daß ihm diese Musik vertraut sei.

Eine weitere wichtige Informationsquelle für das Baby sind die bewegungsmäßigen (kinästhetischen) Wahrnehmungen, die durch die Bewegungen der Mutter hervorgerufen werden, wenn diese sich bewegt, umherläuft, sich setzt oder hinlegt.

War die akustische Welt des heranwachsenden Babys im Leib einer körperlich und seelisch gesunden Mutter meist noch in Ordnung, so muß das Neugeborene nach der Geburt viele und für das kleine Wesen zunächst ängstigende Geräusche und Klänge unterscheiden lernen. Dabei taucht ein entwicklungsgeschichtlich interessanter Aspekt auf: Vor jeder anderen Sinnesreizung kann sich das Neugeborene schützen bzw. sich einem zu starken Reiz entziehen.

Wird es geblendet, so schließt es die Augen, gibt es unangenehme kalte oder zu heiße Reize der Haut, dann versucht das Neugeborene, die Hand oder ein Füßchen wegzuziehen oder sich anders dem Reiz zu entziehen. Nicht schützen kann sich das Neugeborene jedoch gegen Geräusche: Wir sind von unserer biologischen Anlage her nicht in der Lage, unsere Ohren aktiv zu verschließen. Das ist entwicklungsgeschichtlich bedingt und dient in allererster Linie dem frühen Hören und Erkennen und damit der Abwehr von Gefahren. Während unsere Augen nur das an Informationen aufnehmen, was in unserem Blickfeld liegt, können wir mit unseren Ohren auch »um die Ecke hören«, also Gefahren eher akustisch als optisch wahrnehmen.

Um nun diese Geräusche besser zuordnen und die Ängste besser abwehren zu können, entwickelt der Säugling nach *Kohut* eine frühe Form des »musikalischen Ich«, um so zwischen Geräuschen, die eine Bedrohung durch die Außenwelt darstellen und solchen, die Ruhe und Sicherheit gewähren, unterscheiden zu können. Hier spielt die Stimme der Mutter eine ganz besondere Rolle, die als engste Bezugsperson für ein Neugeborenes der wichtigste Garant für das Überleben ist. Diese assoziieren mit der Stimme der Mutter Gefühle der Sättigung und Geborgenheit.

Kinder, die als Säuglinge in dieser Phase ihrer Entwicklung sowohl seelisch als auch körperlich nicht genug erhalten haben, also »hungrig« geblieben sind, bleiben dies ohne Therapie meist ihr Leben lang. Mit Klängen, wiegenden Rhythmen und unseren Stimmen können wir in der Therapie versuchen, durch »*Nachnähren*« die Defizite der frühen Entwicklung auszugleichen und diesen Menschen auch in der MT die Chance eines *Nachreifens* zu geben.

Dem von der Mutter gesungenen Schlaflied entspricht die schläfrige Zufriedenheit des Säuglings nach dem Füttern, was meist noch durch Bewegungsimpulse (Schaukeln der Wiege oder auch das Gewiegtwerden auf dem Arm) verstärkt wird und eine frühe kinästhetische Erotik symbolisiert, aus der später Freude am-sich- Bewegen und Tanzen folgen kann. Wenn wir als Therapeuten den Mut haben, an einer solchen Stelle wirklich mit dem Patienten in Kontakt zu gehen, also ihn (so wie er es braucht) auch zu berühren, kann eine solche Therapie früher Schäden und Defizite gelingen. Viele Patienten, die heute zu uns in die Therapie kommen und über mangelndes Selbstvertrauen und Selbstwertgefühl klagen, haben schon im Uterus oder in der nachgeburtlichen Phase erfahren oder erfühlen müssen, damals nicht »gewollt« gewesen zu sein, einige haben unbewußte Erinnerungen an Abtreibungsversuche – andere haben es dann später von der eigenen Mutter (!) oder dem Vater, der Großmutter oder einer Tante gehört. Mit welcher Hypothek startet ein Neugeborenes ins Leben, wenn es doch eigentlich weiß, daß es keine Daseinsberechtigung und keinen Raum hat, in dem es sich wohl und geborgen fühlen kann? Nicht einmal der Platz in der Gebärmutter war sicher. Hier wird verständlich, daß sich fast zwangsläufig aus solchen frühen Störungen Beziehungsstörungen zu sich selbst, dem eigenen Körper und den Menschen im Umfeld entwickeln müssen.

In der Musiktherapie können wir so gestörte Patienten nur dann erreichen, wenn wir auf zwei sehr antagonistisch wirkende Kräfte reagieren, sie aushalten und in uns wieder zusammenführen können, was der Patient selbst nicht fertigbringt:

■ einmal auf die oft unstillbare Wut der Patienten, mit der sie uns begegnen und alles, was wir tun oder sagen, entwerten, um uns mit unserem therapeutischen Verständnis und der menschlichen Zugewandtheit am liebsten zu vernichten, obwohl sie spüren, uns gerade jetzt so zu brauchen. Dies macht auch wieder einen Teil dieser Wut aus, da die Patienten ihre Probleme lieber allein lösen möchten. Und dies nur, weil sie ihr Leben lang sich selbst abgelehnt haben und von anderen abgelehnt wurden.

■ zum anderen, die Wünsche nach der – stets vermißten – Geborgenheit und Nähe, dem Gefühl der Sicherheit und der Sehnsucht, gemocht und geliebt zu werden und jemand anderen lieben zu können, anzunehmen, zuzulassen und dies dem Patienten auch zu zeigen.

Mit anderen Worten: Da das Wortverständnis zu dieser Zeit noch nicht gegeben ist, nimmt der Säugling all die nonverbalen akustischen und taktilen Signale wahr, die er von der Mutter empfängt, und versucht sich darauf einzustellen: den Klang der Stimme, die Stimmlage, das Sprechtempo, ein ärgerliches oder entspanntes Vibrato und den Herzschlag, den es beim Anlegen an die linke Brust hören kann. Hinzu kommen Berührungsreize, die warmen oder kalten Hände bei der Körperpflege, die Wärme der Brust und der Milch beim Stillen.

Hier ist auch der therapeutische Anknüpfungspunkt: die Musiktherapie früher Störungen ist, wie *Gertrud Loos* sagt, im Grunde eine

»mütterliche Therapie«, die gewährend, bedürfnisbefriedigend, empathisch, nährend oder nachnährend, Raum gebend und Liebe vermittelnd sein muß, um den Kern der Störung wirklich zu erreichen. Wir männlichen Therapeuten sind aufgerufen, hier die weiblichen Anteile in uns zu aktivieren, und sie, so gut wir dies als Männer vermögen, in die Therapie einzubringen.

Die präverbalen Inhalte früher Störungen sind im Grunde genommen nur mit präverbalen (nonverbalen) Therapieformen erreichbar (*G. Loos*). Der musiktherapeutische Kontakt zwischen dem Patienten und uns entsteht und wird gehalten über Töne, Klänge und Rhythmen, also über Signale, die ohne Wortverständnis »verstehbar« sind. Anders als Worte sind Klänge nicht »falsch«, insbesondere nicht doppeldeutig (genauer: es gibt keine double-binds). Mit dem Spiel auf dem Monochord kann ich den Patienten mit Tönen streicheln und ihn mit den weichen, zarten, an Sphärenmusik erinnernden Klängen umhüllen wie mit einem warmen Mantel.

Instrumentenbauer haben inzwischen große Körper-Monochorde gebaut, auf die sich der Patient beim Spiel legen oder wie in eine Höhle kriechen kann, während der Therapeut auf dem Dach der Höhle mit seinen Händen über die Saiten streicht. Auch die großen Zungentrommeln geben die Möglichkeit, daß der Patient sich auf das Instrument legt, während ich mit weichen Schlägeln die Holzzungen anschlage.

Kohut schreibt, daß der Säugling im Laufe der ersten Jahre aus verschiedenen akustischen Informationen sein *frühes musikalisches Ich* aufbauen muß, um in dieser zunächst akustisch unübersichtlichen und verwirrenden Umwelt zurechtzukommen.

Die mit der sogenannten analen Phase einhergehende Entdeckung des Töpfchens, die Kinder zumindest am Anfang auch mit der Entdeckung ihrer »eigenen Werke« erleben und ihnen Spaß an den dabei entstehenden Tönen macht, findet sich später wieder in der Freude an Klängen von Posaunen oder Fagotten. Der Komponist *Max Reger*, der für seine Späße unter Musikern sehr bekannt war, soll einmal auf die Frage einer Prinzessin, ob denn die Fagottisten all diese Töne mit dem Mund machen würden, lachend geantwortet haben: »Ich hoffe doch sehr, Durchlaucht!«

Da Stille auch Alleinsein bedeuten kann, hat sich der Mensch schon früh in Gruppen (in diesem Zusammenhang nicht im therapeutischen Sinn gemeint) zusammengeschlossen, um sich über die

Gruppenerfahrung von dieser Angst zu befreien oder sie zu mindern. Im Bereich der Musik geht es um das gemeinsame Singen in Gesangsvereinen, Kirchen- oder Jugendchören oder das Spiel im Schulorchester. Viele junge Menschen schließen sich zu einer Band zusammen, um Rock, Punk oder Heavy Metal zu spielen. Schon immer vermittelte das Absingen der Nationalhymne eine wichtige Gemeinschaftserfahrung, eine Art nationales Wir-Gefühl. Ich denke da an meine Aufenthalte in England und in den USA, wo ich erlebte, daß bei gastierenden Orchestern eines anderen Landes zur Eröffnung des Konzertes die jeweiligen Nationalhymnen gespielt wurden, wozu sich das Publikum von den Sitzen erhob. In den USA und in Großbritannien habe ich erlebt, daß sich die Zuhörer beim Halleluja aus dem »Messias« von *Händel* erhoben und diesen festlichen Chor stehend anhörten. Es wird dazu überliefert, daß sich der englische König seinerzeit bei diesem Chor erhoben habe.

Um sich Mut zu machen, singen die Eingeborenen vor einem Kriegsgang mit dem Nachbarstamm mutmachende Gesänge unter Begleitung von Trommeln und anderen einfachen Instrumenten. Wir kennen aus unserer Kindheit die Erfahrung, uns durch Pfeifen oder Singen im Dunkeln (beim Gang in den Keller oder auch durch den Ort), die Angst vor dem Alleinsein zu vertreiben.

Heinz Kohut hat zur Musikrezeption vier Typen herausgearbeitet, die hier vorgestellt werden sollen:

1. *Der orale Typ* – dazu gehören Menschen, die beim Hören von Musik, die ihnen gefällt, mit offenem Mund dasitzen und die Musik so in sich einsaugen wie früher die Milch aus der Brust der Mutter.

2. *Der rhythmische Typ* – auch den kennen wir gut, er kann im Konzert manchmal etwas lästig werden. Dieser Typ kann nicht still sitzen, Finger, Hände, Füße und Kopf bewegen sich zur Musik als kinästhetische Entladung der Spannung, die durch die Rhythmik und den musikalischen Inhalt des gehörten Stückes entstanden ist.

3. *Der sich identifizierende Typ* – diese Menschen identifizieren sich mit dem Solisten oder Dirigenten und erleben dabei eine phallisch-exhibitionistische, genußvolle Musikrezeption. Diese Identifikation läßt den Hörer in die Rolle des Solisten oder Dirigenten schlüpfen, um so, »quasi mitgestaltend« Freude an diesem Musik-

genuß besonders intensiv erleben zu können. (Auch »Dirigenten«, die zu Hause den Plattenspieler oder das Radio dirigieren, gehören in diese Gruppe.)

4. *Der Gruppentyp* – hier vermittelt das gemeinsame Spielen oder Singen von Musik ein Gefühl von Zusammengehörigkeit und Stärke. Die Mitwirkenden solidarisieren sich über gemeinsame Anstrengungen um einen gemeinsamen musikalischen Erfolg. Dabei erlebt sich der Einzelne auch als wichtiger Teil des Ganzen und kann so eigene Gefühle des Alleinseins oder des Nicht-gebraucht-Werdens relativieren.

Durch unsere frühen Hörerfahrungen im Mutterleib und die vielfältigen Klangeindrücke aus unserer Umwelt nach der Geburt entwickeln wir ein bestimmtes musikalisches Verhaltens- und Erinnerungspotential (*Kohut*: »frühes musikalisches Ich«), das uns hilft, mit schwierigen, vielleicht zunächst auch bedrohlichen akustischen Situationen besser umgehen zu lernen. Wir können mit bestimmten Geräuschen (z.B. die in einer fremden Umgebung oder in einem fremden Haus), an die wir nicht gewöhnt und mit denen wir nicht vertraut sind, erst dann besser umgehen, wenn wir sie zuordnen können, um damit vom Erleben her auch die Bedrohung abwenden zu können.

Besonders problematisch wird es, wenn wir im modernen Konzertbetrieb mit Werken zeitgenössischer Komponisten *konfrontiert* werden: Diese Werke finden bei den meisten Zuhörern wenig Resonanz, was aufgrund der oben gemachten Ausführungen leicht verständlich ist.

Diese Musik hat für den Normalhörer keine erkennbaren musikalischen Formen oder Strukturen (außer vielleicht einem Anfang und dem Ende). Der normale Hörer findet keine erkennbare Tonartenzuordnung, da die Werke polytonal (in mehreren Tonarten gleichzeitig) geschrieben sind. Vertraute rhythmische Strukturen, wie ein gerader Vierer- oder ungerader Dreiertakt, sind nicht wahrnehmbar. Das Metrum der Stücke wechselt polyrhythmisch, oft von Takt zu Takt, unter bevorzugter Verwendung von ungeraden Fünfer-Siebener-Elfer-Taktarten. Die traditionellen, überlieferten harmonischen Strukturen werden verlassen zugunsten dissonanter Klänge und »Tontrauben« (englisch: Cluster), die sich auch häufig nicht auflösen, sondern den Hörer ratlos und innerlich auf Gegenkurs aus einem solchen Konzert entlassen. Kommen dann noch extreme Lautstärkeunterschiede, Temposchwankungen, unverhoffte Pausen und Polyrhythmen (mehrere Rhythmen werden gleichzeitig, z.B. von verschiedenen Instrumenten gespielt) hinzu, ist der Hörer völlig verunsichert. Ich habe in solchen Konzerten dann Ärger und Ablehnung in Äußerungen gehört wie:»Ich möchte mir den täglichen Krach und das Chaos unserer Welt nicht auch noch im Konzertsaal anhören müssen.«

Wenn wir in der Musiktherapie Improvisationen auf Band aufnahmen und unser Stück dann gemeinsam abhörten, tauchte ein ganz anderer Aspekt zeitgenössischer Musik, besonders im Vergleich zu komponierter moderner Musik auf:»Das klingt ja so ähnlich wie die Musik, die wir vorhin improvisiert (und dann vom Band gehört) haben. Ohne unsere Improvisationen hätte ich diese moderne Musik nicht hören mögen. Aber der Komponist drückt ja ähnliche Stimmungen aus. Der kann das vielleicht besser – aber wir sind auch ganz gut.«

In Patientengruppen, die schon Erfahrungen mit improvisierter Musik hatten, löste das Anhören zeitgenössischer Musik von CD's überraschende, aber auch verständliche Antworten aus: Hier formulieren Patienten etwas, das »wie eine Kompositionsanleitung für zeitgenössische Komponisten« klingen mag. Ich kann mir gut vorstellen, daß moderne Musik eine größere, und die Komponisten auch wünschenswertere Akzeptanz finden würden, wenn sich die Zuhörer in das akustische Geschehen mehr einbezogen und nicht ausgeschlossen fühlen würden. Einige Dirigenten in Europa und den USA veranstalten inzwischen solche Einführungskonzerte, die vom interessierten Publikum dankbar aufgenommen werden.

Doch zurück in den Konzertsaal: Wenn dann nach der Pause in einem Sinfoniekonzert ein klassisches Werk erklingt, geht eine Welle der Erleichterung durch das Publikum – hier finden sich die Hörer wieder zurecht, es gibt wieder ein festgelegtes Zeitmaß, sich auflösende Dissonanzen, Melodien, denen man nachhängen kann, da man sie bereits von früheren Aufführungen oder CD's kennt. (Diese Aspekte müssen unbedingt in der rezeptiven MT bei der Auswahl der anzuhörenden Musikstücke berücksichtigt werden.)

Ist Antriebssteigerung, Bewegung, Spannung und Spannungslösung therapeutisches Ziel, dann wähle ich gerne Werke von *Igor Strawinsky* (besonders die Ballett-Musiken wie Feuervogel, Petruschka) und lasse die Patienten sich dazu bewegen.

Ist eher etwas Besänftigendes angesagt, so verwende ich z.B. geatmete Vokalmusik des 16. Jahrhunderts, die durch ihre Gleichförmigkeit und den Atemfluß besonders anspricht und die man im Liegen, Sitzen oder auch Gehen anhören kann, letzteres auch in Form einer Geh-Meditation.

Musik verschafft Spielern wie Hörern eine Art »sinnlicher Lust«. Die gelungene Wiedergabe einer Komposition, sei sie allein oder zusammen mit anderen gespielt, verschafft Freude und Lust am instrumentalen Können. Das Selbstwertgefühl wird dabei gesteigert und der für uns alle notwendige gesunde Narzißmus erfährt eine entsprechende Zufuhr. Wenn wir in Gruppen zusammenspielen, so ist dies ein soziales Erlebnis.

Ich habe besonders in Zeiten der äußeren Entbehrung und Not nach dem letzten Krieg gern an unseren Kirchenchorproben teilgenommen, habe später als Student in Studenten-Kantoreien mitgesungen oder in Studentenorchestern mitgespielt, um mir in einer fremden Stadt ein Stück soziales Umfeld zu schaffen. Chöre, Orchester oder Bands sind immer auch Stätten sozialer Begegnungen. Da es damals noch kein Fernsehen und kaum Tonträger gab, die Langspielplatte damals gerade auf den Markt kam, waren solche Gemeinschaften auch eine Art »Ersatzfamilie«. Leider hat die Wiedererlangung des Wohlstands in unserer Gesellschaft mit dem damit verbundenen »Wertewandel« die Bedeutung und den Stellenwert dieser sozialen und musikalischen Erfahrungen immer mehr in den Hintergrund gedrängt.

Aus gruppentherapeutischer Sicht werden Leiterinnen oder Leiter des Chores oder des Orchesters als »Eltern« wahrgenommen, Chor- oder Orchestermitglieder als »Brüder oder Schwestern«. Dieser Effekt ist nicht nur für musizierende Gruppen typisch, sondern findet sich auch in Sportvereinen oder anderen Vereinigungen (politischen Gruppen, Berufsgruppen, Gewerkschaften, Heimatverbänden etc.).

Auch im Ausland (England, USA) konnte ich später diese Erfahrung machen – neben den beruflichen Kontakten im ärztlichen Umfeld waren für mich die sozialen Kontakte, die über das gemeinsame Musizieren entstanden, besonders prägend und haben mir das Einleben in einem anderen Land sehr erleichtert.

Musikalische Primärebene

Heinz Kohut spricht in Analogie zu den Ebenen des Strukturmodelles von *Freud* von einer musikalischen Primär- und Sekundärebene, auf denen sich die entsprechenen Primär- oder Sekundärprozesse abspielen. Unter dem *Primärprozeß* versteht *Kohut* die Aktivitäten des *musikalischen Es*. Hier wird Musik als die Ausdruckskraft eines noch triebhaften organismischen Geschehens verstanden, das durch überwiegend rhythmische Elemente ohne feste musikalische Strukturen abläuft.

Musikalische Sekundärebene

Entsprechend finden wir auf der musikalischen Sekundärebene die Aktivitäten des musikalischen Ich und des musikalischen Über-Ich. Die auf der Primärebene noch ungeordneten musikalischen Strukturen werden jetzt im *Sekundärprozeß* in bestimmte Ordnungssysteme eingebracht, es entwickeln sich Melodien, strukturelle Zusammenhänge werden deutlich und die Musik nach Regeln der musikalischen Form- und Satzlehre unter Einschluß ästhetischer Überlegungen geordnet.

Bildung musikalischer Instanzen

1. Das musikalische »Es«

Wie schon oben angedeutet, befinden wir uns bei der musikalischen Instanz des Es auf der musikalischen Primärebene. Hier werden Gefühle durch Rhythmen und oft recht chaotische Klänge und Geräusche ausgedrückt. Der Drang nach sofortiger musikalischer Bedürfnisbefriedigung bis hin zur Ekstase hat hier seinen Platz. Hier ist das kollektive Unbewußte von *C.G. Jung* mit der Erfahrung angesiedelt, daß sich viele Menschen von der Marschmusik ansprechen lassen, wie viele Beispiele in diesem Jahrhundert gezeigt haben. Aber auch schon früher war das Verführende bestimmter

Klänge geeignet, den eigenen Willen, die eigene Kritikfähigkeit und das Einschätzen von möglichen Folgen außer Kraft zu setzen.

Als Beispiel mag hier der *Rattenfänger von Hameln* dienen, der die Stadt von den Ratten befreite, um anschließend die Kinder der Stadt in die Weser zu führen, wo sie ertranken, da die Stadtväter den vereinbarten Lohn nicht zahlen wollten. Moderne »*Rattenfänger*« spielen heute im Kaufhaus auf! Nicht um uns zu ertränken, sondern um unseren kritischen Verstand für die Zeit des Kaufhausbesuches »ein wenig zu vernebeln und einzuschläfern«, damit wir möglichst viel einkaufen.

Ein sehr schönes Beispiel klanggewordener Sexualität ist der berühmte »Bolero« von *Maurice Ravel*. Diese Musik, die von einem gleichbleibenden Rhythmus von Anbeginn bis zum Ende durchzogen ist, baut eine ungeheure Spannung auf, die kurz vor dem Ende in einem ganz abrupten Tonartenwechsel gipfelt, nach einigen Takten wieder in die ursprüngliche Tonart zurückmoduliert und wenige Takte später zu Ende geht. Wenn im Verlauf des »Bolero« die Blechbläser hinzukommen, kann man hören, wie z.b. die Posaunen »glissando« spielen, also die Töne nicht sauber voneinander trennen, sondern »schmieren«, wie wir Musiker sagen, d.h. von einem Ton in den anderen Ton gleiten. Dieses musikalische Stilmittel weist für mich neben der immer dichter werdenden Musik auf die sich aufladende Stimmung hin, die sich durch den Höhepunkt im Tonartenwechsel orgastisch entlädt.

2. Das musikalische »Ich«

Das *musikalische Ich* entspricht der musikalischen Sekundärebene. Hier werden jetzt nach bestimmten Realitätsprinzipien die Gefühle und Stimmungen, Konflikte oder Probleme geordnet. Es entstehen musikalische Formen, Melodien werden geschaffen, Begleitungen komponiert. Das musikalische Ich sorgt für eine entsprechende Kontaktaufnahme oder Abgrenzung zur »musikalischen Umwelt« (»Da möchte ich mitspielen, dort lieber nicht.«).

Kohut unterscheidet zwischen zwei Formen des musikalischen Ich:

64

■ Bei dem »*frühen Ich*« handelt es sich um die Instanz, die sich aus den pränatalen Vorläufern (kleinen Ich-Inseln) nach der Geburt zur Bewältigung der Geräuschangst entwickelt. Mit diesem frühen Ich kann das heranwachsende Kind erste einfache musikalische Formen erkennen und nachahmen, d.h. leichte Rhythmen klatschen, einfache Kinderlieder lernen und nachsingen. In dieser Phase werden Versuche des Kindes erkennbar, eigene kleine Melodien zu erfinden, die sich aus den frühen Formen des Brabbelns oder Lallens entwickeln.

■ Das »*reife musikalische Ich*« repräsentiert die Instanz, die sozusagen in die Schule gegangen ist. Die Entwicklung dieses *reifen musikalischen Ich* läuft parallel zur Kindergarten- und frühen Schulzeit und den damit verbundenen Angeboten zu musikalischen Aktivitäten, wie z.b. die Fortsetzung der musikalischen Früherziehung, das Erlernen der Blockflöte oder anderer Melodieinstrumente, des Klaviers oder der Gitarre. Mit zunehmendem Alter kann das *reife musikalische Ich* musikalische Formen wie einzelne Sätze in einer Suite, Sonate oder Symphonie erkennen und ein Choralvorspiel, eine Fuge oder eine Rhapsodie erkennen und voneinander unterscheiden.

Auch das Erkennen von Stilrichtungen gehört zu den Fähigkeiten des *reifen musikalischen Ich*. Wie ich schon weiter vorn beschrieben habe, sind wir auf Grund unserer musikalischen Erfahrungen in der Lage, bestimmte Stilrichtungen und kompositorische Merkmale von Komponisten genauer zu differenzieren und können, selbst wenn wir das Werk nicht erkennen, es doch mit sehr viel Treffsicherheit einer bestimmten Periode, z.B. Barockzeit (*Bach, Händel*), Klassik (*Haydn, Mozart, Beethoven, Schubert*), Romantik (*Schumann, Mendelssohn, Johannes Brahms*) oder früher Moderne (*Hindemith, Bartok, Strawinsky*) zuordnen.

Auch Interpretationsmerkmale, die typisch für einen bestimmten Dirigenten oder Solisten sind, kann das *reife musikalische Ich* dann unterscheiden lernen und speichern. Die Vorliebe für Komponisten und Interpreten führt dazu, daß wir uns eine entsprechende CD-Sammlung anlegen oder Musikvideos sammeln. Spielen wir selbst ein Instrument, so besorgen wir uns das entsprechende Notenmaterial.

3. Das musikalische »Über-Ich«

Während das *musikalische Ich* Kontakte zur Umgebung sucht, wird durch das *musikalische Über-Ich* eine Art Bewertung vorgenommen. Es geht um die Akzeptanz des aktiven Musizierens, das soziale und gesellschaftliche Anerkennung findet, da es als sinnvolle Aktivität eingestuft wird. Das hat nach *Kohut* allerdings den Preis, daß ich mich als aktiver Musizierer den musikalischen Regeln unterwerfen muß. Durch Nichtbeachtung solcher Gesetzmäßigkeiten würde ich mich sonst schnell ins musikalische Abseits begeben. Musikalische Vereinbarungen müssen wir für die gemeinsame Interpretation absprechen, welche Tempi, Lautstärke, Phrasierung oder Bogenstriche bei den Streichern betreffen. Die Intonation beim Singen oder auf Streichinstrumenten muß stimmen, damit das Werk beim Zusammenspiel gut klingt.

Nicht zuletzt ist das *musikalische Über-Ich* auch die Triebfeder und der Ansporn für musikalische Leistungen im Bereich künstlerischer Tätigkeiten. Dazu gehört zunächst das private Musikstudium, später das Studium an einer Musikhochschule mit dem Ziel einer künstlerischen Tätigkeit als Solist, Orchestermusiker oder Musiklehrer. Auch die Teilnahme an Musikwettbewerben gehört hierher, will der Musiker doch wissen, welchen Marktwert sein eigenes musikalisches Können hat.

4. Das musikalische Ich-Ideal

Darunter versteht *Kohut* die belohnende Instanz bei der Verinnerlichung von Ziel- und Wertvorstellungen im Musikalischen. Idealinterpretationen bestimmter Künstler können richtungweisend werden. Die Vorliebe für bestimmte musikalische Stilrichtungen oder Komponisten gehört hierher, d.h. hier findet auch eine Identifikation mit bestimmten Musikrichtungen und Interpreten statt, die von den Beatles oder anderen Gruppen der Popmusik bis hin zu Orchestern mit bestimmten Stilrichtungen reichen, wie z.B. die Aufführungspraxis von Kompositionen des 18. und 19. Jahrhunderts auf historischen Instrumenten und in historischer Spielweise (wobei alle nur erdenklichen Feinheiten der Interpretation berücksichtigt werden bis zur Frage des rechten Tempos, auf das ich in dem Kapitel »Tempo giusto« noch zu sprechen kommen werde).

Zu den Pionieren dieser historischen Aufführungspraxis gehören der Cellist und Dirigent *Nikolaus Harnoncourt*, anfangs mit dem *Concentus musicus Wien*, später mit vielen namhaften Orchestern Europas, der Cembalist und Organist *Gustav Leonhardt*, der Blockflötist und Dirigent *Frans Brüggen* und der Cellist *Anner Byslma*. Sie begannen Ende der 50er Jahre, ihre Interpretationen in historischer Spielpraxis und auf historischen Instrumenten auf Schallplatten, später auf CD's zu veröffentlichen. Damals begann es zunächst mit Barockmusik, heute reichen historisierende Interpretationen bis zur Musik aus der Mitte des 19. Jahrhunderts zu diesem Bereich.

Inzwischen ist schon die zweite bzw. die dritte Generation dabei, die »Brandenburgischen Konzerte«, die Kantaten und Passionen von *Johann Sebastian Bach* oder *Georg Friedrich Händel*, die Opern von *Mozart*, Sinfonien und andere Orchesterwerke von *Haydn*, *Beethoven*, *Schubert* bis hin zu Sinfonien von *Hector Berlioz* in historischer Aufführungspraxis und auf Instrumenten der damaligen Zeit wieder neu aufzunehmen.

Ein zweite Revolution, die sich seit über zehn Jahren abzeichnet, aber noch kaum Beachtung fand, stellt die Frage der richtigen Tempi im Spiel der Musik in den Vordergrund, die bei allen sonst noch so authentischen Interpretationen bisher fast unbeachtet blieb. Zu den Verfechtern eines angemessenen und nicht ins aberwitzige gesteigerten Tempos (Tempo giusto) gehören *Talsma*, *Wehmeyer*, *Walter Heinz Bernstein*, *Klimt* und *Probst*, um die mir bekannten Interpreten zu nennen. Eine grundsätzliche Schwierigkeit unseres modernen Musikbetriebes besteht darin, daß langsames Spielen mit »nicht schneller können« gleichgesetzt und damit automatisch abqualifiziert wird. Einen äußerst unguten Einfluß haben hierbei Musikkritiker, die unreflektiert ihre vorgefaßten Meinungen veröffentlichen und jeden Interpreten, der von dem Trampelpfad gängiger Interpretationen abweicht, erstmal in die Verbannung schicken. Der alte olympische Gedanke des »höher, weiter, schneller« feiert hier im »schneller, lauter, exzentrischer« fröhliche Urstände – und (fast) alle jubeln dieser Entwicklung zu. Daß dabei die Musik im wahrsten Sinne auf der Strecke bleibt, wird von den »Rasern« billigend in Kauf genommen. Hauptsache ist, daß das rekordverdächtige, schnelle Spiel der »Geldscheinsonate« (Titel eines Buches von *Klaus Umbach* in Anlehnung an *Beethovens*

»Mondscheinsonate«) gute Umsätze in die Kassen der CD-Firmen, einiger CD-Matadore sowie der Musikveranstalter einspielt.

5. Widerstand in der Musiktherapie

Das Schema, das auf Seite 46 den musiktherapeutischen Prozeß darstellt, kann an dieser Stelle noch durch einen weiteren Aspekt ergänzt werden, der bisher nur andeutungsweise beschrieben wurde.

Unter dem Begriff »Beziehungssprache« wird auf den Beziehungsaspekt von Patient und Therapeut in der Therapie hingewiesen, den wir in der Psychotherapie als Übertragung und Gegenübertragung bezeichnen.

Mit der Übertragung hat *Freud* zum ersten Mal ein Widerstandsphänomen beschrieben, das sich darin bemerkbar machte, daß sich Patientinnen ihm gegenüber während der Behandlung »merkwürdig« verhielten und Äußerungen machten, zu denen *Freud* selber keine Veranlassung gegeben hatte. *Freud* fand heraus, daß es sich hierbei um eine falsche Verknüpfung handelte und nannte seine Beobachtungen *Übertragung*, bei der die Patientinnen auf ihn Gefühle der Zuneigung, des Verliebt-Seins oder gar der Liebe übertrugen, die in der Lebensgeschichte der Patientinnen begründet lagen und eigentlich den Vätern oder anderen männlichen Bezugspersonen aus dem Umfeld der Patientinnen galten. Diese Gefühle wurden ihnen in der Therapie mit *Freud* wieder bewußt und sie wurden verstärkt, obwohl sie mit *Freud* selbst nichts zu tun hatten, sondern eine Übertragung darstellten.

Freud hat 1926 diese Widerstände in fünf Widerstandsformen zusammenfaßt, die sich wie folgt gliedern:

Widerstandsformen des Ich:

■ Verdrängung,
■ Übertragung,
■ sekundärer Krankheitsgewinn,
■ Macht des Wiederholungszwanges (Anziehung unbewußter Vorbilder auf den verdrängten Triebvorgang).

Widerstand des Über-Ich:

■ unbewußte Schuldgefühle,
■ Strafbedürfnis.

Wie sich diese Widerstandsformen bemerkbar machen, soll im folgenden näher beschrieben werden.

In der Musiktherapie kann es, wie in jeder anderen Psychotherapie, zu einer Verlangsamung oder gar zu einem Stillstand des therapeutischen Prozesses kommen. Dies ist ein wichtiger Hinweis, daß wir es an dieser Stelle mit Widerstandsphänomenen zu tun haben. Dieser Widerstand und die dazu eingesetzten Abwehrmechanismen müssen analysiert werden, um den Prozeß wieder in Gang zu bringen. Grundsätzlich gilt, daß jede Äußerung des Patienten, jedes Verhalten, jedes Improvisationsspiel auch Widerstand ausdrücken kann.

So können wir akustisch eine Diskrepanz zwischen dem Thema und der klanglichen Improvisation wahrnehmen. Dies zeigt sich in der Instrumentenwahl. Einige interessante Beispiele kann ich an dieser Stelle aus der Praxis berichten:

Ich erlebe immer wieder, daß Patienten Instrumente aussuchen, die sie zunächst für sehr geeignet halten, um darauf ihre Gefühle zu spielen. Dazu ist es für die Patienten hilfreich, die gespielten Sequenzen auf ein Tonband aufzunehmen und sie ihnen vorzuspielen. Dabei bitte ich die Patienten, dem eigenen Spiel jetzt als objektive Zuhörer zuzuhören und uns zu sagen, wie sie dieses Spiel erleben, was es in ihnen auslöst und ob es irgend etwas gibt, was sie bei einem zweiten Spiel anders machen würden. (An dieser Stelle finden sich Gemeinsamkeiten in der Musiktherapie mit der Verhaltenstherapie, wo die Möglichkeit einer korrigierenden Erfahrung sofort gemacht werden kann, sobald Patienten merken, wie sie sich mitteilen und was sie ändern möchten, um deutlicher gehört zu werden.)

Auf das Beispiel des Abteilungsleiters, das ich weiter vorn bereits beschrieben habe, sei hier noch einmal hingewiesen. Dieser hatte sich zum Spiel eines Konfliktes mit seinen Mitarbeitern eine große Pauke geholt, dann aber ein Glockenspiel auf die Pauke gestellt. Ein Glockenspiel ist sicher wenig geeignet, Konflikte auszutragen, und sei es hier nur auf der Symbolebene. Hier zeigt sich in der Instrumentenwahl ein typischer Widerstand. Andere Patienten funktionieren ihre gewählten Instrumente ebenfalls um: So wird aus einer Harfe oder Flöte plötzlich ein Schlaginstrument. Dieses »Traktieren«, d.h. gegen das Instrument spielen, läßt mich dann die Patienten fragen, ob »sie auch so mit sich umgehen würden«. Oft höre ich an dieser Stelle ein bestürztes ja, was soviel heißt, daß sie tatsächlich entweder so mit sich umgehen oder sich es von anderen gefallen lassen. Rückmeldungen aus der Gruppe oder vom Tonband helfen, diese Diskrepanz zu verdeutlichen.

Um ihre Widerstände in einer Improvisation besser zu verstehen, lade ich die Patienten ein, ihr Spiel zu beschreiben und zu deuten, wie sie mit Instrumenten umgehen. Ein Spiel zum Thema Zuneigung auf einer Trommel mit lauten Trommelschlägen macht dem Spieler und den Zuhörern in der Gruppe deutlich, wie diese Zuneigung wirklich klingt, wie er seine Zuneigung wahrnimmt und ausdrückt (was er so vielleicht gar nicht wahrhaben möchte) und sich am Ende noch wundert, daß diese Form der Zuwendung keine Resonanz findet. Fast immer wird dann die Problematik der Beziehung thematisiert.

Manchmal geraten Improvisationen zwischen einzelnen Patienten, aber auch zwischen Patienten und Therapeuten zu einem regelrechten musikalischen Schlagabtausch, wobei ein Patient beweisen möchte, daß er der Bessere, Schnellere und Geübtere sei. (Vergleiche hierzu das Beispiel aus der Einzelmusiktherapie auf Seite 240) Auch diese Beobachtung lädt dazu ein, das Verhalten und die Spielweise des Patienten zu hinterfragen. Die aus der Gestaltpsychotherapie übernommene Formulierung des Therapeuten kann dann heißen: »Gibt es im Augenblick etwas, was Sie durch dieses Spiel vermeiden?«, oder: »Wozu brauchen Sie dies im Augenblick?«, um so den Patienten auf mögliche Widerstände hinzuweisen.

Therapeutischer Umgang mit dem Widerstand in der Musiktherapie

Das Symptom, mit dem der Patient in die Therapie kommt, und den Widerstand, den er gegen Veränderungen aufbietet, wird in den modernen Psychotherapien als eine »sinnvolle Lebensbewältigungsstrategie« aufgefaßt, die es dem Patienten bislang ermöglichte, in schwierigen Situationen seines Lebens zurechtzukommen und wenigstens einigermaßen funktionsfähig zu bleiben. Wir verstehen neurotische Störungen als einen, wenn auch nicht optimalen Kompromiß zwischen Ansprüchen des Patienten und seinen (eingeschränkten) Lösungsmöglichkeiten. Am Widerstand zu arbeiten heißt, den Widerstand zu benennen und sich als Therapeut »mit dem Widerstand zu verbünden«. Damit erkenne ich die Eigenleistung des *Ich* des Patienten an und verbünde mich mit dem Patienten und seinen gesunden Anteilen auf der Suche nach Lösungsmöglichkeiten in seiner augenblicklichen Lebenssituation.

Oft entdecken die Patienten in der Musiktherapie, daß sie sich mit Instrumenten auch schützen können, gibt es doch Instrumente, die auf Grund ihrer Größe schon ein Stück Schutz anbieten können. In meinem Musiktherapieraum gibt es neben einem Flügel und einem Klavier zwei große Ständer mit großen Gongs, eine große, beidseits mit Fell bespannte Gongtrommel, ein großes Vibraphon, mehrere große Xylophone, eine große Schlitztrommel und Tempelblocks oder Becken, die der Patient vor oder auch um sich herum aufbauen kann, um sich so eine Art Festung einzurichten. Manchmal setzen sich Patienten bei einer heftigen Trommelarbeit hinter den Flügel, um sich so zu schützen. Wichtig ist für das Zustandekommen und auch das In-Gang-halten eines musiktherapeutischen Prozesses, den teilnehmenden Patienten immer wieder über die Ziele und Wege der Musiktherapie zu informieren, um so Widerstände aus mangelnder Kenntnis des Verfahrens oder aus vermeintlichen hohen musikalischen Erwartungen des Therapeuten abbauen zu helfen.

Unsere Patienten kommen mit ganz unterschiedlichen musikalischen Vorerfahrungen zu uns: Einige von ihnen kommen aus musikalischen Elternhäusern, haben in ihrer Jugend Instrumente gespielt, waren vielleicht in einem Orchester oder einem Chor der Schule, haben Freude am Musizieren, besonders auch am gemeinsamen Spielen. Diese Patienten sind in der Regel gut in den musiktherapeutischen Prozeß einzubinden, wenn ihnen klar wird, daß Musiktherapie kein Leistungskurs im Fach Musik oder Musikunterricht ist. Andere »spielen« Kassettenrecorder oder Radio, haben also noch keinen oder nur wenig Kontakt zu Instrumenten gehabt.

Problematisch kann die Aufnahme von Berufsmusikern in die Musiktherapie werden: Das kann gut gelingen, wenn diese Menschen in ihrem musikalischen Umfeld auch Kontakt mit Improvisationen haben und sich noch ein Gefühl der Freude am Spiel bewahren konnten. Da Bläser häufig auch Kontakt zum Jazz haben, ist ihnen das Improvisieren genauso vertraut wie Schlagzeugern. Allerdings besteht bei Berufsmusikern immer die Gefahr, daß sie sich hinter ihrem musikalischen Können verbergen und so ihre Musikalität und ihre Fertigkeiten auf den Instrumenten als Widerstand einsetzen, um den direkten Kontakt zu ihrer problematischen Lebenssituation und den damit verbundenen Konflikten zu vermeiden.

Schwieriger erweist sich die Einbeziehung von Musikern, die eher zwanghaft strukturiert und leistungsbezogen sind und die es sich aufgrund ihrer Position, z.B. im Orchester, einfach nicht leisten können, aus Spaß an der Freude Musik zu machen oder einfach drauflos zu spielen. Jedes Spiel wird dann zu ernstzunehmender Arbeit und darf auf keinen Fall Spaß machen.

Wenn Musiker mit solchen Strukturen auch in der Therapie keinen rechten Zugang zum Improvisieren finden, halte ich die Teilnahme an einem anderen kreativen Verfahren für sinnvoller. Ich erinnere mich an einen Streicher, den ich zu einer Improvisation aufforderte und der völlig hilf- und ratlos vor seinen Instrumenten saß und schließlich auf einem Vibraphon das Thema eines Satzes aus einer Beethoven-Sinfonie spielte. Ich habe diesem Patienten mit seinem Einverständnis die Teilnahme in einer Gruppe für Körpertherapie angeboten, wo er sich besser auf die therapeutischen Angebote einlassen konnte.

Menschen, die sich über Radio, Walkman oder CD-Spieler Musik ihres Geschmackes »reinziehen« und gern in eine Disco oder auf Rockkonzerte gehen, finden meist einen guten Zugang zur Musiktherapie, da sie beim Improvisieren immer ihre *eigene* Musik spielen können.

Verschiedene Aspekte des Widerstandes

Die Kunst in der Psychotherapie besteht darin, prozeßorientiert zu arbeiten. Tauchen Widerstände auf, so ist es Aufgabe des Therapeuten, diese zu erkennen, zu benennen und entsprechende therapeutische Schritte vorzuschlagen, um den psychotherapeutischen Prozeß in Gang zu halten und Widerstandsphänomene zu bearbeiten und aufzulösen. Das Problem ist, daß die Patienten zwar Veränderungen bewußt anstreben, unbewußt aber die für eine Veränderung notwendigen Schritte fürchten und so zunächst jede Veränderung vermeiden.

Vielleicht noch ein Wort zu den Begriffen Widerstand und Abwehr: Den Widerstand spüren wir im therapeutischen Prozeß. Abwehrformen und die Art der Abwehr, welche die Patienten einsetzen, um die Therapie zu stören, müssen wir sozusagen erst erschließen. Dabei gelten folgende Regeln:

1. Die Beobachtung des Widerstandes ist an die therapeutische Situation gebunden und damit Teil des therapeutischen Prozesses.

2. Widerstand bezieht sich auf die vom Patienten bewußt angestrebte, unbewußt aber befürchtete Veränderung.

3. Jede Form der Psychotherapie, auch die Musiktherapie, ist vielfältig störbar: Es gibt kein Verhalten, das nicht als Widerstand eingesetzt werden kann, wenn es über eine bestimmte Intensität hinausgeht.

Eine positive Übertragung des Patienten auf den Therapeuten ist eine unverzichtbare Basis für jede Therapie. Wächst diese Übertragung jedoch so stark an, daß eine Übertragungsliebe entsteht, muß dies in der Therapie angesprochen werden, da sie zum Widerstand geworden ist und einen normalen Therapieablauf nicht mehr ermöglicht. Hier kann sich der Musiktherapeut auf den Psychoanalytiker *Reich* berufen, der empfahl, den Widerstand so früh wie möglich zu analysieren und der ihn mit folgender Bemerkung anzusprechen pflegte:»Sie haben etwas gegen mich, sprechen es aber nicht an.«

Der ungarische Psychoanalytiker *Ferenczi* gab die Empfehlung, Träume, Gesten, Fehlhandlungen, die Verbesserung oder Verschlimmerung in der Therapie vor allem als Ausdruck der Übertragungs- und Widerstandsverhältnisse zu betrachten. *Groddeck* fragte die Patienten bei jeder Verschlimmerung ihres Zustandes:»Was haben Sie gegen mich? Was habe ich Ihnen getan?«

Wenn ein Patient mit einem Therapeuten oder einer Therapeutin überhaupt nicht arbeiten kann und die Probleme auch durch klärende Gespräche nicht gelöst werden können, ist eine Therapie nicht möglich. Das gleiche gilt auch für Therapeuten. Auch bei Therapeuten tauchen Gefühle (hier Gegenübertragung genannt) auf, mit einer Patientin oder einem Patienten nicht arbeiten zu können. Sollte dies auch durch eine Supervision nicht auflösbar sein, muß der Patient an einen anderen Therapeuten abgegeben werden. Für den niedergelassenen Therapeuten kann das heißen, eine Therapie abzulehnen. Für die ambulante Kassenpraxis besteht die sehr sinnvolle Einrichtung, zunächst fünf »Probestunden« zu vereinbaren und nach Ablauf dieser Stunden zu entscheiden, ob Patient und Therapeut miteinander arbeiten können und wollen.

In der großen Palette von Widerständen können wir offenkundige, grob sichtbare Widerstände und unauffällige Formen des Widerstandes unterscheiden:

Grobe Widerstände

Zuspätkommen, Versäumen von Therapiestunden, Schweigen, Weitschweifigkeit, Mißverstehen von Deutungen, gespielte Dummheit, alles ins Lächerliche ziehen, ständige Zerstreutheit, Müdigkeit, Abbruch (es entsteht der Eindruck, als wolle der Patient die Therapie sabotieren).

Die unauffällige Form des Widerstandes

Scheinbares Eingehen auf alles, was der Therapeut sagt, fällt als erstes auf. Der Patient scheint mit allem einverstanden zu sein, er bietet eine unendliche Fülle von Stoff wie interessante Träume oder ein Gemisch von Dichtung und Wahrheit, um den Therapeuten für sich zu gewinnen und zu besonders intensiver Sorge zu verführen. Diese Widerstände sind nicht immer sofort als solche zu erkennen, da sie mit dem therapeutischen Prozeß vermeintlich einhergehen. Hier hilft nur eine sorgfältige Verlaufsbeobachtung mit Reflektion und Analyse des therapeutischen Prozesses, auch durch eine geeignete Supervision.

Diesen Widerständen begegnen wir sowohl in der Einzel- als auch in der Gruppenmusiktherapie. In der Gruppe kommen zu den oben beschriebenen groben und unauffälligen Widerstandsformen gruppenspezifische Widerstände hinzu, auf die später noch einzugehen sein wird.

Funktionen des Widerstandes

Widerstände haben im therapeutischen Prozeß unter anderem die Funktion, das Tempo des Prozesses und auch die Beziehung von Patient und Therapeut zu regeln. Für die Musiktherapie gilt, wie auch für andere erlebnisorientierte Verfahren, daß die Arbeit im Hier und Jetzt mit ihrer Problematik zunächst den Vorrang vor biographischen Rückblenden und der Bearbeitung der biographischen Vergangenheit erhält.

Widerstand wird, wie schon angedeutet, als eine besondere Ich-Leistung aufgefaßt und stellt ein besonders wichtiges Verhalten des Patienten dar, mit dem er sich auch schützen kann. Unsere Patienten kommen zur ambulanten Therapie oder in die Klinik, weil die neurotischen Lösungsmodelle ihrer Probleme nicht mehr funktionieren. Die Behinderung durch Ängste, Zwänge oder Depressionen ist so groß geworden, daß Patienten ohne Therapie allein nicht mehr zurecht kommen und nun mit uns einen Weg aus dieser Lebens- und Konfliktsituation suchen.

Durch gezielte Fragen kann der Therapeut das Widerstandsgeschehen aufhellen: warum setzt der Patient den Widerstand gerade jetzt ein? Warum setzt er ihn in dieser Weise ein, wie er jetzt auftritt? Welche Ängste stecken dahinter? Welche Abwehrformen kann ich als Therapeut erkennen?

Das therapeutische Ziel bleibt dabei, sich mit dem Widerstand des Patienten zu verbünden und dabei die gesunden Anteile des Patienten für die gemeinsame Arbeit gegen den Widerstand zu aktivieren. Im therapeutischen Prozeß zeigt sich dann, ob der Patient im Rahmen seiner Persönlichkeitsstruktur alternative Verhaltensweisen entwickeln und lernen kann, um sich nach der Therapie in bestimmten Konfliktsituationen anders zu verhalten oder zu reagieren.

Als Supervisor frage ich meine Ausbildungskandidaten: »Wie wird was wann wozu abgewehrt«, um so die Widerstands- und Abwehrphänomene in gleicher Weise zu erfassen.

Das *wie* führt uns zu den verschiedenen Abwehrformen, die im weiteren noch erläutert werden sollen. Das *wird* beschreibt unsere Wahrnehmung, daß »abgewehrt« wird. Das *was* führt uns zu dem, was abgewehrt wird: der emotionale Konflikt, Trauer, Schmerz, Sehnsüchte, Schamgefühle z.B. über sexuelle Wünsche oder eine latente Homosexualität, Depression, Kränkung, Verletzung und Ärger, Realängste aus der Bedrohung durch das soziale Umfeld, Triebimpulse oder besondere Lustgefühle. Das *wann* markiert den Zeitpunkt im therapeutischen Prozeß, zu dem wir die Abwehrmechanismen bemerken. Das *wozu* führt uns zu den Erlebnissen, die nicht aufgedeckt werden sollen (z.b. sexueller Mißbrauch, Gesetzesübertretungen).

Formen der Widerstände

Ich-Widerstände

1. Übertragung

Wie schon ausgeführt, beobachtete *Freud* bei seinen Psychoanalysen Phänomene einer positiven Übertragung, für die er keine Veranlassung gegeben hatte und die aus der Gefühlswelt seiner Patientinnen stammten. Wenn solche Gefühle für den Therapeuten in der Therapie entstehen, führt das häufig zu einer Beeinträchtigung der Therapie. Patienten versuchen dabei, dem Therapeuten besonders zu gefallen, mit ihm zu flirten und Lieblingspatient/Lieblingspatientin zu sein, um sich über dieses Verhalten aus dem therapeutischen Prozeß »auszuklinken«.

Auch negative Übertragungsgefühle auf den Therapeuten (wie Ablehnung oder Haß, der vielleicht dem Vater, Großvater oder einem Nachbarn galt) führen zu einer Blockade. Gelingt es nicht, diese Übertragung aufzulösen, kommt es zu einem Therapie-Abbruch und damit zum Ende der Therapie.

2. Sekundärer Krankheitsgewinn

Hierzu hat *Freud* einmal ausgeführt,

> ... daß das Symptom einmal da ist und nicht mehr beseitigt werden kann. Es heißt nun, sich mit dieser Situation zu befreunden und den größtmöglichen Vorteil aus ihr zu ziehen (1926).

Hier spielen die Vorteile und Befriedigungen eine Rolle, die ein Patient aus seinem Kranksein, dem Mitgefühl oder der Pflege durch die anderen ziehen kann. Da er ja »krank« ist, glaubt er das Recht zu haben, die Zuwendung und Hilfe von anderen einfordern zu können, ohne selbst etwas an Gegenleistungen erbringen zu müssen. Solche Patienten, die uns auch in der Musiktherapie begegnen, sind so beschäftigt mit ihrem sekundären, meist sehr bewußtseinsnahen Krankheitsgewinn, daß sie alle therapeutischen Angebote ins Nichts laufen lassen. Häufig steckt dahinter ein Rentenbegehren, um sich auf diese Weise die z.B. vom leiblichen Vater nicht erhaltene Zuwendung jetzt vom Vater Staat zu holen. Sollte ein Rentenantrag bereits abgelehnt worden sein und hat sich daraus eine »Rentenneurose« entwickelt, sind psychotherapeutische Bemühungen meist vergebens. Die Wiedergutmachungsansprüche haben sich dann verselbständigt und den Patienten in seiner neurotischen Erlebnisfähigkeit so eingeengt, daß er keinen anderen Lebensinhalt als den Kampf um die Rente hat. Ein anderes Motiv kann sein, daß Patienten über ihre Krankheit und die damit verbundenen Symptome erfahren haben, wieviel Macht und Druck sie auf ihre Umgebung ausüben können, was ihnen ohne ihr Kranksein nicht möglich wäre. Die Krankheit wird so zum steuernden Geschehen in der Partnerschaft oder Familie. Der Gewinn in solchen Situationen ist dann größer als der Preis, den die Patienten mit ihren seelischen oder körperlichen Symptomen »bezahlen« müssen. Auch wenn der Preis hoch ist und Körper und Seele nicht mehr so gut funktionieren, warum sollten sie dann ihre Symptome aufgeben?

3. Verleugnung

Unter diesem Begriff verstehen wir die Fähigkeit, bestimmte Inhalte, d.h. also besondere Konflikte, Schwierigkeiten z.B. am Arbeitsplatz oder in der Partnerschaft, mit den Kindern, Suchttendenzen nicht anzusprechen, sondern zu verschweigen und zu verleugnen (nach dem Motto, daß nicht sein kann, was nicht sein darf). Hierzu gehört auch das Leugnen und das Isolieren von Es-Impulsen (Triebimpulsen), die für das Ich nicht akzeptabel sind. Viele Patienten vergessen aus »Angst« wichtige Dinge ihres Lebens.

Über-Ich-Widerstände

Die erkennen wir daran, daß der Patient z.B. eine entsprechende Deutung ins Gegenteil verkehrt. Ein sogenanntes Aha-Erlebnis findet nicht statt und damit kommt es auch zu keiner befreienden und ent-spannenden Wirkung der Deutung und so zu einer negativen therapeutischen Reaktion. Ein anderer Über-Ich-Widerstand ist in den Bestrafungstendenzen erkennbar. Immer dann, wenn der Therapeut einen erkennbaren Fortschritt anspricht, reagiert der Patient mit einer Verschlechterung der Symptomatik, um den Therapeuten zu »bestrafen«. Andere Patienten erleben in ihrer Leidensfähigkeit einen Zustand, der ihrem Leben, das sonst vielleicht sinnentleert sein könnte, wieder neuen Inhalt gibt. Manchmal steigern sich Patienten in ein masochistisches Lustgefühl am Unglücklichsein, das sich der therapeutischen Auflösung entzieht. Hierzu sei auf die sehr lesenswerte »Anleitung zum Unglücklichsein« von *Paul Watzlawick* verwiesen.

Häufig leben Patienten in symbiotischen Beziehungen zu einem Ehepartner, einem Elternteil oder einem Kind, *mit* dem sie genauso wenig wie *ohne* ihn leben können. Jede freundliche Geste, jedes freundliche Wort des anderen wird als Wiederannäherung erlebt, die zurückgewiesen werden muß, um so ein masochistisches Lustgefühl genießen zu können. Patienten bekommen dadurch die Bestätigung, daß *ihre* Einschätzung der Situation ja eigentlich richtig sei und nur die anderen Menschen an ihrem Unglück schuld seien. Wieviel Energie der Masochist darauf verwendet, seine wahren Gefühle zu unterdrücken, und wieviel Macht er dem »quälenden Anderen« durch seine masochistische Bereitschaft einräumt, kann der Masochist offensichtlich nicht erkennen (und nicht zugeben) und wird so einen entsprechenden Veränderungsprozeß verhindern.

Auch das Scheitern am Erfolg kann ein Über-Ich-Widerstand sein. Hier geht es um alte Rivalitäten mit dem Vater, der Mutter oder den Geschwistern, wichtigen Freunden oder Kollegen am Arbeitsplatz. Wie häufig werden Patienten, die in der Wirtschaft oder in einer Behörde arbeiten, in dem Moment krank, wenn sie vom Stellvertreter zum Abteilungsleiter befördert werden. Sie versagen zunehmend bei der Erledigung ihrer Aufgaben. Anfänglich nehmen sie noch Arbeitsmaterial mit nach Hause, wenn die entsprechenden Überstunden im Betrieb nicht mehr ausreichen. Der Kaffee- oder Teegebrauch steigt, es kommen Tranquilizer, Zigaretten und Alkohol dazu und nachts werden Schlafmittel genommen, weil der aufgeputschte Körper nicht mehr zur Ruhe kommen kann. Die Stimmung wird immer gereizter, es treten partnerschaftliche Probleme auf, bis es dann über kurz oder lang zum seelischen Einbruch kommt. Selbstmordversuche durch Vergiftungen mit Alkohol, Tabletten oder durch Autoabgase sind verzweifelte Notrufe an die Umgebung – die derjenige oft gar nicht bemerkt hat oder auch nicht wahrhaben will –, wie schlecht es dem Patienten geht. Das Erschütternde daran ist, daß solche Verzweiflungshandlungen auch aus alten Rivalitäten mit den Eltern oder anderen Mitmenschen entstanden sind und aus einem schuldbesetzten Wunsch kommen, erfolgreicher als die Rivalen zu sein.

Erwähnt werden muß aber auch, daß diese Patienten sich nicht mitteilen und ihre Notlage mit allen Mitteln vor der Umgebung, selbst vor der eigenen Familie, aus »Scham« über ihr vermeidliches Versagen, verbergen und diese auch nicht um Unterstützung und Hilfe bitten können.

Widerstand des Es

Ich habe schon in einem früheren Abschnitt über die Instanz des Es geschrieben. Das Es ist bestrebt, nach dem Lustprinzip zu leben und Unlustgefühle zu vermeiden. Dabei versucht es, das *Über-Ich* »auszutricksen«, z.B. mit magischen Vorstellungen oder einem magischen Spruch wie: »Einmal ist keinmal.« Oft »verführt« das Es das Über-Ich, nicht so genau hinzuschauen, um so, ungestört durch die kontrollierende Instanz, den Triebimpulsen nachgeben zu können. Schon *Freud* hat darauf hingewiesen, daß es nicht ohne Schwierigkeiten abgeht, wenn Triebimpulse, die Jahre oder Jahrzehnte einen bestimmten Weg gegangen sind, plötzlich einen neuen Weg gehen sollen, den man in der Therapie aufzeigt.

Weitere Widerstandsformen

Es gibt noch eine Reihe von anderen Widerstandsformen, die hier noch angesprochen werden sollen, weil sie uns auch im musiktherapeutischen Prozeß immer wieder begegnen können.

Widerstand kann sich, wie bereits dargestellt, aufbauen, wenn Berufsmusiker in die Therapie kommen. Hier kann sich herausstellen, daß MT durch die Nähe zum Beruf des Patienten nicht das geeignete therapeutische Medium für Musiker sein kann.

Anders ist es für Menschen, die aus Berufsgründen gewohnt sind, mit der Sprache umzugehen, also besonders viel sprechen, formulieren und urteilen müssen (wie Lehrer, Richter, Theologen, Manager oder Therapeuten). Sie nutzen diese Fähigkeiten in verbal-kognitiver Weise häufig als Widerstand. Hier eignen sich die kreativen Gruppen mit ihren erlebnisaktivierenden Ansätzen eher, den »verkopften« Menschen einen Zugang zu ihren Gefühlen zu ermöglichen. Aus solchen Überlegungen heraus läßt sich eine Indikation zur Musiktherapie und anderen kreativen Therapien ableiten.

Eine andere Form des Widerstandes zeigt sich, wenn die Symptome der Patienten acht bis zehn Tage vor der Entlassung wieder stärker werden, nachdem sie in der Therapie verschwunden waren. Hier fallen die Patienten wieder in ihre alten Muster zurück, aus Angst, es zu Hause nicht zu schaffen. Meist befürchten sie, das in der Therapie Erarbeitete aus Sorge vor den Konsequenzen zu Hause nicht durchsetzen zu können (z.B. Berufswechsel, Auseindersetzungen mit den Partnern, Streit, Gewalt, Trennung, Verzicht auf Wohlstand, wirtschaftliche Sicherheit oder andere äußere Annehmlichkeiten).

Die Patienten erleben die Klinik als einen therapeutischen Schutzraum und schildern ihn als eine Art Glocke. Das Zusammenleben auf einer psychotherapeutischen Station oder in einer Klinik mit gleichgesinnten Menschen, die ähnliche Probleme haben und dies auch zu erkennen geben, gibt ihnen das Gefühl, verstanden zu werden und ermöglicht unterschiedliche Kontakte und viele Gespräche auch außerhalb des therapeutischen Rahmens.

Telefonate oder gelegentliche Besuche von Angehörigen konfrontieren die Patienten mit der Realität, wie sie draußen besteht: Auch wenn die Patienten im Laufe der stationären Therapie erkennen, daß nur sie sich selber ändern (und so nur mittelbar auf die Umgebung einwirken) können, realisieren sie spätestens bei der Heimreise, daß »draußen« alles beim Alten geblieben ist und sich weder die Anspruchshaltung der Familie noch die der Berufskollegen geändert hat. Es wird zwar Verständnis signalisiert, aber auch Druck gemacht, bald wieder zuhause die volle Verantwortung zu übernehmen und zur Arbeit zurückzukehren. Hinzu kommt, daß die Menschen »draußen« sehr unrealistische Erwartungen an die Veränderungen eines Menschen in der stationären Therapie haben:

»Du hast ja jetzt sechs Wochen eine Kur gemacht. Wir hoffen alle, daß du jetzt wieder topfit und voll belastbar bist – und hoffentlich wieder so pflegeleicht (!) wie vor der Therapie!«

Für viele Patienten sind die ersten therapeutischen Schritte in der Klinik eine Neu- oder Umorientierung, die durch eine weiterführende ambulante Therapie stabilisiert werden muß. Oft überschätzen die Patienten ihre Belastbarkeit nach der stationären Entlassung. Häufig stellen sie viel zu hohe Erwartungen an sich und meinen, jetzt Bäume ausreißen zu können. Auf der anderen Seite kommt viel Druck aus der Umgebung auf sie zu. Die meisten Patienten sind durch die Therapie nicht nur sensibler und offener geworden, sondern auch wacher und empfindsamer für die Unstimmigkeiten, vor denen sie früher die Augen zugemacht hatten oder in ihre Symptome geflüchtet sind.

Viele haben dabei auch Angst, die Beziehung zu gefährden, in der sie leben, nachdem sie die Schwierigkeiten in der Beziehung in der Therapie bearbeitet haben und sie wenigstens für ihren eigenen Teil erkannt haben, was sich ändern muß.

Andere Patienten wiederum widersetzen sich einer Heilung in der Therapie, um sich auf diese Weise auf ganz lange Zeit die Zuwendung des Therapeuten zu sichern. Hier handelt es sich zum Teil um unselbständige Menschen, die in ihrer Kindheit Verluste von Vater oder Mutter, beiden Eltern, Geschwistern oder Großeltern erleben mußten und lange Zeit bei ungeliebten anderen Verwandten oder sogar in einem Heim leben mußten. Diese Menschen wünschen sich von uns immer wieder eine Verlängerung der stationären oder ambulanten Therapie, um aus ihren realen und neurotischen Schwierigkeiten heraus nicht erwachsen werden zu müssen.

Die Amerikaner haben solche Wünsche nach einer möglichst nicht-endenden Therapie sehr prägnant auf den Punkt gebracht: »rent a friend«, das heißt »miete dir einen Freund«. Diese, in den Vereinigten Staaten häufig praktizierte Form der Inanspruchnahme von Psychotherapeuten gibt es in Deutschland noch nicht in diesem Ausmaß, wohl auch deshalb, weil solche Leistungen von den Krankenkassen nicht bezahlt werden. Hier bezahlen die Patienten oft schon ihre Therapien aus eigener Tasche. Welche immensen Geldbeträge von vielen Patienten für alternative Therapieformen, Naturheilverfahren, Homöopathie und verschiedene Arten von (nicht kassenfähigen) Psychotherapien ausgegeben werden, ist zum einen ein Indikator der Bedürfnisse, zum anderen steht dahinter die Suche nach therapeutischen Wegen außerhalb der Schulmedizin.

Als wichtigster Satz zum Thema Widerstand muß uns Therapeuten aller Schulen und Verfahren klar sein, daß auch *der Patient im Widerstand unsere therapeutische Hilfe braucht*, auch wenn er mit allen ihm zur Verfügung stehenden Abwehrmechanismen das Fortschreiten der Therapie zu verzögern und sogar zu blockieren versucht.

Wenn wir die Neurose als eine Kompromißbildung zwischen Wunsch und Realität verstehen, so ist *Therapie ein Versuch, eine therapeutische Krise zu induzieren*, um das vorhandene und eingeschliffene, aber nicht mehr funktionierende neurotische Gleichgewicht zu erschüttern.

Da sich die Patienten und ihre Umwelt in neurotischen Systemen arrangiert haben, bedeutet jede kleine Veränderung, auch wenn sie zu einer besseren Selbstwahrnehmung, einem höheren Selbstwertgefühl und der Fähigkeit, eigene Wünsche klar auszusprechen führt, ein Wiederauftreten der alten Symptome wie Unsicherheit, Ungeborgenheit und Angst vor Isolation und Ablehnung, die mit der neurotischen Kompromißbildung bisher vermieden wurde.

Abwehrmechanismen

In dem vorausgegangenen Kapitel habe ich sehr ausführlich aus psychoanalytischer Sicht die Widerstandsphänomene aufgezeichnet. In diesem Kapitel sollen die Abwehrmechanismen besprochen werden. Nur wenn wir sie kennen und im Kontext der Biographie des Patienten verstehen, können wir uns im therapeutischen Handeln darauf einstellen und sie dann dem Patienten deuten, wenn ihr Auftreten den therapeutischen Prozeß behindert.

Zwei wesentliche Abwehrformen sind dabei erkennbar. Einmal geht es um die Triebabwehr aus Angst vor den Impulsen des Über-Ichs, also unseres Gewissens als der Summe aller verinnerlichten moralischen, kirchlichen und sozialen Wertmaßstäbe. Dann um die Angst, die aus den Triebimpulsen des Es auftauchen kann, die zu einer möglichst raschen, d.h. sofortigen Befriedigung hinstreben, die vom Ich und Über-Ich »im Zaum« gehalten werden müssen. Dann gibt es Abwehr der Angst, die als Realangst aus der unmittelbaren Umwelt kommt, wo Patienten die Angst real durch die ständigen, oft gewaltsamen Auseinandersetzungen mit einem alkoholkranken Lebenspartner erleben. Nicht zuletzt ist auch die Signalangst von Bedeutung, bei der unser Ich auf Signale von verdrängten Inhalten so reagiert, als würde eine reale Gefahr drohen. Diese Form der Angst finden wir bei Patienten, die große Angst vor Autoritäten haben und z.b. den in der Realität freundlichen, warmen und empathischen Therapeuten mit auf ihn projizierten Eigenschaften (streng, strafend, uneinfühlsam und hart) ausstatten, die in Wirklichkeit zu einer anderen Person aus dem Umfeld oder der Lebensgeschichte des Patienten passen. Aus dieser Angst vermeiden Menschen, etwas durchzusetzen und reale und berechtigte Anforderungen beim Chef, Abteilungsleiter oder an anderer Stelle wirklich einzufordern, weil sie mit den plötzlich aktivierten Erinnerungen an frühere Autoritäten schmerzliche und kränkende Erfahrungen verbinden.

Diese hier geschilderten Abwehrmechanismen werden auch in der Musiktherapie deutlich: die Angst vor den eigenen Triebimpulsen wird so ausgedrückt, daß Patienten diese Impulse gar nicht spielen können, weil ja sonst die Instrumente (in der Phantasie: der Therapeut, die mit Haß besetzten »Objekte« [= Personen der Umgebung oder der Familie], Mitglieder der Gruppe oder der Patient selbst) »kaputt« gehen könnten. Hier äußern Patienten auch Angst vor der eigenen, unkontrollierbaren Stärke, Kraft und Impulsivität und verbinden damit Erfahrungen, daß sie nach längeren Kränkungen einmal richtig aus sich herausgegangen und »vor Wut geplatzt sind« und dabei Schaden angerichtet oder andere Menschen verletzt haben. Diese Angst wird in der musiktherapeutischen Improvisation deutlich, wenn ich einen Patienten einlade, mit Instrumenten die Gefühle zu spielen, die er gegenüber einer wichtigen Bezugsperson (Eltern, Partner, Kollegen, Freunden) empfindet. Statt eines lautstarken Spiels, das der Beziehung zu der anderen Person nach dem Vorgespräch entsprechen würde, höre ich oft leise, hilflose Klagelaute auf zarten Saiten- und Blasinstrumenten. Über die Saiten der Leier wird nur sanft gestrichen und das Flötespiel klingt wie ein zartes Wimmern. Instrumente wie Pauke oder große Gongtrommel werden für ein solches Spiel nicht ausgewählt.

Auch die Affektabwehr funktioniert aus ähnlichen Ängsten heraus. Hier ist es oft umgekehrt: die aggressiven Anteile werden unterdrückt. Gespielt werden depressive Gefühle, Trauer, Schmerz,

Sehnsüchte oder Schamgefühle über die zu Hause erlebte Gewalt, die ständigen Streitereien der Eltern, Promiskuität der Mutter oder den sexuellen Mißbrauch durch den Vater oder eine andere, zur engsten Familie gehörenden männlichen Person. Darüber sprechen heute viele Patientinnen, aber auch manche Patienten immer offener.

Abwehrmechanismen nach Anna Freud

Anna Freud hat insgesamt zehn Formen der Abwehr beschrieben, die Leistungen des Ich darstellen. Die wichtigsten Formen sollen hier auch unter dem Aspekt ihres Auftretens in der Musiktherapie betrachtet und an entsprechenden Beispielen erläutert werden.

1. Verdrängung

Nach *Klußmann* wird Verdrängung erkennbar durch:

■ Leugnen und Isolieren;
■ nicht – wissen – wollen, nicht sehen wollen mit der Folge: Lücke im Erkennen der Welt und der eigenen Person;
■ Einschränkung der Realitätswahrnehmung mit Fehlerwartungen, Fehlurteilen;
■ neurotische Symptome (»partielle Seelendummheit«).

Bei der Verdrängung geht es darum, Angst oder Unlust abzuwehren und das Ich vor den Impulsen des Es zu schützen. Beispiel: Ein Motiv (Trieb, Affekt) wird frustriert, es entsteht Angst, die Angst ruft Abwehr hervor, Abwehrmechanismen werden erkennbar.

Abwehrmechanismen ersparen oder lindern die Angst, allerdings um den Preis der persönlichen Freiheit und Lebendigkeit im täglichen Leben. Abwehrmechanismen sind normale Reaktionen zur Abwehr unangenehmer oder schmerzlicher Situationen. Sie treten überall auf und führen bei entsprechender Symptomatik zu:

■ Realitätsverlusten,
■ Kräfteverlusten,
■ Körperstörungen,
■ Charakterveränderungen.

Musiktherapeutisch heißt das zum Beispiel, daß der Ärger auf eine bestimmte Person verdrängt, d.h. nicht wahrgenommen und damit auch unspielbar gemacht wird. Beispiel: Ein junger Patient kommt in Kontakt mit dem Ärger auf seine Mutter, kann dieses Gefühl aber noch nicht mit Tönen ausdrücken. Eine Aufforderung jedoch, eine Gewitterstimmung zu spielen, kann ohne Schwierigkeiten ausgeführt werden, wobei Gewitter und Ärger musikalisch durchaus ähnlich klingen.

Patienten entwickeln eher neurotische Symptome wie z.b. eine Depression, um ärgerliche Impulse nicht wahrnehmen zu müssen. Sie verdrängen sie lieber und richten die Impulse gegen sich, statt nach außen gegen eine andere Person. Der in seiner Wahrnehmung eingeengte Patient kann sich und seine Umwelt nur ausschnitthaft wahrnehmen. Was er tut oder in der Musiktherapie spielt, wird von ihm nur zum Teil registriert.

Beispiele: Der bereits erwähnte Ärger des Kollegen (S. 47) auf seine Mitarbeiter (Pauke plus Glockenspiel). Ein anderer Patient erlebt die musikalische Auseinandersetzung mit einem Gruppenmitglied als sehr lautstark, die Tonbandaufzeichnung zeigt jedoch, daß der Patient eher leise und vorsichtig gespielt hat. Die Improvisationen sind hier hilfreich, ambivalente Impulse und damit verbundene Wahrnehmungsverzerrungen zu verdeutlichen, um sie in der Therapie zu bearbeiten. An diesem Punkt spürt der Patient, daß *er* sich entscheiden muß (und kein anderer ihm die Entscheidung abnehmen kann), ob er sich probehandelnd mit seinem Gefühl auseinandersetzen will oder alles beim alten belassen möchte. Mit der Entscheidung, nichts zu tun, muß der Patient dann eben leben und dafür auch die Verantwortung tragen.

2. Regression

Psychoanalytisch handelt es sich hierbei um die Wiederbelebung früherer Entwicklungsstufen als Schutzmechanismus vor unlustvollen Impulsen. Dies setzt voraus, daß eine Fixierung (siehe weiter unten) auf solchen Entwicklungsstufen bereits erfolgt ist. *Freud* hat dazu ein anschauliches Bild beschrieben: das Kriegsheer marschiert weiter, läßt aber ein Lager zurück (analytisch »Libido-Depots« auf einer frühen Entwicklungsstufe). Eine etwas modernere Variante könnte der Vergleich mit einer Expedition sein, z.B. bei der Besteigung der Achttausender-Gipfel im Himalaya, wo neben dem Basislager auf verschiedenen Höhen Zwischenlager (frühere Entwicklungsstufen) eingerichtet werden, auf die sich die Bergsteiger zurückziehen können, wenn sie durch äußere Einflüsse in Gefahr geraten oder krank werden.

Möglichkeiten zur Regression bietet der Schlaf, der Urlaub oder religiöses oder meditatives Erleben. Ein Witz kann einem Menschen oder einer ganzen Gruppe Erleichterung verschaffen und ein befreiendes regressives Moment bei völlig erhaltener Beziehung zur Realität vermitteln.

Den für uns in der Musiktherapie typischen Formen der Regression begegnen wir beim Hören und Genießen der Musik im Konzertsaal oder zu Hause. Formen der Regression nutzen wir therapeutisch bei der Anwendung von Musik in Verbindung mit Entspannungsverfahren. Das Spiel von Monochorden mit ihren monochromen Klängen, die gleichförmig gespielten Trommeln, Gongs oder Oceandrums können Regressionen fördern und bis hin zu einer Trance führen.

Die Fixierung, die bereits als Vorbedingung zur Regression erwähnt wurde, entsteht dann, wenn eine Entwicklungszeit (zu) lange ausgekostet und dann abgebrochen wird und so diese Phase deshalb nicht richtig durchlebt werden kann. Beispiele für regressive Symptome sind z.B. Nägelkauen, Bettnässen oder Onanieren. Regressionen treten besonders in Übertragungssituationen in der Therapie auf, außerdem in Wunschphantasien oder Träumen.

In der musiktherapeutischen Arbeit weisen verschmelzende Klänge von Gongs, Metallophonen, zarten Saiteninstrumenten auf regressive Wünsche hin. Schon *Kris* hat die positive Kraft der *Regression im Dienst des Ich* beschrieben, die eine notwendige, temporäre Regression zur Stabilisierung des *Ich* ermöglicht.

Manchmal können wir beobachten, daß regressive Wünsche die echten, heilsamen Regressionen zerstören können. Patienten verleugnen ihre Schwierigkeiten und machen sie ungeschehen. Mit Lust besetzte Gefühle geben die Patienten nur sehr ungern auf. Jeder, der eine regressive Improvisation durch sein Spiel zu verändern sucht, wird von den Gruppenmitgliedern als »Störenfried« erlebt. Dies sind meist Patienten, die ihre eigenen regressiven Wünsche und Bedürfnisse nur so abwehren können, um von ihnen nicht überschwemmt zu werden.

3. Identifikation

Sie ist ein Phänomen der Abwehr, das wir in der Musiktherapie häufig beobachten. Patienten identifizieren sich mit fremden Personen oder auch Motiven, die sie verinnerlichen und somit als eigen betrachten. In der Musiktherapie erklingt ein Spiel, das aus der Identifikation z.B mit einem Elternteil entstanden ist.

Zur normalen Entwicklung ist die Identifikation ein wichtiger Entwicklungsschritt. Durch das Nachahmen und Identifizieren mit unseren Eltern erproben wir bestimmte Verhaltensweisen, übernehmen sie für eine Zeitlang, um sie später wieder aufzugeben und durch selbst erprobte Verhaltensweisen zu ersetzen und uns so eine eigene Identität schaffen. Patienten reden, denken oder handeln wie ihre Eltern (in der Therapie manchmal auch wie die Therapeuten!), ohne sich dessen immer bewußt zu sein. Erst im Rollenspiel und Rollentausch werden die verinnerlichten Muster und Verhaltensweisen deutlich.

Die Identifikation mit den »geliebten« Toten steht häufig für die Verleugnung des Todes als Realität und für den Verlust der Eigenständigkeit, die durch den eingetretenen Todesfall entstanden ist. Patienten wird spätestens dann klar, daß sie nun nicht länger die verstorbenen Eltern für ihr eigenes Schicksal verantwortlich machen können. Trauerarbeit wird zunächst nicht geleistet und kann erst in der Therapie geschehen. Endlose Selbstanklagen weisen eigentlich auf aggressive Impulse gegenüber dem verinnerlichten Objekt, dem verstorbenen Elternteil hin. Dies verstehen wir als eine Selbstbestrafung dafür, daß mit den Verstorbenen noch etwas offen und nicht erledigt ist. Selbstanklagen und Selbstbestrafungen binden viele psychische Energien, die zur Bewältigung des Alltags nicht mehr zur Verfügung stehen. Konstruktive Auseinandersetzungen mit der Umwelt finden häufig aus Mangel an Kräften nicht mehr statt. Alles wird auf den Tod dieses Menschen geschoben. Höre ich von den Patienten dagegen: »Ich kann meinen Vater oder meine Mutter noch nicht loslassen, da ist noch etwas offen«, oder: »Ich kann (*darf*) doch nicht auf einen toten Menschen wütend sein – oder noch etwas von ihm fordern«, dann bietet sich die Möglichkeit, hier therapeutisch einzusteigen. Allerdings braucht es oft mehrere Anläufe, um mit klanglichen Mitteln von einer verstorbenen Person Abschied zu nehmen.

4. Projektion

Hier geht es darum, unlusterregende Impulse in die Außenwelt zu verlagern und andere dafür verantwortlich zu machen. Psychoanalytisch bedeutet das, Impulse aus dem Es und dem Über-Ich nicht bei uns selbst, sondern in der Umgebung wahrzunehmen. Dabei sind zwei Formen zu unterscheiden:

■ Bei projizierten Über-Ich-Impulsen wird die andere Person schuldbewußt erlebt.

■ Bei projizierten Es-Impulsen kommt es zur Intoleranz und zum Fanatismus (gegen Vergehen, die man im Grunde genommen selber tun möchte).

Bei dem Abwehrmechanismus der Projektion müssen Ich und Umwelt getrennt werden. Bei projizierten aggressiven Impulsen wird die Umwelt als aggressiv erlebt, d.h.: »*Nicht ich bin wütend auf dich, sondern ich erlebe, daß du mir gegenüber wütend bist.*« Der Depressive erlebt die Umwelt als überfordernd, verschlingend, bemächtigend oder abweisend bei projizierten intentionalen Wünschen (selber zu verschlingen, andere mit eigenen Bedürfnissen zu überfordern oder sich ihrer zu bemächtigen).

Bei der Phobie geht es um die Projektion und die Verschiebung von Impulsen. Das berühmte Beispiel von *Freud* ist die Entwicklung einer Phobie vor Pferden, die ein kleiner Junge entwickelt, um seinen aggressiven Vater lieben zu können. Der »Preis« für solche Projektionen ist beträchtlich. Die Realitätswahrnehmung ist in der Regel gestört, es wird häufig etwas hinzugefügt, was nicht vorhanden ist. Die Umwelt wird als angstmachend erlebt und entsprechend dämonisiert. Daraus resultiert ein Rückzug auf sich selbst und damit aus der Umwelt.

Für die Therapie ist das Erkennen projektiver Anteile in der Arbeit mit Patienten deshalb so wichtig, weil sie oft notwendige Beziehungsklärungen erschweren. Der Musiktherapeut muß in der Lage sein, mit Projektionen eines Patienten auf sich in der Einzeltherapie oder auf sich und andere in der Gruppe in angemessener Weise umzugehen und sie abzulösen, sobald der therapeutische Prozeß dadurch beeinträchtigt wird.

Auf eine spezielle Form der Projektion, den *Altruismus*, hat *Anna Freud* hingewiesen. Darunter versteht sie, daß verdrängte Triebwünsche auf Ersatzpersonen projiziert werden, mit denen man sich leicht identifizieren kann. So kann eine liebevolle Mutter sich für ihren Ehemann und ihre Kinder oder eine »gute Sache« einsetzen, für sich selbst aber nichts nehmen oder fordern. Dies ist ein häufiges Gruppenphänomen: manche Gruppenmitglieder sind ständig bereit, etwas für andere zu tun. Geht es aber um ihre eigenen Belange, sehen sie sich dazu nicht imstande. Sie beziehen allerdings aus dieser Form des Altruismus auch Ich-stützende Impulse (»Was bin ich doch für ein hilfreicher Zeitgenosse!« – »Wie selbstlos kann ich doch im Kontakt mit den anderen sein!«). Diese Form des Altruismus als ein »neurotisches Helfersyndrom« ist eine der Fallen, in die nicht nur Patienten, sondern auch Therapeuten geraten können, wenn sie sich über besonders gute Therapien, gute Interventionen oder Deutungen ein Stück narzißtischer Belohnung holen.

Manche Gruppenteilnehmer werden sogar für andere aggressiv und spielen solche Impulse in der Improvisation, häufig zum Erstaunen derjenigen, die diese aggressiven Gefühle eigentlich haben sollten, aber sie bei sich nicht wahrnehmen können. Dieses Verhalten schafft bei den anderen vermeintliche Sympathie, Anerkennung und Zufuhr narzißtischer Bestätigung und gibt – analytisch gesehen – lustvolle Triebbefriedigung, die vom Über-Ich nicht gestattet werden würde.

5. Sublimierung

Hier geht es darum, daß Es-Impulse im Ich in sozial wertvolle Motive und Tätigkeiten umgewandelt werden. Für uns in der Musiktherapie besonders wichtig sind die Umwandlungen *oraler Impulse* durch Sprechen und Singen, der *kaptativen* durch Hören, Lesen und Eindrücke sammeln, der *analen* durch Basteln, Schreiben, Malen oder in Musik aus»drücken«, der *aggressiven* durch Sport und Wettkampfspiel (auch musikalisch), und der *sexuellen Impulse* durch liebevolle Fürsorge für Gruppenmitglieder, die Arbeit in Wohlfahrtsverbänden oder im pädagogischen Bereich.

Die Begabung, aus kulturellen Elementen Lebenssinn und Energie abzuleiten, liegt sicher in unserer Sublimierungsfähigkeit. Ein besonders schönes Beispiel ist das intensive Hören von Musik, das als »Ohrenschmaus« bezeichnet wird.

Spezifische Widerstandsformen in der Musiktherapie

In der Musiktherapie begegnen wir den oben ausführlicher beschriebenen Abwehrmechanismen und Widerstandsphänomenen genauso wie in jeder anderen Psychotherapie.

Spezifisch für die MT ist jedoch eine Form narzißtischer Kränkung, welche die Patienten erleben, wenn sie in der MT den Instrumenten begegnen, die sie aus eigener Erfahrung oder durch ihre Kinder aus dem Kindergarten oder der musikalischen Früherziehung kennen. Solche Instrumente sind ihrer Meinung nach etwas für den Kindergarten, nicht aber für die Therapie Erwachsener. Patienten befürchten, vom Therapeuten mit ihren Kindern auf eine Stufe gestellt und nicht ernst genommen zu werden. Gleichzeitig wehren sie den Impuls ab, die Instrumente eigentlich doch auszuprobieren zu wollen. Hierbei verleugnen sie – wie auch sonst oft in ihrem Leben – ihren Wunsch, einfach drauflos zu spielen.

Abgewehrte Leistungsansprüche

Viele Patienten, die zu uns in die MT kommen, haben in ihrem Leben oft recht traumatische Erfahrungen mit Musik gemacht. Diese beginnen schon früh in der Familie und setzten sich über Kindergarten, Schule und Instrumentalunterricht fort. Es ist für mich immer wieder schmerzlich, zu erleben, wie wirksam und oft fürs Leben prägend vernichtende Urteile der Eltern, einer Kindergärtnerin oder eines Lehrers (Zensuren im Musikunterricht) sein können. Letztere bestätigen den Kindern sozusagen von Amts wegen, daß sie völlig unmusikalisch seien, keine Melodie halten können und kein Gefühl für Rhythmus und musikalische Zusammenhänge hätten. Die vielen negativen Erfahrungen aus dem Musikunterricht gehören hierher, wo Kinder, die meist aus eigenem Interesse ein Instrument lernen wollen, für ihr Leben traumatisiert werden, wenn unpädagogische Musiklehrer die Kinder verletzen. So enstehen Schäden, die kaum wieder gutgemacht werden können.

Die meisten Menschen sind gar nicht »unmusikalisch« und können verschiedene akustische Signale gut voneinander unterscheiden (Beispiel: Klang der Türglocke und des Telefons). Was die

Umgangssprache (nicht sehr genau) mit »unmusikalisch« bezeichnet, besagt eigentlich nur, daß Menschen im Spielen eines Instrumentes oder im Singen unerfahren oder ungeübt sind. Viele Patienten meinen, daß das Lesen von Noten und das »richtige« Spielen von Instrumenten für die Musiktherapie notwendig sei. Hier wirkt der Hinweis entlastend, daß es in der Musiktherapie keine Zensuren oder Leistungsansprüche wie im Musikunterricht gibt, also auch keine »richtigen oder falschen Töne«.

Abwehr liebevoller (libidinöser) oder aggressiver Impulse

Auch diese Abwehrform ist in der Musiktherapie deutlich erkennbar. Die liebevolle oder auch aggressive Besetzung des Therapeuten oder einzelner Gruppenmitglieder im Sinne einer Übertragung oder einer Lateralübertragung können den therapeutischen Prozeß behindern, weil etwas Wichtiges nicht gespielt und ausgesprochen wird.

Angst vor Veränderungen

Patienten signalsieren Angst, wenn sie im therapeutischen Prozeß spüren, daß es an der Zeit ist, ihr persönliches Verhalten zu verändern und ihr Rollenverhalten im sozialen Umfeld zu korrigieren. Musiktherapeutisch heißt das:
- ■ »Ich bin weiterhin eine Heulsuse, die auf Flöten immer nur klagende Töne von sich gibt«, oder:
- ■ »Ich bin der Helfer, der mit guter Wahrnehmung einem anderen Gruppenmitglied mit musikalischen Angeboten zu Hilfe kommt«, oder:
- ■ »Ich bin die Manipuliererin, die immer wieder das gleiche spielt und immer dann, wenn es besonders schön wird, das Spiel der anderen stört.«

Beispiel: In einer sehr regressiven Improvisation steigt eine 50jährige Patientin aus, indem sie »quer« spielt. Im Nachgespräch berichtet sie, sie hätte plötzlich daran denken müssen, daß ihr ein Mitpatient seinen Müll in einer Plastiktüte an die Tür gehängt habe. Dies ist ein Beispiel, wie sehr sich Patienten die Definitionen der anderen zu eigen gemacht haben. Bei dieser Patientin stand das Aufgeben eines jahrzehntelang trainierten Denkens und Verhaltens an: »Ich tauge nichts – oder nur für den Müll der anderen.«

Um Vorteile durch den »sekundären Krankheitsgewinn« zur Erzielung eines sozialen oder persönlichen Vorteils nicht aufgeben zu müssen, werden häufig Veränderungen vermieden, die eine Besserung des seelischen und körperlichen Befindens bringen könnten.

Besondere Widerstandsformen, auf die ich weiter vorn im Abschnitt »Der musiktherapeutische Prozeß« hingewiesen habe, werden deutlich in Äußerungen wie: »Ich kann nicht spielen«, oder: »Mir fällt überhaupt nichts ein.« – »Sagen Sie mir doch bitte, was ich jetzt spielen soll und wie ich das ausdrücken soll.«

6. Übertragung und Gegenübertragung in der Musiktherapie

Das Phänomen der Übertragung aus psychoanalytischer Sicht wurde bereits beschrieben. Die Grundlage der Übertragung ist die Projektion. Auf den Therapeuten können positive oder negative Gefühle übertragen werden, die durch eine falsche Verknüpfung aus der Biographie des Patienten stammen und mit der Realperson des Therapeuten erst einmal nichts zu tun haben. Auf der anderen Seite: in einer Psychotherapie begegnen sich immer *zwei Menschen*, die nicht nur über ihre Rollen als Patient und Therapeut definiert werden dürfen.

Die erlebniszentrierten humanistischen wie auch die kreativen Verfahren arbeiten nicht mit der *Übertragungsneurose* der klassischen Psychoanalyse. Wir lassen die Übertragung nur so weit anwachsen und lösen sie dann ab, wenn sie den therapeutischen Prozeß zu behindern beginnt. Das Verhältnis der Realbeziehung zwischen Patient und Therapeut zum Übertragungsanteil hängt von dem Reifungsgrad der Ich-Entwicklung und des Konfliktpotentials des Patienten ab, ob er den Therapeuten so sieht und erlebt, wie er ist oder ihn mit unrealistischer Macht oder projiziertem Wissen und Können ausstattet. Spüre ich in der Musiktherapie eine stark werdende und die Therapie behindernde Übertragung auf den Therapeuten, bitte ich den Patienten, seine Gefühle für mich zu spielen, um zu verdeutlichen, wie er die therapeutische Beziehung und damit den therapeutischen Prozeß im Augenblick gestaltet.

Übertragungsmindernd wirkt in der MT der gemeinsame Handlungsteil in der Improvisation. Therapeut und Patient spielen gemeinsam auf Instrumenten – der Therapeut ist für den Patienten jederzeit sichtbar und in seinem Improvisationsteil auch emotional spürbar. Dabei geht es dem Therapeuten um eine *selektive*, auf den Therapieprozeß gerichtete *Emotionalität* und *Authentizität*.

Etwas besonderes in der Musiktherapie ist, daß die verwendeten Instrumente Funktionen als *Übergangsobjekte* (*Winnicott*) oder Projektionsflächen übernehmen können. Unter Übergangsobjekten versteht *Winnicott* Tiere, Puppen, Stoffe oder Kleidungstücke wie Schlafanzüge, Unterhemdchen, Wollstrümpfe oder ähnliches, die vom Kind verwendet werden, um die Angst vor der Trennung von der Mutter zu binden oder abzuwehren. So kann das Kind sich tagsüber für eine bestimmte Zeit von der Mutter entfernen und in einem anderen Zimmer spielen. Die gleiche Funktion übernehmen die Übergangsobjekte abends beim Einschlafen.

Die »Projektionsfläche« eines Instrumentes ist vergleichbar mit der Funktion des Psychoanalytikers, auf den in der Psychoanalyse der Patient positive, negative, aggressive oder libidinöse Gefühle projiziert, die dann im analytischen Prozeß bearbeitet und abgelöst werden müssen. In der Gestalttherapie hat der »leere Stuhl« die Funktion der Projektionsfläche, auf den Personen und Dinge projiziert werden können, um sie im *Hier und Jetzt* zu bearbeiten. Darauf wird später noch genauer einzugehen sein.

Instrumente können auch die Funktion von Körperteilen oder Organen des Patienten (z.b. Kopf, Magen, Darm, Unterbauch, Rücken etc.) oder die Rolle von Bezugspersonen (Eltern, Partnern etc.) übernehmen und bieten so Möglichkeiten, zu diesen Körperteilen oder Personen Kontakt aufzunehmen und alle damit verbundenen Gefühle zu spielen.

Die emotionale Resonanz, die der Patient im Therapeuten hervorruft und die wir Gegenübertragung nennen, ist ein wichtiges Instrument für die Steuerung der Therapie. Die Gegenübertragungsäußerungen des Therapeuten sollten hinsichtlich ihrer Qualität und Quantität so dosiert werden, daß sie dem strukturellen Reifungsgrad des Patienten Rechnung tragen und den therapeutischen Prozeß fördern. Dies kann z.B. musiktherapeutisch deutlich werden, wenn in einer Phase des leisen, möglicherweise auch zärtlichen Spiels der Therapeut sich auf dieses Spielangebot einläßt und auch etwas von seiner »zärtlichen« Seite dem Patienten zeigt. Manchmal spiele ich meine Wahrnehmungen und Gefühle, wenn mir in der Improvisation deutlich wird, daß der Patient etwas vermeidet und »ausblendet« (vergleiche hierzu die Fallbeschreibung auf Seite 242, wo ich auf dem Klavier aus meinem Gefühl der Gegenübertragung gespielt habe).

7. Regresssion in der Musiktherapie

Der Psychoanalytiker *Gerd Rudolf* führt dazu aus:

Das heranreifende Ich entwickelt die Fähigkeit, vorübergehend auf frühere Entwicklungsstufen und Organisationsformen zurückzugreifen, indem es z.B. im Spiel die Gesetze der Sekundärprozesse vorübergehend außer Kraft setzt, in der humorvollen Realitätsbewältigung die Ebenen vertauscht oder im Dienste künstlerisch kreativer Leistungen auf regressive Erlebniswelten zurückgreift. Diese Verfügbarkeit höherer Organisationsstufen für eine Regression im Dienste des Ich ist eine große Bereicherung für das Ich in seinem Bemühen, Probleme zu lösen oder Problemlösungen vorzubereiten. Als eine Ich-Störung gilt es, wenn das Ich diese Flexibilität nicht besitzt, sondern relativ starr an dem erreichten Funktionsniveau festhält. Dieses Festhalten führt zu einer Unfähigkeit des spielerischen, humorvollen oder kreativen Umgangs mit der Wirklichkeit. Wir können uns vorstellen, daß ein Ich, das ohnehin Mühe hat, eine erreichte Funktionsebene zu erhalten, nicht in der Lage ist, spielerisch auf andere Ebenen zu wechseln. Vielleicht ist der humorlose Ernst, mit dem jemand an der einmal gefundenen Lösung festhält, auch ein Signal für sein Defizit an spielerischen Erfahrungen in seiner frühen Entwicklung, wo Erregungszustände und Frustrationserfahrungen stärker prägend waren als der spielerische Umgang mit den Objekten aus dem Gefühl der Sicherheit und Geborgenheit heraus. Die nonverbalen Therapien (z.B. Gestaltungstherapie, Kunsttherapie, Musiktherapie) verwenden gerade diese spielerischen Elemente, die gleichermaßen kreativ und rekreativ wirken.

Besser läßt sich der musiktherapeutische Prozeß nicht beschreiben. In der MT kommt es vor, daß Patienten ihre Aufmerksamkeit von der Umgebung abziehen. Sie schließen die Augen und hängen ihren Gedanken und Gefühlen nach. Später erzählen sie, wie Szenen der frühen Kindheit wieder lebendig wurden, als sie von der Mutter oder dem Vater zu Bett gebracht und zugedeckt wurden, ihre Puppe oder ihren Teddy in den Arm nahmen oder für eine Zeitlang den Daumen noch in den Mund steckten und den Tag zu Ende gehen ließen mit einer Geschichte, die Vater erzählte, einem Abendlied mit der Mutter oder einem gemeinsamen Gebet. Solche Erlebnisse können auch reaktiviert werden, wenn wir den Patienten eine Musik leise vorspielen, die harmonisch klingt und keine überraschende Rhythmus- oder Lautstärkeänderung bietet. Das aktive »Weben eines Klangteppichs« mit geeigneten Instrumenten hat eine vergleichbare Wirkung.

Kris hat schon 1936 den bereits erwähnten Begriff der »Regression im Dienste des Ich« geprägt, womit er genau das beschreibt, was hier gemeint ist. Unser Ich braucht immer wieder Phasen des Rückzuges. Regression heißt wörtlich Rückschritt und bedeutet psychoanalytisch das Wiederauftreten von entwicklungsmäßig früheren (infantilen) Verhaltensweisen. Eine solche »Regression im Dienste des Ich's« erleben wir z.b. beim Schlaf oder in einer Krankheit, wo wir uns ins Bett legen, alle Verantwortung für uns abgeben, uns gerne mit Essen und Trinken versorgen und uns auch sonst betreuen lassen, z.b. durch Brustwickel, Abreibungen, Massagen oder ähnliches. Auf dieser Stufe vermag unser Ich dann neue Kräfte zu sammeln, um sich zu erholen und sich dem Alltag mit allen seinen Anforderungen wieder neu stellen zu können.

Kohut schreibt, daß die

extraverbale, (nicht an das Wort gebundene) Natur der Musik besonders geeignet sei für die begrenzt-reversible Regression.

Er führt aus, daß die am höchsten entwickelten Funktionen und Organisationen des Menschen auch die verletzlichsten seien; unter Belastungen werden sie leicht aufgegeben und ältere Formen der psychologischen Anpassung treten an ihre Stelle. Eine freiwillig unternommene, zeitlich begrenzte und eingeschränkte Rückkehr zu früheren Formen der Anpassung kann jedoch die höheren Funktionen neu beleben. Kurzfristige Regressionen sind ein gutes »Gegenmittel« gegen die chronischen (neurotischen) Regressionen.

Eine Möglichkeit des Einstiegs in »klanggeleitete« Regressionen bieten die vom Therapeuten gespielten trance-induzierenden Klänge auf Monochorden, Gongs oder Trommeln (vgl. hierzu das Kapitel von *Strobel* am Ende dieses Buches).

Einen anderen Einstieg in die Regression finden die meisten Gruppenmitglieder über ihr eigenes leises und ruhiges Spiel (»Klangteppich«) auf pentatonisch gestimmten Stabspielen wie Xylophonen, Metallophonen und Glockenspielen, verschiedenen Gongs oder Klangschalen.

Zur Erläuterung der Pentatonik: Auf einem Klavier ergibt das Spiel auf den schwarzen Tasten eine typische pentatonische Tonfolge, die ich mit Patienten im drei- oder vierhändigen Spiel probiere. Die Töne dazu heißen: cis – dis – fis – gis – ais (b).
Will man auf Stabspielen eine Pentatonik spielen, verwendet man entweder die chromatischen Stäbe (wie beim Klavier die »schwarzen«

Tasten) oder stellt sich eine pentatonische Reihe her, indem man in einer C-Skala die Stäbe für die Töne f und h herausnimmt und so : c – d – e – g – a bekommt.

Ein solches pentatonisches Spiel auf dem Klavier macht auch *den* Patienten keine Schwierigkeiten, die noch nie in ihrem Leben an einem solchen Instrument gesessen haben. Aufgrund des Wohlklanges der pentatonischen Stimmung wird eine solche Improvisation für Patienten zu einem wichtigen Erfolgserlebnis. Diese Erfahrung macht ihnen meistens Mut, sich weiter und tiefer auf die MT einzulassen.

So wie wir in einer Ruhepause, zu der wir uns hinlegen, dem Körper die Möglichkeit geben, sich zu erholen, so braucht unsere Psyche ebenfalls solche regressiven Phasen, um sich erholen und entspannen und neue Kräfte sammeln zu können. In der Therapie ist es wichtig, den Patienten zu vermitteln, wie sie sich mit Hilfe von Musik in den Zustand der Regression versetzen und ihn nach einer bestimmten Zeit wieder beenden können.

Regression aus biographischer Sicht

Die Gestalttherapie kennt eine Form der Regression aus biographischer Sicht, die es dem Patienten ermöglicht, Beziehungsklärungen zu wichtigen Bezugspersonen in bestimmten Altersstufen zu machen. Wenn ein Patient in der Therapie seine Lebensgeschichte durchblättert, tauchen, wie in dem Beispiel weiter unten ausgeführt, zu bestimmten Lebensphasen Erinnerungen auf, in denen etwas wichtiges für den Patienten passiert ist. Wie in der Gestalttherapie stellen wir eine Verbindung vom *Hier und Jetzt* zum *Dort und Damals* her. Dazu bitten wir den Patienten, wichtige Ereignisse seines Lebens zu schildern und zunächst zu berichten, wie es ihm mit den Menschen seiner Primärfamilie wie Vater, Mutter, Geschwistern, Onkeln, Tanten oder Großeltern gegangen ist.

Unser therapeutischer Ansatz besteht nun darin, daß Geschehene von damals ins *Hier und Jetzt* zu bringen, darüber (auch sprachlich) in der Gegenwart zu arbeiten, zu improvisieren und danach zu sprechen. Dazu ein Beispiel:

Männlicher Patient, 30 Jahre alt, depressive Entwicklung im Rahmen eines Beziehungskonfliktes zu seiner Lebenspartnerin, Arbeitsstörungen.

Im Rahmen der Aufarbeitung von aktuellen Beziehungskonflikten taucht in einer bereits schon länger laufenden analytischen Musiktherapie nach M. Priestley das Thema der Mutter auf. Ich schlug dem Patienten vor, die Gefühle zu seiner Mutter aus unterschiedlichen Zeitabständen heraus zu spielen:

1. Im Hier und Jetzt.
2. Während der Zeit seiner Berufsausbildung.
3. Zur Zeit, als der Vater starb (war der Patient 14 Jahre alt).
4. Bei einem Fahrradunfall im Alter von 6 Jahren,

(Bei der Beschreibung dieser Therapiestunde habe ich die vom Patienten während der Improvisationen gemachten Äußerungen an den betreffenden Stellen mit einbezogen.)

In den ersten beiden Improvisationen, also im Hier und Jetzt (1) und während der Berufsausbildung (2), kam viel Aggressives, viel Ärger auf die Mutter zum Vorschein. Die Mutter wurde als dominant und besitzergreifend erlebt, gegen die sich der Patient nur mit heftigen Pauken- und Beckenschlägen wehren konnte. Alle Versuche, sich klanglich aus der Umklammerung der Mutter zu lösen und auch die gemeinsame Wohnung zu verlassen, brachten keine wirkliche Abgrenzung von der Mutter.

Das Spiel der Gefühle zur Mutter nach einem Fahrradunfall (4) in der ersten Schulklasse zeigte, daß der kleine Junge, der mit zerschundenen Knien und einer zerrissenen Hose nach Hause kam, statt der erhofften Tröstung von der Mutter noch eine Tracht Prügel bekam, weil er sich 10 Minuten verspätet hatte.

Völlig anders jedoch war das Spiel, als der Patient etwa 14 Jahre alt war und der Vater des Patienten plötzlich verstarb (3). Nach anfänglich suchenden Klängen auf Stabspielen wurden plötzlich auf diesen und auf der Trommel rhythmische Strukturen hörbar. Gegenüber den anderen Improvisationen, wo Lautstärke und Hektik Ausdruck der Ablehnung, der Abgrenzung von und Ärger auf die Mutter darstellen sollten, klang diese Musik weicher und bot zum ersten Mal neben den rhythmischen Strukturen auch melodische Elemente an.

Nachdem der Patient diese Improvisationen beendet hatte, haben wir uns zunächst das Ganze noch einmal auf dem Tonband angehört und ich bat den Patienten, seine eigenen Phantasien und Eindrücke dazu zu schildern. Auch er war überrascht, daß gerade bei dieser besagten Improvisationssequenz, die er »seine Gefühle zur Mutter zur Zeit des Todes von Vater« nannte, sehr viel Weicheres, Rhythmischeres wahrzunehmen war. Dennoch hatte ich in dem Nachgespräch den Eindruck, daß da noch *etwas* sein müßte, was ihm bisher noch nicht deutlich geworden war. Ich bat ihn deshalb, sich zu dieser Musik zu bewegen und ließ die Aufnahme noch einmal spielen – und da war es: der Patient begann zu tanzen, auf die Mutter zuzugehen, um sie herum zu tanzen und zu seiner größten Überraschung nahm er wahr, daß er auch um sie warb.

Hinter all den Gefühlen des Zornes und Ärgers auf die Mutter verbargen sich auch zärtliche, liebevolle Gefühle, die er bisher nie wahrgenommen und wohl auch gar nicht für möglich gehalten hatte. Sie tauchten auf, als der als Rivale erlebte Vater nicht mehr am Leben war. Dies ist ein typisches Beispiel für eine ödipale Situation.

In späteren Therapiestunden berichtete der Patient, daß er durch diese Erfahrungen sein Verhalten gegenüber der Mutter verändern konnte, was insgesamt zu einer deutlichen Verbesserung der früher sehr gestörten Mutter-Sohn-Beziehung führte. Auch die Beziehungsschwierigkeiten zu seiner Partnerin lösten sich dann auf: Er trennte sich von dieser Partnerin und verliebte sich nach einiger Zeit in eine andere Frau. Inzwischen ist er verheiratet und hat mit seiner Frau drei Kinder.

Regressionsarbeit

Ein anderes Beispiel, dieses Mal aus einer musiktherapeutischen Gruppe:

Werner war schon drei Wochen in der Klinik, ihn plagten immer noch ständige Hochdruckkrisen mit Blutdruckwerten zwischen RR 180 und 220 und 90 bis 120mm Hg. Er war ein typisch psychosomatischer Patient, freundlich, zugewandt, aber kaum fähig, seine Gefühle wahrzunehmen, geschweige denn, sie auch noch in der Gruppe mitzuteilen. Seinen hohen Blutdruck »habe er nun einfach mal«. Seelische Ursachen waren für ihn in diesem Zusammenhang nicht zu erkennen (wichtige Anmerkung: der Organbefund, z.B. an den Nieren, war in Ordnung).

Eines Tages kam er in die Gruppe: er sah schlecht aus, wirkte verzweifelt und hatte einen hochroten Kopf. Wir spürten, daß es ihm nicht gut ging. Vielleicht sollte dies seine Chance sein, sich auf die Therapie einzulassen und so bei sich und seinen Wünschen wirklich anzukommen. Das hatte er bisher durch seine Abwehrstrategien zu verhindern versucht, indem er uns überzeugen wollte, daß seine »Hypertonie ja mit der Psyche nichts zu tun habe und so durch Psychotherapie auch nicht zu heilen sei«.

Da er zu einer Arbeit bereit war, schlug ich ihm vor, sich auf eine Schaumstoffmatte zu legen und die Augen zu schließen. Die Gruppenmitglieder bat ich, sich um ihn herumzusetzen und mit den Händen behutsam Kontakt zu seinem Körper aufzunehmen. Im Hintergrund spielten einige Gruppenmitglieder leise auf Instrumenten, andere streichelten liebevoll den Kopf, die Arme und Hände, die Beine, den Oberkörper und den Bauch. Unter dieser Be-»handlung« durch die Gruppenmitglieder fing er an, bitterlich zu weinen und sich wie ein kleines Kind im Mutterleib zusammenzurollen. Nach einer Zeit des Streichelns begann der Patient sich langsam zu strecken, um sich dann am Ende der Musiksequenz langsam zu setzen, die noch tränengeröteten Augen zu öffnen und dankbar in die Gruppe zu schauen. Nach kurzer Zeit mußte er aufstehen, um auf die Toilette zu gehen. Ein Mitpatient begleitete ihn und als die beiden dann nach einigen Minuten zurückkamen, berichtete unser Patient, daß er ganz heftig erbrechen mußte, aber »das Kloßgefühl im Hals und der wahnsinnige Druck über der Brust, die er vor der Arbeit gehabt hatte, seien jetzt weg«.

Es war Werners Durchbruch – er berichtete, daß er sich so etwas immer von seiner Mutter gewünscht hätte. Aber die habe ihm nicht einmal über den Kopf gestreichelt oder in den Arm genommen.

Gegensteuerung der Regression

Es ist klar, daß unsere Patienten nicht in dieser regressiven Versunkenheit bleiben können. Hier ist es die Aufgabe des Musiktherapeuten, »antiregressiv zu arbeiten«, d.h. für entsprechende Gegenimpulse zu sorgen, die den Patienten helfen, aus diesem Zustand wieder herauszukommen. Eine der Möglichkeiten, gerade bei der rezeptiven Musiktherapie, ist eine ähnliche Rücknahme, wie wir sie vom Autogenen Training kennen (»Arme fest! Tief Einatmen! Augen Auf! – Dehnen, Strecken, Räkeln!).

Auch die Aufforderung, Kontakt zu den anderen Gruppenmitgliedern oder zum Therapeuten aufzunehmen, wirkt anti-regressiv. Hilfreich ist dabei, die Körperhaltung zu verändern, aufzustehen, zu stampfen, forciert zu atmen oder sich wachzutrommeln auf den afrikanischen Trommeln oder durch das Beklopfen von Brust, Bauch oder Körperteilen bei sich selbst.

Ebenso antiregressiv wirken Improvisationen, in denen Patienten gefundene Lösungsstrategien im Instrumentalspiel ausprobieren. Hierzu fordere ich dann die Patienten, die in einer ersten Improvisation an ihre regressiven Wünsche gekommen sind, zu einem zweiten Spiel auf: »Wie könnte es denn klingen, wenn Sie jetzt Ihre Ideen und Ihre Lösungsmöglichkeiten realisierten?«

Ein solches lösungsorientiertes Vorgehen finden wir sowohl in der Gestalttherapie als auch in der Verhaltenstherapie. Es hilft dem Patienten, seine Regressionswünsche zu erkennen, die oft auch mit der Bitte um Ratschläge oder Hilfe durch Therapeuten und Gruppenmitglieder verbunden sind, eigene Kräfte zu mobilisieren und für die Lösung einzusetzen.

8. Aspekte der Kommunikation über das Medium Musik

Die Kommunikation über das Medium Musik durchzieht das ganze Buch wie ein roter Faden.

Wir hören aus eigenem Bedürfnis, also freiwillig, gemeinsam Musik, z.B. in einem Konzert, im Auto, einer Discothek oder in den eigenen vier Wänden. Viele von uns machen mit anderen zusammen Musik – vom Duo bis zum großen Orchester oder singen in einem Kirchenchor, einem Vokalensemble oder einem großen Oratorienchor.

Unfreiwillig und damit unserem Gestaltungswunsch entzogen wird das Musikhören dann, wenn wir ständig am Arbeitsplatz, auf dem Flughafen oder in einer Zahnarztpraxis damit »berieselt« werden. Ich bedauere jedes Jahr die Mitarbeiter großer Betriebe oder Warenhäuser, die schon ab Mitte Nobember den ganzen Tag weihnachtliche Musik hören müssen, ohne sich dagegen wehren zu können. *Peter Jona Korn* bezeichnet dies zu Recht als »musikalische Umweltverschmutzung«.

Nur in Konzerten können wir die ausführenden Künstler direkt hören und sehen. Während die klassische Musik in der Regel ohne technische Hilfsmittel auskommt, werden bei Rock- und Pop-Konzerten technische Hilfsmittel wie Mikrophone, Verstärker und Lautsprecher notwendig, um die Zuhörer bei Freiluftkonzerten zu erreichen. Hier gehört die im wahren Sinne des Wortes »ohrenbetäubende Lautstärke« dazu, ohne die das Erleben und völlige Eintauchen und Eins-Werden mit dieser Musik für die rockbegeisterten Fans nicht denkbar wäre.

Kommunikationsform nach Watzlawick

In diesem Abschnitt geht es um die drei Aspekte der von *Watzlawick* beschriebenen Kommunikationsform. Alle Kommunikationsforscher stimmen darin überein, daß »man nicht *nicht* kommunizieren kann« (auch völliges Schweigen oder sich abwenden ist eine Art der Kommunikation).

In der Musiktherapie werden musikalische Botschaften auf der Analog-Ebene ausgetauscht und können die Beziehungsmuster von Menschen untereinander beschreiben.

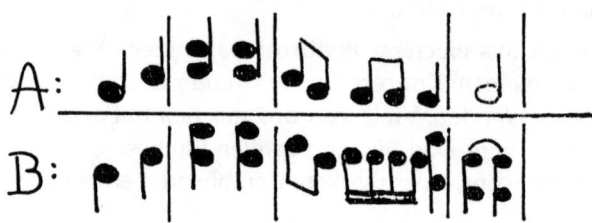

Abb. 2: BESTÄTIGUNG der Existenz und Selbstdefinition A's durch B (alle Zeichnungen: HKS)

Die abgebildeten Notenbeispiele sollen die verschiedenen Formen der Kommunikation im musiktherapeutischen Ansatz verdeutlichen. Das (fiktive) Notenbeispiel 1 zeigt die Bestätigung (confirmation) der Existenz von A und Definition von A durch B: Im Notenbeispiel finden sich gleiche Intervalle und Parallelbewegungen ohne auffallende rhythmische oder harmonische Veränderungen. In Worten heißt das von B zu A: »Ich nehme dich wahr und nehme zu dir Beziehung auf, du hast für mich Bedeutung, ich erlebe dich und die Welt ähnlich oder genauso wie du. Du bist für mich okay.«

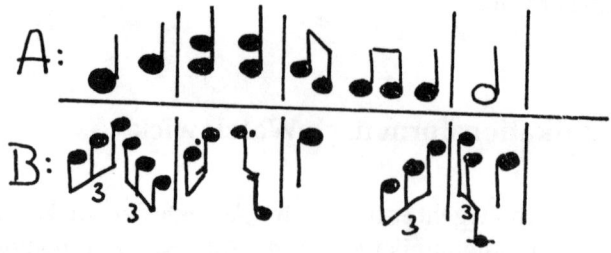

Abb. 3: VERWERFUNG der Selbstdefinition A's durch B, doch Bestätigung seiner Existenz

Das Notenbeispiel 2 stellt eine partielle Verwerfung der Selbstdefinition von A durch B dar, jedoch die Bestätigung seiner Existenz. Hier gibt es leichte rhythmische Verschiebungen. Mit Worten sagt B zu A: »Du existierst und hast Bedeutung für mich. Aber, ich sehe dich und die Welt zum Teil anders, bin anderer Meinung und grenze mich ab.«

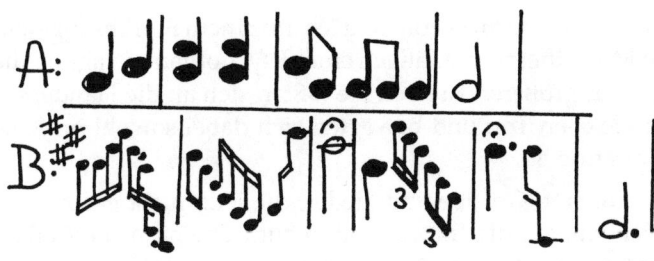

Abb. 4: ENTWERTUNG (disconfirmation) sowohl der Existenz wie auch der Selbstdefinition von A durch B

Das 3. Notenbeispiel symbolisiert die Entwertung (disconfirmation) sowohl der Existenz als auch der Selbstdefinition von A durch B. Im Notenbeispiel spielt B in einer »anderen Tonart« und in einem anderen Rhythmus, wodurch viele Dissonanzen durch die hier vorgegebene Bi-Tonalität entstehen. Der Text dazu heißt von B zu A: »Du existierst für mich nicht, du hast keine Bedeutung. Was du denkst und fühlst, ist mir gleichgültig.«

Eine Möglichkeit, diese drei Formen der Kommunikation spielerisch zu erleben, bietet sich in größeren Musiktherapiegruppen oder auf Weiterbildungsveranstaltungen an. Hier lasse ich aus der Zahl der Teilnehmer drei etwa gleichgroße Gruppen bilden, die sich dann zu den folgenden *Watzlawick'schen Kommunikationsformen Improvisationen ausdenken können. Auf den Zetteln, auf denen ich die Spielvorgabe skizziere, finden die Gruppenteilnehmer folgenden Text:

A) Wir sind uns immer und in allem einig.
B) Auch wenn wir in manchen Punkten anders handeln, nehmen wir einander wahr und respektieren uns. Wir setzen uns konstruktiv auseinander.
C) Die anderen in der Gruppe interessieren mich nicht – nicht als Person und auch nicht mit dem, was sie tun oder wie sie sich verhalten.

Wie improvisieren die einzelnen Gruppen?

Gruppe A: Viele Patienten fühlen sich bei dem Thema besonders wohl und spielen auch eine entsprechende, oft leise Improvisation mit gleichen Rhythmen (Klangteppich). Die Lösung erlaubt den Spielern, im Klang der Gruppe zu regredieren, ohne daß sich die einzelnen Mitspieler in der Gruppe hervortun müssen.

Besonders eindrucksvoll fand ich auf einem Einführungsseminar in die Musiktherapie anläßlich einer Psychotherapietagung die Lösung eines größeren Kreises: Sie faßten sich an die Hände, sangen einen gleichen Ton und bewegten sich dabei sowohl im Kreis als auch auf und ab.

Die anderen Gruppenmitglieder, die jetzt nicht gespielt haben, lade ich ein, auf die Improvisation zum Thema A musikalisch zu antworten. Meist erklingt dann ein energischer Protest gegen so viel »Harmonie«, die als nicht echt und im wahrsten Sinne des Wortes nur »gespielt« erlebt wird.

Diejenigen, die dies dennoch tun, sind häufig und dies ist diagnostisch verwertbar, Menschen mit mehr oder weniger deutlich ausgeprägten »frühen Störungsanteilen« – d.h. also Patienten, die an einer schizoiden Neurose, einer narzißtischen Persönlichkeitsstörung (vergleiche den Text weiter vorn: Beispiel mit der Mülltüte) oder einer Borderline-Symptomatik leiden. Diesen Patienten wird die Nähe zu bedrohlich. Sie spielen dann in der zweiten Hälfte oder im letzten Drittel der Improvisation musikalische »Kontrapunkte«: Sie werden lauter, spielen andere Rhythmen oder steigen aus dem Spiel ganz aus. Der hörbare Versuch, eine solche »harmonisierende« Improvisation zu stören, wird aus den frühen Defiziten solcher Patienten verständlich. Für die Gruppe gibt ein solches Spiel Anlaß, sich mit dem oder den »anders Spielenden« auseinanderzusetzen, die durch ihr Spiel aus der Gruppe herausgerückt sind.

Gruppe B: Hier gibt es oft interessante klangliche Realisierungen bei dem Versuch, Gemeinsames und Trennendes deutlicher zu artikulieren. Dies geht in einer musikalischen Improvisation sehr viel leichter als in einer verbalen Auseinandersetzung, wo die Gefahr der Verletzung durch Worte größer ist. Da solche Improvisationen sowohl vom Thema als auch von der musikalischen Gestaltung her als sehr realistisch wahrgenommen werden, sind die Antwortspiele der übrigen Gruppenteilnehmer dem Spiel der Gruppe B ähnlich.

Gruppe C: Bei diesem Thema gibt es Gruppenmitglieder, die vor einer klaren Abgrenzung massive Ängste entwickeln und andere, die sogar Spaß daran haben, einmal musikalisch einen eigenen Weg zu gehen. Wieder andere fürchten, von der auseinanderdriftenden Gruppe alleingelassen zu werden. Je nach Ausgestaltung durch die Gruppe C gibt es entsprechende musikalische Antworten von den anderen Gruppenteilnehmern: Meist löst dieses Spiel ebenfalls Ärger und Wut aus, weil viele es wie einen Spiegel wahrnehmen, der ihnen hier vorgehalten wird. Die musikalischen Antworten der Gruppen A und B auf das Thema C enden in dem Versuch, Gemeinsamkeiten zu suchen und wieder herzustellen. Aus dem Klangchaos entwickeln sich rhythmische Strukturen und das anfänglich oft überlaute Spiel wird auf eine mittlere Lautstärke zurückgenommen, und über kleine melodische und rhythmische Brücken rücken die Spieler wieder aufeinander zu.

Zu dem Thema C erinnere ich mich an die Lösung einer Gruppe anläßlich des bereits erwähnten Therapiekongresses: Die Spieler kamen aus allen Richtungen auf die Mitte des Raumes zu, jeder spielte möglichst laut seinen eigenen Rhythmus und seine eigenen Töne, ohne auch nur im geringsten von den anderen Notiz zu nehmen. Sie setzten sich dann auch irgendwo hin, Körper und Gesicht von den anderen abgewandt oder gingen im Raum umher. Die Nichtbestätigung (nonconfirmation) war deutlich.

9. Therapeutisches Procedere

Unter dieser Überschrift möchte ich eine Reihe von Begriffen beschreiben, die für jede psychotherapeutische Arbeit, also auch für die Musiktherapie gelten. Die meisten Begriffe stammen aus der Psychoanalyse und sind bereits in andere psychotherapeutische Verfahren übernommen worden. Ich favorisiere den gemeinsamen Sprachgebrauch der wichtigsten Begriffe der Psychoanalyse für die verschiedenen Therapien, auch wenn sie manchmal nicht mehr exakt unserem heutigen Theorieverständnis und dem Forschungsstand entsprechen, um eine Verständigung der Psychotherapeuten untereinander über alle methodischen Barrieren hinweg auch weiterhin zu ermöglichen.

Arbeitsbündnis, Therapieauftrag und therapeutische Beziehung

Unter diesem Begriff verstehen wir eine Vereinbarung zwischen Patient und Therapeut zu Beginn der Behandlung, für die sowohl der Patient als auch der Therapeut bestimmte Voraussetzungen einbringen müssen.

Dazu gehören die Bereitschaft des Patienten, sich auf eine Therapie unter Zuhilfenahme von Musik und Instrumenten einzulassen und Vertrauen in die therapeutische Methode und zum Therapeuten zu entwickeln, ohne die eine therapeutische Arbeit nicht möglich ist.

Ist der Patient auch bereit, sich auf Rollenwechsel in der Musiktherapie einzulassen, kann er zwischen den zwei Instanzen (*Perls* nennt sie »topdog und underdog«) wechseln – der *topdog* plant die Dinge, und möchte sie gern realisieren, der *underdog* ist vordergründig damit einverstanden, aber ... (und er findet immer neue Ausreden, warum irgend etwas nun gerade nicht geht).

Im Verlauf der Therapie kann der Patient die Fähigkeit entwickeln, sich quasi von außen zu betrachten oder, mit den Worten der Psychoanalyse, ein *erlebendes Ich* und ein *beobachtendes Ich* zu entwickeln und eine Allianz des *beobachtenden Ich* mit dem *analysierenden Ich* des Therapeuten zu ermöglichen.

Eine notwendige Voraussetzung für jede Therapie ist der *primäre Leidensdruck* des Patienten, also nicht nur *das Leiden an den Symptomen*, sondern *an den neurotischen Behinderungen (Einschränkungen) durch das Symptom, bestimmten Verhaltensweisen oder Erlebnisqualitäten.*

Darüber hinaus braucht der Patient ein gewisses Maß an Fähigkeiten, Beziehungen zu anderen Menschen aufzubauen, was sich leicht hinterfragen läßt, wenn man den Patienten nach Beziehungen und deren Konstanz in seinem bisherigen Leben befragt.

Auch eine ausreichende Ich-Stärke und Ich-Elastizität ist erforderlich, um die bereits angesprochene Regression (Regression im Dienste des Ich, regressive Übertragungsreaktion auf den Therapeuten, Phantasien und freie Assoziationen – typisch für primärprozeßhaftes Geschehen) zulassen zu können. Der Patient kann so mit dem *erlebenden Ich* aus der Regression in die Progression gehen und von der Primärebene auf die Sekundärebene wechseln, um das Geschehene, das Gespielte, das Gehörte zu verstehen, zu betrachten und zu integrieren als Funktion des beobachtenden Ich. Das heißt, daß der Patient bereit sein muß, therapeutische Hilfe bei der Bewältigung seiner Probleme und Schwierigkeiten anzunehmen und auch die Beschwerlichkeiten des therapeutischen Prozesses auf sich zu nehmen. Hier ist der Patient besonders gefordert, da es schwerfällt, sich den in der Therapie auftretenden Schmerzen, der Trauer, der Frustration und dem Ärger zu stellen und sie auch auszuhalten.

Von seiten des Musiktherapeuten ist es unabdingbar, dem Patienten mit entsprechender Empathie zu begegnen und ihm zu helfen, die Widerstände, die er gegen die Musiktherapie und die Veränderungen hat, zu benennen und im Laufe der Therapie auch aufzulösen. Das gelingt am besten dann, wenn ich dem Patienten freundlich und annehmend begegne und ihn mit all dem Material und seiner Angst (auch vor der Methode), die er uns in der Therapie anbietet, wichtig nehme und dabei besonders die Selbstachtung des Patienten respektiere. Ich verbünde mich dabei, wie auch später noch auszuführen sein wird, mit den *gesunden und reifen Ich-Anteilen* des Patienten gegen *die krankmachenden Anteile.*

Oft ist es hilfreich, wenn ich meine eigenen therapeutischen Schritte erläutere und Verständnis signalisiere, wenn das, was der Patient in der Therapie anspricht und bearbeitet, für ihn sehr schmerzvoll ist. In solchen Momenten zeige ich dem Patienten meine Betroffenheit und spreche an, wenn mich bestimmte Reaktionen des Patienten anrühren.

Auch die Realität, die der Patient in die Therapie mitbringt, gilt es zu respektieren, stellen sich doch auch seinen Veränderungen, die er in der Therapie erreichen möchte oder bereits auch erreicht hat, nach der Entlassung aus der Klinik immer wieder von außen Widerstände entgegen, die gerade diese Umsetzung außerordentlich erschweren können. Der Therapeut muß Verständnis dafür haben, daß der Prozeß, und dies sage ich jetzt mit musikalischen Ausdrücken, sich mal beschleunigen – im Sinne eines »Accelerando« – oder aber verlangsamen kann – wie ein »Ritardando« – oder phasenweise sogar zum Stop kommen kann – entsprechend einer »Generalpause«. Diese unterschiedlichen Tempi des therapeutischen Prozesses sind verständlicherweise gekoppelt an die jeweiligen Themen in der Therapie.

Die therapeutische Beziehung ist zum Teil in dem Abschnitt über das Arbeitsbündnis und die Gegenübertragung angeklungen: In der MT ist der Therapeut für den Patienten auf der Realebene erkennbar durch das Setting »Im-Gegenüber«. Der Patient sieht mich jederzeit in der Gruppe oder in der Einzeltherapie, da ich immer in seinem Blickfeld oder auch neben ihm sitze, wenn ich selbst ein Instrument spiele und ihn bei seiner Arbeit begleite. Auch emotional bin ich für den Patienten hörbar, wenn ich mit ihm gemeinsam improvisiere. Ich reagiere auf seine Improvisation nicht nur musikalisch, sondern auch auf der emotionalen Ebene, begleite ihn auf dem Klavier bei seinem Spiel, sei es laut oder leise. Dabei teile ich mich auch emotional mit, soweit dies für den therapeutischen Prozeß von Bedeutung ist, im Sinne einer selektiven Authentizität. Darüber hinaus bleibe ich als Therapeut natürlich auch die Projektionsfigur für die libidinösen, aggressiven oder regressiven Impulse des Patienten, die in der Therapie bearbeitet werden müssen.

Holding Function

Auch dieser Begriff, der in der Musiktherapie eine zusätzliche Bedeutung bekommt, wurde bereits in dem Abschnitt Arbeitsbündnis erwähnt. Ich kann den Patienten nicht nur emotional »halten« (oder stützen und annehmen), indem ich ihm das mit Worten mitteile, sondern ich kann diese »holding function« auch musikalisch ausdrücken, indem ich z.B. einen musikalischen Teppich ausbreite, auf dem der Patient Sicherheit finden und damit auch Vertrauen in die Therapie herstellen kann. Ich versuche immer, den Patienten dort abzuholen, wo er sich im Augenblick emotional befindet. Ich kann ihn dieses mit Worten fragen, indem ich ihn bitte, mir zu berichten, was er gerade erlebt hat oder welches Problem oder Anliegen er mit in die Therapiestunde bringt. Musikalisch frage ich ihn durch einen oder mehrere Töne, eine Tonsequenz, auf die der Patient dann antworten kann oder umgekehrt, ich antworte mit dem Klavier in der Einzeltherapie auf das, was der Patient auf seinen Instrumenten spielt.

Musiktherapeutische Interventionen

Die MT bietet, wie *Mary Priestley* in ihrem Buch über die analytische Musiktherapie beschreibt, dem Patienten die Möglichkeit, mit Hilfe von Improvisationen seine Befindlichkeit zu untersuchen. Im gemeinsamen Improvisieren suchen Patient und Therapeut auf einer klanglichen Interaktionsebene der Befindlichkeit, den Konflikten oder Problemen des Patienten, die sich aus dem einleitenden Gespräch einer jeden Therapiestunde entwickeln, eine klangliche Gestalt zu geben.

Die Aufnahme der Kranken- und Lebensgeschichte des Patienten vermittelt uns sowohl einen Eindruck seiner psychischen Strukturen als auch seiner Konflikte. In der musiktherapeutischen Arbeit lasse ich mich u.a. von zwei Kriterien leiten, deren Anteile ich im therapeutischen Prozeß gedanklich und sozusagen mit dem *dritten Ohr* verfolge:

1. Nach strukturspezifischen Kritierien schlage ich bestimmte Themen zur Improvisation vor, achte dabei aber darauf, den Patienten bei seinen strukturellen Schwierigkeiten nicht zu überfordern.

2. Mit konfliktspezifischen Interventionen versuche ich den Patienten direkt mit seinem Konfliktmaterial in Kontakt zu bringen und ihn damit zu konfrontieren.

Strukturspezifische Interventionen

Diese Formen der musiktherapeutischen Interventionen orientieren sich an den Persönlichkeits*strukturen* der Patienten, woraus auch der Name abgeleitet ist.

1. Bei den **schizoiden Strukturen** geht es um die Wahrnehmung von Distanz- und Nähewünschen, die der Patient sowohl klanglich als auch gestisch und räumlich auszudrücken versucht. Er bleibt räumlich auf Distanz, seine Körperhaltung und auch die Mimik lädt zunächst nicht zum Näherkommen ein, klanglich ist es schwierig, sich in einem gemeinsamen musikalischen Handlungsteil zu finden. Häufig verläßt der Patient einen gemeinsam gefundenen Rhythmus sehr schnell wieder, um so die »akustische Nähe« des gleichen Rhythmus zu vermeiden. Kneutgen hat diese Spielweise bei psychotischen Patienten untersucht und beschrieben, daß diese Patienten immer haarscharf daneben trommeln, wobei sie immer mehr aus dem synchronen Spiel herausgehen, dann kurz im gleichen Rhythmus spielen, um dann den gemeinsamen Rhythmus wieder zu verlassen.

Das weist darauf hin, daß für solche Patienten schon die Primärrhythmen im Mutterleib und die akustischen Umwelteindrücke nach der Geburt nicht verläßlich waren und so keine verläßliche akustische und psychische Vertrauensbasis aufbauen halfen. So vermeiden die Patienten im Spiel und in der Sitzanordnung sowohl eine zu große akustische als auch räumliche Nähe zu den anderen Gruppenmitgliedern.

Auf der anderen Seite ist die Offenheit und Ehrlichkeit, die uns viele frühgestörte Patienten in der Therapie entgegenbringen, immer wieder überraschend, manchmal sehr erschütternd: Da sie sich kaum oder gar nicht schützen können, sprechen sie in großer Offenheit ihre Gefühle und ihre Ängste aus. Hier ist es Aufgabe des Musiktherapeuten, diese Menschen vor emotionaler Überflutung zu schützen, mit der sie zunächst überhaupt nicht umgehen können. Erst in einer langen Therapie kann dieser Umgang erlernt werden. Hier sind übungszentrierte musikalische Angebote hilfreich, um auf der Realebene Kontakte herzustellen.

Freies assoziatives Spiel ist erst dann angezeigt, wenn die Ich-Strukturen des Patienten stabiler geworden sind und der Patient von sich aus musikalische Gedanken oder Rhythmen zu spielen beginnt und sie in eine bestimmte Form und Struktur bringt.

2. Bei den **depressiven Strukturen** gilt es, depressive Verarbeitungsmodi wie Niedergeschlagenheit, Versagensängste, Minderwertigkeitsgefühle, Antriebslosigkeit, aber auch »orale« Ansprüche nach Versorgtwerden, Hilfe und Schutz so wie andere Erlebnisqualitäten, die aus einem zu kleinen Ich kommen, langsam abzubauen. Hier ist zunächst Ich-stützende Arbeit angesagt, z.B. durch die Bestätigung kleiner Erfolgserlebnisse. Dazu lade ich Patienten, die sich kaum trauen, einen Ton zu machen, ein, auf einer Trommel zunächst ganz leise zu spielen und dann auszuprobieren, wie laut sie werden können. Viele Patienten werden dann lauter und schlagen kräftiger zu und bekommen zunehmend Freude daran, ja erleben ein erstes befreiendes Gefühl.

Andere erleben wieder die alte Grenzen des »Sei leise, tue dich nicht hervor, schweige, wenn die anderen reden«. Sie haben sich in ihrem Verständnis wieder mal nicht »lieb« verhalten und warten eigentlich – wie immer in solchen Situationen – auf eine entsprechende Strafe. Bei diesen Patienten dauert es meist längere Zeit, bis sie wieder in Kontakt mit ihren quasi abgespaltenen aggressiven Anteilen sind, die sie um keinen Preis wahrnehmen wollen, obwohl sie im Gespräch und auch in den Improvisationen deutlich werden. Diese Menschen haben schon als kleine Kinder gelernt, ihre aggressiven Gefühle auf andere gegen sich zu richten und werden als Folge dieses Verhaltens immer depressiver (wie ich dies als Wendung gegen das Selbst bei den Abwehrmechanismen beschrieben habe).

In der MT sind daher kleine und größere afrikanische Trommeln oder die große Gongtrommel, aber auch Gongs und Becken besonders geeignet, diese aggressiven Impulse hörbar und damit wieder spürbar zu machen. Manchmal leiste ich dabei Hilfestellungen, indem ich bei einem sehr leisen Spiel dann frage, ob der andere, dem die Töne gelten würden, diese auch wirklich hören kann und so den Patienten ermuntere, die ganze Palette seiner Lautstärken auszuprobieren.

3. Bei den **zwanghaften Strukturen** mit ihrem Leidensdruck aus zu hohen oder krankhaften Über-Ich-Ansprüchen gilt es, jede Form von musikalischer Leistung gar nicht erst aufkommen zu lassen. Ich versuche hierbei, die Patienten langsam und behutsam an das Im-

provisieren heranzuführen, insbesondere auch an die nicht strukturierten Teile der improvisierten Musik, um ihnen so die Möglichkeit zu vermitteln, sozusagen im Schutz der Therapie eine geregelte Unordnung zuzulassen, ohne daß der Patient darauf mit seinen zwanghaften Abwehrmechanismen reagieren muß.

Die musikalische Sprache zwanghaft strukturierter Menschen ist oft karg, wenig farbig, relativ eintönig, dafür aber rhythmisch klar strukturiert, da diese Menschen sich durch die klare Struktur des Rhythmus vor emotionaler Überflutung schützen. Schwierig wird es dann, wenn zwanghaft strukturierte Musiker in die Musiktherapie kommen. Vielen Menschen macht der Umgang mit Musik in der Regel Freude und gibt Erbauung, auch wenn sie mit Arbeit (Üben) verbunden ist. Berufsmusiker werden häufig zu Musik-»Beamten«, also zu Menschen, die als Musiker ihre Pflicht erfüllen, denen aber jedes freie Musizieren, jedes freie Improvisieren, z.b. auch im Jazz, nicht zugänglich ist. Manchmal ist es hilfreich, diesen Patienten erst einmal viel Raum zu geben. Sie dürfen erst einmal alles auch »kontrollieren« was sie spielen, und nach eigenen inneren Gesetzen gestalten. Da sich in musiktherapeutischen Gruppen immer Patienten mit unterschiedlichen Strukturen treffen, ist es den zwanghaft Strukturierten möglich, im Laufe der Zeit auszuprobieren, wie sie loslassen können. Darin liegt auch die therapeutische Wirkung der MT gerade für diese Patienten, die sich sonst in der Therapie so schwer tun. So können sie sich im Laufe der Therapie von ihren (zu) hohen Über-Ich-Ansprüchen ein wenig distanzieren und erkennen, daß es weder von den anderen Gruppenmitgliedern noch vom Therapeuten Zensuren gibt, sondern daß sie sich (stellvertretend für andere) schon im voraus zensieren und sich schlechte Noten geben (entspricht vom Ansatz dem Abwehrmechanismus: Identifikation mit dem Aggressor). Die Tatsache, daß es in der Therapie keine Leistungsansprüche gibt, verblüfft diese Patienten immer wieder. So entwickeln sie im Laufe der Therapie Mut, auch einmal »ganz unordentlich« zu spielen.

Gute Erfahrungen habe ich in diesem Zusammenhang bei einer jungen Frau mit einer ausgeprägten Zwangssymptomatik machen können, mit der ich in jeder Stunde einer insgesamt länger dauernden Therapie Improvisationen an zwei Klavieren gespielt habe, wo das »willkommen« war, was sich in den Improvisationen entwickelte.

4. Bei den **hysterischen Strukturen** geht es darum, diese Patienten im Laufe der Therapie mit Hilfe musiktherapeutischer Angebote in die Gruppe zu integrieren, das Hinhören und -horchen auf die anderen zu verstärken und die Tendenz, solistische Beiträge zu spielen, »viel Lärm um nichts« zu machen oder sich ständig in den Mittelpunkt zu stellen und die anderen als Publikum für ihre Selbstdarstellungen zu mißbrauchen, deutlich zu reduzieren. Aufgabe des Therapeuten ist es, die Energie und den Reichtum an Phantasie dieser Patienten konstruktiv in das Gruppengeschehen einzubeziehen und für den Gruppenprozeß zu nutzen.

Auf der anderen Seite werden solche hysterischen Patienten für die anderen in der Gruppe zu Projektionsfiguren für eigene, nicht gelebte Seiten. Durch die *Lateralübertragung* (also des Übertragungsgeschehen auf andere Gruppenmitglieder) kommen Patienten in der Gruppe an die Erledigung der Probleme, die sie mit Menschen in ihrer Umgebung haben, die ähnlich strukturiert sind wie diese Gruppenmitglieder.

Konfliktspezifische Interventionen

Hier handelt es sich um eine therapeutische Vorgehensweise bei Patienten, die ein ausreichend stabiles Ich haben: Als Therapeut verbünde ich mich mit der ganzheitlichen Person (S+ /S-) durch eine akzeptierende »holding function« (+). Das heißt, mein Gegenüber in der Therapie ist ein Patient (analytisch *Subjekt* = S), der zu einem anderen Menschen (analytisch *Objekt* genannt) eine Beziehung hat und seine aggressiven Anteile gegenüber dieser Person (O+ /O-) verdrängt hat (siehe Abb. 5.1).

Im therapeutischen Arbeiten biete ich dem Patienten eine akzeptierende *holding function* an. Dabei sage ich *ja* (+) zu den gesunden Anteilen des Patienten und verbünde mich mit ihnen, *nein* (-) dagegen zu den neurotischen Konfliktlösungen, die der Patient mir anbietet und in seinem Leben bisher praktiziert hat. Bezüglich der neurotischen Strategien versuche ich ihn im Sinne der *skillful frustration* der Gestalttherapie zu frustrieren.

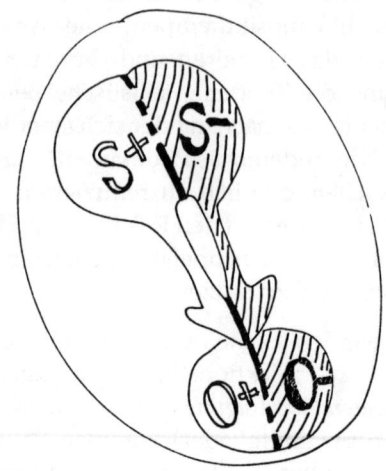

Abb. 5.1: Introjekt einer SUBJEKT-OBJEKT-BEZIEHUNG bei teilweiser Verdrängung der aggressiven Anteile (alle Zeichnungen von HKS)

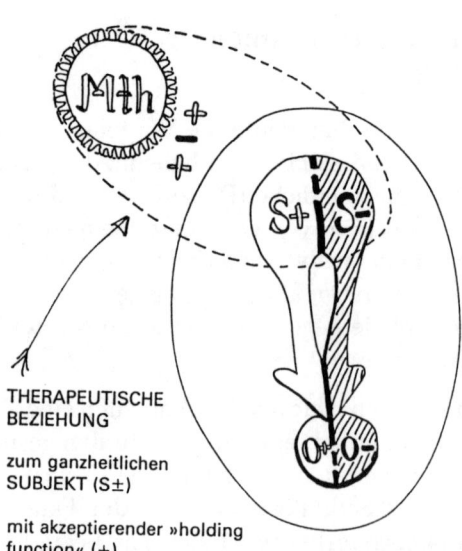

THERAPEUTISCHE
BEZIEHUNG

zum ganzheitlichen
SUBJEKT (S±)

mit akzeptierender »holding
function« (+)

und dosierter Frustration bezüglich neurotischer Strategien (−)

Abb. 5.2: Therapeutische Beziehung zum ganzheitlichen Subjekt

Im musiktherapeutischen Prozeß wird das Konfliktfeld, hier eine gestörte Beziehung, zunächst mit Worten beschrieben und dann in einer Improvisation auf Instrumenten gespielt. Dabei kommt es zu einem Dialog der beiden Anteile [(S+) und (S-)], die deutlich werden lassen, daß die Seite (S+) gern eine Veränderung erreichen möchte, dabei aber von der Seite (S-) daran gehindert wird, die alles beim alten belassen möchte.

Mein therapeutisches Anliegen ist, mit solchen konfliktspezifischen Interventionen die krankmachenden, affektbesetzten Introjekte (Verinnerlichungen) und deren abgespaltene Erlebnisanteile zu verdeutlichen. In der Improvisation wird die gestörte Beziehung mit musikalischen Mitteln untersucht und es werden dabei die abgespaltenen Erlebnis- und Beziehungsanteile externalisiert (nach außen gebracht), auf ein Instrument projiziert und dort gespielt.

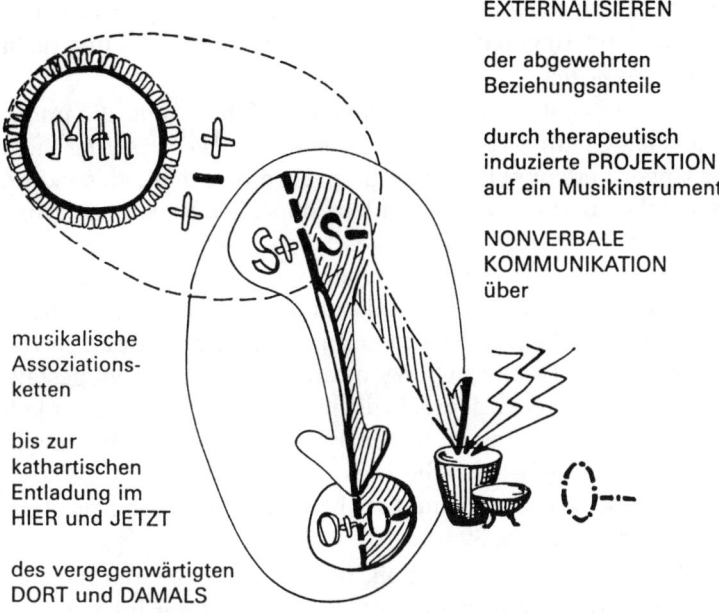

EXTERNALISIEREN

der abgewehrten
Beziehungsanteile

durch therapeutisch
induzierte PROJEKTION
auf ein Musikinstrument.

NONVERBALE
KOMMUNIKATION
über

musikalische
Assoziations-
ketten

bis zur
kathartischen
Entladung im
HIER und JETZT

des vergegenwärtigten
DORT und DAMALS

Abb. 5.3: Externalisieren durch Projektion auf eine Trommel

Dies zeigt uns die Abbildung 5.3, wo in dem Bild für den Patienten jetzt die O-Anteile auf eine große Trommel (O-) projiziert werden. Die aus der Gestalttherapie übernommene Technik, aus wechselnden Ich-Zuständen zu improvisieren, hilft, die besondere

117

Konfliktsituation aus verschiedenen Altersperspektiven zu spielen und damit wiederzubeleben. So können z.b. drei oder auch mehr Spielphasen zu dem Thema 1) »Ich« früher – »Ich« heute, 2) »Ich« früher (Haßgefühle auf den Vater von früher) und 3) »Ich« heute (verstehend, verzeihend, liebend zum Vater heute) entstehen und im Hier und Jetzt bearbeitet werden.

Die nonverbale Kommunikation zu dem nach außen verlagerten, externalisierten Objekt (dem Vater von früher, jetzt auf die Trommel projiziert), führt über musikalische Assoziationsketten zu einem Kontakt vom *Dort und Damals* in das *Hier und Jetzt* von heute, möglicherweise bis zu einer kathartischen Entladung. In dieser Spielphase machen Patienten häufig emotional korrigierende Erfahrungen. Oft gelingt es dem Patienten mit seinem *Ich von heute* den *Vater von heute* besser zu verstehen und dem *Ich von früher* zu erlauben, auf den Vater von damals Wut, Haß oder Ablehnung zu empfinden, weil sich der *Vater von damals* dem Sohn gegenüber so streng, strafend, ungerecht oder lieblos verhalten hatte – und nicht der *Vater von heute*!

Dieser therapeutische Schritt kann dazu führen, daß die unterschiedlichen Gefühle von *Dort und Damals* im *Hier und Jetzt* nicht mehr länger verleugnet oder verdrängt werden müssen, sondern angesprochen und bearbeitet werden können. Dabei können große Mengen psychischer Energie freigesetzt werden, die vorher durch das Unterdrücken dieser von den Patienten als negativ bezeichneten Gefühle gebunden waren und nun für andere Ich-Leistungen zur Verfügung stehen. Hier werden Parallelen zu den Ansätzen von *Kernberg* (frühe Objektbeziehungen) und *Perls* mit seinem gestalttherapeutischen Ansatz deutlich, die unabhängig voneinander beide zu ähnlichen Ergebnissen kamen. Für die Konfliktbearbeitung in der Gestalttherapie hat sich die Technik des inneren Dialoges zwischen den widerstrebenden Impulsen bewährt, um nach entsprechender Durcharbeitung eine Synthese dieser Impulse zu ermöglichen.

Die Übernahme dieser Technik in die Musiktherapie hat den besonderen Vorteil, daß die inneren Dialoge auf der Inhalts- und Beziehungsebene mit Instrumenten gespielt werden können und so die alten, eingefahrenen verbalen Vermeidungsstrategien nicht mehr funktionieren. Wenn die therapeutische Beziehung für solche korrigierenden Erfahrungen genügend äußeren und inneren (emotionalen) Schutzraum bietet, können Patienten sich auf eine solche Auseinandersetzung in dem für sie fremden Medium Musik einlassen.

Spontane INTEGRATION des
SUBJEKT – OBJEKT – Beziehungsintrojektes

nach Kontaktaufnahme
und Erledigung der
abgewehrten Impulse

und Wiederauftauchen
der Gegenseite (hier:
der libidinösen Beziehungsanteile)

im emotionalen Schutzraum der
therapeutischen Beziehung

Abb. 5.4: Integration

Die Abbildung 5.4 zeigt die spontane Integration des Subjekt-Objekt-Beziehungsintrojektes, wo nach der Kontaktaufnahme und der Erledigung die abgewehrten Impulse (negative Gefühle wie Wut, Haß) re-integriert werden und die anderen Gefühle, die unter dem Beziehungs-Müll verborgen gewesen waren (Wünsche nach Nähe, Anerkennung, Geborgenheit, Zärtlichkeit und liebevoller Zuneigung), wieder auftauchen konnten.

Was hierbei zum Vorschein kommt, ist für mich immer wieder erschütternd – geht es dabei oft um so elementare Wünsche wie: »Ach, hättest du mir einmal im Leben gesagt, daß du stolz auf mich bist, daß du mich lieb hast, daß ich dir etwas bedeute ...«, oder: »Ich hätte mir so gewünscht, daß du mich einmal in den Arm nimmst, mir über den Kopf streichst, mich einmal vor den Aggressionen der anderen schützt.«

Diese Aufzählung solcher Wünsche an die Eltern oder später an die Partner, ließe sich lange fortsetzen, so groß sind die Defizite der Menschen schon aus den frühen Kinderjahren, geschweige denn aus späterer Zeit.

119

10. Einzelmusiktherapie

Neben der Gruppenmusiktherapie mache ich mit einzelnen Patienten auch Einzelmusiktherapie. Wie bei der Gruppenmusiktherapie gibt es die weiter vorn beschriebenen Möglichkeiten der rezeptiven und der aktiven MT.

Als wichtiges Einzelmusiktherapieverfahren hat sich die *analytische Musiktherapie* nach *Mary Priestley* etabliert. Die Londoner Musiktherapeutin, die durch ihre musiktherapeutischen Weiterbildungsangebote in England und Deutschland (am damaligen Gemeinschaftskrankenhaus und jetzigen Universitätskrankenhaus Herdecke) bekannt wurde, hat eine Reihe von Büchern zu ihrem Konzept der analytischen Musiktherapie geschrieben. *Pristley* hat selbst den Begriff *analytisch* durch *exploratorisch* ersetzt. Interessanterweise hat sich in Deutschland aber der Begriff *analytische Musiktherapie* gehalten.

Meine eigenen Kontakte mit *Mary Priestley* reichen zurück in die Jahre 1978 und 1979. Im Herbst 1979 hatte ich die Gelegenheit, mehrere Monate in London bei ihr eine Weiterbildung in analytischer Musiktherapie und Intertherapie zu absolvieren (Intertherapie ist ein von *Priestley* entwickeltes Konzept, in dem sich zwei Musiktherapeuten unter ihrer Aufsicht in den jeweiligen Rollen des Patienten/Klienten oder Therapeuten erproben und diese Rollen auch tauschen).

Wie wichtig für mich die analytische Musiktherapie geworden ist, wurde mir beim Schreiben dieses Buches wieder deutlich. Viele Gedanken, therapeutische Ansätze, aber auch theoretische Überlegungen stammen, wie ich zu meiner Freude, aber auch zu meiner Überraschung immer wieder feststellen muß, aus den Gesprächen mit *Priestley*, der Bearbeitung meiner Themen in der Musiktherapie bei ihr und aus ihren Büchern.

Zusammen mit den Theorien und der Praxis der Gestalttherapie nach *F. Perls* liegen hier für mich die wichtigsten Grundbausteine meiner musiktherapeutischen Arbeit. Ich werde im folgenden immer wieder *Mary Priestley* zitieren und dabei besonders auf ihre Bücher »Musiktherapeutische Erfahrungen« und »Analytische Musiktherapie« zurückgreifen.

Analytische Musiktherapie

Was ist analytische Musiktherapie (AMT)? Dazu führt *Mary Priestley* (M.P.) aus:

Analytische Musiktherapie ist ein Verfahren, in dem Therapeut und Patient mit Hilfe improvisierter Musik das Innenleben des Patienten zu erforschen und dessen Wachstumsbereitschaft zu fördern versuchen.

Sie zielt also nicht unmittelbar darauf ab, angenehme Erlebnisse zu vermitteln oder schöne Klänge zu erzeugen, sondern vielmehr darauf, Blockierungen zu beseitigen, die einer Weiterentwicklung entgegenstehen. Dies entspricht dem Wachstumsgedanken in der Gestalttherapie.

Die Definition der analytischen Musiktherapie, die M.P. in ihren Büchern entwickelt, unterstreicht in diesem psychotherapeutischen Prozeß den Einsatz musikalischer Mittel zur Erreichung von – auch in anderen Psychotherapieformen angestrebten – Veränderungen im Patienten. So kann die Musiktherapie

eine Möglichkeit darstellen, Energien aus repressiven und defensiven Mechanismen zu befreien, (sie neu) zusammenzusetzen und ihnen eine neue Richtung zu geben durch ausprobierendes Handeln in der Improvisation. Ziel dieser Musiktherapie ist, ein Maximum an Energie freizusetzen, damit der Patient sie zur Verwirklichung seiner eigentlichen Lebensziele verwenden kann.

Es geht um eine »Repolarisierung« der kreativen Kräfte des Patienten, die von einem destruktiven zu einem konstruktiven Gebrauch gewendet werden sollen. Ihr Ziel ist es,

entwicklungshemmende Sperren zu enttarnen und dadurch den Patienten in geeigneter Weise Zugang zur Selbsterfahrung zu verschaffen.

Wie geht die Arbeit in der analytischen Musiktherapie nun vor sich? In dem unten angeführten Schema einer Therapiestunde habe ich versucht, die verschiedenen Phasen der Therapie aufzuzeigen.

Die einzelnen Phasen der MT lassen sich entsprechend dem psychoanalytischen Modell gliedern in

■ Erinnern,
■ Wiederholen,
■ Durcharbeiten.

Etwas Besonderes bei M.P. ist der Handlungsteil (das Durcharbeiten mit musikalischen Mitteln) und die Wiederholung dieses Teils durch das Anhören der Improvisation vom Tonband. Ich ergänze diese drei beschriebenen Phasen in Anlehnung an die Gestalttherapie durch eine vierte Phase, die der Zusammenfassung und Neuorientierung dient und am Schluß jeder Stunde steht. Vor ihrer Ausbildung zur Musiktherapeutin an der Londoner Guildhall School of Music hat M.P. ein Hochschulstudium als Musikerin (Hauptfächer Geige und Klavier) absolviert. Die psychoanalytischen Konzepte ihrer Musiktherapie basieren auf den Schriften von *Sigmund* und *Anna Freud, Melanie Klein, C.G. Jung, Balint, Winnicott* und *Yalom* und den Erfahrungen eigener Lehranalysen nach *Jung* und *Melanie Klein*.

1. Erinnern

M.P. schreibt dazu, daß der Therapeut bzw. die Therapeutin die Sitzung gewöhnlich damit beginnt, indem er (sie) den Patienten berichten läßt, was dieser gefühlt, gedacht und getan hat und wie es ihm seit der letzten Therapie ergangen ist.

Sollte dies zu einem abwehrenden Geplauder führen, mit dem der Patient von den wirklichen Gefühlen und Problemen ablenken will, empfiehlt M.P., »mit einer 10- oder 15-minütigen Improvisation ohne festem Thema zu beginnen und abzuwarten, was durch die Musik zu Tage tritt«.

Wie jeder erfahrene Psychotherapeut in einer Gesprächssituation auch auf die Stimme des Patienten achtet, die oft nonverbal etwas ganz anderes als die Worte des Patienten ausdrückt, achtet natürlich der Musiktherapeut ganz besonders auf die »Musik« hinter den Worten.

Die Phase des Erinnerns entspricht der Phase der freien Assoziation in der klassischen Analyse, in der der Patient über seine Probleme, Konflikte, Träume, über Erlebtes etc. berichtet, ohne etwas aus- oder wegzulassen, auch wenn es ihm unangenehm, peinlich oder schambesetzt sein sollte.

Am Ende dieser Erinnerungs-Phase wird im nachfolgenden Gespräch geklärt, welches Thema der Patient spielen möchte. Dazu ist es erforderlich, die einzelnen Themen auf ihre Bedeutung und ihre

Priorität für den Patienten zu untersuchen (»Was ist heute für Sie am wichtigsten – welcher Konflikt steht heute an?«). Es kommt vor, daß auch ich ein Thema vorschlage, wenn ich merke, daß der Patient bestimmte Themen geflissentlich vermeidet.

2. Wiederholen – Durcharbeiten

Die äußeren Voraussetzungen für eine MT-Sitzung beschreibt M.P. folgendermaßen:

> Der Klient sitzt an einem chromatischen Altxylophon, einem Tomtom mit 40 cm Durchmesser, einem Becken mit 30 cm Durchmesser auf einem Ständer und einem Gong. Zusätzlich kann er sich einer Melodica, einem Glockenspiel, einem Tamburin bedienen. (Zu meiner Zeit gab es auch einen Glockenbaum in dem musiktherapeutischen Arbeitsraum in London; Anm. des Autors). Die Therapeutin spielt auf dem Klavier, natürlich kann die Stimme des Patienten als zusätzliches Instrument betrachtet werden, wenn er oder sie nicht zu gehemmt ist, sie zu benutzen. Die Therapeutin übt in diesem Duett (der gemeinsamen Improvisation; Anm. des Autors) eine doppelte Funktion aus. Sie »bestätigt« (contains) die Emotionen des Patienten durch ihren musikalischen Ausdruck, indem sie dessen wirkliche Stimmung aufgreift und reflektiert.

Technischer Exkurs: Ein wesentliches Element der analytischen Musiktherapie ist die Verwendung eines Tonbandes zur Aufzeichnung der musikalischen Improvisationen. Vor der ersten Sitzung wird mit dem Patienten ausgemacht, daß die Improvisationen als Klangbeispiele aufgezeichnet werden, zu keiner Zeit jedoch das gesprochene Wort – eine Praxis, die ich für alle Formen der Musiktherapie übernommen und womit ich gute Erfahrungen gemacht habe.

Diese Phase des Wiederholens und gleichzeitigen Durcharbeitens mit Hilfe musikalischer Mittel entspricht der Phase 2.1, dem nonverbalen Dialog. Als nächstes folgt die Phase 2.2, die jetzt die Klangebene wieder verläßt. In Nachgespräch berichtet der Patient, was er während dieser Improvisation erlebt oder erinnert hat und ob dazu innere oder äußere Bilder gekommen sind. Auch der Therapeut spricht an, was diese Musik bei ihm ausgelöst hat. In der Phase 2.3 erfolgt dann das gemeinsame Abhören der Bandaufzeichnung der Improvisationen. Hierzu schreibt M.P.:

Erstaunlicherweise können die Patienten, obwohl die meisten musikalisch nicht geschult sind, in dieser fragmentierten Abfolge von Tönen und Rhythmen fast immer genau die Stelle wiedererkennen, an der ein bestimmtes inneres Bild oder Gefühl aufgetreten ist. Auch hören sie beim Abspielen des Bandes oft zum ersten Mal bewußt, was der Therapeut gespielt hat, und das ist sehr beruhigend für sie.

3. Schlußphase mit Neuorientierung

Diese Phase knüpft an die Phase 2.3 an und dient der Besprechung und verbalen Aufarbeitung der Improvisation mit den dabei aufgetauchten Erinnerungen, Assoziationen und Körperwahrnehmungen. Hierbei kommt es noch einmal zu einer Verdichtung und Zusammenfassung der Erfahrungen der musiktherapeutischen Stunde in wenigen Sätzen.

Die besondere Gestaltung der Schlußphase, insbesondere mit der Einbeziehung der *Neuorientierung*, ist eine Ergänzung zu *Priestley*, die ich aus dem *tetradischen* Modell von *Petzold* in die Musiktherapie übernommen habe.

Die Technik des Haltens (Holding, Containing)

In diesem Begriff, den *Priestley* als die Technik des Haltens beschreibt, kommt etwas ganz typisch Musiktherapeutisches zur Anwendung: Durch die musikalische Präsenz des Therapeuten am Klavier, das aufmerksame und einfühlsame Folgen auf den musikalischen Spuren des Patienten vom leisesten und traurigsten Klang bis hin zum ohrenbetäubenden Lärm eines Vulkanausbruches, versucht der Therapeut, all das zu stützen, was vom Patienten kommt und ihn sowohl in seiner Traurigkeit als auch in seiner verzweifelten Wut nicht zu verlassen. Damit macht der Patient eine neue Erfahrung, daß er auch bei Ausbrüchen seiner größten Wut nicht verlassen oder aus dem Zimmer gewiesen wird, so wie er es früher von den Eltern immer wieder erleben mußte.

Das Ziel des Haltens ist es, dem Patienten die Möglichkeit zu geben, seine Emotionen durch den Ausdruck in Klängen (emotional sound expression) voll bis zum Höhepunkt zu erleben, wobei er durch die musikalische Begleitung des Therapeuten gehalten wird (holding). Dies ist für M.P. das musikalische Äquivalent zu der Situation eines kleinen Kindes, das herzzerreißend schluchzt oder hochentzückt ist, während es die Eltern liebevoll und sicher halten. Es ist Aufgabe des Musiktherapeuten, durch seine begleitende Improvisation eine entsprechende Sicherheit in der therapeutischen Atmosphäre zu schaffen, in der sich der Patient getragen und gehalten fühlt und so auch angstmachenden Gefühlen einen freien Ausdruck geben kann. Das gelingt dann am besten, wenn der Therapeut in seiner Begleitung versucht, musikalisch dicht am Patienten zu bleiben. Wenn Lautstärke und Begleitmuster stimmig sind, bemerken manche Patienten die Begleitung nicht während der gemeinsamen Improvisation, sondern erst später beim Anhören des Tonbandes. Ich habe mir in meiner Praxis angewöhnt, Pausen des Patienten einzuhalten, um nicht durch mein Spiel, durch ein in-die-Pause-Spielen den Patienten in eine Richtung zu lenken, in die er gar nicht gehen will. Beim Improvisieren bemühe ich mich, den Patienten musikalisch nicht allein zu lassen und die Lautstärke meiner Klavierbegleitung immer der Dynamik des Patienten anzupassen. Ich begleite den Patienten so lange er improvisiert und höre mit ihm gemeinsam auf.

Krisenmanagement

Die therapeutische Einstellung des Haltens kann aber auch über die musikalische Improvisation hinaus weiter notwendig werden, wenn der Patient an bestimmte emotionale Inhalte gelangt, über die er im Augenblick noch nicht sprechen will. Dann ist die Präsenz des Therapeuten zunächst erst einmal wichtiger als das Analysieren der Improvisation. Solche Themen müssen behutsam in den nächsten Therapiestunden durchgearbeitet werden. Am Ende einer solchen Stunde muß ich mich vergewissern, daß der Patient mit den gemachten Erfahrungen bis zur nächsten Therapiestunde zurechtkommt. Sollte dies für den Patienten bei einer ambulanten Therapie nicht möglich sein, biete ich ihm an, mich auch zwischen den Therapiestunden anzurufen. Außerdem spanne ich ein entsprechendes therapeutisches Netz auf, das den Patienten trägt und bis zur nächsten Stunde begleitet, notfalls unter Einschaltung von ärztlichen oder psychiatrischen Diensten. Bei stationären Therapien informiere ich die diensthabenden Schwestern und Ärzte.

Sollte es einem Patienten in einer bestimmten Situation nicht gelingen, aus dem aufgetauchten Gefühlschaos wieder herauszufinden, kann der Musiktherapeut versuchen, durch entsprechende klar strukturierte Rhythmen die musikalische Improvisation zu verlangsamen und sie sicher zu einem Ende zu bringen. Hilfreich ist dabei der langsame Übergang von geraden Takten zu wiegenden, sanfter werdenden Rhythmen, die schon bei Kindern Wunder (beruhigend, schlafanstoßend) wirken können. Ich erinnere mich, daß ich in besonders emotional aufgeladenen Situationen manchmal 10 Minuten und länger sehr laut Klavier gespielt habe oder mich mit dem Patienten gemeinsam an das von ihm gewählte Instrument, z.b. eine große Pauke, gestellt habe und wir gemeinsam das Ende der Improvisation herbeigetrommelt haben. Solche Situationen habe ich zwar sehr selten erlebt, fand es für den Ablauf der Therapiestunde wichtig, den Patienten dort abzuholen, wo er im Augenblick war (emotional) und ihm mit meinen (gleichlauten) Paukenschlägen zu signalisieren, daß ich bei ihm und seinen heftigen Gefühlen sei und mich nicht zurückziehen würde. Neben der emotionalen Erschöpfung kommt dann auch die körperliche Erschöpfung hinzu. Dem Patienten (und mir) taten nach etwa 20 Minuten die Arme so weh, daß er das Spielen beendete.

Ein Beispiel von *Mary Priestley*. Sie beschreibt eine Stunde mit einer 30jährigen Lehrerin, die mit ihr über den Begriff »die Wand niederreißen« improvisierte. Dazu führt sie aus:

Die ganze Gewalttätigkeit, die sie bis dahin gegen sich selbst gerichtet hatte, ließ sie nun an den Instrumenten aus. Sie schlug so heftig auf das Xylophon, daß alle Stäbe hochsprangen und dann schleuderte sie diese durch das ganze Musikzimmer. Sie hieb wütend auf das Becken ein, zog es dann auf den Fußboden und verbeulte es mit erstaunlicher Kraft zur Form eines Sombreros. Als sie damit fertig war, hielt auch ich in meinem kräftigen, haltgebenden (containing) Klavierspiel inne und wir saßen eine Zeitlang schweigend inmitten der Verwüstung. Nach einigen Minuten, als sie einen der hölzernen Stäbe aufhob, schickte auch ich mich an, dasselbe zu tun. (Es ging mir darum, daß sie ihr kontrollierendes Über-Ich nicht auf mich projizierte, sondern daß sie sich selbst kontrollierte.) Gemeinsam räumten wir das Zimmer auf. Sie bot mir an, das Becken zu ersetzen und hat das auch später getan.

Die Technik des Splitting

Dieser Begriff bedeutet in diesem Zusammenhang Rollenspiel mit Rollentausch. M.P. schreibt dazu:

> Der Rollentausch (Splitting bei *M. Priestley*, Anm. des Verf.) ist dort besonders nützlich, wo ein Patient bestimmte Teile seiner Persönlichkeit auf andere projiziert und damit auch die Gefühlsbindung an diese Menschen verliert.

Diese Technik kommt aus dem Psychodrama, von wo es *Perls* in die Gestalttherapie und *Priestley* in die Musiktherapie übernommen haben. In einer Therapiesequenz geht es um die Auseinandersetzung einer Patientin mit ihrer Vermieterin: *Priestley* übernimmt im Wechsel hier aktiv beide Rollen: zuerst die der jungen, gut erzogenen Frau, die sich schlecht wehren kann – anschließend die der sich in alles einmischenden Vermieterin. Durch diesen Rollentausch kann sich die Patientin sowohl in ihrer eigenen Rolle als auch in der Rolle der Vermieterin erleben und sich mit dem eigenen Ärger über die Vermieterin auseinandersetzen. Wie in der Gestalttherapie lasse ich in der Regel die Patienten beide Rollen selbst spielen und übernehme nur in besonderen Situationen einen aktiven Part im Rollenspiel.

Kontakt mit körperlichen Beschwerden

Das Rollenspiel eignet sich besonders gut für die Bearbeitung von körperlichen Symptomen. Die Therapeutin spielt erst den Patienten selbst, er selber kann seine Symptome wie Kopfschmerzen, Kreuzschmerzen, Magenschmerzen oder Asthma spielen. Im Rollenwechsel kommt der Patient in Kontakt mit den abgewehrten und an ein Körperorgan oder eine Körperfunktion delegierten Impulsen und Triebregungen.

Mary Priestley bringt dazu das Beispiel einer Frau, die nach einem Streit mit ihrem Mann an heftigen Kopfschmerzen leidet. Als sie die Rolle der Kopfschmerzen spielt, merkt sie, wie wütend sie in Wirklichkeit ist. Die Kopfschmerzen hatten also die Funktion, ihren Ärger zu verbergen. Sie schreibt, daß es manchmal sehr schmerzhaft sein kann, plötzlich in Kontakt mit diesen verdrängten Emotionen zu kommen, die sich hinter solchen Symptomen verbergen. Sind sie aber erst einmal bewußt geworden, kann darüber gesprochen und in der Therapie daran gearbeitet werden. Bleiben sie unbewußt und verdrängt, fühlen sich die Patienten diesen Symptomen hilflos ausgeliefert und vertreten die Meinung, dagegen sowieso nichts tun zu können.

Auch wir kennen diese Situation mit den Symptomen bei unseren Patienten: Sie verlassen sich lieber auf das schmerzhafte altbekannte Muster, als sich auf etwas Neues, Unbekanntes einzulassen (denn sie könnten ja ihre Schmerzen oder ihre Symptome *verlieren* und damit einen Teil von dem, was ihnen bislang auch eine Reihe von Vorteilen im Sinn eines sekundären Krankheitsgewinnes gebracht hat).

Der Gebrauch von Symbolen in der Musiktherapie

Symbole und innere Bilder geben Aufschluß über das Unbewußte der Patienten. M.P. bezeichnet sie als »Akkumulatoren und Transformatoren« psychischer Energie, die eine ähnliche Beziehung zu Gedanken und Handlungen haben, wie ein Eisberg zu einem Wasserfall. Aufgabe des Therapeuten ist es, im musiktherapeutischen Prozeß an dieser Umwandlung psychischer Energie mitzuarbeiten. An dieser Stelle wird die Arbeit mit Symbolen eingeführt, wenn Patienten behaupten, nicht träumen zu können, oder Träume sofort zu vergessen und diese am nächsten Morgen nicht mehr erinnern zu können.

Es ist so, als ob ein *innerer Zensor* dem Träumer verbietet, Träume aus dem Unbewußten an die Oberfläche des Bewußtseins zu bringen. Die Träume, die erinnert werden, bleiben in verschiedenen Symbolen oder scheinbar unverständlichen Traumteilen zwar erhalten, müssen aber durch eine entsprechende Traumdeutung entschlüsselt werden. M.P. verwendet verschiedene Einstiegsmöglichkeiten für die Arbeit mit Symbolen:

Angeleitete Phantasiebilder

Diese Technik *präverbaler* Phantasiebilder hat *Priestley* der Psychosynthese von *Roberto Assagioli* übernommen und für die MT adaptiert. Dazu schlägt sie dem Patienten ein Phantasiebild vor, das er unverzüglich spielen soll, ohne sich jedoch vorher irgendwelche Handlungsabläufe zurechtzulegen.

Stellen Sie sich einfach die Szenerie vor und fangen Sie an zu spielen. Lassen Sie alles passieren, was Ihnen einfällt, aber halten Sie durch die Musik den Kontakt mit mir.

Welche Themen werden hier verwandt?

1. Der Höhleneingang: Der Patient stellt sich vor, er stünde hinter einem Baum versteckt am Rande einer Waldlichtung und beobachte einen Höhleneingang. Was aus dieser Höhle herauskommt, sind symbolische Projektionen unterdrückter oder unentwickelter Bereiche seines Lebens.

2. Die Bergbesteigung: Der Patient geht auf einen Berg. Dabei soll er auf Einzelheiten achten wie Klima, Landschaft, Höhe des Berges, Aussicht vom Gipfel (wenn er ihn erreicht), Kleidung und mögliche Hindernisse beim Aufstieg. Der Berg symbolisiert die Hoffnungen und Erwartungen, die der Mensch in seinem Leben realisieren möchte. Die Hindernisse bedeuten innere und äußere Hemmfaktoren. (In Ergänzung zu diesem Vorschlag von *Mary Priestley* bitte ich meine Patienten, bei diesem Thema auch darauf zu achten, ob, und wenn ja, welche Menschen ihnen begegnen und in welchem Kontext.)

3. Der Teich in der Wiese: Der Patient stellt sich vor, er geht über eine Wiese und kommt nach einer Weile an einen Teich, um zu beobachten, ob etwas aus dem Teich herauskommt oder was sonst zu sehen ist. Diese Übung verweist uns häufig auf sexuelle Störungen, die sich als repressive oder regressive Anteile der Persönlichkeit durchsetzen (auch hier meine Ergänzung zu M.P.: Auch der Blick in den Teich hinein auf den Grund, soweit das Wasser durchsichtig und irgendwelche Dinge am Grund erkennbar sind, erlaubt einen Blick auf die unter der Wasseroberfläche [Bewußtseinsebene] verborgenen sexuellen Anteile).

4. Das Tor in der hohen Mauer: Dieses Bild verwendet M.P. wie folgt: Der Patient stellt sich dabei eine lange und hohe Mauer vor, in der eine Tür ist mit der Aufschrift der zu untersuchenden Problematik: Angst, Liebe, Warum?. Der Patient stellt sich weiter vor, durch diese Tür zu gehen, um zu sehen, was sich hinter der Mauer verbirgt.

5. Mythen und Märchen: Auch solche Themen lassen sich gelegentlich in der Musiktherapie sinnvoll einsetzen. M.P. liest dann eine vereinfachte und verkürzte Version eines Märchens vor (Orpheus, Märchen vom Aschenputtel, Sterntaler etc.), um dann gemeinsam mit dem Patienten Szene um Szene zu improvisieren. (So etwas habe ich selbst einmal in einer großen musiktherapeutischen Selbsterfahrungsgruppe mitgemacht, in der wir das Märchen von den »Sieben Raben« mit Spiel und Musik lebendig werden ließen.)

6. Arbeit mit Träumen: Hier wendet M.P. die bekannte Technik der Traumdeutung an, wo auf der Subjektstufe davon ausgegangen wird, daß die einzelnen Traumfragmente immer einzelne Anteile des träumenden Patienten repräsentieren. Sie geht so vor, daß sie sich den Inhalt des Traumes – oder des Traumfragmentes – notiert und dabei jedem Substantiv eine besondere Nummer und eine Zeile zuteilt. Zunächst wird der Patient gefragt, zu jedem dieser Begriffe Assoziationen hervorzubringen und sich in die einzelnen Traumteile hineinzuversetzen und als solche selbst zu sprechen und danach mit Instrumenten zu improvisieren. Die Brücke zur Gestalttherapie wird hier besonders deutlich – auch da lassen wir die Patienten die einzelnen Traumteile spielen, um sie dann anschließend zusammenzufügen und so dem Patienten die verborgene Bedeutung des Traumes zu übersetzen, der für den Patienten zunächst keinen Sinn zu machen schien.

7. Die Arbeit mit Muscheln, Steinen, Sand und Klängen: Hierzu führt M.P. aus:

Diese Arbeitsform wirkt manchmal auf fast hypnotische Art beruhigend, kann jedoch auch zu extremer Reizung führen. Sie basiert auf der Erfahrung, am Meeresstrand zu sitzen, während man ganz nebenbei zum Klang der Wellen Muscheln im Sand zu Mustern legt. Der Patient sitzt neben dem Glockenspiel und einem Tablett mit weißem Sand und Muscheln oder Steinen vor sich. Während der Therapeut auf dem Xylophon oder Becken (jedoch ausschließlich mit dem Besen) spielt und antwortet, legt der Patient eine Muschel oder einen Stein nach dem anderen in den Sand. Dieser Vorgang wiederholt sich so lange, bis der Patient genug hat. Er soll jede bewußte Absicht fallenlassen und einfach nur tun. Die scheinbare Bedeutungslosigkeit einer solchen Übung kann jedoch gerade die tiefsten Bedeutungen freilegen. Oft kann ein Patient, der auf eine Weise seinen Ausdruck blockiert, diesem Angebot mit so anders gearteten Ausdrucksmöglichkeiten nicht widerstehen.

Programmierte Regression

Auch für M.P. ist die programmierte Regression ein Teil ihres musiktherapeutischen Ansatzes. Sie schreibt:

Während der Perioden emotionaler Störungen regredieren Menschen oft und leben teilweise, als seien sie in einem jüngeren Alter. Wenn man den Patienten diese Regression bewußt macht, ist es leichter für sie, sich dessen, was geschieht, bewußt zu sein und auch zur Gegenwart zurückzukehren.

M.P. gibt den Patienten z.B. die Anweisung, 6 Jahre alt zu sein und aus diesem Alter heraus zu spielen. Gewöhnlich tauchen dann starke und von lebhaften Erinnerungsbildern begleitete Emotionen auf. Diese Technik ist

nützlich, um das Reservoir des in der Vergangenheit nicht Ausgedrückten aufzudecken oder um herauszufinden, in welchem Alter eine bestimmte Furcht oder ein bestimmtes Gefühl begonnen hat.

Die Kontaktaufnahme zu verschiedenen Altersstufen ist auch in der Gestalttherapie bekannt und wird dort praktiziert, um aus dem *Hier und Jetzt* in das *Dort und Damals* zu gelangen und Beziehungen aus unterschiedlichen Altersperspektiven zu analysieren. Ein entsprechendes Beispiel aus der Einzeltherapie ist bereits weiter vorne beschrieben worden (S. 99).

Die Proben der Realität

Auch diese Form, die M.P. hier beschreibt, ist inzwischen ein fester Bestandteil unseres klinischen Musiktherapiekonzeptes geworden. Ich mache mit meinen Patienten immer wieder solche Realitätsproben. M.P. schreibt dazu:

Das Ziel dieser Technik ist, all jene inneren Ängste, Ambivalenzen und negativen, destruktiven Kräfte, die auf dem Wege zum gewünschten Ziel warten, hochkommen zu lassen, ihnen ins Auge zu sehen, sie vielleicht zu überwinden oder mit ihnen umgehen zu können. So erkannt und zumindest teilweise überwunden, werden sie den Patienten nicht mehr so schnell überraschen und überwältigen, wenn er sich wirklich der Situation aussetzt. Der Patient kann sich in einer solchen therapeutischen Sequenz vorstellen, *das* zu tun, *den* Menschen zu begegnen und für *die* Klärungen zu sorgen, die für ihn im Augenblick wichtig sind und versucht, sie durch sein Spielen auszudrücken, auch im Rollenspiel z.B. mit anderen Gruppenmitgliedern. Dabei gilt es, eigene Ängste und negative Gefühle, die dabei auftauchen, wahrzunehmen und sie wieder zu besprechen und auch in eine Improvisation hineinzuführen.

Wie alle Therapien hat natürlich auch die Musiktherapie irgendwo ein Ende. Um zu einem guten Abschluß zu kommen, ist es mir wichtig, in den letzten Therapiestunden vor der Entlassung aus der Klinik mit den Patienten die Situationen zu besprechen und durchzuarbeiten, die ihnen bevorstehen und vor denen sie sich am meisten fürchten. Diese Übungen an realen Beispielen können, so sagt auch M.P., dazu beitragen, die Angstschwelle vor dem Wiedereintritt in die Realität zu verringern und im handelnden Ausprobieren dem Patienten auch Sicherheiten in die Hand geben, wie er in Zukunft mit solchen kritischen Situationen besser umgehen kann.

Ein anderes Thema, das M.P. vorschlägt, ist das der Ganzheit und Unversehrtheit. Dieses Improvisationsspiel spielt der Patient allein und der Therapeut hört zu. Widerstände gegen das Gesund-Werden können dabei oft deutlich werden, aber auch die eigenen Kräfte, die zur Verfügung stehen, sich mit diesen Widerständen auseinanderzusetzen.

Das emotionale Investment

Die in unserem Ansatz immer eingebaute Beziehungsklärung zu wichtigen Bezugspersonen nennt M.P. »das emotionale Investment«. Dabei kann

der emotionale Ausdruck in der Musik den Patienten dazu befähigen, wertvolle Einsichten zu erhalten, ohne daß ihm der Therapeut etwas dazu sagen muß.

Themen für diese Form der Beziehungsklärung sind auch

Wünsche an meine Mutter, Wünsche an meinen Vater, Wünsche an meinen Ehepartner, Wünsche an meine Kinder, meine Freunde oder meine Arbeitskollegen.

Positive Verstärkungen

Im Spiel um positive Verstärkungen geht es um die musikalischen Erinnerungen an Lebenssituationen, in denen es dem Patienten gut ging. Das kann dem Patienten helfen, wenigstens für Momente aus seiner Depression aufzutauchen und auch den Blick wieder neu zu schärfen für die positiven Seiten seines Lebens. M.P. bietet hier als Improvisationsthema an: »Der glücklichste Moment in meinem Leben.«

Signifikante Muster

Zu diesem Begriff benutzt M.P. Improvisationen, um innere Muster und Gefühle, die zu wichtigen Schwellenereignissen im Leben gehören, wiederzuentdecken. Dies ist besonders hilfreich für Patienten in der zweiten Lebenshälfte. Dazu gehören z.b. Themen wie Geburt, Gebären, Heirat, Sterben und Tod. Diese Begriffe kann man sehr eng oder auch sehr viel weiter fassen. »Geburt« kann hier die eigene Geburt bedeuten, das »Gebären« einer Problemlösung oder das »Neugeborenwerden« durch die Therapie.

Grundsätzliche Überlegungen zur Musiktherapie

Dargestellt am Verfahren der analytischen Musiktherapie von *Mary Priestley*:

Die Bedeutung, die ich der analytischen Musiktherapie sowohl für die Hypothesen- und Theoriebildung als auch für die Praxis der Musiktherapie von heute beimesse, mag dem Leser an der Länge dieses Kapitels deutlich werden, für das ich viele Originalzitate aus den Büchern von M.P. herangezogen habe. Beim erneuten Studium ihrer Werke für dieses Buch überrascht es mich immer wieder, welche Anstöße sie mir für meine therapeutische Arbeit gegeben hat. Auch viele Anregungen, die ich primär der Gestalttherapie und dem Psychodrama zugerechnet habe, erweisen sich bei dem Rückgriff auf die Originalliteratur als therapeutische Empfehlungen, die *Mary Priestley* schon 1975 in ihrem ersten Buch »Music therapy in

action« zum ersten Mal veröffentlichte (deutsch:»Musiktherapeutische Erfahrungen«). Dort fand ich u.a. auch die ersten Hinweise
auf gruppentherapeutische Konzepte von *Yalom* (damals noch als
»heilende Faktoren« der Gruppe beschrieben), die in dem erwähnten Buch von *Mary Priestley* in dem Kapitel»Psychodynamische
Bewegung und Entspannung in der Therapie« beschrieben werden.
   Aus meinen eigenen Erfahrungen mit M.P. weiß ich, daß sie
damals (1978/79) überwiegend Einzeltherapien und Lehrtherapien
durchführte und nur zweimal für Nachmittage in einem psychiatrischen Krankenhaus auch mit Gruppen arbeitete. Ich denke, daß aus
dieser Arbeitssituation heraus die musiktherapeutische Gruppe für
M.P. noch nicht die Bedeutung hatte, die sie für uns besonders in
der Klinik bekommen hat und sich so je nach Klinikkonzept das
Verhältnis Einzel- zu Gruppentherapien zugunsten der Gruppentherapien verschoben hat. In unserer Abteilung, die mit einem
gruppenzentrierten Ansatz nach gestalttherapeutischem Konzept
arbeitet, rangieren die Gruppentherapien vor Einzeltherapien. Diese haben eher die Funktion, noch nicht gruppenfähige Patienten in
stützenden Einzelsitzungen an die Gruppentherapie heranzuführen.

11. Gruppentherapeutische Konzepte
oder: Variationen über ein Thema von Irvin Yalom

Das psychotherapeutische Konzept unserer Abteilung für Psychotherapie und Psychosomatik in Bad Zwesten ist tiefenpsychologisch fundiert und arbeitet nach dem integrativen Ansatz, wie er von *Petzold* in seinem Konzept der *Integrativen Therapie* vertreten wird. Die kreativen Medien sind dabei so in den Therapieplan eingebunden, daß eine Kreativtherapeutin mit zwei Stationstherapeuten zusammenarbeitet und deren Gruppen betreut.

Da auch die kreativen Therapien, besonders in Kliniken, schwerpunktmäßig in Gruppen angeboten werden, möchte ich an dieser Stelle die therapeutisch wirksamen Faktoren der Gruppentherapie beschreiben, die *Irvin Yalom* als die *elf Primärfaktoren* in seinem Lehrbuch von »Theorie und Praxis der Gruppenpsychotherapie« zusammengestellt hat und die für alle Formen der Gruppentherapie, also auch für die Gruppenmusiktherapie, eine große Bedeutung haben. Dazu übernehme ich diese elf Punkte als Abschnitte und werde sie mit Originalzitaten und Originalbeispielen von *Yalom* und aus der eigenen musiktherapeutischen Praxis anreichern.

1. Hoffnung einflößen

Jeder Patient, der die Hoffnung an seine Genesung oder wenigstens die Linderung seiner Beschwerden aufgegeben hat, wird auch von einem noch so guten therapeutischen Angebot kaum profitieren. Es ist also deshalb von großer Wichtigkeit, dem Patienten eine positive Einstellung zu vermitteln.

Wie sehr Menschen beeinflußbar sind, zeigt z.B. die Wirkung von Scheinmedikamenten (Placebo). Oft suchen Patienten Hoffnung und Rat, den ihnen die Schulmedizin versagt, bei Heilern verschiedener Ansätze, weil sie in die Schulmedizin kein Vertrauen mehr haben oder von der Schulmedizin bereits aufgegeben worden sind, und ihr(e) »Heil«(-ung) bei Menschen suchen, die über entsprechende geistige und körperliche Heilfähigkeiten verfügen. Auch die Hoffnung auf Heilung durch Wallfahrten wird immer wieder eindrucksvoll aus Wallfahrtsorten wie Lourdes bestätigt.

Die Patienten brauchen zunächst wenigstens einen Funken von Hoffnung, in der Gruppentherapie Hilfe für ihre Probleme zu bekommen, zunächst, um in den Gruppenprozeß einzusteigen und dann in der Gruppe zu bleiben. Wir arbeiten in unserer Abteilung nach dem Prinzip der »slow open group«, d.h. die Gruppe eines Therapeuten läuft ständig weiter und ausscheidende Patienten machen neu Ankommenden Platz. Ein Patient, der zum ersten Mal in die Gruppentherapie kommt, findet dort eine Reihe von Mitpatienten, die in unterschiedlichen Stadien ihrer eigenen Therapie stehen: Da gibt es Patienten, die sind erst eine Woche länger da, andere sind in der Mitte ihrer Therapie und wieder andere gehören zu denen, die in ein oder zwei Wochen die Gruppentherapie beenden und dann wieder nach Hause fahren. Der neue Patient kann nun bei den anderen Gruppenmitgliedern deren Entwicklung miterleben, sie nachvollziehen und eingetretene positive Veränderungen durch die Therapie miterleben.

Eine wichtige Vorbedingung nach *Yalom* für das Gelingen einer Gruppentherapie ist, daß sich der Therapeut in seiner Technik sicher fühlt und von der Wirksamkeit seines Verfahrens überzeugt ist. *Yalom* gibt hier zwei interessante Hinweise: Jeder motivierte Patient, der zu ihm in die Gruppentherapie kommt, profitiert mit Sicherheit in einem Zeitraum von einem halben bis zu einem Jahr von der Gruppentherapie. Der zweite Hinweis basiert auf den Erfahrungen mit den Gruppen der Anonymen Alkoholiker (AA), die in jeder Sitzung immer wieder von ihren Konflikten mit dem Alkohol sprechen und von ihrer entsprechenden »Rettung durch die Gruppe«.

In der Musiktherapie-Gruppe lernen neu hinzugekomme Patienten von den anderen Gruppenmitgliedern im Sinne eines *learning by doing*, wie man mit Instrumenten umgeht, die Stimme einsetzt und wie man sich auf den Gruppenprozeß einlassen kann. In der ersten Stunde lade ich die neuen Patienten ein, den Prozeß erst einmal mitspielend, aber eher beobachtend zu erleben. Dabei bin ich immer wieder überrascht, daß manche Patienten (auch solche ohne therapeutische Vorerfahrungen) sich schon in der ersten Stunde durch Spielen oder Rückmeldungen beteiligen, weil sie sich offensichtlich über die nonverbale Kommunikation durch Instrumente rascher in den Gruppenprozeß einklinken können.

2. Universalität des Leidens

Patienten, die Hilfe in der Psychotherapie suchen, fühlen sich zu Hause durch ihre seelischen Störungen von der Umwelt nicht verstanden. Dies leitet einen Prozeß ein, der sie langsam immer mehr zu Einzelgängern werden läßt, woraus sich dann oft die Idee entwickelt, daß es wohl kaum jemanden gäbe, dem es so schlecht gehen würde wie ihnen und sie in ihrem Elend, in ihrem Leiden und ihrer seelischen und körperlichen Not ganz »einzigartig« seien und – vor allem –, daß ihnen keiner mehr helfen könne.

Diese Einstellung zur eigenen Krankheit und deren Einmaligkeit kann in der Gruppentherapie sehr schnell korrigiert werden, finden die neu hinzugekommenen Patienten in der Gruppe andere Menschen mit ähnlichen Problemen, Schwierigkeiten, Impulsen oder Phantasien.

Nach einiger Zeit in der Therapie wird auch den Skeptikern in der Gruppe deutlich, daß alle im gleichen Boot sitzen, was bei gutem Gruppenklima dazu führen kann, daß auch die schwierigsten Themen angesprochen und bearbeitet werden können. Um solche Themen zu finden, bittet *Yalom* die Gruppenmitglieder, jeder möge anonym auf einen Zettel sein größtes Geheimnis aufschreiben, das er bisher noch nie jemandem anvertraut habe. Diese Zettel werden eingesammelt und vorgelesen. Die Themen dieser Geheimnisse sind:

1. An erster Stelle wird die fundamentale Unzulänglichkeit und Inkompetenz angegeben, welche die einzelnen verspüren.
2. An zweiter Stelle schreiben die Gruppenmitglieder, daß für sie die zwischenmenschliche Entfremdung so groß geworden sei, daß sie nicht einmal für nähere Angehörige eine liebevolle Fürsorge und Zuneigung empfinden könnten.
3. An dritter Stelle finden sich Geheimnisse der Sexualität (Wünsche, Sehnsüchte, erlebte Praktiken), welche die Patienten nicht einmal ihren Partnern anvertrauen möchten.

Auch in der Musiktherapie thematisieren die Patienten ihre Geheimnisse und Wünsche. Fast alle Patienten leiden unter ihrer Unzulänglichkeit und Unfähigkeit, Gefühle auszudrücken und unter der Entfremdung zu den nahen und nächsten Angehörigen. Da tauchen Beziehungsschwierigkeiten zu den Partnern auf oder Situationen, die dann problematisch werden, wenn sich diese Partner

137

von den eigenen Eltern oder einem Elternteil nicht lösen können. Hier bestehen sehr enge Beziehungen und Abhängigkeiten zwischen Sohn und Mutter, die für die Ehefrau kaum Raum lassen. Jedes Eindringen der Ehefrau in eine solche symbiotische Zweierbeziehung wird als Bedrohung erlebt, die es besonders von seiten des Mannes abzuwehren gilt (Motto: Man kann doch seine Mutter, das »arme gebrechliche Mütterlein« im Alter nicht alleinlassen, zumal, wenn der Vater schon lange tot ist ... auch wenn sie uns ständig tyrannisiert!).

Auch sexuelle Probleme oder Geheimnisse als Ausdruck einer Beziehungsproblematik oder -störung können in der Musiktherapie angesprochen und in Spielprozessen durchgearbeitet werden. An weiteren Themen tauchen auf: außereheliche Beziehungen, Kurschattenbeziehungen, Schwangerschaftsabbrüche, die Geburt von mißgebildeten und behinderten Kindern und, immer häufiger, die schweren seelischen und körperlichen Verletzungen durch sexuelle Gewalt in der Kindheit und frühen Adoleszenz, die das Leben der Patientinnen, aber auch mancher Patienten auf das nachhaltigste beeinflussen und die Lebensqualität extrem reduzieren. So hatte ich in einer Musiktherapiegruppe von neun Teilnehmern (7 Frauen, 2 Männer) sechs Frauen und einen Mann, die über sexuellen Mißbrauch in ihrer Jugend oder Adoleszenz berichteten.

3. Informationen

Yalom fordert, daß die Therapeuten die Patienten über seelische Gesundheit, Krankheit, Dynamik der Gruppe und Gruppenablauf informieren müssen. Dazu halte ich für alle 60 Patienten meiner Abteilung eine entsprechende Informationsveranstaltung einmal in der Woche ab. In dieser Großgruppe wie auch für die eigentlichen Therapiegruppen mit zehn Teilnehmern gilt es, die Erwartungen und die Befürchtungen des Patienten an die Therapie zu hinterfragen.

Für den musiktherapeutischen Bereich mache ich vor der ersten Gruppentherapie mit den Patienten ein Vorgespräch und erkläre ihnen, was wir in der MT machen, welche Rolle die Instrumente spielen und vor allem, daß es keine richtigen oder falschen Töne gibt, um den Unterschied zum Musikunterricht deutlich zu machen, wenn Patienten Ängste äußern, vor einer Gruppe kaum reden, geschweige denn spielen zu können. An dieser Stelle beantworte ich auch Fragen der Patienten zum Verfahren und erkundige mich über Vorerfahrungen, welche die Patienten mit Musik in bestimmten Lebensphasen gemacht haben.

Viele Patienten kommen mit der Erwartung von Einzeltherapien und sind zunächst enttäuscht, daß wir hauptsächlich Gruppentherapien anbieten. Andere Patienten äußern Befürchtungen vor den Interaktionen mit den anderen Gruppenmitgliedern, weil sie in ihrer *Primärgruppe*, ihrer Ursprungsfamilie, meist keine guten Erfahrungen gemacht haben und nun ähnliches befürchten.

Manchen Patienten hilft schließlich der Hinweis, daß MT nicht eine Art von Beschäftigungs- oder Freizeittherapie ist, sondern eine Form der Psychotherapie, die dem Patienten die Möglichkeit gibt, seine Probleme anzusprechen, darüber mit Instrumenten zu improvisieren und nach Lösungen zu suchen.

Die Gruppe muß dazu verpflichtet werden, über die therapeutischen Prozesse, die innerhalb der Gruppe laufen, also all das, was Patienten sagen, was sie tun oder wie sie miteinander umgehen, nur mit Mitgliedern dieser Gruppe (auch außerhalb der eigentlichen Gruppentherapie) zu sprechen, um zu verhindern, daß Informationen nach draußen sickern und den Patienten über einen Umweg über Dritte und Vierte wieder erreichen. Das Vertrauen in die Verschwiegenheit der einzelnen Mitglieder ist eines der wichtigsten Basiselemente und Voraussetzungen jeder Gruppentherapie. Da die Patienten schnell spüren, daß sie in der Gruppentherapie offener miteinander umgehen können als sie es in der Welt draußen gewohnt sind, würde jede, auch unbeabsichtigte Verletzung dieser Schweigepflicht, jede Indiskretion den therapeutischen Prozeß für Stunden nachhaltig stören und belasten.

Die Gruppe wird durch den therapeutischen Prozeß zu einem besonderen *Lernfeld* und *sozialen Laboratorium*, in dem die Patienten ohne Angst vor Ablehnung oder Bestrafung (wie früher oft erlebt) lernen können, mit Hilfe von Musikinstrumenten, von Bewegungen zur Musik oder dem Einsatz der Stimme Gefühle, Stimmungen, Wahrnehmungen auszudrücken, auf die anderen zuzugehen und im Gruppenfeld die Reaktionen auf solche Signale zu erleben und zu überprüfen. Die Gruppe bietet als soziales Netzwerk eine ausgezeichnete Möglichkeit, Kontakte und Beziehungen zu entwickeln und zu halten und macht erfahrbar, welche Signale die Mitglieder aussenden müssen, um gehört und verstanden zu werden und von anderen Rückmeldungen zu bekommen. Viele Patienten berichten später, daß sie diese Erfahrungen auf ihr Alltagsleben übertragen konnten.

Am Ende jeder Musiktherapie-Stunde frage ich die neuen Gruppenmitglieder nach ihren Erfahrungen und bitte sie, die Dinge anzusprechen, die sie wahrgenommen haben, die sie verwirren, entmutigen, frustrieren und auch ärgerlich machen. Das kann die Therapieform, die Mitpatienten oder den Therapeuten betreffen. Auch in der MT ist es problematisch, wenn es unter den Gruppenteilnehmern zu Paarbildungen kommt, weil sich dadurch die beiden Teilnehmer sowohl selbst und auch gegenseitig behindern, was darüber hinaus auch auf den gesamten Gruppenprozeß eine kontraproduktive Wirkung hat. *Yalom* schlägt hier vor, nicht zu sehr von Geboten oder Verboten zu sprechen, sondern das Paar zu fragen: »Wie kommt es, daß Sie auf diese Weise Ihre eigene Therapie sabotieren?«

4. Altruismus

Hier beginnt *Yalom* mit einer alten chassidischen Geschichte, die von einem Rabbi berichtet, der mit dem Herrgott über Himmel und Hölle sprach.

... Ich will dir die Hölle zeigen«, sagte der Herrgott, führte den Rabbi in eine große Halle, in dessen Mitte ein großer runder Tisch stand. Die Menschen, die daran saßen, sahen hungrig und verzweifelt aus. Mitten auf dem Tisch stand eine riesige Schüssel mit Essen, mehr als genug für alle. Das Gericht roch köstlich und dem Rabbi lief das Wasser im Mund zusammen. Die Leute, die um den Tisch herum saßen, hatten sehr langstielige Löffel in der Hand. Jeder konnte damit eben die Schüssel erreichen und sich einen Löffel von dem Gericht nehmen; weil aber der Löffelstiel länger als der Arm jedes einzelnen war, konnte niemand das Essen zum Munde führen. Der Rabbi sah, daß die Leute wirklich schrecklich litten.

»Nun will ich dir den Himmel zeigen«, sagte der Herrgott und sie gingen in eine andere Halle, die der ersten genau glich. Da waren derselbe große runde Tisch und dieselbe riesige Schüssel mit Essen. Auch hatten die Leute dieselben langstieligen Löffel – aber hier waren sie wohlgenährt und rundlich; sie lachten und schwatzten. Zunächst verstand der Rabbi gar nichts. »Es ist einfach, aber es gehört eine gewisse Geschicklichkeit dazu«, sagte der Herrgott. »Siehst du, sie haben gelernt, einander zu füttern.«

Hierzu schreibt *Yalom* weiter:

Auch in Therapiegruppen empfangen Patienten etwas, indem sie etwas hergeben, nicht nur als Teil des wechselseitigen Gebens und Nehmens, sondern auch durch die Handlung des Gebens als solche. Am Anfang ihrer Therapie sind psychisch Kranke demoralisiert und haben das bedrückende Gefühl, anderen nichts Wertvolles bieten zu können. Sie sind schon lange überzeugt, daß sie anderen nur eine Last sind. Die neu zu machende Erfahrung, daß sie anderen wichtig sein können, hebt ihr Selbstgefühl und ihre Selbstachtung. Natürlich helfen Patienten sich auch gegenseitig im gruppentherapeutischen Prozeß. Sie bieten einander Unterstützung, Beruhigung, Vorschläge und Einsichten an und teilen einander mit, wenn sie ähnliche Probleme haben. Es kommt häufig vor, daß Patienten Bemerkungen anderer Gruppenmitglieder mit viel größerer Bereitschaft anhören und aufnehmen, als diejenigen des Gruppentherapeuten. Für viele Patienten bleibt der Therapeut der bezahlte Fachmann; von den anderen Mitgliedern hingegen kann man spontane und aufrichtige Reaktionen und Rückmeldungen erwarten. Ein Patient, der den Verlauf seiner Therapie im Rückblick revue passieren läßt, wird immer anderen Gruppenmitgliedern Verdienste an seiner Besserung zuschreiben. Wenn er ihnen nicht für ausdrückliche Unterstützung oder direkte Ratschläge dankbar ist, dann doch zumindest dafür, daß sie vorhanden waren und ihm durch wechselseitige Beziehungen ermöglicht haben, sich selbst besser kennenzulernen.

Yalom meint, daß der beste Weg, einem Menschen zu helfen der sei, sich von ihm helfen zu lassen. Das kann man auch im therapeutischen Prozeß sehr gut einsetzen: Ich erinnere mich an Äußerungen einer Kollegin, die die Patienten fragte: »Können Sie mir helfen, Ihr Problem besser zu verstehen?«

Ein **falsch verstandener Altruismus** kann in allen Therapien, also auch in der Musiktherapie, dann zu einem Problem werden, wenn Patienten versuchen, ihr Helfersyndrom so richtig auszuleben. Dann geben sie statt der erbetenen Rückmeldungen allgemeine Lebensweisheiten von sich oder erteilen Ratschläge, wie sie das Problem lösen würden – oder, wie ein Freund mit einer ähnlichen Situation umgegangen ist. Sie sind so in ihrer Helferhaltung gefangen, daß sie oft gar nicht merken, wie sehr sie außerhalb des eigentlichen Prozesses sind und ihre Ratschläge (die ja auch Schläge sind) nicht gefragt sind. Da sie nie bei sich, sondern immer bei den anderen sind, können sie für sich selber nichts annehmen.

Solche Patienten berichten im Entlassungsgespräch am Ende der stationären Therapie, daß das Essen gut, die Unterbringung sehr ansprechend, die Freizeitangebote incl. der kulturellen Angebote gut gewesen seien, sie aber für sich selbst überhaupt keine Zeit fanden und auch von den Therapien wenig profitieren konnten. In der unmittelbaren Umgebung ihres Flures oder auch der Gruppe hätte es so viel »Leid« gegeben, daß sie deshalb die ganze Zeit stützende Gespräche führen mußten (»da die Therapeuten ja so wenig Zeit für die Sorgen ihrer Patienten hätten«).

Der Widerstand gegen die Therapie, verbunden mit Schuldzuweisungen in Richtung Gruppe und Therapeuten wird offensichtlich. Manche Patienten brauchen solche Hilfskonstruktionen, um vor sich oder auch ihrer Umgebung die eigene Schwierigkeiten und Ängste vor der Therapie zu begründen und zu rechtfertigen.

5. Korrigierende Rekapitulation der Primärfamilie

Unter diesem kompliziert klingenden Titel verbergen sich Erfahrungen, die alle Menschen gemeinsam haben, egal, ob sie jemals in ihrem Leben etwas mit Psychotherapie zu tun bekommen und sich einer Therapie unterziehen oder nicht. Wir alle haben leider fast immer höchst unbefriedigende Erfahrungen in unserer ersten und wichtigsten Gruppe, nämlich unserer eigenen Primärfamilie gemacht.

Es ist keine Frage, daß eine therapeutische Gruppe, auch in der Musiktherapie, in vieler Hinsicht der Familie ähnlich ist, was noch besonders verstärkt wird, wenn eine Therapeutin und ein Therapeut die Gruppe leiten, die dann in der Regel schnell in die Elternfunktion geraten und entsprechende projektive Anteile der einzelnen Gruppenmitglieder auf sich ziehen. Aber auch die anderen Gruppenteilnehmer erfahren bestimmte Rollenzuweisungen als Vater, Mutter, Großeltern, Kinder, Partner, Arbeitskollegen oder Freunde. Auch die Interaktionen der Gruppenmitglieder untereinander und zum Gruppenleiter verlaufen nach alten, früher schon in der Primärfamilie praktizierten und vertrauten Mustern. Da werden die Gruppenleiter mit einer recht unrealistischen Macht ausgestattet und Patienten suchen sich Bundesgenossen in der Gruppe, um sich gegen den Therapeuten zu verbünden und ihn in seiner Arbeit zu behindern, schlimmstenfalls ihn vom »Thron« zu stoßen.

Wie in der Einzelmusiktherapie kommt es auch in der Gruppentherapie zu Übertragungen, die wir aber frühzeitig anzusprechen und abzulösen versuchen, wenn sie den therapeutischen Prozeß behindern. Andere Phänomene, wie die Übertragung auf Gruppenmitglieder (sog. Lateralübertragung) oder bestimmte Interaktionen der Gruppenmitglieder untereinander sind nur in der Gruppentherapie erlebbar. Das gilt auch für das Problem der Geschwisterrivalität, die dann entsteht, wenn sich alle Gruppenmitglieder (wie Geschwister) einen oder maximal zwei Therapeuten (Eltern) »teilen« müssen und jeder Gruppenteilnehmer nur ein bestimmtes Maß an Zeit und Aufmerksamkeit in einer Stunde für sich in Anspruch nehmen kann.

Deutlich bildet sich auch in der Musiktherapiegruppe eine Art Rangordnung der Patienten untereinander: Eine Patientin bzw. ein Patient ist immer der Gruppen-»Alpha«, die/der oft schon mit Gruppen-Vorerfahrungen in die Gruppe kommt und sich entsprechend verhält. Häufig geben diese Alphateilnehmer auch besonders gute Rückmeldungen, sorgen dafür, daß »schwächere« Mitglieder der Gruppe nicht auf der Strecke bleiben und sind, sozusagen als Gegenpol des Therapeuten, von ihrer Seite aus bemüht, daß der Gruppenprozeß möglichst konstruktiv abläuft. Die Gegenposition dazu ist die des »Omega«, die sich meist deutlich abzeichnet. Auch diese Omegas, die »Schlußlichter« einer Gruppe, verhalten sich in der Therapie so, wie sie es auch in anderen Gruppierungen, der Primärfamilie, der Schulklasse oder im Betrieb praktizieren. Diese Patienten kriegen auch in der MT zunächst nichts »auf die Reihe«, holen sich immer wieder Unterstützung, indem sie sich hilflos stellen. Die »Beta-« und »Gamma-« mitglieder sind in entsprechender Weise an ihrem Verhalten in der Gruppe zu erkennen. Sie sind entweder die »Fachleute« oder einfach nur Mitläufer, die alles mitmachen, was die Gruppe gerade unternimmt. *Moreno* hat schon 1934 mit der Einführung der Soziometrie Untersuchungen zur Dynamik von Gruppen durchgeführt, auf die wir uns auch heute noch stützen können.

6. Entwicklung von Techniken des mitmenschlichen Umgangs

Einer der wichtigsten Lernfaktoren, die es überhaupt in der Gruppentherapie gibt, ist all das, was wir unter dem Begriff »soziales Lernen« zusammenfassen. Die Patienten erleben sich und ihre Verhaltensweisen in ihrer Umwelt und können überprüfen, was solche Verhaltensweisen in ihrer Familie, am Arbeitsplatz oder im Freundeskreis auslösen.

Dazu ein Beispiel aus der Musiktherapie:

Erste Spielphase:
Der Patient spielt leise auf einer kleineren Trommel. Sein Chef, den er um ein Gespräch gebeten hat, spielt schon in dieser Phase laut an einer großen Trommel. Das Spiel macht deutlich, daß der Patient als Untergebener so in diesem »Dialog« nichts erreichen kann. (So geht es den meisten Menschen, wenn sie mit Autoritäten in Kontakt kommen und dabei ihre eigenen Wünsche nicht durchsetzen können, weil sie nicht gelernt haben, sich entsprechend dafür einzusetzen. Wenn sie es dann doch versuchen, kann es aufgrund ungeeigneter Mittel nicht gelingen.)

Zweite Spielphase:
Ich schlage den beiden Spielern vor, an unsere große Gongtrommel zu gehen und miteinander zu trommeln – jeder auf einer Seite. Das Spiel beginnt von neuem, der »Chef« »haut ordentlich auf die Pauke«. Plötzlich ändert sich das Spiel: Der Patient, der sich in solchen Situationen immer unterlegen fühlte, beginnt genauso laut wie der Chef zu spielen, so daß nach einigen Spielminuten mit lautem Schlagabtausch dieser Chef verdutzt um die Trommel herumschaut und befriedigt aufgibt, weil er es in diesem Spiel mit einem gleichstarken Partner zu tun gehabt hat. Unser Patient ist ebenfalls zufrieden mit seinem Trommeln und signalisiert: »Mir geht es richtig gut, da ich mit meiner eigenen Kraft und meiner Stärke in Kontakt gekommen bin und merke, daß ich damit etwas erreichen kann, was ich mir bisher nicht zugetraut habe.«

Auch andere Verhaltensweisen der Gruppenteilnehmer können wir in der Musiktherapie beobachten:

144

- Mit welcher Einstellung kommt der Patient in die Musiktherapie?
- Wie nimmt er Kontakt zu einem anderen Gruppenmitglied auf?
- Kann er ihn beim Spielen ansehen, oder
- spielt er nur auf dem Instrument, was er in den Händen hält oder was gerade vor ihm steht?
- Antwortet er musikalisch auf den Partner oder hält er endlose Monologe, ohne zu spüren, daß so kein Kontakt zu den Mitspielern entsteht, obwohl er gern Kontakt hätte.

Doppelbotschaften werden erkennbar, die nach dem bekannten Schema »*Komm her, geh weg!*« aufgebaut sind. Da spielt eine Patientin eine warm klingende melodische Folge auf einem Metallophon, die sehr einladend wahrgenommen wird. Im Kontrast dazu stehen ihre Körperhaltung und ihr Gesichtsausdruck: Sie sitzt steif auf ihrem Stuhl, nimmt keinen richtigen Kontakt zum Instrument auf, ihr Gesicht wirkt angespannt, der Mund zugekniffen. Nach diesem Spiel bittet sie andere Gruppenmitglieder um Rückmeldungen, die der Patientin helfen können, ihr Kommunikationsmuster als Doppelbotschaften zu erkennen, zu überprüfen und vielleicht auch zu verändern.

Hierzu schreibt *Yalom*:

1. Die Patienten können in der Gruppe ein objektiveres Bild ihres interpersonalen (zwischenmenschlichen) Verhaltens bekommen. Sie erfahren vielleicht zum ersten Mal, wie sie von anderen Menschen gesehen werden – angespannt, warmherzig, neutral, verführerisch, bitter, arrogant, aufgeblasen, unterwürfig.
2. Die Patienten können eine gewisse Einsicht in ihre komplexeren Muster des Verhaltens anderen Menschen gegenüber erlangen. Nützen sie andere aus, lehnen sie sie ab, werben sie ständig um ihre Bewunderung, verführen sie andere und ziehen sich dann schnell von ihnen zurück, konkurrieren sie erbarmungslos mit anderen, flehen sie um Liebe oder treten sie nur zum Therapeuten, nur zu den männlichen oder nur zu den weiblichen Gruppenmitgliedern in Beziehung?

7. Technik des Feedback

Um den Umgang der Gruppenmitglieder untereinander zu fördern, ist es Aufgabe des Gruppenleiters, die neu in die Gruppe gekommenen Patienten über die Technik zu informieren, wie Rückmeldungen (feed back) in der Psychotherapie gegeben werden können. Dazu das Schema von *Yalom*:

1. Genau sagen, was Sie wahrnehmen.
2. Das Feeback bald geben, also z.B. nach einer Improvisation eines Gruppenmitgliedes.
3. Im Hier und Jetzt bleiben und positives (»Ich habe mich gut gefühlt bei ...«) oder negatives Feedback (»Hier habe ich Schwierigkeiten gehabt mit ...«) geben.
4. Mitteilen, welche Gefühle ein anderes Gruppenmitglied bei Ihnen auslöst. Übernehmen Sie persönliche Verantwortung für das, was Sie an Mitteilungen machen.
5. Geben Sie keine Ratschläge.
6. Geben Sie keine Zensuren.
7. Derjenige, der ein Feedback erhält, soll erst einmal zuhören und nicht sofort versuchen, in Gegenrede alles abzuwehren.

Nach Meinungen von *Yalom* arbeiten informierte Gruppen sehr viel besser mit, es kann sich Vertrauen in der Gruppe aufbauen, welches notwendig ist, um eine Rückmeldung zu geben und anzunehmen. Außerdem verstärken Rückmeldungen die Interaktionen der Gruppenmitglieder untereinander und fördern den Gruppenprozeß.

Die Integration von Gruppenmitgliedern aus unterschiedlichen sozio-ökonomischen Schichten ist ein anderer, wichtiger Teil der Gruppeninteraktion. Da sich in unserer Klinik alle Gruppenmitglieder (ausgenommen die Therapeuten) mit Du anreden, fallen alle Berufsbezeichnungen oder Titel weg. So ist eine Sekräterin ein genauso wichtiges Gruppenmitglied wie ein Universitätsprofessor.

8. Nachahmendes Verhalten

Dieses Kapitel beginnt Yalom mit dem zum Schmunzeln anregenden Satz: »Pfeife rauchende Therapeuten erzeugen oft Pfeife rauchende Patienten«. Dieses Nachahmen des Therapeuten im Verhalten, Reden, in Mimik und Gestik entspricht menschlichem Lernverhalten, das durchaus auch therapeutisch nutzbar gemacht werden kann. Dieses nachahmende Verhalten erlebe ich immer wieder in meinen Therapiegruppen und auch im Rahmen der Informationsveranstaltungen in der Abteilung. Patienten stellen mir in der Gestalttherapie einen leeren Stuhl, in der MT ein Instrument vor meinen Platz und fragen mich dann ganz »scheinheilig« im Therapeu-ten-Jargon: »Wen möchten Sie denn darauf setzen?«, oder: »Was bringen Sie heute mit, wie fühlen Sie sich heute, woran möchten Sie arbeiten?« Manchmal muß ich schmunzeln, wenn die Patienten sich so hinsetzen, wie sie es von ihrem Therapeuten sehen, oder, wenn der eine oder andere (halb im Spaß und halb im Ernst) sich auch auf meinen Platz setzt.

Viele Patienten probieren auch Verhaltensweisen aus, die sie bei ihren Mitpatienten sehen, – einiges davon übernehmen sie, anderes, was sich für sie unstimmig erweist, legen sie wieder ab. Da sich Patienten in einer Therapiegruppe in unterschiedlichen Phasen ih-rer stationären Therapie und ihres musiktherapeutischen Prozesses befinden, wird das Lernen durch das Zuschauen und Zuhören bei der Arbeit von Mitpatienten auf unterschiedlichen Entwicklungs-stufen zusätzlich gefördert. Eine Art »nachahmendes Verhalten ohne Nachahmung« kann man bei Patienten beobachten, die der Arbeit des Therapeuten mit einem anderen Gruppenmitglied sehr aufmerksam zusehen und dabei zuhören und dadurch für sich selbst Nutzen daraus ziehen können, ohne selbst »gearbeitet« zu haben. So etwas sprechen Patienten dann in der Schlußrunde vor dem Ende einer Therapiestunde auch an.

8.1. Interpersonales Lernen

Dazu schreibt *Yalom*:

> Der wohl wichtigste Punkt bei diesem zwischenmenschlichen Lernpro-zeß ist die Erfahrung, daß das, was die Patienten im Gruppenfeld erleben können, weit über die Möglichkeiten der Einzeltherapie hinausgeht. Dazu gibt es eine Reihe von wichtigen Gründen. Die Menschen haben immer in Gruppen gelebt, sonst hätte es für sie keine Überlebenschancen gegeben.

Die überall zu beobachtende Auflösung von Klein- oder Großgruppen (Familie, Hausgemeinschaft, Verein, Kirche etc.) ist ein Zeichen dafür, daß das Überleben nicht mehr wie früher in diesem Umfang von der Zugehörigkeit zu einer Gruppe abhängt, sondern vielmehr vom Überlebenskampf nach dem Motto jeder gegen jeden geprägt ist. Dabei ist der Wunsch nach Beziehung für die meisten Menschen genauso intensiv und elementar wie der nach biologischen Bedürfnissen. Und wir sind, wie *Harry Stack Sullivan* (zit. bei *Yalom*) schreibt: »Produkte der Interaktion mit den anderen, für unser Leben wichtigen Menschen«.

Dabei denke ich hier an das Beispiel der Kinder, die sich ihren Eltern und ihrer Umwelt anzupassen versuchen. Die Eltern verstärken entsprechendes erwünschtes Verhalten durch Belohnungen und bestrafen nichterwünschte Verhaltensweisen durch entsprechende Strafreize. Auch das Selbstbild, das ein Mensch im Laufe seines Lebens entwickelt, basiert auf zum Teil unbewußt wahrgenommenen Einschätzungen wichtiger Mitmenschen. Ein erwünschtes und gewolltes Kind, das in einer liebevollen Umgebung, vielleicht auch noch mit Tieren, aufwachsen kann und das von seinen Eltern in den jeweiligen Entwicklungsphasen die entsprechenden Möglichkeiten und Grenzen aufgezeigt bekommt, entwickelt eine andere Selbsteinschätzung, ein anderes Selbstbild und damit auch ein entsprechend anderes Selbstvertauen als ein ungewolltes Kind, das abgetrieben werden sollte, und, als die Abtreibung mißlang, geboren wurde, um gleich nach der Geburt zu Pflegeeltern, in ein Heim oder später in ein Internat gegeben zu werden. Um endlich einmal eine Bezugsperson ganz für sich zu haben, beginnen solche Menschen sehr früh Beziehungen zu Partnern, denen sie aber wegen ihrer mangelnden sozialen Erfahrungen nicht gewachsen sind. So scheitern frühe Partnerschaften, womöglich mit Kind, und es wiederholt sich das Muster der Eltern-/Kindbeziehungen in der nächsten Generation.

Aus verzerrten Eigenwahrnehmungen entwickeln sich entsprechend verzerrte Wahrnehmungen anderer Gruppenmitglieder. Hier addieren sich Projektionen, Übertragungsmuster und negative Erfahrungen. Ein ungeliebter Mensch projiziert die Ablehnung in andere, die sich dann entsprechend verhalten und tatsächlich so etwas wie Ablehnung signalisieren. Patienten erleben sich dann in einem Teufelskreis der sich selbst erfüllenden Prophezeiung. Sie erwarten von den anderen, abgelehnt zu werden. Da diese Erwartungshaltung bei den anderen so ankommt, reagieren diese darauf und verhalten sich entsprechend ablehnend (vgl. hierzu das Kapitel über die Abwehrmechanismen).

In der Musiktherapie beobachte ich immer wieder, wie das Durcharbeiten einer Konfliktsituation mit einem Gruppenmitglied dazu führt, seine Befindlichkeit zu verändern. Dies führt in der Regel zu verbesserten Beziehungen der Patienten untereinander.

Als Therapeut habe ich den Eindruck, daß die Gruppenmitglieder in solchen Phasen dann näher zusammenrücken, weil sie durch die Offenheit des einen oder anderen Gruppenmitgliedes in zunehmendem Maße auch ihre Angst verlieren, über eigene Schwierigkeiten zu reden.

Aus gruppendynamischer Sicht schreibt *Yalom*, daß z.B. eine Depression für sich allein gar nicht behandelbar sei. Sein Ziel ist es vielmehr, diesen Begriff ins Interpersonale (Zwischenmenschliche) zu übersetzen. Depression steht für *Yalom* für Begriffe wie:

■ Passivität,

■ Abhängigkeit,

■ Isolierung,

■ Unterwürfigkeit,

■ Unfähigkeit, Ärger oder Wut auszusprechen,

■ Angst vor Trennung.

Wir Therapeuten können dem Patienten helfen, herauszufinden, wo er sich blockiert, was er vermeidet und klären, welche möglichen Vorteile er aus seinem Verhalten zieht. Menschen brauchen Mitmenschen zum Erleben, zur Sozialisation und zum Erlangen zwischenmenschlicher Befriedigung. Die frühe *Barbra Streisand* besingt dieses Thema in ihrem Lied »People, who need people« (»Menschen, die andere Menschen brauchen, sind die glücklichsten Menschen in der Welt ...«).

In den vergangenen Jahrzehnten haben sich überall in der Welt Gruppen für Suchtkranke, HIV-Kranke, Behinderte mit den unterschiedlichsten Formen der Behinderung gebildet. Auch gibt es Gruppen für lebensbedrohlich Kranke und Sterbende. Diese Menschen wünschen sich nichts sehnlicher (auch wenn sie dies manchmal gar nicht mehr zum Ausdruck bringen können), als nicht alleingelassen zu werden, gehört zu werden, sich berühren zu lassen und andere zu berühren, um so nicht schon lange vor dem eigentlichen Tod aus der Familie oder Gesellschaft ausgestoßen zu sein. Hier haben die Arbeiten von *Kübler-Ross* Pilotarbeit geleistet. Auch diese Gruppen brauchen unsere musiktherapeutischen Angebote. Beispielhaft sind hier die Arbeiten mit Suchtkranken, Gefängnisinsassen und mit Sterbenden oder die einfühlsame Begleitung bewußtloser Patienten durch die Herdecke-Musiktherapeuten mit der Stimme oder einer Leier.

8.2 Emotional korrigierende Erfahrungen

Den Begriff der *emotional korrigierenden Erfahrung* prägte der Psychosomatiker *Franz Alexander* im Jahre 1946. Er umschreibt Erfahrungen, die dann erlebt werden können, wenn Patienten in der Therapie die Probleme, mit denen sie früher nicht fertiggeworden sind, im Hier und Jetzt der Gruppe durcharbeiten und zu einem für sie befriedigenden Abschluß bringen können. Dazu gehören Lösungen von Beziehungsproblemen wie Geschwisterrivalitäten (z.b. um das elterliche Erbe), Streitigkeiten um die Zuwendung oder die Aufmerksamkeit der Eltern (hier Therapeut/Therapeutin), Unterschiede in der sozialen und beruflichen Herkunft oder Statusprobleme.

Die Hauptsorge der Patienten vor einer therapeutischen Arbeit besteht in der Angst, bei Äußerungen von Affekten, die sie selbst mit dem Begriff negativ besetzen, nicht mehr gemocht und geliebt, sondern verachtet zu werden. Häufig werden Katastrophenerwartungen angesprochen, etwa in dem Sinn, daß etwas ganz Schreckliches passieren müßte, etwas kaputtgehen könnte oder alle weglaufen würden, wenn sie in der Gruppe ihre ganze Wut, z.B. auf ihre Eltern spielen würden. Wie anders sind dagegen die Erfahrungen in der Realität der Gruppe: Jeder Patient, der an seinen Problemen arbeitet, findet in der Gruppe Resonanz, nicht zuletzt wegen der Ehrlichkeit und Offenheit, mit der er sich mit seinen Gefühlen eingebracht hat. Da nicht die befürchteten Reaktionen, sondern das Gegenteil eintritt, macht der Patient eine *neue emotionale Erfahrung*, durch die die alten Erinnerungen korrigiert werden können und so Platz geschaffen wird für neue Erfahrungen, die an die Situation in der Therapiestunde anknüpfen (und nicht mehr an die alten Erfahrungen von früher). Die Patienten der ganzen Gruppe ermutigen sich gegenseitig, sich auf ihre Affekte, die sie in sich spüren, insbesondere Wut, Ärger und zerstörerische Kräfte, aber auch Trauer, Schmerz und Verzweiflung, einzulassen.

Mary Priestley hat darauf hingewiesen, daß die Sorge der Patienten an diesem Punkt unbegründet ist: Auch wenn sie ihre heftigsten Gefühle zulassen, gehen die Instrumente nicht kaputt, die Gruppenmitglieder wenden sich nicht von dem Patienten ab, auch der Therapeut erleidet keinen Schaden, und die befürchtete Katastrophe stellt sich ebenfalls nicht ein. Der Patient kann ein neues Erleben für sich wahrnehmen und registrieren, wie er selber dafür gesorgt hat, seinen Gefühlen einen angemessenen Ausdruck zu verleihen.

8.3. Gruppe als sozialer Mikrokosmos

Der Leitgedanke dieses Abschnittes ist die Erfahrung, daß sich die Patienten in einer therapeutischen Gruppe so ähnlich verhalten wie in ihren sozialen Umfeldern zu Hause. Jeder Teilnehmer zeigt früher oder später seine sozialen Muster und die damit verbundenen Strategien der Kontaktaufnahme, der Kontaktvermeidung und des Taktierens im Gruppenfeld.

Kritik, die Patienten an der therapeutischen Arbeit in Gruppen zu Beginn der Therapie äußern, zentrieren sich auf die Willkürlichkeit in der Zusammenstellung der Gruppen. Diese Kritik ist im klinischen Bereich berechtigt, da wir in unsere Therapiegruppen nur die Patienten aufnehmen können, die zur Zeit in stationärer Therapie sind. Andere Argumente sind mangelndes Vertrauen in die anderen Gruppenmitglieder, geäußert in dem Satz:»Ich habe große Schwierigkeiten, vor anderen Menschen zu reden und ihnen meine Gefühle zu offenbaren.«

Wenn die Gruppe für eine gewisse Zeit zusammen ist, ändert sich diese Einstellung zur Gruppe. Die Patienten stellen plötzlich fest, daß die Gruppe in manchen Bereichen wirklicher ist als die Welt draußen. Die»Spiele der Erwachsenen«, die Menschen auch in der Gruppe spielen, bei denen es um Prestige, sozialen Status oder sexuelle Annäherung geht, werden nicht mehr aufrechterhalten. Durch die gemeinsamen therapeutischen Erfahrungen teilen die Patienten wesentliche Lebenserfahrungen miteinander, legen realitätsverzerrende Fassaden nach und nach ab. So ist es für uns Therapeuten wenig überraschend, wenn Patienten in der Abschlußrunde sagen:»So offen wie hier in meiner Gruppe bin ich noch nie gewesen. Die Mitglieder meiner Gruppe wissen von mir alle wichtigen Dinge aus meinem Leben, die ich nicht einmal meinem engsten Partner anvertraut habe.«

Viele Patienten erhalten sich diese Vertrautheit mit einzelnen Gruppenmitgliedern, treffen sich untereinander oder bei unseren sogenannten»Wiederkehrertreffen« der Abteilung und bleiben oft auch privat in Kontakt.

9. Gruppenkohäsion

Dieser Faktor ist einer der Voraussetzungen für das Funktionieren von therapeutischen Gruppen. Für die Patienten ist es wichtig, Menschen in einer Gruppe zu haben, mit denen sie reden können und die sie nicht im Stich lassen, auch wenn sie sich in der Therapie an ihre größten inneren und äußeren Probleme heranwagen. Gruppenkohäsion läßt sich auch in der Musiktherapie beobachten: Nicht nur helfen sie einander im Gruppenprozeß, in dem sie Rollen in der Arbeit eines Mitpatienten übernehmen oder als ganze Gruppe das soziale Umfeld spielen, häufig gehen die Patienten nach den Therapiestunden anschließend noch gemeinsam spazieren oder Kaffeetrinken und treffen sich untereinander, um die Gruppenstunde ohne den Therapeuten noch einmal durchzusprechen.

10. Katharsis

Der Begriff Katharsis bedeutet soviel wie Reinigung oder geistig-seelische Läuterung. Ursprünglich hat *Aristoteles* dieses Wort verwendet, um damit die Wirkung griechischer Tragödien auf den Zuschauer zu beschreiben. In der Psychotherapie verstehen wir unter einer Katharsis das Ausleben von Gefühlen, wodurch sich die Patienten gleichsam von den krankmachenden Affekten und den Symptomen »reinigen«. Es mag überraschen, daß die Katharsis in den meisten psychoanalytischen Schulen als Ausdruck des Widerstandes gewertet wird, obwohl sie den eigentlichen Anfang der Psychotherapie von *Breuer* und *Freud* darstellte. Damals ging es darum, die Ursachen hysterischer Symptome, anfänglich unter Hypnose, später auf dem Wege der freien Assoziation in der Lebensgeschichte der Patienten zu suchen. Traumatisierende Erlebnisse sollten wieder erinnerbar werden und es galt, diese wieder zu durchleben und durch entsprechende Abreaktionen eine Katharsis herbeizuführen (*Uwe H. Peters*).

Kathartische Phasen erleben wir immer wieder auch in der Musiktherapie: Große Instrumente laden dazu ein und dienen als Projektionsflächen, auf denen der Patient seine Verzweiflung und Wut, seinen Ärger und Haß spielen kann. Hier spielt besonders die große

Gong-Trommel eine zentrale Rolle, die auch ein entsprechendes Maß körperlicher Aktivität beim Spielen von den Patienten fordert. Wenn hier der Therapeut mithält oder der an der großen Trommel spielende Patient von der übrigen Gruppe auf afrikanischen Trommeln begleitet und damit unterstützt wird (und sich unterstützt fühlt), kann dies zu einer wirksamen und für den Patienten auch entlastenden affektiven Entladung führen. Wichtig dabei ist immer die Einbettung eines solchen Geschehens in den Prozeß des einzelnen und der Gruppe. Manchmal wünschen sich frühgestörte Patienten den großen Durchbruch, um all ihre Wut loszuwerden. Da aber erfahrungsgemäß der Ärger dieser Patienten unerschöpflich ist, sind solche kathartischen Entladungen nicht angezeigt. Bei diesen Patienten kann es immer nur um eine sehr dosierte Entlastung ihrer Wut gehen.

Yalom schreibt, daß interessanterweise bei vielen Patienten in der Reflektion über die wichtigsten Gruppenerlebnisse die kathartischen Erfahrungen bei den Teilnehmern nicht die Bedeutung wie für manche Therapeuten haben. Für die Patienten wichtiger ist die Gemeinschaft der Gruppe, die gemeinsame Arbeit und das sich gegenseitig Stützen, das Erleben von Nähe, Geborgenheit und Wertschätzung.

11. Existenzielle Faktoren

Hier faßt *Yalom* eine Reihe von Erkenntnissen zusammen, die man als Therapeut gut im Kopf haben sollte, um manchen unberechtigten oder überzogenen Wünschen der Patienten entsprechend entgegentreten zu können. Dazu formuliert er folgende Formeln:

1. Die Erkenntnis, daß das Leben unfair und auch ungerecht ist.
2. Wir können der Not unseres Lebens und auch unseres Todes nicht entgehen.
3. Die Erkenntnis, daß ich dem Leben allein gegenübertreten muß, so nahe ich auch den anderen bin.
4. Ich muß mich den Grundfragen meines Lebens und meines Sterbens stellen. Wenn ich dies tue, kann ich ehrlicher leben und mich weniger von Belanglosigkeiten einfangen lassen.
5. Ich bin verantwortlich für die Art, wie ich mein Leben lebe, gleichgültig, wieviel Anleitung, Unterstützung und Kritik ich von anderen bekomme.

12. Therapeutische Faktoren außerhalb der Gruppe

Hierzu führt *Yalom* aus, daß viele Patienten Veränderungen aufweisen, die durch den therapeutischen Prozeß und die Gruppe nicht erklärbar sind. Er hat insgesamt 18 Faktoren beschrieben, die Wirkungen auf den einzelnen außerhalb der Gruppe haben. Dazu gehören u.a. verbesserte soziale Beziehungen nach einer Therapie zum Partner, zu Lehrern, zu Eltern, am Arbeitsplatz, in Vereinen oder anderen Gruppierungen. Fast tröstlich für uns klingt der Satz am Schluß dieses Kapitels, daß der Therapeut und die Gruppe nicht die ganze Arbeit tun müssen, sondern auch auf die Selbstheilungskräfte der einzelnen in der Gruppe vertrauen können.

Für die Musiktherapie spezifisch sind für mich die Faktoren, die jenseits der eigentlichen Gruppentherapie liegen, aber durch sie angeregt wurden. So höre ich in Rückmeldungen nach der Entlassung, daß Patienten sich wieder ihren musikalischen Hobbys widmen. Einige beginnen, die in der Jugend gespielten Instrumente zu reaktivieren, andere gehen wieder in einen Chor oder spielen in einem Orchester mit oder fangen an, mit ihren Kindern zu musizieren. Alle genannten Gruppierungen erreichen so außer einer neuen Sinnfindung in ihrem Leben auch eine verbesserte Kommunikation mit sich selbst und ihrer Umwelt.

12. Verbindung von Musik- und Gestalttherapie

Vorbemerkung

Zu den besonders glücklichen Umständen meiner therapeutischen Ausbildung zähle ich die Tatsache, daß ich schon 1975, also vor 20 Jahren, erste Erfahrungen mit der Gestalttherapie bei einem *Perls*-Schüler machen und in der Folgezeit durch eine entsprechende Weiterbildung vertiefen konnte. Konsequenterweise führte mich mein Weg über Zwischenstationen nach Zwesten, wo es zu dieser Zeit (1980) an den Hardtwaldkliniken neben einer Abteilung für Psychodrama die *einzige* Abteilung in der alten Bundesrepublik für klinische Gestalttherapie gab, die damals von *Lotte Hartmann-Kottek* begründet wurde. Seit 1984 leite ich dort selbst eine Abteilung für Psychotherapie und Psychosomatik mit gestalttherapeutischem Konzept.

Auf der Basis unseres humanistischen Therapiekonzepts ist der Transfer von Material und Informationen von dem einen in das andere therapeutische Feld, also von der Gestalttherapie zu den Kreativtherapien und umgekehrt ohne Bruch und ohne komplizierte Übersetzungsbemühungen möglich. Diese werden erst dann notwendig, wenn es gilt, von einer Therapiesprache in eine andere zu übersetzen, damit sich humanistische und z.B. analytische Therapeuten verständigen können.

Schon 1982 habe ich, zusammen mit *Lotte Hartmann-Kottek-Schroeder*, in einem Aufsatz über *integrative Musiktherapie* – »Überlegungen zur Integration von Musik- und Gestalttherapie« – folgendes ausgeführt:

Für die Gestalttherapie ist es typisch, Informationen aus den verschiedenen Sinnesgebieten zu transportieren; insofern ist die Musik bereits eine Wurzel der Gestalttherapie, gleichberechtigt den Assoziationen der Bild- und Bewegungsebene. Ein besonderes Merkmal der Musiktherapie ist es, auf nonverbale Weise vielfältige Beziehungen aufnehmen zu können. Hieraus ergeben sich besonders intensive Berührungsflächen zwischen der Gestalt- und der Musiktherapie. Die Einführung von gestalttherapeutischen Praktiken in die Musiktherapie erleichtert die gezielte Konfliktarbeit im inter- und intrapersonalen Beziehungsgefüge. Ziel beider Therapieformen ist, das psychodynamische Kräftespiel transparent und einer therapeutischen Aufarbeitung zugänglich zu machen.

Die Gemeinsamkeiten zwischen diesen beiden Verfahren sind in der Tat so mannigfaltig, daß Teile der theoretischen Grundlagen und der Praxis der Gestalttherapie in das Theoriegerüst und Praxisfeld der Musiktherapie übernommen werden konnten.

Ganz im Vordergrund steht für mich, daß beide Therapieformen im Hier und Jetzt arbeiten. In der Musiktherapie hört ein Patient, was er im Augenblick improvisiert oder erlebt, wie ein gehörtes Musikstück, das auf ihn wirkt. In der *Gegenwart* des Hier und Jetzt eines Höreindruckes kann der Patient seine Gefühle, Erinnerungen oder Bilder, die dazu aufsteigen, wahrnehmen. Das, was musikalisch in einer Improvisation vor einer halben Minute gespielt wurde, ist bereits *Vergangenheit* – und das, was sich in der Improvisation an musikalischen Spielen, Klängen und Turbulenzen noch entwickeln kann, ist noch nicht erkennbar, also *Zukunft*.

Gestalttherapeut und Musiktherapeut fragen den Patienten im Augenblick des therapeutischen Kontaktes:»Was ist jetzt? Was spüren Sie jetzt? Womit sind Sie jetzt in Kontakt? Tauchen irgendwelche Bilder auf?«

Bei der Beschreibung des musiktherapeutischen Prozesses weiter vorn in diesem Buch habe ich bereits auf die Möglichkeiten hingewiesen, verschiedene Botschaften und Signale des Patienten zu beobachten, die einen Teil der non-verbalen Kommunikation ausmachen. Ein anderer Teil erreicht uns über die Sprache, ein dritter über die Musik.

Diese Mitteilungsformen entsprechen denen der Gestalttherapie oder sind ihnen zumindest vergleichbar. In der MT geht es darum, in einer Improvisation auf Instrumenten ein bestimmtes Konfliktfeld, Symptom oder Symbol darzustellen. Hierbei gibt die Wahl der Instrumente Hinweise auf die Ausgangssituation des Patienten, seine augenblickliche Befindlichkeit; die Instrumente dienen als Projektionsfläche für eine bestimmte Konfliktsituation oder zur Abfuhr von Spannungen und Wut, vergleichbar dem *leeren Stuhl* oder einem »Block« (Schaumstoffblock für aggressive Impulse) in der Gestalttherapie. Während in der MT die Tonsprache auf Instrumenten symbolhaft für die Emotionen steht, die ausgedrückt werden sollen, wird der Handlungsteil in der Gestalttherapie durch die dabei zu beobachtenden sprachlichen und gestischen Mittel gebildet.

In beiden Therapieformen ist das Achten auf Signale, die über die Schiene der *Organsprache* (z.B. das Auftreten von plötzlichen Körpersymptomen wie Kopf- oder Magenschmerzen, Verspannungen etc.) und über die *Körpersprache* (d.h. Mimik und Gestik, die Haltung, das Sitzen auf dem Stuhl oder in der MT an den Instrumenten, die Art des Schlegel-Haltens) mitgeteilt werden, wichtig. In der Gestalttherapie arbeiten wir mit dem, was der Patient mit seinem Körper ausdrückt, beobachten seine verspannt wirkende Sitzhaltung und achten auf bestimmte Körpersignale (bewegt sich, ohne daß es der Patient bewußt steuert, z.B. ein Bein in einer »kickenden« Weise, um einem »noch nicht sichtbaren« Konfliktpartner ein deutliches Körpersignal zu geben, oder beobachten wir, daß der Patient mit einer Hand z.B. die andere Hand so abdrückt, daß die Finger weiß werden).

Auch Übertragungsprobleme werden in beiden Therapieformen in gleicher Weise gehandhabt. Übertragungen werden angesprochen und abgelöst, sobald sie beginnen, den therapeutischen Prozeß zu behindern. Auch der Umgang mit der Gegenübertragung ist vergleichbar: Sowohl der Musiktherapeut als auch der Gestalttherapeut verhalten sich *selektiv authentisch*: Ich bin als Musiktherapeut in einer gemeinsamen Improvisation als reales Gegenüber und als musikalischer Begleiter für den Patienten wahrnehmbar. Das gilt auch für die Gestalttherapie: In der Begleitung des therapeutischen Prozesses beim Durcharbeiten einer Konfliktsituation im Rollenspiel, am Block oder bei einem individuellen Gestaltprozeß sitze ich ja nicht unbeteiligt neben dem Patienten, sondern begleite ihn ebenfalls durch entsprechende Rückmeldungen zu seiner Körperhaltung, der Stimme, seinen Blockaden oder Diskrepanzen zwischen dem sprachlichen und nicht-sprachlichen Ausdruck, wenn ich den Eindruck gewinne, daß ein solcher Hinweis in dieser Situation hilfreich sein kann. Auch spreche ich ihm gegenüber meine Gefühle an und lasse den Patienten spüren, daß ich mich von seinen Schmerzen, seinen Tränen, seiner Verzweiflung oder seiner Wut erreichen lasse.

Awareness – Achtsamkeit

Meine Aufgabe als Therapeut ist es, mit meiner Achtsamkeit die therapeutische Arbeit des Patienten zu begleiten und alles zu registrieren, was ich an verbalen und nonverbalen (musikalischen)

Signalen bekomme. Auch der Patient wird im Laufe einer Therapie für sich immer mehr von dieser Achtsamkeit entdecken können, weil er durch die gemeinsame Arbeit ein viel besseres Gefühl für sich, seine Körperreaktionen und seine Emotionen bekommt. Das *achtsam werden* auf die augenblickliche Befindlichkeit, die Wahrnehmungen der inneren und äußeren Welt im Hier und Jetzt ist für die Gestalt- und Musiktherapie gleichermaßen wichtig. In der einen Therapie geht es mehr um Worte, Gesten und Körpersignale, in der anderen um Töne, Rhythmen, aber auch Worte und Körpersprache.

Nach der Begrüßung beginne ich in der Gestalttherapie und in der Musiktherapie eine Therapiestunde mit einer Rückmeldungsrunde, in der jeder Patient die Möglichkeit hat, über »Reste« aus der letzten Musiktherapiestunde zu berichten oder etwas anzusprechen, was sich inzwischen ereignet hat. Dazu gehören Träume, Schlafstörungen, Ängste, Körpersymptome, Begegnungen mit anderen Mitpatienten oder Auseinandersetzungen mit Angehörigen.

Dann bitte ich jedes Gruppenmitglied, über sein wichtigstes Thema eine kurze Improvisation zu spielen. Neben einem Einzelspiel kann sich daraus auch eine Gruppenimprovisation entwickeln, in der alle ihre augenblickliche Befindlichkeit spielen. In der nachfolgenden Gesprächssequenz berichtet jedes Gruppenmitglied, womit es in dieser Improvisation in Kontakt gekommen ist und spielt nochmals ein Stück seiner Improvisation. Damit sind wir mitten im Prozeß – und es gibt Raum für die Arbeiten einzelner Patienten, z.T. auch unter Einbeziehung der ganzen Gruppe.

Figur – (Hinter-)Grund

Dieser Begriff aus der Gestaltpsychologie begegnet uns auch im musiktherapeutischen Prozeß an vielen Punkten. So kann sich aus einem Hintergrund unterschiedlicher Bedürfnisse, Probleme oder Konfliktkonstellationen ein Thema so in den Vordergrund spielen, daß es zur *Figur* wird. Das geschieht z.B. dann, wenn der Patient sich für eine Improvisation zunächst mehrere Instrumente aussucht, sich dann aber ganz auf ein Instrument konzentriert. Auch ein gewähltes Instrument als Ausdrucksmittel einer Befindlichkeit kann aus dem (Hinter-)Grund der anderen Instrumente (die hier für andere Probleme oder Konflikte stehen) hervortreten und zur Figur werden.

Bestimmte Improvisationsmuster eignen sich – hier in einer auf die Gruppe erweiterten Form – gut zur Darstellung von Figur und Grund. Manchmal schlage ich der Gruppe vor, einen »Klangteppich« zu spielen, der aus unterschiedlichen, leise gespielten Tönen und Rhythmen besteht. Ein Mitglied kann sich von der Gruppe musikalisch mit seinem Instrument tragen lassen. Wenn der Patient in seinem Solospiel über dem Klangteppich sein Problem mit Tönen bearbeitet hat, kann er in diesen Klangteppich hineinfließen und selbst Teil des Hintergrundes werden. An dieser Stelle kann dann ein anderer Spieler sich aus dem Hintergrund lösen, um als Figur sein Spiel zu spielen. Das Spiel auf Instrumenten erleichtert den Patienten, das Auftauchen und Wahrnehmen bestimmter Figuren, die entweder »eingefroren« waren oder außerhalb des bewußten Wahrnehmungskreises verborgen blieben, zuzulassen und in das Hier und Jetzt der therapeutischen Beziehung hereinzuholen.

Das tetradische System

Für die *Integrative Therapie* hat *Hilarion Petzold* ein System zur Strukturierung des therapeutischen Prozesses entwickelt, das

bereits als allgemeines Schema zur Strukturierung therapeutischer Prozesse auf alle Teilbereiche und Teilverfahren der Integrativen Therapie Anwendung findet.

Dieses vierstufige Modell ergänzt die aus der klassischen Psychoanalyse bekannten drei Phasen »Erinnern, Wiederholen, Durcharbeiten« um die vierte Phase der »Neuorientierung« durch Verändern/Erproben. Dieses Schema, das nicht nur den Querschnitt einer Therapiearbeit oder einer Therapiestunde spiegelt, sondern auch im Längsschnitt den Verlauf einer Therapie charakterisiert, muß für die MT um die speziellen musikalischen Bestandteile der einzelnen vier Phasen ergänzt werden. In gewisser Weise findet sich ein solches Vier-Stufen-Modell bereits in der Beschreibung der »analytischen Musiktherapie« von *Priestley*. Um die Gemeinsamkeit mit der Gestalttherapie hier zu verdeutlichen, lehne ich mich eng an das Schema von *Petzold* an. Er unterscheidet vier Phasen:

1. Phase – Initialphase

Diese Phase entspricht dem Erinnern in der Psychoanalyse. *Petzold* ergänzt das Erinnern noch durch das Stimulieren. Für ihn ist die Initialphase verbunden mit einer Diagnostik durch den therapeutischen Prozeß (»prozessuale Diagnostik«), durch die Analyse von Bewegungen, dem mimischem Ausdruck, der Körpersprache, dem Verhalten und den verbalen und – für die Musiktherapie spezifisch – musikalischen Äußerungen in den Improvisationen. Diese Phase ist in der Gestalt- und Musiktherapie gekennzeichnet durch das »Anwärmen«, durch die vorher beschriebene Runde mit Rückblenden und Anmeldungen für Arbeiten.

2. Phase – Aktionsphase

Diese Phase entspricht dem Wiederholen in der Psychoanalyse. *Petzold* reichert diese Phase an mit Aktionen des Explorierens im »ernsten oder heiteren Spiel«, der konfliktorientierten bzw. erlebnisorientierten Arbeit mit Tönen, Atem, Stimme, Expressivität, Katharsis, auch in Verbindung mit Körperbewegungen oder Tanz. In dieser Phase stehen emotionale Erfahrungen im Vordergrund. *Petzold* spricht hier vom Erfahrungslernen. Durch die Arbeit entstehen Kontakte zum eigenen konfliktbesetzten Material, zur Gruppe und zum Therapeuten.

3. Phase – Integrationsphase

Diese Phase entspricht dem Durcharbeiten in der Psychoanalyse. Bei *Petzold* kommt der Begriff des *Integrierens* hinzu, das besonders dadurch gefördert werden kann, wenn die Gruppenmitglieder sich mitteilen (Sharing) und entsprechende Rückmeldungen (Feedback) geben. Dies führt zu einer Erhellung der psychodynamischen Zusammenhänge und zu einer Analyse der Übertragungskonstellationen, der Abwehrvorgänge, der Verhaltensmuster oder Kommunikationsstrukturen. Diese Phase ist gekennzeichnet durch die rationale Einsicht und das dazugehörige Einsichtslernen.

4. Phase – Neuorientierung

Diese Phase ist von besonderer Bedeutung. Mir haben Psychoanalytiker, denen ich meine musiktherapeutische Arbeit vorgestellt habe, immer wieder bestätigt, wie sinnvoll sie diese Phase der Neuorientierung in der Musiktherapie finden.

In dieser Phase geht es u.a. um das Anhören der Tonbandaufzeichnungen der gemeinsamen Improvisationen und den damit verbundenen Fragen:

1. Was hören Sie – was bedeutet in der Improvisation diese oder jene Stelle?
2. Wie würde das Stück heißen, wenn Sie es so hörten, als hätte ein anderer das Stück komponiert?
3. Wie wollen Sie damit umgehen?
4. Was nehmen Sie aus der heutigen Therapiestunde mit?
5. Wie können Sie die heute gemachten Erfahrungen in der Realität umsetzen?
6. in der Gruppentherapie: Was möchten Sie der Gruppe mitteilen?

Perls gab in der Spätphase seines Lebens seinen Klienten die Anregung, mit dieser neuen Erfahrung zu experimentieren und z.b. zu jedem Gruppenmitglied hinzugehen und ihm diese Erfahrung persönlich mitzuteilen. Daraus ist in der Gestalttherapie das »Runde machen« entstanden.

Für die Sequenz der Neuorientierungsphase am Schluß einer Therapiestunde habe ich u.a. Anregungen von *Mary Priestley* und des Verhaltenstherapeuten *Fritz Jansen* verwenden können. *Jansen* setzt in dieser Phase Modelle zur Verhaltensmodifikation ein. (Bei *Jansen* geht es im Prinzip darum, Erfahrungen aus einer Therapiestunde auch gleich auszuprobieren: Ist der Patient mit seinem Ergebnis noch nicht zufrieden, kann er weitere Korrekturen vornehmen und einen zweiten oder dritten Versuch starten.)

In der MT benutzen wir in dieser vierten Phase unsere Instrumente in Verbindung mit Worten. Ich lade die Patienten ein, auf einem tragbaren Instrument eine solche Runde zu machen und mit jedem in der Gruppe ein Zweierspiel zu spielen und sich danach mit Worten zu verständigen.

Dies gibt den Patienten die Möglichkeit, die in einer musiktherapeutischen Arbeit gemachten Erfahrungen zusammenzufassen, damit eine Runde zu machen und jedem Mitglied einen solchen Satz (vom Patienten selbst formuliert!) zu sagen wie:»Ich möchte, daß du mich so annimmst, wie ich bin«, oder:»Ich möchte dir auch meine schwachen Seiten zeigen können.«

Gerade das häufige Wiederholen eines solchen Satzes in der direkten Begegnung mit anderen Gruppenmitgliedern hat für den Patienten eine wichige Funktion, da er dabei sich und die anderen sehr unterschiedlich erlebt und damit an ganz tiefe Gefühle kommen kann. Auch für die Gruppe ist so eine Runde ein tiefes Erlebnis, da viele selbst den Wunsch spüren, auch einmal eine solche Runde zu machen. Manche gehen innerlich mit und sind so bewegt, als hätten sie sie selbst gemacht. *Petzold* spricht in diesem Zusammenhang vom Verhaltenslernen (behavioral learning).

Zwiebelschalenmodell

Dieses Modell von *Perls* ist in zweifacher Hinsicht interessant. Dazu führt *Lotte Hartmann-Kottek-Schroeder* folgendes aus:

Aus der Sicht des Laienspielers und Theaterliebhabers richtete Perls sein besonderes Augenmerk auf die jeweils gespielten Rollen der Menschen und auf ihre »Als-Ob-Persönlichkeiten«, wenn sie mit den übrigen Persönlichkeitsanteilen nicht übereinstimmten. Unter diesem Blickwinkel entwarf Perls ein zwiebelschalenförmiges Neurosenmodell.

Für die MT läßt sich dieses Zwiebelschalenmuster gut als Erklärungsmodell für musiktherapeutisch wahrnehmbare Rollen oder Schichten verwenden.

Folgende Phasen unterscheidet *Perls*:

1. Klischeephase

Perls spricht hier von Klischees, entsprechend unseren sozialen Ritualen, mit denen wir uns begrüßen, verabschieden, über unsere Beschwerden klagen, um einen Ratschlag oder ein Rezept bitten oder über belanglose Dinge sprechen, ohne jedoch in eine echte Begegnung zu gehen. Beispielhaft sind hier die Begrüßungsfloskeln in der englischen oder amerikanischen Umgangssprache, die dieses

Phänomen noch viel deutlicher machen: Die Fragen, »How do you do?« oder: »How are you?« sollte man auf keinen Fall wörtlich nehmen, sondern mit der gleichen Floskel beantworten. Auch im Deutschen gilt das für: »Na, wie gehts?«, das viele Landsleute anstelle eines »Guten Tag« verwenden. Es ist dies in der Tat nur eine Begrüßungsform und keine wirkliche Einladung, etwas über die eigene Befindlichkeit zu berichten. Das gemeinsame Spiel, z.b. Improvisationen in einer Gruppe, z.b. bei einem Begegnungsspiel, auch mit entsprechenden Rollenzuweisungen, hat anfänglich viel von diesem Begrüßungsritual: Kleine Melodiefragmente oder Rhythmen klingen durch den Raum, eine verbindliche Kontaktaufnahme findet noch nicht statt.

2. Rollenspielphase

Darunter versteht *Perls* das Spiel mit den sozialen Rollen, die wir im Laufe unseres Lebens gelernt haben und die von Begriffen wie »der tapfere Junge, die Heulsuse, ein Indianer kennt keinen Schmerz, Jungen weinen nicht« geprägt sind. Andere Rollen, die wir spielen, sind geprägt von unseren Positionen im beruflichen und im gesellschaftlichen Leben, die wir durch unsere Berufsausbildung und entsprechende Qualifikationen und durch unser soziales Umfeld erlangen. Hierhin gehören Lebensentwürfe wie: »Auch als Erwachsener darf ich keine Gefühle zeigen, als Ehepartner halten wir zusammen, die Umwelt hat es nicht zu interessieren, wie unsere Beziehung wirklich ist«, oder berufliche Rollen wie: »erfolgreicher Geschäftsmann, von Klienten oder Patienten geliebte und verehrte Sozialarbeiterin oder Ärztin, die gute Hausfrau, die allseits sich aufopfernde Mutter oder der verständnisvolle Beamte«. Dazu schreibt der Gestalttherapeut *Axel Dinslage*:

> In der Therapie spielt der Klient die Rolle des »guten Klienten«, indem er sich so verhält, wie er glaubt, daß sein Therapeut es sich wünscht. Er spricht über seine Probleme und unterbreitet dem Therapeuten eigene Erklärungsversuche. Er versucht, sein Problem durch Denken zu lösen und möchte, daß der Therapeut ihm dabei behilflich ist.

Durch dieses Rollenverständnis, das sich die Menschen im Lauf ihres Lebens erworben haben, erhalten sie ihre gesellschaftliche oder berufliche Identität und damit Sicherheit und Stabilität.

Geht durch äußere Faktoren, wie eine längerfristige Arbeitslosigkeit, Mißerfolge im beruflichen Leben oder innere Faktoren wie dem Scheitern einer Ehe, dem Verlust von Angehörigen oder seelische Krisen die Stabilisierung über die Rolle verloren, verlieren die Patienten quasi ein Standbein oder, wie *Petzold* sagt, eine oder mehrere »Säulen der Identität«.

Die Unauflösbarkeit bestimmter Konflikte, in die Menschen geraten, die bisher viel Stabilität aus ihrem Rollenverständnis und ihrer Rollenidentität gewinnen konnten, zeichnet sich auch in der Musiktherapie ab. Viele Improvisationsmuster lassen hörbar werden, wie diese Patienten ihren Lebensentwurf als »braver, angepaßter Sohn« oder »nie widersprechende Tochter« bis heute beibehalten haben und sich schwertun, sich in einem musiktherapeutischen Dialog mit den (imaginierten) Eltern auch nur ein Stück ihrer Selbständigkeit als erwachsene Menschen wieder zurückzuholen. Ihre Rolle wird diesen Patienten zu einem Gefängnis, aus dem sie sich ohne therapeutische Hilfe kaum befreien können, da sie es kaum wagen, auf einem Instrument wenigstens musikalisch durch ein etwas lauteres Spiel anzudeuten, daß sie sich aus ihren (natürlich zum Teil auch selbst angelegten) Beziehungsfesseln lösen wollen.

Auf dem Wege nach innen kommen wir nach dem Ablösen dieser ersten und zweiten Schale jetzt zu der dritten Schale, der

3. Blockierungs- und Implosionsphase

In dieser Phase, so schreibt *Hartmann-Kottek-Schroeder*, kommt der Patient in Kontakt mit den konflikthaft gebundenen, polarisierten Kräften und Ambivalenzen. Kurz vor dem Kontakt mit dem abgewehrten Konfliktpotential entsteht das Gefühl der Leere, der Rat- und Ausweglosigkeit, schließlich kommt es zu einer existenziellen Angst mit phobischen Impulsen. Es kommt zu bedrohlichen Grenzerfahrungen.

Dieses Phänomen erlebe ich in musiktherapeutischen Arbeiten an der Stelle, wo es darum geht, Konflikte zu erkennen, zu benennen und die dazugehörigen Gefühle zu spielen, um sich auf diese Weise aus der Umklammerung und Blockierung zu befreien. An dieser Stelle sagen Patienten, daß sie sich ganz leer fühlen, alles sei weg, sie könnten keinen klaren Gedanken fassen und fühlten sich völlig hilflos. Auch das Thema, das sie bearbeiten wollten, haben sie »vergessen«.

Hier ist der Patient auf die empathische Begleitung des Therapeuten angewiesen. Ein Weitergehen im therapeutischen Prozeß muß genauso möglich sein wie eine Umkehr, d.h. ein Zurückkehren zur Ausgangsposition, wenn Patienten sich noch nicht in der Lage fühlen, diese Grenzlinie zu überschreiten. Ich bestätige in diesen Fällen positiv ihren Widerstand und die Fähigkeit, sich zu schützen.

Bei seinem Rückzug aus einer solchen Arbeit begleite ich den Patienten und bitte ihn, darüber zu improvisieren, wie er sich im Augenblick fühlt. Aus dieser akzeptierenden Grundhaltung des Therapeuten kann der Patient dann zu einem späteren Zeitpunkt einen neuen Versuch starten, ohne in die früher sonst so schmerzliche Situation zu geraten, »es einmal wieder nicht geschafft zu haben«.

Ohne therapeutische Hilfe kommt es sonst zu einer Implosion, d.h. die eigentlich nach außen drängende Energie richtet sich in vollem Umfang gegen die körperliche und psychische Integrität mit all den daraus resultierenden Folgen. Gelingt es dem Patienten, diese Blockierungsphase auszuhalten und vor der inneren Leere, Rat- und Hilflosigkeit nicht wegzulaufen, sondern sie durchzuarbeiten und am Impuls zu bleiben, gelangt er zur vierten Schicht, der Explosionsphase.

4. Explosionsphase

Ganz besonders für diese Phase bietet die MT mit ihren Klangerzeugern wie Gongs oder Gongtrommeln sehr geeignetes Arbeitsmaterial, welches dem Patienten hilft, in die kathartische Explosionsphase zu gehen und die bisher eingehaltenen Gefühle von Zorn, Wut, Schmerz, Trauer auszudrücken und durch das »Sprengen der Fesseln« neuen Freiraum, neue Freude und das Wiedererlangen der eigenen Lebendigkeit zu finden. Die Begleitung durch den Therapeuten auf einem gleichen oder auf einem ebenso lauten Instrument hilft, den Patienten sicher durch die kathartische Phase zu leiten.

5. Integrationsphase

In dieser Phase geht es darum, das abgewehrte Material, das zusammen mit den enstprechenden Gegenimpulsen in einer Arbeit zum Vorschein gekommen ist, aufzuarbeiten und zu integrieren. Hier sind Patienten auf die besondere Unterstützung der Gruppe und des Therapeuten angewiesen. Sie müssen lernen, die durch die geleistete Arbeit entstandene »neue Identität« zu begreifen, sie zu akzeptieren und schließlich zu integrieren. Nur dann kann es zu einer *emotional korrigierenden Erfahrung* kommen, wenn nach einer Katharsis die Integration der abgespaltenen Erlebnisanteile gelingt. Zu einem solchen Veränderungsprozeß sind oft mehrere Therapiestunden notwendig. Die Musiktherapiegruppe kann ihre Rückmeldung in einer Improvisation ausdrücken.

Die nächste Phase ist für uns in der MT bereits ein Teil der 5. Phase, die von *Petzold* aus eher didaktischen Gründen nochmals unterteilt wird.

6. Verhaltensmodifizierende Schlußphase

In dieser Phase bespricht *Petzold* mit seinen Klienten noch einmal das Erlebte aus der kathartischen Phase und bittet sie zu formulieren, wie sie mit dieser Erfahrung jetzt in ihrer Realität umgehen können. In der Musiktherapie lasse ich die Patienten im Sinne einer Verhaltensmodifikation die wichtigste Sequenz der Therapiestunde, jetzt aus dem neu erfahrenen Erleben, noch einmal spielen.

Die therapeutische Beziehung in der Gestalt- und Musiktherapie

Unsere therapeutischen Angebote sollen unseren Patienten die Möglichkeit geben, Defizite aus ihrer Vergangenheit zu bearbeiten und so gut wie möglich aufzufüllen, um so zu einer Nachreifung zu kommen. Im »Zeitraffertempo« kann so in einer Therapie die Entwicklung des einzelnen Individuums durch wachstumsfördernde

Beziehungsangebote nachgeholt werden. Das heißt, wie *Lotte Hart-mann-Kottek-Schroeder* schreibt:

Stadium 1

Als Therapeutin nehme ich zu meinem Gegenüber einen persönlichen Kontakt auf, der von Interesse und Wertschätzung getragen ist und der dessen Existenz positiv bestätigt. Ich nehme sein Anliegen, z.B. den Wunsch, etwas zu ändern, positiv entgegen und interessiere mich für seine »Selbstdefinition« (*Watzlawick*). Dieses Stadium der doppelten Bekräftigung auf der Inhalts- und Beziehungsebene variiert in seiner Länge je nach dem Störungsgrad bzw. nach dem Ausmaß von Grund- und Urvertrauen (*Petzold, Erikson*).

Stadium 2

Die Bestätigung auf der personalen Beziehungsebene bleibt voll erhalten. Die Selbstdefinition des Klienten erfährt eine differenzierte Resonanz: Die bewußtseinsnahe, in den Vordergrund geschobene Identität wird von mir, als Therapeutin, in ihrer Existenz bestätigt, aber nur als eine unvollständige Seite aufgefaßt. Dies lenkt die Wahrnehmung auf Diskrepanzen oder Lücken im Oberflächengeschehen.

Stadium 3

Ich akzeptiere bei der Widerstandsarbeit den Impuls des Patienten, sich zu schützen, und bekräftige mein Engagement für die ehemals bedrohte Person, die lediglich eine suboptimale (neurotische) Lösung für ihre Situation fand. Ich stelle infrage und verneine für den heutigen Patienten die Notwendigkeit, die ehemaligen Scheinlösungen beizubehalten (*progressiver Aspekt* in der therapeutischen Arbeit). Ich bleibe in der Auseinandersetzung mit der vergegenwärtigten, ehemals pathogenen Beziehungsfigur für den Patienten ein existenzieller Verbündeter. Trotzdem gibt mein kognitiv-analysierendes »Ich« Regieanweisungen für einen Rollenwechsel oder szenische Veränderungen. Dies können unter Umständen auch *provokative* oder *paradoxe Interventionen* sein, wenn sie innerhalb der Tragfähigkeit der Beziehung liegen.

Stadium 4

Ich biete dem bisher abgelehnten Persönlichkeitsanteil des Patienten mein Bündnis und Verständnis an und damit seine Existenzberechtigung und erleichtere dem Patienten dessen Re-Identifizierung und Wiedereingliederung. Ich verneine unter Umständen Verzerrungen und überschießende Botschaften des bisher abgelehnten Impulses.

Stadium 5

Ich bestätige mit Wertschätzung die Existenz des Patienten, seine bisherige Leistung und seine erweiterte Selbstdefinition. Hier schließt sich der

Kreis. Es handelt sich um eine therapeutische Rückintegration von psychischem Material mit Hilfe einer durchlaufenden basalen »Ich-Du-Beziehung« und einer gezielten, dosierten Frustration.

Nach diesem Konzept arbeiten wir noch heute in unserer Zwestener Abteilung für Psychotherapie und Psychosomatik mit gestalttherapeutischem Schwerpunkt, die *Lotte Hartmann-Kottek-Schroeder* 1978 begründet hat. Dieses Konzept gilt auch für die kreativen Verfahren, zu denen Musiktherapie zu rechnen ist.

Kontaktzyklus nach Perls

Daß wir Menschen nicht autark, sondern in allen Situationen unseres Lebens auf ein soziales Umfeld angewiesen sind, erleben wir auch in der MT. Die meisten therapeutisch eingesetzten Instrumente könnte ich auch als »sozial-kommunikative Geräte« bezeichnen, die keine »Einzelgänger« sind und nach »Klangantworten anderer Instrumente rufen«.

Der von *Perls* beschriebene *Kontaktzyklus* findet sich auch im musiktherapeutischen Prozeß wieder. Dieser Zyklus beginnt, wenn der Patient im *Vorkontakt* seine Befindlichkeit, Gefühle und Bedürfnisse sowie die entsprechenden Defizite wahrnimmt. Hier baut sich so etwas wie ein psychisches Potential auf, das *Perls Exitement* (Erregung) genannt hat und über das ad-greddi (eigentlich bedeutet dieses Wort: herangehen) zur Aufnahme eines *Kontaktes* führt. Aus dem lateinischen ad-greddi ist das Wort »Aggression« geworden, zunächst ohne die negative Besetzung, die es in unserem heutigen Sprachgebrauch mit Kampf, Zerstörung und Vernichtung verbindet. Im Vollzug des Kontaktes werden Kräfte frei, die vorher in neurotischen Abwehrmechanismen gebunden waren und für die Bewältigung der Lebensaufgaben nicht mehr zur Verfügung standen. Werden die Bedürfnisse erfüllt und bestimmte Defizite abgebaut, kann im *Nachkontakt* wieder ein Gleichgewicht der Energien entstehen.

Abwehrmechanismen in der Gestalttherapie

1. Introjektion

Hierzu schreibt *Petzold*:

> Introjektion ist der Vorgang der Aufnahme von Material aus dem Außenfeld. Sie wird pathologisch, wenn die Strukturen so aufgenommen werden, daß sie als Materialien erhalten bleiben, »obgleich der Organismus ihre Destruktion verlangt«, um sie assimilieren zu können (*Perls* 1942). Normen, Werte, Zwänge usw. der Sozialisationsinstanzen werden »unverdaut« aufgenommen, nicht in die eigene Persönlichkeit integriert, die damit unentwickelt bleibt. Oft haben die Introjekte einen, die Funktionen des Kontaktzyklus beeinträchtigenden, toxischen Charakter – z.b. im Sinne eines strengen Über-Ichs ... Bei der Introjektion ist die Kontaktgrenze zwischen dem Selbst und Umfeld soweit nach »innen« verlagert, daß nur noch wenig vom Selbst übrig ist.

Die Aufgabe des therapeutischen Prozesses besteht nun darin, dem Patienten zu helfen, unterscheiden zu lernen zwischen den Introjekten, die assimiliert und in das eigene Leben konstruktiv eingebaut werden können, und solchen, die die eigene Persönlichkeit schädigen oder gar vergiften. Krankmachende Introjekte müssen neutralisiert und ausgeschieden werden, nützliche dagegen können – wie eine gute Nahrung – aufgeschlüsselt, verdaut und assimiliert werden.

2. Retroflexion

Diese Abwehrform entspricht dem Abwehrmechanismus von *Anna Freud*: »Wendung gegen das Selbst«. Der Name, den *Perls* diesem Begriff gegeben hat, zeigt, daß hier ein bestimmter Affekt wie Wut oder Zorn, der von einem Menschen auf einen anderen Menschen gerichtet war, die Richtung ändert und sich gegen das Selbst des Urhebers wendet. Diese Retroflexion wird da besonders deutlich, wenn, wie *Petzold* schreibt,

> es sich dabei um destruktive Impulse handelt, die sich gegen das Selbst richten. Aggressionen oder Haß als Resultat von Verletzungen ..., die nicht ausgedrückt werden können, vermögen so in der Retroflexion zu Depressionen, Suizidalität und psychosomatischen Erkrankungen (Retroflexion in den Körper bzw. auf Organe) führen. Positive Retrofle-

xionen bedeuten die Fähigkeit zur Impulskontrolle, da nicht alle Anforderungen des Umfeldes mit Expressionen beantwortet werden können.

Solche Abwehrmechanismen der Retroflektion lassen sich auch in der MT beobachten, manchmal schon vor einer Improvisation, wenn sich Patienten bei der Schilderung ihrer Probleme aus innerer Anspannung oder Verärgerung mit Instrumentenschlägeln z.B. auf die eigenen Oberschenkel, die Knöchel oder eine Hand »schlagen«. Im musikalischen Dialog mit einer ambivalent besetzten Person (z.B. starker Vater, »gelernt« depressive Mutter oder lebensuntüchtiger Sohn), spielt ein Patient in seiner eigenen Rolle leise und sanfte Klänge oder Rhythmen, in der Rolle des Vaters auf dessen Instrumenten aber laut und aggressiv. Oft hört dieser Patient erst auf dem Tonband, wie weit er von seinen Gefühlen entfernt ist und wie leise er dem Vater gegenüber spielt, während er (jetzt in der Rolle des Vaters) »ordentlich auf die Pauke hauen kann«. Solche offensichtlichen Diskrepanzen werden von den Patienten oft überhaupt nicht wahrgenommen und bedürfen der Rückmeldung durch die Gruppe, den Therapeuten oder das Tonband.

3. Projektion

Dieser Abwehrmechanismus führt dazu, daß wir Anteile, die wir bei uns selbst nicht wahrnehmen möchten, in die Außenwelt verlagern. Dabei handelt es sich um diejenigen Gefühle, die wir bei uns am liebsten nicht wahrnehmen möchten, da sie mit den verinnerlichten Normen nicht vereinbar sind, so z.B. aggressive und libidinöse Regungen. *Petzold* führt dazu aus,

> daß die Wiederaneignung projizierten Materials zu Wachstum und Bereicherung der Persönlichkeit führt. Positive Projektionen resultieren aus einem Überschuß der Persönlichkeit, der an das Außenfeld abgegeben wird und dessen Wiederaneignung keine Schwierigkeiten bereitet, z.B. bei künstlerischer oder kreativer Tätigkeit.

Auch das wird in der Musiktherapie deutlich. Anteile, die ein Patient auf einen anderen projiziert, tauchen in der Klangimprovisation dann nicht beim anderen, sondern in seinem Spiel auf. Auch hier kann die Tonbandkontrolle helfen, dieses projizierte Material zu erkennen, es von der Projektionsfigur abzulösen und bei sich selbst wieder zu integrieren.

4. Konfluenz

Von Konfluenz (Verschmelzung) sprechen wir in der Gestalttherapie dann, wenn es dem Patienten schwerfällt, Grenzen zwischen sich und seiner Umgebung oder sich und der eigenen Innenwelt zu ziehen. Hierzu schreibt *Petzold*:

> Es ist dies der natürliche Zustand des Säuglings im symbiotischen Stadium der Mutter-Kind-Dyade vor der Entwicklung eines kohärenten (zusammenhängenden), abgrenzungsfähigen Selbst. Pathologische Konfluenz bedeutet Unabgegrenztheit nach innen und außen. Überflutung mit (eigenem; Anm. des Verf.) archaischem Material, Unfähigkeit, die Ansprüche des Außenfeldes zu regulieren, sind die Folgen, wie wir sie besonders bei Borderline-Erkrankungen, bei Süchten und Psychosen finden.

Die Musiktherapie kann hierzu Diagnostisches beitragen: Patienten, denen ihre Symbiosewünsche z.T. noch gar nicht bewußt sind, weil sie sich im Wort-Sprachlichen noch ausreichend abgrenzen können, bevorzugen interessanterweise Instrumente mit »konfluierenden« Klängen. Dazu gehören die Gongs, die lang nachklingenden Metallophone, Becken oder Klangschalen. Besonders die großen Klangschalen aus Asien besitzen für diese Menschen eine enorme Anziehungskraft, offensichtlich durch zwei Faktoren: Einmal durch diesen verschmelzenden, konfluierenden Klang, der sich wie kein anderer mit anderen Klängen mischen kann, und zum anderen durch die Schale, die als Gefäß symbolhaft für die Gebärmutter steht, in die Patienten offensichtlich wieder zurückkehren wollen. Das abgrenzungsfähige Selbst, so schreibt *Petzold*,

> hat die Fähigkeit zu positiver Konfluenz in Zuständen der Versunkenheit oder Ekstase (z.B. in der Meditation, im Tanz, im Orgasmus), die eine Verbundenheit mit dem Kosmos ermöglichen (vergleiche *Freuds* »Ozeanisches Gefühl«), aber nach einiger Zeit wieder in einen Zustand der Abgegrenztheit führen.

Die Musiktherapie hat ein spezifisches Instrument für das »ozeanische Gefühl«, nämlich die »ocean drum«, eine beidseitig mit Fellen bespannte große Rahmentrommel, in der sich viele kleine Metallkügelchen befinden, die beim Drehen und Kippen der Trommel den Klang des rauschendes Meeres oder brausender Wellen erzeugen können.

Zusammenfassung verschiedener Aspekte in der Verbindung von Musik- und Gestalttherapie

Verschiedene therapeutische und strukturelle Elemente der Gestalttherapie lassen sich gut in die Musiktherapie integrieren und unterstützen und erweitern den musiktherapeutischen Prozeß. Dazu gehört der *leere Stuhl*, auf den der Patient in einem Dialog, in einer Auseinandersetzung wichtige

- **Bezugspersonen** (Eltern, Lebenspartner, Kinder, Freunde oder Arbeitskollegen), seine
- **Symptome** (Ängste, Depressionen, Zwänge, Suchtverhalten wie Arbeits-, Nikotin-, Alkohol-, Eß- oder Drogensucht) oder auch erkrankte und nicht richtig funktionierende
- **Organe** (das Kloßgefühl im Hals, Magen, Rücken) »setzen« kann.

Für diese drei Gruppen stehen vor dem leeren Stuhl vom Patienten selbstgewählte Instrumente, um die Dialoge in die »Sprache« der Musik-(therapie) zu übersetzen.

Auch der *Rollentausch*, den *Perls* aus dem Psychodrama von *Moreno* übernommen hat, kann in den musiktherapeutischen Prozeß gut eingebaut werden. Inszenierungen bestimmter Lebenssituationen mit Hilfe von Musikinstrumenten vermitteln den Patienten im *Rollenspiel* wichtige Erfahrungen im Umgang mit ihrer Umwelt.

So schlage ich dem Patienten vor, z.B. die Szene mit all den Personen durchzuspielen, die ihn erwarten, wenn er wieder nach Hause kommt, wie er auf sie zugehen will, wo er sich von den Nachbarn, den Schwiegereltern oder Eltern mehr abgrenzen möchte. Wie er ein schwieriges und problematisches Gespräch mit dem Chef führt, wie er sich von seiner Mutter distanziert, die immer wieder in seine Ehe hineinregiert, so daß die Ehefrau des Patienten inzwischen auch krank geworden ist.

Solche, oder auch aus dem Zusammenhang der jeweiligen Arbeiten sich ergebende Szenen werden dann auf Instrumenten mit der Gruppe gespielt und dargestellt.

Andere Themen betreffen die Verbindung von verschiedenen kreativen Medien untereinander, besonders von Gestalt- und Musiktherapie: Wie schon eingangs erwähnt, lasse ich die Patienten beim Eintritt in die Gruppe neben ihrem Namen, den sie in verschiedenen Farben ihrer Wahl gestalten können, auch gleichzeitig ein

Symbol malen, an dem wir sie erkennen würden, wenn wir weder Lesen noch Schreiben könnten.

Durch die graphische Darstellung (mit Farbstiften, Ölkreiden) des Lebensflusses (Lebenspanoramas), Berufspanoramas und des Beziehungspanoramas (*Petzold*) erhalten wir »Spielpartituren«, die der Patient dann zum Klingen bringen kann, indem er sie entweder allein spielt oder, bei bestimmten Abschnitten, die Gruppe mit einbezieht, die dann wie oben in die musikalisch-szenische Gestaltung mit einsteigt.

Auch die Improvisation über bestimmte Lebenssituationen, die ein Patient als sehr einschneidend in seinem Leben erlebt hat, und die zusätzlich oder an Stelle des Lebensflusses gespielt werden können, geben interessante Einblicke in die Dynamik innerpsychischer Vorgänge und ihre Auswirkungen auf den Kontakt zur Umwelt. (Vergleiche hierzu das Beispiel in der Einzelmusiktherapie mit einem jungen Mann, der »seine Gefühle zur Mutter beim Tod des Vaters« spielte.)

Neben den hier beschriebenen Anteilen der Gestalttheorie und Gestaltpraxis möchte ich mich noch einigen gestaltpsychologischen Begriffen zuwenden, die für mein Musiktherapie-Konzept von Bedeutung geworden sind.

Der Feldbegriff bei Lewin

Lewin bezeichnet das gesamte Beziehungsgefüge eines Menschen zu seinem sozialen Umfeld als *psychologisches Feld*, in dem bei Beziehungsaufnahme eine Spannung entsteht. Mit der Bezeichnung *Lebensraum* definiert *Lewin* das erlebte Verhältnis zwischen den einzelnen Individuen und ihrer Umwelt. Dabei sind sowohl die räumlichen als auch die zwischenmenschlichen Beziehungen angesprochen, die sich auch unter der Zeitperspektive definieren lassen. Verschiedene Faktoren können Veränderungen des psychologischen Feldes herbeiführen.

Der erweiterte Feldbegriff bei Parlett

Die Erweiterung des Feldbegriffes durch den englischen Gestaltpsychotherapeuten *Malcolm Parlett* bringt hierzu einige neue Perspektiven, die sich gut in die Musiktherapie übernehmen lassen. *Parlett* geht davon aus, daß das zwischenmenschliche Feld nicht nur durch die *Beziehungsaufnahme* von Therapeut und Patient den therapeutischen Prozeß beeinflußt, sondern daß durch verschiedene *räumliche Positionen,* die Therapeut und Patient in der Therapie einnehmen können, noch andere Aspekte hinzukommen, die an dem nachfolgenden Beispiel erläutert werden sollen.

Parlett spricht davon, daß sich Therapeut und Patient in jeder Therapiestunde ihre Realitäten gemeinsam schaffen (co-creating reality):

> Ich schaffe in mir selbst und in meinem Gegenüber bestimmte unterschiedliche Wahrnehmungen und Gefühle, und mein Gegenüber tut dasselbe mit sich und mit mir.

Wenn es dem Patienten schwerfällt, sich aus seiner (gelernten) Rolle zu lösen, schlägt *Parlett* dem *Therapeuten* einen *Rollentausch* vor, d.h. der Therapeut wechselt seine Rolle, um damit auf einer anderen Ebene eine therapeutische Begegnung zu ermöglichen.

Was meint *Parlett* damit? Normalerweise sitzen sich Therapeut und Patient auf zwei Stühlen gegenüber. Wenn der Therapeut nun in einer schwierigen therapeutischen Situation noch einen zweiten oder auch dritten Stuhl neben seinen Stuhl stellt, kann er durch einen Stuhlwechsel aus unterschiedlichen Identitäten seines Seins zu dem Patienten Kontakt aufnehmen:

■ So sitzt z.B. auf dem ersten Stuhl der Therapeut, der therapeutische Kompetenz besitzt und dem Patienten gegenüber empathisch und verstehend wirkt.

■ Auf dem zweiten Stuhl sitzt das »kleine Ich«, d.h. hier verläßt den Stuhl der »Professionalität als Therapeut« und setzt sich auf den Stuhl Zwei, der sein »kleines inneres Kind« symbolisiert, das ängstlich und noch unselbständig ist.

■ Auf dem dritten Stuhl sitzt der Therapeut dann als Vater von erwachsenen Kindern. Auf diesem Stuhl tauchen bei ihm Bilder der Kinder und seine Gefühle für sie auf, die Erinnerungen an die freudigen und schönen Augenblicke, die sie gemeinsam erleben konnten, aber auch die Sorgen, die er sich um sie gemacht habe, als sie krank waren und die Probleme, die sie miteinander hatten. In diesem Augenblick steht dem Therapeuten eine ganze »Datenbank« von Gefühlen und Erinnerungen zur Verfügung, die der Patient auf dem dritten Stuhl, nicht aber auf den anderen Stühlen »abrufen« kann, da der Therapeut mit ihnen normalerweise nicht auf dem zweiten oder dritten Stuhl arbeitet.

Auch der Patient hat für sich die Möglichkeit, aus zwei oder drei Rollen heraus mit dem Therapeuten zu arbeiten und Zugang zu den Seiten zu finden, die auf dem »Patientenstuhl 1« nicht abrufbar waren. Dieses *Parlett*-Modell läßt sich gut in die Musiktherapie übernehmen. Ich habe schon in vielen therapeutischen Sequenzen damit gearbeitet. Dabei stellt der Patient die für die verschiedenen Rollen gewählten Instrumente vor die drei Stühle, die er mit verschiedenen Teilen seiner Persönlichkeit besetzt, wenn ich mit ihm im erweiterten therapeutischen Feld arbeite.

Äußert der Patient den Wunsch nach einer Beziehungsklärung, so kann gerade die Dreiteilung der unterschiedlichen Positionen für den Patienten selbst und sein Gegenüber hilfreich sein, z.B. bei einem Konflikt mit dem Vater: Dann sitzt für den Patienten auf dem

■ Stuhl 1: der autoritäre Vater, der immer Recht hat und der die Richtlinien der Familienpolitik bestimmt; auf

■ Stuhl 2: der Anwalt, Pfarrer, Lehrer, der Handwerkermeister oder Beamte, der es in seinem Beruf zu etwas gebracht hat und darin erfolgreich ist; und auf

■ Stuhl 3: der kleine, ängstliche Junge, der sich nicht entwickeln konnte, der wenig Zuneigung und Liebe von seinen Eltern (also den Großeltern des Patienten) bekommen hat und der im Grunde genommen seine Ängstlichkeit hinter einer leistungsbezogenen Fassade verbirgt.

Die musikalischen Dialoge zwischen diesen einzelnen Teilen der Persönlichkeit, die hier, der Verdeutlichung wegen, in verschiedene Aspekte aufgeteilt werden, geben dann oft überraschende und manchmal neue Konstellationen und »Bündnisse«, wenn sich zum Beispiel der kleine kindliche Anteil im Patienten mit dem entsprechenden Anteil seines Vaters verbündet oder wenn beide eine Brücke von einer Professionalität zu der anderen finden.

Ganzheitsbegriff

Dieser Begriff bedeutet in der Gestaltpsychologie, daß *das Ganze mehr ist als die Summe seiner Teile.* So ist z.B. ein Buch mehr als die Summe beschriebener Blätter. Für die Musiktherapie gilt: Eine Melodie ist mehr als nur eine Folge beliebig aneinander gereihter Töne. Besonders kennzeichnend für den Ganzheitsbegriff ist die Tatsache, daß wir die *Gestalt einer Melodie* auch dann wiedererkennen, wenn sie in eine andere Tonart transponiert wurde. Das bedeutet, daß ein Lied wie »Alle meine Entchen« für jedermann erkennbar ist und bleibt, ganz gleich, ob es nun in C-Dur oder in As-Dur aufgeschrieben und gespielt wird.

Gestaltdynamik

Mit diesem Begriff wird ein Impuls beschrieben, der versucht, *Gestalten zu schließen* und Abweichungen oder Unvollständigkeiten von bestimmten Gestalten zunächst wahrzunehmen und dann entsprechend zu verändern oder zu korrigieren, um daraus eine »prägnante Gestalt« werden zu lassen. *Gestalt* steht in diesem Zusammenhang für: eine Person, eine Sache, einen Konflikt, bestimmte Gefühle oder Beziehungen. Eine Aufgabe der Therapie ist es, nicht geschlossene Gestalten aus der Vergangenheit ins Hier und Jetzt zu holen und in der Gegenwart zu »schließen«. Die Gestaltdynamik soll im Nachfolgenden an einigen Beispielen erklärt werden.

Wenn wir in einem Raum ein Bild sehen, das nicht ganz gerade hängt, spüren wir in uns meist den Impuls, dieses Bild wieder gerade zu rücken. Einen störenden Fleck oder einen Fussel auf unserer Kleidung oder einer anderen Person versuchen wir zu beseitigen. Eine Strichlinie in Kreisform ergänzen wir zu einem vollständigen Kreis. Dies ist Ausdruck der gestalttherapeutischen Dynamik. Wir begegnen jeden Tag einer Summe von Aufgaben, die erledigt werden müssen: Büroarbeiten, Einkaufen, Briefe schreiben, Besuche machen, Rechnungen bezahlen oder einen Konflikt lösen. Aus der inneren Dynamik, verbunden mit dem realen äußeren Druck, erledigen wir die anstehenden Aufgaben und Arbeiten und *schließen somit die Gestalt.* Tun wir das nicht oder gelingt dies uns nicht, so bleiben die *Gestalten offen*. Das Spannungspotential, das in den »unerledigten Geschäften« (*Perls*: unfinished business) steckt, bleibt wie ein Störfeld solange bestehen und beeinträchtigt unser Befinden, unsere Kraft, Kreativität und Lebensfreude, bis wir die Aufgaben erledigt haben. Erst dann »schließt sich die Gestalt« (der unterbrochene Kreis schließt sich) und kann, weil erledigt, im Hintergrund »verschwinden«. Die dabei freiwerdenden Energien stehen jetzt für andere Lebensaufgaben zur Verfügung.

Für die Übertragung dieses Modells *Schließen von Gestalten* auf die Musik möchte ich zwei Beispiele anführen:

Eine ist eine Geschichte von *Mozart*, der einmal auf ein Notenblatt für die linke Hand einen Akkord auf der linken Seite im Baßbereich des Klaviers aufgeschrieben hatte – und für die rechte einen entsprechend hochliegenden Akkord im Diskantbereich. In der Mitte, von beiden Hände unerreichbar, stand eine einzelne Note. Mozart lud nun die Anwesenden ein, diesen Akkord auf dem Klavier zu spielen, was keinem gelang, da diese eine Note in der Mitte mit den Händen einfach nicht zu greifen war. Mozart lachte, setzte sich ans Klavier, griff mit beiden Händen in die vorgezeichneten Akkorde und spielte den fehlenden Ton mit seiner Nasenspitze. Hier ging es um das Schließen der Gestalt dieses Akkordes, die Mozart auf diese sehr ungewöhnliche Art und Weise zur Freude und Erheiterung der Zuhörer vollbrachte.

Lasse ich beim Spielen oder Singen des Liedes »Alle meine Entchen« die letzten drei oder vier Töne weg, so können schon Kinder die fehlenden Töne ergänzen, also wieder die Gestalt (hier eines Liedes) schließen. Auch die Auflösung von harmonischen Strukturen, z.B. einem Vorhaltakkord c-e-g-h, wird den meisten von uns aus dem Gehör gelingen, indem wir vom h zum nächsthöhergelegenen c weiterspielen oder singen.

Abschließend sei nach diesem theoretischen Exkurs noch einmal ein Ziel der humanistischen Therapie erwähnt: In der Musiktherapie wie in jeder anderen Therapie, geht es darum, den Patienten wieder kontakt- und dialogfähig zu machen, und ihn in die Lage zu versetzen, zunächst musikalische, später auch (stimmige) gesprochene Antworten geben zu können. Im Englischen wird aus der Fähigkeit (**ability**) zur Antwort (**response**): response-ability = **responsability**, also Verantwortung. Im deutschen Wort Ver**antwor**-

tung steckt der Stamm **Antwort,** mit der ich auch Ver-**antwort**-ung übernehme.

Die Verantwortung des Therapeuten für den therapeutischen Prozeß schließt nicht nur das Annehmen, das empathische Begleiten ein, sondern gelegentlich auch das Frustrieren des Patienten, wenn deutlich wird, daß er sich am liebsten nur auf die Hilfe des Therapeuten verlassen und aus Bequemlichkeit keine Eigenaktivitäten entwickeln und keine Verantwortung für sich übernehmen möchte. *Perls* spricht in diesem Zusammenhang von einer »skillful frustration« (etwa: gekonnte Frustration), die so aussehen kann, daß der Therapeut dem sich »klein und hilflos« stellenden Patienten keine Lösungsvorschläge macht, sondern wartet, bis er von selbst aktiv wird und sich eigene Lösungsmöglichkeiten ausdenkt. Dabei helfen dem Patienten Rückmeldungen über Wahrnehmungen und Gefühle des Therapeuten. So signalisiere ich einem Patienten, nachdem ich ihn über Wochen empathisch begleitet habe, daß ich mich heute über sein sich ständig wiederholendes Muster ärgere, z.b. seine »gelernte Hilflosigkeit« (»Das kann ich doch nicht ...«). Mein Nein gilt dabei immer *nur* seinen neurotischen Vermeidungsstrategien, nicht jedoch seiner Person. Wenn Patienten diese Rückmeldungen verstehen, können diese ihnen helfen, sich wieder auf ihre eigenen Kräfte zu besinnen und diese zu mobilisieren.

13. Die Musiktherapiegruppe

Protokolle einer Gruppentherapie

1. Stunde: Erste Begegnung. Kennenlernen und Wahl der Instrumente. Modelle der Gruppenimprovisation

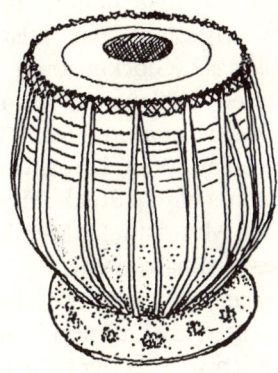

Abb.: Indische Tabla

Wir hatten uns das erste Mal in dieser Runde im Musiktherapieraum unserer Klinik getroffen: Wir, die zehn neu angereisten Patienten unserer Psychotherapiestation und ich, der Musiktherapeut. Der Therapieraum liegt in einem Anbau der Klinik und öffnet sich dem Betrachter, der durch die Tür eintritt, zu den Fenstern hin, wo der Raum breiter ist als an der Türseite. Fortlaufende Wandschränke in mittelbraunen Holztönen und das Parkett geben dem Raum eine warme Atmosphäre.

Beherrscht wird der Raum durch zwei Tasteninstrumente, einem Flügel und ein Klavier, zwei Reihen von verschieden großen Paiste-Gongs aus der Serie »Sound-Creation« und eine große Gongtrommel mit einem Durchmesser von 90 cm. In der einen Ecke bzw. an den Wänden stehen bzw. liegen Becken, ein Vibraphon, chinesische Tempelblocks, Holzplattentrommeln, Röhrenglocken, »Regenmacher«, Obertonflöten, eine große stimmbare Schlitztrommel und mehrere Monochorde.

Besonderer Blickfang sind einige interessant aussehende Instrumente, so eine chinesische Geige, eine Quintfidel, mehrere Leiern, verschiedene afrikanische Trommeln, ein afrikanisches Xylophon aus grob behauenen Klangstäben mit ausgehöhlten Kalebassen (Kürbissen) als Resonanzkörper unter den Klangstäben. Da steht eine große, pentatonisch gestimmte Steeldrum; marokkanische Bongos (Doppeltrommeln aus Ton), eine japanische Koto sind genauso zu bestaunen wie eine nordindische Tampura, die mit ihrem reich verzierten Korpus die neugierigen Blicke auf sich zieht.

Für die erste Begegnung hatte ich alle Instrumente aus den Schränken geholt und sie im Raum aufgestellt bzw. ausgelegt. Dazu gehören die verschiedenen *Stabspiele* (Glockenspiele, Xylophone, Metallophone) in verschiedenen Tonlagen (Sopran/Alt, Alt/Tenor und Baß), verschiedene *Blasinstrumente* (europäische, indische und südamerikanische Flöten, Panflöten, Lotosflöte, eine Lure (eine Art Holztrompete, geformt aus einem Stück mit einem in das Holz eingearbeiteten, versenkten Mundstück), Metalltrompeten und ein Didjeridu (australisches Blasinstrument).

Aus der Gruppe der *Saiteninstrumente* stehen zur Verfügung: verschiedene Leiern, Harfen, Streichpsalter, ein Quinton (fünfsaitiges celloähnliches Instrument mit Bünden wie bei der Gitarre), ein Hackbrett sowie mehrere Monochorde.

Aus der Gruppe der *Perkussionsinstrumente* die bereits erwähnten Reihen von Gongs an Ständern, die große Gongtrommel, originalafrikanische Trommeln oder sehr gute deutsche Nachbauten, kleines Schlagzeug wie auch Klangstäbe, Holzblöcke, Tempelblöcke, Triangel, Röhrenglocken, Rasseln, Bongos, Tamburins.

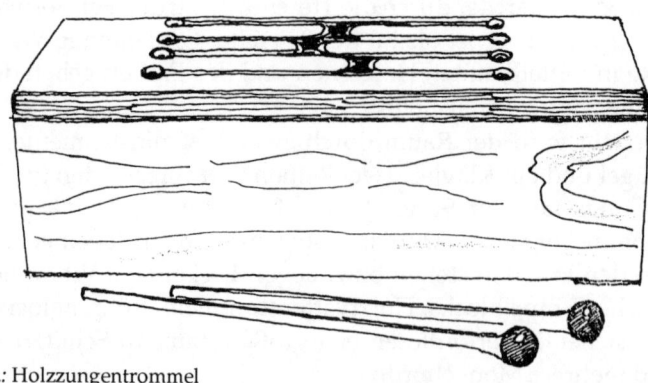

Abb.: Holzzungentrommel

All diese Instrumente laden ein, von uns entdeckt zu werden. Zunächst etwas zögernd gingen die Patienten auf die Instrumente zu, eine gewisse Anspannung war im Raum zu spüren. Die Patienten schauten sich die einzelnen Instrumente vorsichtig an, bis dann die erste Patientin Mut bekam und mit den Fingern sanft über die Saiten einer Leier strich, die dem zarten Impuls der Spielerin sofort mit entsprechenden Tönen antwortete. In den nächsten Minuten tönte es im Therapieraum von allen Seiten und ein lebendiges Durcheinander verschiedener Instrumentalklänge vermischte sich. Ab und zu tauchte ein rhythmisches Motiv auf, um dann wieder mit dem Tuttiklang zu verschmelzen. Tutti bedeutet hier »alle (Stimmen)«, wie bei der Orgel, wenn bei vollem Werk alle Register gezogen sind. In einer kurzen Pause ertönte auf einem Xylophon ein Melodiefragment, das so ähnlich klang wie »Alle meine Entchen«, irgendwoher kam ein Kuckucksruf, Schellenglocken erinnerten an eine Schlittenfahrt in der Kinderzeit, die Steeldrum an Urlaubserinnerungen in der Karibik, die Koto mit ihrer als zunächst »fremd« erlebten pentatonischen Stimmung an den Fernen Osten, ebenso wie die großen Gongs und die Tempelblöcke. Immer wieder dominierten über dem Klanggewirr die Töne der Trompeten und Luren.

Nach einer Phase des Ausprobierens brachten die Patienten die Instrumente, die ihnen im Augenblick besonders gut gefielen, mit in den Kreis hinein und sehr bald entwickelte sich ein Spiel, das sich von einem Durcheinander zu einem klanglichen Miteinander entwickelte. Überraschung, Erstaunen und Verwunderung zeigte sich auf den Gesichtern der Spieler. Das waren wir eben? Der Wunsch, der improvisierten Musik eine gewisse Ordnung und Struktur zu geben, wurde schon beim ersten Spiel deutlich.

Zu Beginn einer Gruppentherapie bitte ich die Patienten, auf großen weißen Blättern mit Farbstiften ihre Namen zu schreiben, mit denen sie in der Gruppe angesprochen werden möchten, und auf der Rückseite oder auf einem zweiten Blatt ein Zeichen zu malen, an dem sie erkennbar wären, wenn wir weder lesen noch schreiben und uns nur durch solche Symbole verständigen könnten.

Neugier kommt auf: »Wie heißt du? Was ist Dein Zeichen? So heiße ich und dies ist mein Zeichen.« Jeder in der Gruppe spielte während der Vorstellungsrunde sein musikalisches Erkennungszeichen auf dem selbst gewählten Instrument, um sich nicht nur mit seinen Namen, sondern auch musikalisch in der Gruppe vorzustellen. Die Gruppenmitglieder hatten so schon eine erste Gelegenheit,

die von den einzelnen Spielern improvisierten Tonfolgen »zu entschlüsseln«.

Neben Interesse, Neugier, Freude, etwas Neues zu entdecken,
klingen auch Ängstlichkeit, Befangenheit an. Die Überraschung ist
auf allen Seiten groß: »Was, so deutlich kann man musikalische
Botschaften entschlüsseln?«

Ein neues Gruppenspiel beginnt: »Wir in der Gruppe.« Die Gruppenteilnehmer suchen sich dafür andere Instrumente aus, auf denen
sie jetzt spielen wollen. Die meisten spielen engagiert mit, einige
sind noch zaghaft. Eine etwas ältere Patientin hat offensichtlich
große Schwierigkeiten mitzuspielen. Sie wählt zwei besonders leise
Instrumente, eine finnische Kantele und ein kleines Sopranglocken-
spiel, die sie ganz zart zum Klingen bringt, die aber bei den lauten
Tönen der anderen Gruppenteilnehmer auf Pauken, Gongs und
Stabspielen untergehen. Resignation zeigt sich im Gesicht und auch
in der Körperhaltung der Patientin. Mein Vorschlag, sich doch auf
einen Versuch einzulassen und ein anderes, kräftigeres Instrument
auszuprobieren, kommt noch nicht an (sie hatte wohl in ihrem
Leben noch nie die Möglichkeit ausprobiert, sich wirklich durchzusetzen). Das Spiel der anderen ist ihr zu laut. Andere Patienten
erbitten Ratschläge, um »alles richtig machen zu können« und
zeigen sich rührend bemüht, nur ja keinen Fehler zu machen. Am
Ende der Stunde sprechen wir noch einmal über das, was wir
gemeinsam gespielt und erlebt haben. Die Patienten sind bereit, sich
auf das neue Medium einzulassen.

Methodischer Exkurs zur ersten Therapiestunde

Wie in jeder anderen Gruppentherapie sind die Erfahrungen der
ersten Stunde besonders wichtig für den weiteren Therapieverlauf.
Für die meisten Patienten ist »Musik als Therapie« noch sehr fremd
und es gilt, erstmal eine »spielerische« Beziehung zu dieser Therapieform aufzunehmen. Positive Erfahrungen im Erstkontakt sind
deshalb günstige Voraussetzungen für eine Mitarbeit in der Gruppe.

In erster Linie geht es mir darum, die Patienten da abzuholen, wo
sie sich im Augenblick emotional befinden. Hilfreich ist dabei die
natürliche Attraktivität der Instrumente, die, wie auch bei allen
anderen Menschen, ein gesundes Neugierverhalten auslösen und

die »spielerischen Impulse« in uns ansprechen, mit denen wir uns auch in unserer Kindheit die Welt erschlossen haben.

Die Vielzahl der Instrumente aus verschiedenen Instrumentenfamilien bietet jedem Patienten »musikalische Geräte« (so nennen die Patienten häufig die Musikinstrumente, deren Namen sie noch nicht kennen), um zunächst allein, später mit anderen Gruppenmitgliedern zusammen zu spielen. Im Verlauf der Therapie entdecken die Patienten, daß sie mit Instrumenten spielerisch auch anderes, z.B. ihr Befinden und ihre Gefühle ausdrücken können.

Das Malen von Namensschildern erleichtert die Arbeit des Therapeuten, sich auf diese Weise die Patientennamen mehrerer Gruppen besser einzuprägen. In den halboffenen Gruppen können die neu hinzugekommenen Patienten die Namen der Patienten lernen, die schon länger in der Therapie sind.

Die Gestaltung der Rückseite mit einem Symbol anstelle des Namens löst zunächst einen inneren Suchprozeß bei jedem einzelnen aus, gibt dann aber für die ganze Gruppe einen rasch zu realisierenden, multimedialen Einstieg in den beginnenden Gruppenprozeß, weil wir etwas selbst Gestaltetes haben, über das wir so schon in der ersten Stunde improvisieren können. Diese Symbole bieten genügend Material, sich gegenseitig vorzustellen und sich dabei etwas näher kennenzulernen.

Es haben sich dabei zwei Varianten besonders bewährt:

Einmal lasse ich die gezeichneten Symbole vom Patienten selber spielen, d.h. der Patient stellt sich der Gruppe vor, indem er sein Bild spielt. Nach seinem Spiel hat die Gruppe die Möglichkeit, auf die Bildvorgabe und deren musikalische Ausdeutung zu reagieren. Dazu lade ich die anderen Patienten ein, Rückmeldungen zu geben zu folgenden Punkten:

1. Wie klang das, was ich gehört habe – welche Stimmungen habe ich wahrgenommen?
2. Was löst diese Improvisation in mir aus?
3. Was ist das für ein Mensch, der uns da etwas von sich spielt?
4. Gibt es in meinem Leben Gemeinsamkeiten mit dem anderen?

Eine zweite Möglichkeit, die ich dann vorschlage, wenn ausreichend Zeit für die Kennenlernrunde da ist (z.B. in Weiterbildungsgruppen), besteht darin, daß ein Patient sein Symbol der Gruppe zeigt und diese einlädt, das Symbol wie eine Klangpartitur in Musik umzusetzen.

Auch hier wird sehr viel Übersetzungsarbeit geleistet. Der Prozeß des Sich-Einfühlens in die Situation und das Leben des anderen über Musikinstrumente ermöglicht eine zunächst wortlose intensive Beschäftigung mit dem anderen, der dadurch für die Gruppe deutlicher erkennbar wird. Die Patienten versuchen, sich von dem optischen Eindruck des Symbols wie von einer Partitur leiten zu lassen und realisieren entsprechende eigene Klangvorstellungen, die im Zusammenspiel mit den anderen Gruppenteilnehmern ein improvisatorisches Klangbild ergeben, das meist ganz nah an dem ist, was der Patient mit seinem Symbol ausdrücken wollte.

In einer der nächsten Therapiestunden frage ich die Patienten: »Wer möchte (auf der Grundlage seines Symbols) mit einem anderen Gruppenmitglied über dessen Symbol Kontakt aufnehmen?«

Durch solche Zweierspiele können in der Anfangsphase Kontaktbrücken über Töne geschlagen werden, die dem Kennenlernprozeß in der Gruppe förderlich sind.

Die Vielzahl der vorhandenen Instrumente bietet den Patienten die Möglichkeit, sich Instrumente auszusuchen, mit denen sie sich gut ausdrücken können. Jemand, der sich mit seinem Partner oder mit den Eltern auseinandersetzen möchte, greift, wenn ihn nicht »alte, tradierte Minderwertigkeitsgefühle« daran hindern, zu einem entsprechenden lauten Instrument, mit dem er an sein Gegenüber herangehen (lateinisch: ad-greddi) und das er aggressiv spielen kann. Dazu gehören Pauken und Trommeln, Becken, Gongs oder das Klavier. Andere, wie die ältere Patientin in der Gruppe, die noch nie gewagt haben, etwas für sich zu fordern, wählen leise Instrumente, um so auf keinen Fall klanglich aufzufallen. Andere führt reine Spielfreude zu den Stabspielen, auf denen sie vergnüglich herumklopfen. Manche wählen Saiteninstrumente oder Gongs aus einer eher besinnlichen Stimmung heraus.

Die Patienten hören und merken schon in den ersten Stunden, nach welchen Formen und inneren Gesetzmäßigkeiten solche Improvisationen ablaufen. Laute Improvisationen brechen selten im lauten Spiel ab, sondern werden allmählich leiser. An dieser Stelle haben dann die Spieler der leisen Instrumente ihren Raum, sich mit ihren leisen und zarten Instrumenten Gehör zu verschaffen, während sie im lauten Tutti völlig untergingen.

Instrumente, auf denen man Melodien spielen kann (wie Stabspiele, Klaviere und Flöten), »verführen« die meisten Menschen dazu, zunächst Lieder zu spielen, die sie aus ihrer frühen Kindheit kennen. Meist sind es Kinderlieder wie »Alle meine Entchen«, »Kuckuck, Kuckuck ruft's aus dem Wald«, oder: »Fuchs, du hast die Gans gestohlen«. Dieses »Herumspielen« auf den oben genannten Instrumenten ist u.a. auch eine Kontaktaufnahme mit dem »inneren Kind«, das früher gern etwas ausprobiert und gespielt hat (oder hätte). Solche Spielphasen erleichtern den meisten Patienten, sich auf den musiktherapeutischen Prozeß einzulassen. Ins Therapeutische übersetzt bedeutet das, daß die Patienten erste Kontakte mit eigenen primärprozeßhaften Mustern aufnehmen.

Unterstützt wird das Primärprozeßhafte auch noch durch ein anderes, »außermusikalisches« Angebot. Auf dem Klavier liegen oder sitzen eine Vielzahl von kleinen oder größeren Stofftieren, die von den Patienten oft geholt und beim Spiel auf dem Schoß gehalten oder auf ein Instrument gesetzt werden. So findet sich ein Löwe, ein Tiger, ein Affe, eine Eule, ein Rhinozeros, eine Pandabärin mit ihrem Jungen, mehrere Bären, ein Schaf, kleine Hundewelpen und ein Küken, die in bestimmten Phasen der therapeutisch gesteuerten Regression hilfreich sind und wie *Übergangsobjekte* der Kindheit verwendet werden.

Exotische Instrumente üben auf Patienten eine zusätzliche Faszination aus. Das Spiel der Patienten darauf entspringt einer gesunden Neugier und ist als Versuch zu verstehen, unsere »europäische Klangwelt« zu verlassen und eine fremde, exotische Sprache auszuprobieren und darüber Kontakt zu anderen aufzunehmen.

185

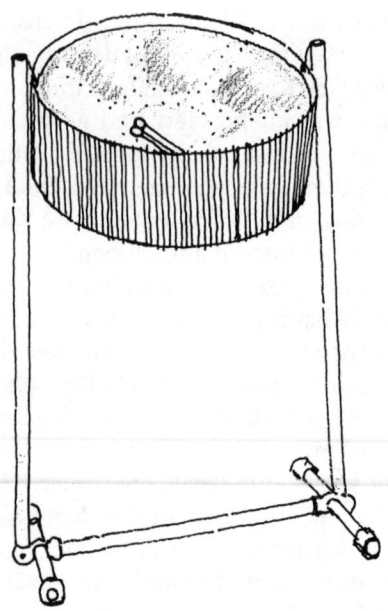

Abb.: Steeldrum

2. Stunde: Improvisation als gruppenbildende Interaktion. Rollenzuweisung – Rollenübernahme

Fast alle Teilnehmer berichten in der ersten Rückmeldungsrunde, daß nach der ersten Stunde ihre Angst vor dem Unbekannten in der MT zurückgegangen sei und sie mit Interesse wiederkämen. Besondere Erwartungen hätten sie an die heutige Stunde nicht, sie wollten sich eher überraschen lassen.

Entsprechend ist auch mein erster Improvisationsvorschlag: »Mein Weg von meinem Zimmer auf der Station in die Musiktherapie.« Es entwickelt sich eine lebhafte, farbige Mischung verschiedener Töne, Klänge und Rhythmen. Einige bestätigen die gemachten Aussagen auch klanglich, die noch nicht so vertrauten oder noch nicht so mutigen Teilnehmer sieht man eher mitspielen, als daß man sie wirklich hört.

186

Als zweite Improvisation in dieser Stunde schlage ich vor, Klein-gruppen von drei oder vier Teilnehmern zu bilden. Jede Gruppe möge sich ein »Reiseziel« und dazu geeignete Instrumente aussu-chen, um ein Klangbild der Reise und des Ziels zu improvisieren. Die übrigen Teilnehmer sollen dann das Reiseziel, die Reiseroute und das Transportmittel erraten. Nach einer kurzen Zeit der Bespre-chung der Mitglieder der Kleingruppe, der Festlegung des Reise-ziels und der Auswahl der Instrumente beginnt die erste Gruppe.

Improvisation der ersten Gruppe

Sie beginnt mit rhythmischen Elementen, unterstützt durch Vokal-laute, die gut aufeinander abgestimmt klingen. Diese Phase geht in eine zweite über, in der es sehr laut wird, es stürmt und ein Klangchaos von Wellen bricht über uns herein, um in einer dritten Spielphase mit Rasseln, Trommeln, Steeldrum und entsprechenden südamerikanischen Rhythmen auszuklingen.

Die anderen Gruppenteilnehmer raten von »transsibirischer Ei-senbahn in die Mongolei« bis »Afrika« und »Südamerika«. Überein-stimmend wird wahrgenommen, daß die Gruppe sehr gut aufein-ander abgestimmt ist und den Eindruck vermittelt, eine gemeinsa-me Fahrt zu machen. Das Raten macht den anderen Gruppenmit-gliedern Spaß, interessant sind auch die einzelnen Ideen, welche zu den Klängen assoziiert werden. Am Ende dieser ersten Gruppenrei-se werden Reiseweg und Reiseziel bekanntgegeben: Reise mit der Eisenbahn, Umsteigen ins Schiff mit stürmischer Überfahrt und hohen Wellen. Schließlich Ankunft in Kuba, Teilnahme an einem Dorffest.

Improvisation der zweiten Gruppe

Es spielen mit: Metallophon, das große Rohr (Bambusrohr, mit kleinen Steinchen gefüllt), genannt der »Regenmacher«, Entenge-schnatter, Glocken, Triangel, »blubbernde« Geräusche mit dem Mund gemacht. Lebhaftes Spiel, immer wieder durch lauter wer-dende Trommelschläge unterbrochen – die anderen Instrumente schweigen, um wieder aufzuleben, sobald die Trommel schweigt.

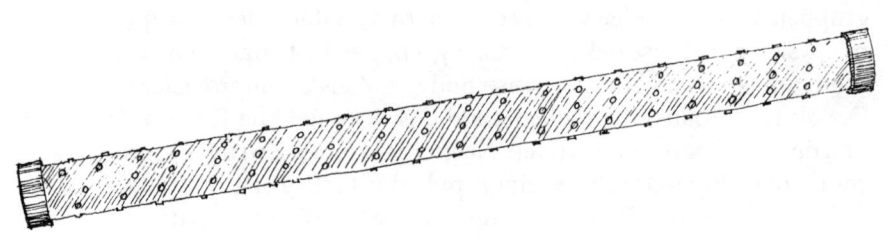

Abb.: Schüttelrohr (Regenmacher)

Das Raten wird dieses Mal schwierig. Es tauchen Assoziationen auf wie Trabbi, Hühnerhof, Zoo, Zirkus – es bleibt »kalt«, wir kommen dem Thema der Improvisation nicht auf die akustische Spur. Schließlich verraten die Spieler die Art ihrer Reise: Dampfschiffahrt in der Badewanne. Jetzt lassen sich die einzelnen Geräusche verbinden: Das Wassereinlaufen mit dem großen Regenmacher, die Badeenten aus Plastik, die blubbernden Wassergeräusche mit dem Mund, die immer wieder auftretende Mutter, die energisch dem Treiben der Kinder in der Badewanne Einhalt gebieten möchte und das allzu bunte und nasse Treiben zu unterbrechen versucht, was aber sofort wieder aufgenommen wird, sobald die Mutter schweigt.

Improvisation der dritten Gruppe

Schon die Auswahl der Instrumente läßt das Reiseziel vermuten. Es spielen mit: einige große Gongs, der große Reibegong, Klangschalen, Tempelblöcke, ein Becken, die Koto. Der Gong schreitet gravitätisch einher, hellere Klangschalen mischen sich unter diesen Gongklang, aus einer Raumecke ertönen die Tempelblöcke, aus einer anderen die Klänge der Koto. Das anschwellende Klingen des Reibegongs mischt sich in den Gesamtklang. Dieses Mal fällt uns das Raten leicht: genannt werden Indien, Tibet und China.

Nach dem Spiel der Reisebilder entwickelte sich in der Gruppe ein lebhaftes Gespräch. Die Patienten waren erstaunt, wie treffend sich äußere Bilder wie Reiseziele, Reisewege und -mittel und innere

Bilder, Empfindungen und Atmosphärisches einer Reise und des Reiselandes klanglich darstellen lassen.

Erstes und drittes Reiseziel waren gut zu erraten, da die klanglichen Realisationen der Ziele mehr oder weniger eindeutig waren. Nicht so bei der zweiten Reise, die zu inneren Bildern führte, in das Land der Kindheit mit Erinnerungen an kindliches Spiel in der Badewanne. Für die anderen Gruppenmitglieder war es wohl deshalb schwieriger, das Reiseziel zu finden, da sie es im Außenfeld vermuteten und eine Reise nach innen nicht vor ihrem Wahrnehmungshorizont hatten. Die verwendeten Klangzeichen waren so *vieldeutig*, daß sich daraus kein Abbild einer äußeren Realität finden ließ.

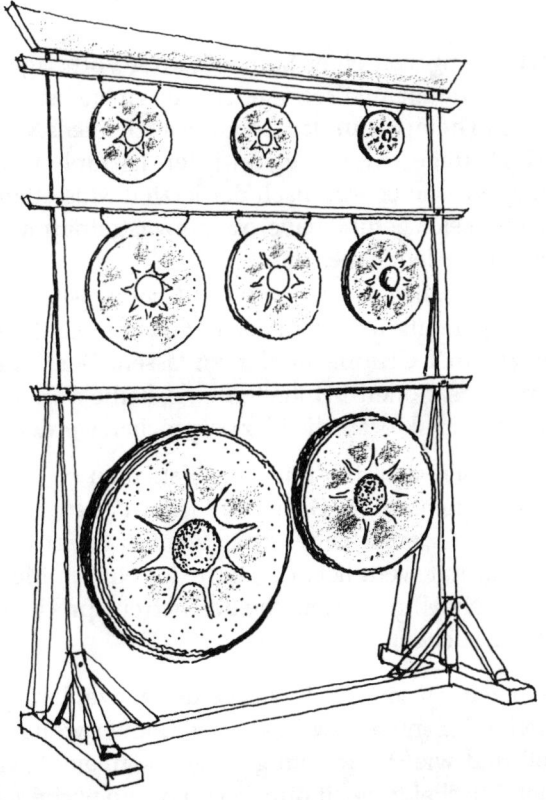

Abb.: Balinesische Gongs

In der Abschlußimprovisation schlug ich vor, alle afrikanischen Trommeln aus dem Schrank zu holen und eine gemeinsame Improvisation »in einem afrikanischen Kraal« zu spielen. Es entwickelte sich ein zunächst leise beginnendes, später immer kraftvoller werdendes Trommeln, das lange Zeit anhielt und erst ganz langsam verklang. In der abschließenden Gesprächsrunde sprachen einige, daß man mit Trommeln ja sehr gut an seine Gefühle kommen könne, insbesondere auch seinen Ärger oder seine Wut »wegtrommeln« könne, andere waren sehr beeindruckt von dem Gleichklang der Trommeln und der Stärke, die sie aus diesem gemeinsamen Spiel für sich hätten ableiten können.

Methodischer Exkurs zur zweiten Therapiestunde

Um die Verbindung von einer Stunde zu der vorherigen Stunde herzustellen und damit am Prozeßgeschehen zu bleiben, das sich ja nicht nur in den Therapiestunden, sondern auch intensiv außerhalb dieser fortsetzt, frage ich zu Beginn jeder Therapiestunde jedes Gruppenmitglied, wie es ihm nach der letzten Musiktherapie gegangen sei, wie er sich gefühlt habe, ob er etwas geträumt habe oder etwas Besonderes erlebt habe.

Das besondere Anliegen dieser zweiten Gruppenstunde war, die einzelnen Gruppenmitglieder miteinander mehr in Kontakt zu bringen und sie zu einer Gruppe werden zu lassen. Die Vorgaben zu den Reiseimprovisationen beinhalten eine Reihe von wichtigen, gruppenbildenden Faktoren, die hier besprochen werden sollen.

1. Zunächst müssen sich drei oder vier Patienten zu einer Kleingruppe zusammenfinden. Dazu muß jeder Patient nach seinen eigenen Kriterien entscheiden, mit wem er so etwas spielen möchte – und mit wem lieber nicht. Jeder hat die Möglichkeit, wenn er sich schnell genug entscheidet, sich entsprechende Spielpartner auszusuchen.

2. Es muß ein gemeinsames Reiseziel gefunden werden. Das heißt, drei oder vier Patienten müssen sich abstimmen, wohin die Reise gehen soll und wie sie dorthin gelangen können. Allein dieser Prozeß der Entscheidungsfindung ist schon ein wichtiger Aspekt des Kennenlernens. Für viele hat das Ähnlichkeiten mit den

Reiseplanungen zuhause, wo ein Familienmitglied nach Norden, das andere gern in den Süden fahren und die Kinder am liebsten zuhause bleiben würden, um ihren Urlaub mit den Freunden in der gewohnten Umgebung zu verbringen.

3. Sobald das Reiseziel klar ist, gilt es, die Reiseroute festzulegen, entsprechende Stationen der Reise zu bestimmen und zu entscheiden, mit welchen Instrumenten die einzelnen Abschnitte der Reise gespielt werden sollen und wer aus der Gruppe die jeweiligen Aufgaben übernimmt. Wer ist also der Reiseführer, wer der Animateur am Reiseziel (Kuba), wer spielt die Rolle der strengen und immer wieder störenden Mutter (Schiffchenspiel in der Badewanne), wer ist der Zeremonienmeister im tibetanischen Kloster?

Die »Rollenaneignung bzw. Rollenzuweisung« gibt wichtige, auch diagnostisch verwertbare Informationen über Verhaltensweisen im häuslichen oder beruflichen Umfeld, die in der Nachbesprechung auch angesprochen werden können: »Wie war es für Sie, die dominierende Mutter zu sein?«, »Wie gefiel Ihnen die Rolle als kleine Ente in der Badewanne?«, »Wie war es für Sie, daß Sie Ihr Reiseziel nicht durchsetzen konnten, sondern nachgeben mußten, da die übrigen Gruppenmitglieder woanders hinfahren wollten und sich durchgesetzt haben?«

Die Bedeutung der Trommel in dieser Phase

Das Spiel auf der Trommel gehört zu den wichtigsten Erfahrungen im musiktherapeutischen Prozeß. Mit diesem Instrument entsteht enger Körperkontakt, wenn wir beim Spiel die Oberschenkel spreizen und das Instrument mit den Knien festhalten und es so in unsere »Körperöffnung« hineinnehmen. Im gemeinsamen, kollektiven Rhythmus kann auch Raum sein für individuelle Rhythmen, die durch den Gruppengrundrhythmus gehalten werden. Durch das gemeinsame Erleben des Trommelns entwickelt und verstärkt sich das Gefühl, »eine Gruppe zu sein«. Für eine Trommelphase wird das, was draußen ist, immer unwichtiger. Entscheidend ist der Kontakt der Spieler untereinander, das Miteinander-Spielen, das Aufeinanderhören und sich gelegentlich staunend anschauen. Für den, der für einen Augenblick pausiert, bleibt der Grundrhythmus der Gruppe nicht nur hörbar, sondern auch fühlbar: er braucht dazu nur die Hände auf das Trommelfell zu legen. Diese »Energiespende« durch das Trommeln verwende ich auch bei anderen Gelegenheiten, wenn durch »Arbeiten« viel Energie verbraucht wurde. Ich lade die Gruppenmitglieder ein, daß jeder aus der Gruppe für die anderen einmal »Kraftquelle« spielen soll. Eine Spielerin schlägt zur Stärkung der anderen auf der Trommel und die anderen nehmen diese Trommelenergie nur tastend wahr, indem sie die Hände auf die Trommelfelle legen. »Wieviel Energie bin ich bereit, in die anderen zu deren Stärkung zu investieren?« können sich die einzelnen Gruppenmitglieder fragen und entsprechend spielen. Für den Therapeuten gibt es in dieser Phase wieder wichtige Hinweise (z.B. über die Helferhaltung vieler Patienten oder die Bereitschaft, sich ausnützen zu lassen usw.).

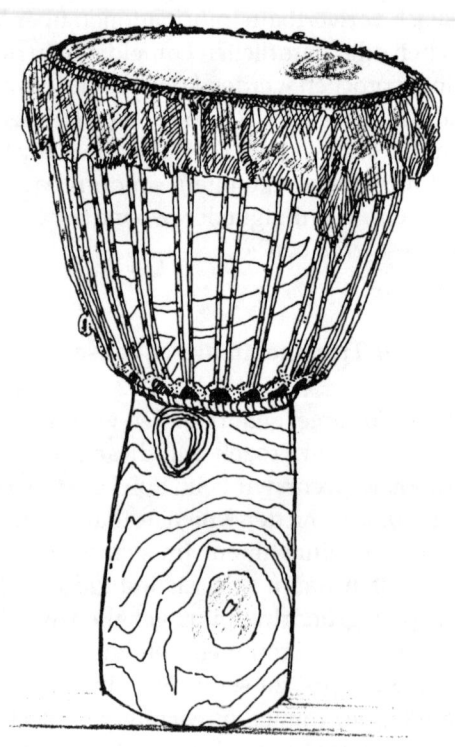

Abb.: Djembe (Afrika)

3. Stunde: Gang durch das Elternhaus – Entdecken und Aufspüren biographischen Materials

Die Patienten berichteten zu Beginn wieder über ihre Erfahrungen in der vergangenen Musiktherapiestunde. Der spielerische Einstieg in den therapeutischen Prozeß, den die Patienten bisher erlebt hatten, wirkte deutlich motivationsfördernd.

Angeregt durch die letzten beiden Stunden tauchten Erinnerungen an vergangene Zeiten auf und so bot es sich wie von selbst an, in einer Improvisation einen musikalischen »Gang durch das Elternhaus« zu spielen (oder das Haus, in dem wir die wichtigsten Jahre unserer Kindheit und Jugend zugebracht haben).

Es entwickelte sich ein sehr lebendiges, farbiges, teilweise fröhliches Klangbild, phasenweise durchsetzt mit traurigen oder sehr bedrohlichen Klängen, die wir später beim gemeinsamen Anhören der Improvisation vom Tonband entschlüsseln und zuordnen konnten. Bei dem einen standen fröhliche Kinderspiele mit den Geschwistern und den Freunden im Vordergrund, bei einem anderen gab es häufig Krach zwischen den Eltern, der als bedrohlich erlebt wurde, da die Kinder versuchten, diesen Streit der Eltern zu schlichten. Da tauchte ein brutaler Vater auf, der in betrunkenem Zustand seine Tochter schlug, ein Nachbar, der dem kleinen Mädchen nachstellte, um es sexuell zu mißbrauchen.

Bei anderen war es einsam, es herrschte eine »lähmende« Stille. Alles lag geordnet an seinem Platz, hier war nichts lebendig, es gab keine Bilder, keine Blumen, keine Tiere. In einem anderen Elternhaus war der Vater noch vor der Geburt des Sohnes kurz vor Kriegsende gefallen, die Mutter versuchte, sich durch das »Herumreichen« des kleinen Sohnes Vorteile zu verschaffen und von anderen Menschen materielle Unterstützung und Nahrungsmittel zu bekommen. Bei dem Patienten klingt die Trauer über den Verlust des Vaters an, aber auch der Ärger, von der Mutter ausgenutzt worden zu sein. Da ist der Geselle im väterlichen Betrieb, der den jungen Buben zu sexuellen Spielen verleitet, der Vater, der zwar körperlich präsent ist, sich aber emotional überhaupt nicht mitteilt und die Führung der Familie ganz der Mutter überläßt. Schließlich ist da die Mutter, die es dem jungen Mann heute noch immer schwermacht, seine sexuelle Identität als Mann zu finden und zu leben.

In der Feedbackrunde spielte jeder Teilnehmer noch einmal auf seinem Instrument die wichtigsten Stellen aus seinem »Gang durch das Elternhaus«. Durch diese Improvisationen hatten wir reichlich Material für die nächsten Stunden.

Am Ende dieser Therapiestunde mit tiefer Regressionsarbeit macht sich ein Stöhnen breit über all den Schmerz und das Elend, das die einzelnen Gruppenmitglieder in diesen Raum mitgebracht haben. Durch diese Seufzer angeregt, schlage ich zum Abschluß eine Vokalimprovisation vor. Dazu lade ich die Patienten ein, die Augen, wenn möglich, zu schließen, nach innen zu spüren und den Atem bewußter strömen und Töne entstehen zu lassen. Aus den vielen, unterschiedlich hohen und tiefen Tönen entsteht eine Klangtraube, in der sich die Töne zunächst aneinander reiben, dann aber langsam und behutsam aufeinander zukommen, bis gegen Ende der Improvisation ein Klang im Raum steht. Die Töne werden immer länger ausgehalten, da die Ausatmung sich verlängert, und der gesamte Klang wird voller und tragender. Unsere Vokalimprovisation endet in einem durchaus harmonisch zu bezeichnenden Klang (Harmonie ist in diesem Zusammenhang nicht streng musikalisch zu verstehen, etwa als Dreiklang oder Oktavklang, sondern als eine Reihe von Tönen, die sich fremd und doch »harmonisch – stimmig« anhören). Am Ende der Improvisation öffnen die Gruppenmitglieder wieder die Augen und sind überrascht: das tiefe Atmen und Tönen hat sie zur Ruhe gebracht, die Spannungen haben sie weggeatmet und mit jedem Atemzug neue Energie aufgenommen. Sie fühlen sich erfrischt und entspannt zugleich.

Methodischer Exkurs zur dritten Stunde

Der »Gang durch das Elternhaus« ist ein sehr hilfreicher Ansatz, biographisches Material aufzuspüren und zur Bearbeitung ins Hier und Jetzt zu holen, um es für die folgenden Therapiestunden zur Verfügung zu haben. Für die meisten Patienten beginnt mit einer solchen Improvisation eine Art innerer Suchprozeß, in dem sie sich in und nach einer solchen Stunde noch einmal auf den Weg durch das Elternhaus machen, um die ersten Erfahrungen in der Therapiestunde dann durch weitere Erinnerungen zu ergänzen und der Bearbeitung zuzuführen. Da plötzlich in einer solchen Arbeit sehr

viele Gemeinsamkeiten auftreten, bietet dieses gemeinsame Erleben
früher Kindheitserfahrungen auch noch ausreichend Schutz, um
dieses an sich brisante Material in einer neuen Gruppe bereits zu
diesem Zeitpunkt anzusprechen.

Anmerkungen zu unserer Singstimme

Unsere Singstimme ist das wichtigste Instrument, das wir bei uns
und somit auch jederzeit zur Verfügung haben. Dabei ist es völlig
unwichtig, ob jemand eine Gesangsausbildung absolviert hat oder
nur unter der Dusche singt. Entscheidender ist der direkte Zugang
zu unseren Gefühlen durch die Verbindung von Atem und Stimme.
Zittert die Stimme doch bei Aufregung, klingt sie gepreßt, wenn sich
aus innerer Spannung die Enge im Hals nicht auflösen läßt, oder
versagt die Stimme, die das wichtigste Kommunikations-»Instrument« ist, wenn der Lehrer vor einer Klasse steht. Bei Männern ist
die Scheu, Töne von sich zu geben, in der Regel noch größer als bei
Frauen, von denen auch viele entsprechende Erfahrungen mit dem
Singen mit ihren Kindern haben.

Bei der gemeinsamen Vokalimprovisation einer Klangtraube gibt
es keine richtigen oder falschen Töne. Sie ermöglicht vielmehr in
einem musikalisch »wertfreien« Zusammenklang, die eigenen Töne
zu finden, sie den anderen hinzuzufügen, sie dabei zu verändern
und daraus etwas Gemeinsames der ganzen Gruppe werden zu
lassen. Da die Patienten im Laufe der Musiktherapie erfahren, daß
es für ihre Beiträge auf Instrumenten oder mit der Stimme keine
Zensuren gibt, werden sie im Laufe der Zeit immer mutiger. Anfangs sind die Klänge zu Beginn eher statisch, bald fangen einzelne
an, Nachbartöne oder besonders hohe oder tiefe Töne auszuprobieren, um so den Bewegungsspielraum ihrer Stimme zu erkunden. Ab
und zu sind dann auch Obertöne zu hören. Dies sind Töne, die nach
asiatischem Vorbild (Tibet, Mongolei) durch besondere Mund- und
Zungenstellungen geformt werden können und Töne der Oberton-
skala (hier im physikalischen Sinn) wiedergeben.

4. Stunde: Großvaters Uhrenladen. Tod der Großmutter. Gestalt der Uhr

In dieser Stunde gab es zunächst einige Startschwierigkeiten: Einige der Teilnehmer verspäteten sich, weil sie gerade aus einer anderen Therapie kamen, andere waren vom Kaffeetrinken oder von der Mittagspause zu spät aufgebrochen.

Um zu erkunden, was da eigentlich passiert war, schlug ich als erstes Improvisationsthema vor, einen »Gang in Großvaters Uhrenladen« zu spielen. Bald tickte und klingelte es im Musiktherapieraum wie in einem Uhrengeschäft der alten Zeit. Da waren die kleinen Uhren mit ihrem schnellen und hohen Ticken, die Wecker, die großen Standuhren, auch Glockenspieluhren und Turmuhren wurden hörbar. Inmitten all dieser Fröhlichkeit des Tick-Tack der verschiedenen Uhren wurde ein Gruppenmitglied plötzlich sehr traurig. Während des Spielens hatte er sich plötzlich an seinen Großvater erinnert, der Uhrmacher gewesen war. Die Röhrenglocken erinnerten ihn an die Beerdigung dieses alten Mannes, den er sehr geliebt hatte. Wie von magischer Hand waren alle anderen Uhren plötzlich angehalten und es entstand eine neue Improvisation: »Wir begleiten dich bei deinem Abschied vom Großvater.«

In dieser Improvisation, getragen von dumpfen trauermarschähnlichen Rhythmen, wurde Jürgens zartes Spiel auf dem Metallophon zur Führungsstimme, zu der die Gruppe einen Klangteppich wob, der sowohl musikalisch als auch symbolisch Jürgen in diesem Schmerz und dieser traurigen Erinnerung tragen sollte. Als das Spiel verklungen war, schaute Jürgen mit dankbarem Blick aus verweinten Augen in die Gruppe und sagte: »Ich danke Euch sehr, ich habe mich von Eurer Begleitung sehr getragen und in meinem Trauer verstanden und angenommen gefühlt.«

Bei Maria wird der Tod der 94jährigen Großmutter Thema. Sie hatte diese geliebte alte Frau noch vor einigen Tagen von der Kinik aus im Altersheim aufgesucht, da es ihr immer schlechter ging und mit dem baldigen Tod zu rechnen war. Als sie am nächsten Morgen von diesem Abschiedsbesuch zurückkehrte, war sie sehr traurig. Sie berichtete, wie sie von der Großmutter Abschied genommen hätte und erinnerte sich, daß sie auf der Fahrt zurück in die Klinik einen Sonnenaufgang von so unbeschreiblicher Schönheit und Intensität gesehen hätte, was ihr trotz allen Schmerzes den Abschied erleichtern würde. Mittags sei sie dann in ihrer Trauer zusammengebrochen und meinte, sie könne die Musiktherapie heute nicht ertragen, da sie außerdem Angst hätte, ihren ganzen Abschiedsschmerz für die Großmutter zuzulassen und der Gruppe zu zeigen.

Auch für Maria spielten wir einen Klangteppich zum Abschied von der Großmutter. In der musikalischen Geborgenheit unserer Improvisation konnte sie sich auf ihre Trauer einlassen. Ein dicker Trauerkloß löste sich in ihrem Hals. Dennoch hatte ich das Gefühl, daß sie, deren Großmutter über Nacht gestorben war, noch etwas brauchen könnte. Sie bejahte meine Frage und wir setzten uns an den Flügel und improvisierten gemeinsam auf schwarzen Tasten. Aus anfänglich traurigen Melodien und Rhythmen wurden im Lauf des Spielens ruhige und tragende Klangfiguren. Anschließend sagte sie: »Jetzt habe ich wieder langsam ein Gefühl und Platz für andere Dinge und kann auch bei den anderen sein.«

In der Gruppe war durch diese Trauerarbeit eine sehr dichte und warme Atmosphäre entstanden. Die Gruppenmitglieder waren durch die ganz persönlichen Erlebnisse vom Tod zweier Großeltern so betroffen und angerührt, daß sie selbst in Kontakt mit ihren Tränen und ihrer Trauer kamen und darüber sprechen konnten, welche Trauerarbeit sie noch leisten müßten. Das gemeinsame Spiel, die zarten Töne des Klangteppichs, das Mitschwingen in den eigenen und den Erinnerungen der anderen, bewirkten ein engeres Zusammenrücken der Gruppe.

Am Ende dieser emotional sehr bewegenden Stunde haben wir dann noch einmal versucht, den Bogen zum Anfang zu finden und die Gestalt der Uhren zu schließen. Die Gruppenmitglieder berichteten von ihren Uhren, die sie gespielt hatten und stellten sie mit kleinen Klangbeispielen vor. Daraus wurden sehr nachdenkliche Reflexionen über den eigenen Lebensrhythmus, das eigene Lebenstempo und auch die Unerbittlichkeit der ständig fortschreitenden Uhr. Bemerkenswert war dabei, daß einige mit ihrem ursprünglich gewählten Spieltempo nicht einverstanden waren und es während der Improvisation veränderten. Einige schnell gehende Uhren tickten plötzlich sehr viel langsamer, bei anderen, langsam gehenden großen Uhren gab es plötzlich leichte Tempobeschleunigungen. Die Patienten merkten, wie sehr diese an sich so einfache Improvisation »Gang in den Uhrenladen« sie plötzlich mit ihrem eigenen Tempo in Kontakt brachte, mit dem richtigen Zeitmaß genauso wie mit ihrer Langsamkeit oder Hektik.

Methodischer Exkurs zur vierten Stunde

Das Zuspätkommen gehört zu den am häufigsten praktizierten Widerständen gegenüber der Therapie. Zum Teil sind diese Widerstände bewußt, zum Teil aber auch unbewußt und es ist die Aufgabe des Therapeuten, diese Situation mit den Patienten zu klären und zu bearbeiten. Hilfreich kann es dabei sein, dieses Thema in eine entsprechende Gruppenimprovisation hineinzunehmen, um den Patienten das Gefühl des Zuspätkommens näherzubringen und erlebbar zu machen. Hierbei bietet das musikalische Rollenspiel mit Rollentausch eine gute Möglichkeit, sich damit auseinanderzusetzen, wie es auf andere wirkt, wenn jemand zu spät kommt und die Rolle des Zu-Spät-Kommenden aus der Sicht der anderen wahrzunehmen. Häufig finden Patienten schnell heraus, aus welchen Motiven sie in die Gruppentherapie und auch in anderen Situationen des Lebens zu spät kommen.

In vielen Gruppentherapien tauchen bei Patienten, oft in gänzlich unerwarteten Augenblicken, Erinnerungen auf, die mit Schmerz oder Trauer verbunden sind. Durch das gemeinsame Trauern, wie in dieser Stunde mit Jürgen und Maria, wird auch bei den anderen ein entsprechender Suchprozeß ausgelöst, der ähnliche Trauererlebnisse und Abschiedssituationen hervorbringt. Eine Bearbeitung einer solchen Trauersituation bietet sich auch dann besonders an, wenn z.B. Patienten sagen, daß sie am Grab des Vaters oder der Mutter keine Trauer und Tränen zeigen konnten. Hier hilft die Ermutigung und die »Erlaubnis« der Gruppe, eigene Trauer zuzulassen und sich an Trauerprozesse anderer Gruppenmitglieder »anhängen« zu können.

Die gemeinsame Anteilnahme an den Gefühlen einzelner Gruppenmitglieder löst einen Prozeß aus, der die Gruppe näher zueinanderbringt. Dabei werden einige Mitglieder zu »Initiatoren«, die den Gruppenprozeß über ihre eigene Betroffenheit, ihre Trauer oder ihre Schmerzen in Gang bringen und in Gang halten, so daß andere sich diesem Prozeß mit ihren eigenen Erlebnissen anschließen können (vgl. hierzu die weiter vorn ausgeführten »Therapeutischen Faktoren der Gruppe« von *Yalom*).

Wie aus dem Verlauf der bisherigen Therapiestunden zu erkennen ist, ist es mein Anliegen, zunächst überwiegend gruppenzentriert zu arbeiten, um dadurch eine gute tragfähige therapeutische »Matrix« für die Gruppe und spätere Einzelarbeiten in der Gruppe zu schaffen.

5. Stunde: Der psychosomatische Patient in der MT. Musiktherapie und Körperarbeit. Gruppe als Mutter

Die Rückmeldungen waren angefüllt mit Erfahrungen, Gedanken und auch Träumen, angeregt durch die Trauerarbeiten in der letzten Stunde. Viele meldeten den Wunsch an, ein eigenes Thema in der Musiktherapie zu bearbeiten.

Martin hatte guten Kontakt zu den Gruppenmitgliedern und mir gefunden, aber für ihn gab es keine Zusammenhänge zwischen seelischem Befinden und körperlichen Symptomen. Er saß mit hochrotem Kopf sehr angespannt auf seinem Stuhl. Auf meine Frage: »Brauchen Sie jetzt etwas von mir oder der Gruppe?«, brach es aus ihm heraus. Sein ganzer Körper schüttelte sich und er fing bitterlich an zu weinen. Wir legten Martin auf eine Schaumstoffmatte auf den Boden, einige Gruppenmitglieder setzten sich um ihn herum und wir begannen, ganz sanft seinen Körper zu streicheln, um ihm das Gefühl zu vermitteln, bei ihm zu sein und ihn zu begleiten. Andere spielten leise und zart auf Glockenspielen und Metallophonen. Nach etwa zehn Minuten beruhigte sich Martin, richtete sich ganz langsam wieder auf und nahm Kontakt mit der Gruppe auf: »Ich mußte immer stark sein, ich durfte keine Schwächen zeigen, ich durfte nie meinen Ärger loslassen!«

Für die Gruppenmitglieder entstand der Eindruck, als sei hier ein Ventil an einem Kessel geöffnet worden, der unter enormen innerem Druck stand. Im Nachgespräch wurde deutlich, daß das auch der Druck war, den die Umwelt, aber auch der Patient sich selber macht, um sich »nicht liebevoll an die Hand zu nehmen, sondern an die Kandarre«, wie eine andere Patientin einmal von sich sagte. Plötzlich wurde es Martin übel und er verließ den Gruppenraum – kehrte aber nach etwa 10 Minuten wieder zurück und berichtete, daß er sich habe erbrechen müssen. Eine Mitpatientin fragte ihn: »Was findest du denn in deinem Leben zum Kotzen?«

Martin berichtete von dem immensen Druck, unter den er sowohl zuhause als auch in seinem Arbeitsumfeld geraten sei, wo die

Anforderungen an ihn immer höher gesteckt würden und er sich keinen Rat mehr wisse. Schon lange leide er an einem zu hohen Blutdruck.

Ermutigt durch die Tatsache, daß der von der Konstitution sehr große und kräftige Martin sich seine Probleme, seine Not und seine Ängste eingestehen und seine Schwäche zeigen konnte, nahm Agnes, die ängstliche ältere Patientin, von der vorhin schon einmal die Rede war, deutlicher am Spiel teil, zupfte erst an einer kleinen Leier und spielte dann mit bebendem Atem ein paar Flötentöne. Dabei sahen ihre Augen ganz ängstlich aus, so, als wollten sie fragen: »Darf ich denn hier bei Euch so meine Töne mitspielen?« Im Nachgespräch wurde dabei ihr eigener Lebensentwurf deutlich: »Was werden wohl die anderen in der Gruppe denken, werden sie mir böse sein und mich ausschimpfen, so wie es immer zuhause war, wenn ich als Kind etwas sagen wollte und mir die anderen über den Mund fuhren und ich so nie meine Wünsche ansprechen durfte? Ich habe mich dann halt zurückgezogen und mir meine eigene kleine Welt aufgebaut.«

Und nun geschah etwas ganz Unerwartetes: Sie spielte weiter, und ohne ein Zeichen von mir begannen nicht nur die zwei Spieler, die bereits mitgespielt hatten, sondern die ganze Gruppe die Töne dieser Mitpatientin aufzunehmen, sanft zu umspielen, so als wollten sie die Spielerin in die Mitte nehmen. Auch von den Männern kamen zarte, stützende Passagen auf ihren Instrumenten. Ein annehmendes Gruppengefühl war plötzlich im Raum: Die Gruppe hatte einem noch sehr schwachen Mitglied die Möglichkeit gegeben, in der Gruppe anzukommen. Und für die Patientin war es ein beglückendes Gefühl, hier, wenn auch sehr spät in ihrem Leben, Akzeptanz zu erfahren, nach der sie sich ein Leben lang so sehr gesehnt hatte.

Methodischer Exkurs zur fünften Stunde

Der integrative Ansatz meines musiktherapeutischen Konzepts wird in dieser Stunde noch erweitert durch die Einbeziehung von »angewandter Körperarbeit«.

In dieser Stunde bot sich aus der Arbeit mit Martin an, ihn in seiner Leiblichkeit und in seiner emotionalen Erschütterung anzunehmen. Für eine solche regressive Arbeit hat sich das Arbeiten auf dem Fußboden des Gruppenraumes sehr bewährt. Der auf dem Boden auf Matten liegende Patient erfährt durch die ihn in die Mitte nehmenden Gruppenmitglieder einen besonderen Schutzraum. Die taktilen Reize, die der Patient durch die Berührung der Füße, der Beine, des Bauches, der Brust, der Arme, der Hände und des Kopfes durch die anderen erfährt, helfen ihm, sich besser in seinem Körper zu spüren. In einer Wechselwirkung kommen die Mitglieder der Gruppe, die direkt am Körper arbeiten, in Kontakt sowohl mit ihren eigenen helfenden Impulsen als auch ihrer eigenen Bedürftigkeit nach einer ähnlichen Be-»hand«-lung. Aber auch die Gruppenmitglieder, die nicht so »nahe« am Mitpatienten sind, schaffen sich über eine Klangbrücke Kontakt zu dem am Boden liegenden Gruppenmitglied und erleben bei sich selbst eine »vegetative Umschaltung« in Richtung Ruhe und Besinnlichkeit durch das leise, gleichmäßige und hingewandte Spiel.

Das »Einsteigen« der Gruppe in das Improvisationsspiel mit der älteren Patientin kennzeichnet einen wichtigen Entwicklungsschritt: Die Gruppe beginnt auch ohne »Anleitungen« des Therapeuten zu arbeiten, und die einzelnen Gruppenmitglieder lassen sich von ihren Wahrnehmungen, Impulsen und ihrer eigenen Befindlichkeit leiten.

6. Stunde: Ärger mit den Eltern. Die große Trommel. Der andere Standort. Rollenwechsel

Dialoge mit den Eltern waren angesagt: In der Eröffnungsrunde schilderten einige Gruppenmitglieder ihre schwierigen Beziehungen zu den Eltern und, angeregt durch die bisherigen Erfahrungen, wünschten sie sich, ihre Kind-Eltern-Beziehungen musiktherapeutisch noch differenzierter zu untersuchen.

Bei Maria ging es um die Ambivalenz ihrer Gefühle zu ihrem Vater. Ich machte ihr den Vorschlag, sie solle sich für die beiden Gefühlsqualitäten – »Sehnsucht nach dem Vater« und »Wut auf den Vater« – geeignete Instrumente auswählen. Sie holte sich zunächst eine kleine Harfe und eine Trommel. Anfangs zögerte sie noch, weil sie sich nicht entscheiden konnte, mit welchem Instrument sie beginnen wollte. Doch dann begann sie mit ihrem »Wutinstrument«, der Trommel. Das Spiel war laut, trotzdem spürten wir, daß Maria noch gar nicht mit ihrer eigentlichen Wut in Kontakt gekommen war. Daraufhin bat ich Anne, ein anderes Gruppenmitglied, Maria bei dieser Arbeit zu unterstützen. Dabei sollte Anne mit ihren Händen und Armen bei Maria Druck auf die Schultern und den Brustkorb von hinten ausüben. Das Trommelspiel wurde noch lauter, aber nach ihren eigenen Worten kam Maria noch immer nicht an ihre richtige Wut heran. Daraufhin holten wir die große Gongtrommel, die man von beiden Seiten bespielen kann, in die Mitte des Raumes, und Maria begann erneut, mit kräftigen Schlägen die Trommel zu bearbeiten, jetzt unterstützt von Manfred, den sie zum Mitspielen aufgefordert hatte. Zwischen den einzelnen Schlägen schrie sie den Vater an: »Laß mich endlich in Ruhe!« und: »Hau endlich ab!«

Jetzt war sie in Kontakt mit ihrer Wut. Langsam wurde ihr Spiel wieder leiser und am Ende dieses Spieles strich sie fast zärtlich über das Trommelfell und kaum hörbar waren ihr geflüsterter Wunsch nach Zuneigung und Anerkennung durch den Vater.

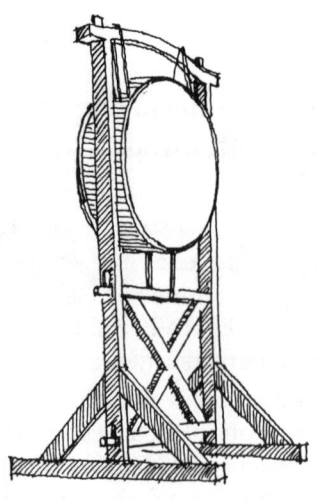

Abb.: Gongtrommel

Während der Nachbesprechung dieser Arbeit war Hans kaum noch zu bremsen, der seinen Konflikt mit dem Vater unbedingt als nächster bearbeiten wollte. Ich schlug ihm vor, Instrumente für sich und seinen Vater auszusuchen. Hans begann zunächst mit lautem Spiel auf der Pauke als Ausdruck für die Gefühle gegenüber dem Vater, von dem sich der Patient mißverstanden und unterdrückt gefühlt hatte. Vater hatte ihm bei der Wahl seines Berufes hineingeredet. Auch bei der Wahl seiner Frau hatte der Vater Einspruch erhoben und bei einer Verbindung mit einer von ihm nicht erwünschten Partnerin mit Enterbung gedroht. Hans hatte sich dies alles gefallen lassen.

Auf der Seite des Vaters stand ein Xylophon. Hier spielte der Patient in der Rolle des Vaters klagende und hilflose Töne. Im Wechsel zwischen diesen beiden Instrumenten spürte der Patient, was die Beziehung zu seinem Vater damals so belastet hatte. Bei dem Vater, den er als laut, polternd und sehr direktiv in Erinnerung hatte, wurde im Spiel plötzlich die andere Seite eines ganz hilflosen Vaters deutlich, die er vorher nicht wahrgenommen hatte – oder auch nicht wahrnehmen wollte. Abschließend sagte der Patient zu seiner Arbeit: »Während des Spieles war die Pauke stellvertretend für meinen Vater und es war so, als säße er persönlich dort auf der Pauke und ich würde mich mit ihm körperlich auseinandersetzen und ihm meine ganze Wut und meinen Ärger zeigen. Während des Spieles löste sich aber dann meine Spannung und als am Ende mein Ärger verraucht war, hatte ich den Impuls, das Fell der Trommel zu streicheln, um ihm auch etwas von meiner Zuneigung zu zeigen.«

Mark meldete sich mit dem dringenden Wunsch, die Beziehung zu seinen Eltern spielen zu dürfen. Er suchte sich folgende Instrumente: Für den Vater ein Metallophon, für die Mutter eine Leier und für sich zwei Congas.

»Immer setzt Ihr mich unter Druck«, trommelte er los, »nie kann ich Euch etwas recht machen, mir fällt es ganz schwer, Euch gegenüber offen zu sein, dabei merke ich ganz viel von Euren Spannungen«.

Auf den Stühlen der Eltern saßen zwei Gruppenmitglieder, denen Mark vorher genaue Anweisungen gegeben hatte, wie sie diese Instrumente spielen sollten, um wesentliche Merkmale der Eltern zu spiegeln. Die Mutter spielte leise auf ihrer Harfe und geriet ebenfalls unter Druck des Vaters, der, selbstherrlich und ohne Rücksicht auf die anderen, lautstark und bestimmend auf einem großen

Metallophon seine Ziele und Interessen verfolgte. Im weiteren Spielverlauf wurde Mark immer ärgerlicher, weil sich seine Eltern nicht erreichen ließen und er insbesondere nicht an den Vater herankam, der, trotz vieler Vorbehalte, sein großes Vorbild war. Plötzlich nimmt Mark seine Congas und trägt sie an einen Platz, wo er von der Seite her die Eltern anspielen kann. Das klangliche Ergebnis der Improvisation ist für alle überraschend: Mark findet offensichtlich neue Töne im Umgang mit den Eltern, die sich jetzt auch auf einen Dialog einlassen. Aus dem konfrontierenden Spiel von vorhin hatte sich jetzt ein Spiel entwickelt, in dem die Spieler aufeinander hören und sich verständigen konnten.

Nach dieser Improvisation ging über das ernste Gesicht des jungen Mannes ein feines Lächeln:»Ich glaube, ich muß meinen»Standort« gegenüber den Eltern verändern, wenn ich mit ihnen wirklich Kontakt haben möchte – ich muß weg von der direkten Konfrontation, um zu einem konstruktiven Miteinander zu kommen.«

Die übrigen Gruppenmitglieder waren von dieser Lösung sehr verblüfft und erleichtert und äußerten Vorstellungen, wie sie einen solchen Lösungsversuch in ihre eigenen Beziehungen einbauen könnten.

Zum Ende dieser Therapiestunde schlug ich der Gruppe ein »Improvisationsspiel für drei Spieler« vor, für das ich die folgenden »Spielregeln« vorgab: Ein Spieler beginnt das Spiel, spielt eine Weile, ein zweiter kommt hinzu, der sich von dem Motiv des ersten Spielers angesprochen fühlt. Beide spielen eine Zeitlang zusammen. Dann steigt ein dritter Spieler ein und der erste Spieler verabschiedet sich aus dem Spiel. Dieses Spiel wird dann solange gespielt, bis alle mindestens einmal mitgespielt haben. Nach den Einzelarbeiten in der heutigen Stunde erschien es mir wichtig, am Ende die ganze Gruppe in einem gemeinsamen Improvisationsspiel zusammenzubringen, bei dem sich alle beteiligen konnten, auch wenn immer nur drei Spieler zur gleichen Zeit spielten.

Das Spiel hatte offensichtlich seine Tücken: Zunächst wollte keiner beginnen. Dann dauerte es lange, bis ein zweiter Spieler hinzukam. Dieses Spiel der beiden erlebten die übrigen Gruppenmitglieder als sehr stimmig (ein Gruppenmitglied sprach sogar von einer Fuge, einer musikalischen Form, wo eine Stimme einer anderen folgt). Der Einsatz des dritten Spielers dauerte noch länger – und dann fiel es dem ersten Spieler schwer, aus dem Spiel wieder auszusteigen. Beim Spiel der nachfolgenden Gruppenmitglieder waren die Pausen mal länger, mal kürzer, bis schließlich alle Mitglieder gespielt hatten.

Im abschließenden Nachgespräch wurden die Schwierigkeiten besprochen, mit denen sich die Patienten in diesen Dreier-Gruppen plötzlich konfrontiert sahen. Dazu einige Rückmeldungen der Patienten:

1. Für den ersten Patienten war es zunächst schwierig, in die Stille hinein zu spielen und anzufangen.
2. Für den zweiten Patienten wurde es schwierig, sich auf das Spiel des ersten Spielers einzulassen.
3. Das Einsteigen des dritten Patienten war wohl die größte Schwierigkeit – er realisierte plötzlich, daß er durch sein Einsteigen einen anderen Patienten aus dem Spiel verdrängen würde. Dies löste Schuldgefühle und Ärger aus, weil er plötzlich in ein Zweierspiel einsteigen und dabei einen Spieler, einen Vorgänger ins »aus« schicken mußte.
4. Der erste Patient wollte nicht aus diesem Improvisationsspiel aussteigen, um sich nicht verdrängen zu lassen. Hier tauchten Gedanken an familiäre Situationen auf, die wir auch zum Thema der nächsten Gruppenstunde machen wollten.

Methodischer Exkurs zur sechsten Stunde

I.

Das Rollenspiel und der Rollentausch mit einer Bezugsperson wie bei Hans mit seinem Vater, verdeutlicht die eigene Position und die des anderen in einem solchen Dialog. Hans war zunächst nicht aufgefallen, daß er für sich mit der Trommel ein Instrument gewählt hatte, mit dem er seinen Vater »in Grund und Boden« hätte trommeln können. Die Zuweisung eines Xylophons zur Rolle des Vaters läßt bei diesem »strukturierende Anteile« vermuten, da Stabspiele ein entsprechendes Spiel ermöglichen. Auf der anderen Seite haben die Stäbe des Xylophons verschiedene Tonhöhen und besitzen andere Ausdrucksmöglichkeiten als die Trommel mit den verschiedenen Anschlagsvarianten zwischen laut und leise.

Immer wieder erlebe ich, daß Patienten nach einer lauten, von Ärger geprägten Auseinandersetzung mit Bezugspersonen Kontakt mit ihren hinter dem Ärger verborgenen Wünschen bekommen und das Fell der Trommel – stellvertretend für die andere Person – streicheln und dabei die Haare auf dem Trommelfell in eine »bestimmte Ordnung« bringen, so als wollten sie eine neue Ordnung in der Beziehung schaffen.

II.

Eindrucksvoll waren für den Patienten, die Gruppenmitglieder und mich die Veränderungen der Kontaktebene in dem Spiel von Mark. Diese lösungsorientierte zweite Spielphase mit den Congas an einer anderen Stelle konnte Mark aber erst realisieren, nachdem ihm im Spiel klar geworden war, daß er die Eltern in einem »Frontalangriff« nicht wirklich erreichen würde. Kommen Patienten in solchen scheinbar unlösbaren Situationen nicht von selbst auf einen Lösungsansatz wie Mark in diesem Beispiel, dann frage ich: »Wie könnte es aussehen, was könnten Sie tun, um in dieser Situation eine Lösung zu finden?«

Im Sinne einer verhaltenstherapeutischen Modifikation bietet sich die Möglichkeit, auch einen zweiten oder auch dritten Lösungsversuch zu machen, bis dieser, gestützt auf die eigene Wahrnehmung, das eigene Gefühl und durch Rückmeldungen der Gruppe wirklich stimmig für den Patienten ist.

III.

Die Improvisation, in der drei Spieler nach einem bestimmten Spielmodell mit Instrumenten in Kontakt treten, ist die quasi spielerische Erfahrung der *Triangulierung*, die dann entsteht, wenn zu einer bestehenden Zweierbeziehung eine dritte Person hinzukommt, was oft als Eindringen erlebt wird. Das gilt dann, wenn in eine Partnerschaft ein Kind geboren wird, wenn in eine sehr dichte Mutter-Sohn-Beziehung eine Frau tritt, mit der der Sohn eine Partnerschaft beginnen möchte oder wenn am Arbeitsplatz in einer guten Beziehung z.B. zwischen einem Chef und einem leitenden Mitarbeiter ein zweiter Mitarbeiter hinzukommt und sich diese drei Personen plötzlich in einer beruflichen Dreieckssituation befinden. Auch Beziehungsaufnahmen zu Partnerinnen oder Partnern neben einer bestehenden Ehe schaffen die Konfliktsituation der Triangulierung.

Das Dreiecksspiel zeigt aber auch, wieviel Ich-Stärke erforderlich ist, um mit solchen Situationen umgehen zu können.

7. Stunde: Dreiecksbeziehungen

Die Rückmeldungen der Patienten knüpften an die Erfahrungen des letzten Improvisationsspieles an. Viele konnten ihre eigenen Erfahrungen zu diesem Thema beisteuern. Helmut wollte heute seine schwierige Situation in dem Spannungsverhältnis zwischen seiner Mutter und seiner Ehefrau bearbeiten. Ich schlug ihm vor, sich aus der Gruppe zwei Mitspielerinnen (es hätten natürlich auch Mitspieler sein können) auszuwählen, die in diesem Dreierspiel die Rollen von Ehefrau und Mutter übernehmen sollten. Dazu gab Helmut beiden Mitspielerinnen einige musikalische Vorgaben, wie sie diese Rollen spielen sollten.

Heide übernahm die Rolle der Ehefrau und spielte an dem Vibraphon, das ihr Helmut dafür ausgesucht hatte. Die Rolle der Mutter übernahm Irene mit einer Rahmentrommel. Helmut setzte sich mit seinem Instrument, dem cello-ähnlichen Quinton, genau in die Mitte zwischen die beiden Spielerinnen. Zu beiden spielte er leise und klagende Töne. Auch im Spiel mit seiner »Frau« blickte er immer wieder hilfesuchend zu seiner »Mutter« hinüber, als wolle er fragen, ob sie nicht mehr Verständnis für ihn haben und ihn endlich aus dieser mißlichen Situation entlassen könne, damit er sich mehr um seine Frau kümmern könne, mit der er schon viele Jahre verheiratet sei. Aber »Mutter« gab nicht nach und alle Versuche der »Ehefrau«, durch besonders schöne und verschmelzende Klänge (durch das Aufheben der Dämpfung fließen die Töne auf dem Vibraphon ineinander), änderten bei Helmut nichts. Nach etwa fünf Minuten gab er resigniert auf. Die »Mutter« hatte gegen Ende des Spieles nur noch gelegentlich, dann aber doch deutlich getrommelt. Deprimiert legte Helmut das Instrument zur Seite und seufzte: »Ja, so ist es. Ich kann mich gegenüber meiner Mutter nicht abgrenzen. Alles, was ich tue, geschieht unter dem Aspekt, ihr damit zu gefallen.«

Dabei beschrieb er seine 86jährige Mutter als eine alte, körperlich inzwischen recht gebrechliche, kleine Frau, die es aber nach dem Tod des Ehemannes geschafft hatte, ihren eigenen Sohn in eine Ersatzfunktion zu zwingen und ihn aus dieser Situation auch nicht entlassen wollte. Helmut mußte täglich bei ihr anrufen und sie mehrmals in der Woche besuchen.

Auf meine Frage, ob er sich auch eine andere Lösung vorstellen könne, rückte er plötzlich mit seinem Stuhl samt Instrument dicht an das Vibraphon der »Ehefrau« und begann mit ihr und der »Mutter« eine zweite Spielphase. Da ich in der unmittelbaren Nähe von Helmut saß, fiel mir auf, daß er beim Spielen immer mehr stöhnte. Ich forderte ihn auf, dieses Stöhnen so zu verstärken und Worte kommen zu lassen. Nach einiger Zeit rief er Mutter mit lauter Stimme zu: »Nörgele doch nicht dauernd so herum, misch dich nicht in alles ein, du machst mich ganz ärgerlich.«

Das Spiel von Helmut mit seiner »Ehefrau« wurde intensiver und er blickte nur noch selten zur Mutter hinüber, die ihr Spiel nach einer Weile aufgab. Helmut fühlte sich nach dem Spiel besser, seine Magenbeschwerden und der Druck über der Brust seien weg, sagte er.

In dem darauffolgenden Nachgespräch berichteten viele Gruppenmitglieder von ähnlichen Situationen in ihrem Leben und hätten sie am liebsten auch gleich bearbeitet. Bemerkenswert und nicht zufällig war Helmuts Auswahl der beiden Spielpartnerinnen für diese Improvisation: Heide als »Ehefrau« steckte in ähnlichen Schwierigkeiten mit ihrem Ehemann, der eine ebenso enge Beziehung zu seiner Mutter hatte. Sie sagte: »Sonst ist er ja der allerbeste Mann auf dieser Welt, er liest mir jeden Wunsch von den Augen ab, er ist in rührender Weise um mich und die Kinder besorgt, wenn er doch nur nicht diesen einen Fehler hätte ...«

Auch Irene machte bei diesem Spiel wichtige eigene Erfahrungen: Zunächst war sie überrascht, von Helmut gewählt zu werden. Sie war mit Anfang Zwanzig die Jüngste in unserer Gruppe und hatte selbst massive Konflikte mit ihrer eigenen Mutter, die sich vor über 15 Jahren von Irenes Vater getrennt hatte und einen anderen Partner geheiratet hatte. Für Irene war es aber eine wichtige Erfahrung, die Rolle einer »Mutter« spielen zu dürfen, um den eigenen Konflikt mit ihrer Mutter einmal aus der Perspektive der Mutter erleben zu können.

Exkurs zur siebenten Stunde

In dieser Stunde ging es um die Fortsetzung der Arbeit an Dreiecksbeziehungen, insbesondere um die ödipalen Situationen, in die Männer geraten, wenn sie sich nicht rechtzeitig von ihren Müttern abnabeln und in die Beziehungen zu ihren Müttern mehr Zeit als in die eigene Ehe investieren. Die von mir in der Therapie vorgeschlagenen Improvisationen werden so real erlebt, daß hier wie draußen die gleichen Beschwerden auftreten und sich die Männer in der Gruppe so hilflos wie im Spannungsfeld zwischen »ihren beiden Frauen« erleben.

Die Übernahme von Rollen hilft den mitspielenden Gruppenmitgliedern, in solche Situationen richtig hineinzugehen. Heide entwickelte durch das Rollenspiel Mut, sich auch ihrer eigenen verfahrenen Ehesituation zu stellen. Auch die Übernahme einer Mutterrolle durch eine junge Patienten vermittelt wichtige Erkenntnisse aus der »anderen« Perspektive.

8. Stunde: Sexueller Mißbrauch

Mit dieser Stunde ging die vierte Woche der musiktherapeutischen Gruppe zu Ende. Die Veränderungen durch den Gruppenprozeß waren für alle deutlich spürbar: Die Teilnehmer waren emotional näher aneinander gerückt, nahmen noch mehr Anteil aneinander und wurden in ihren Rückmeldungen immer klarer und echter. Es gab kaum noch Ratschläge, auch die Fragen nach dem Warum blieben aus, dafür gab es Rückmeldungen über die eigene Befindlichkeit und dem, was die Arbeit eines anderen Gruppenmitgliedes bei den einzelnen auslöste.

Zu Beginn dieser Gruppenstunde holten wir unsere Trommeln aus dem Schrank, um durch das Spielen Kontakt mit dem zu bekommen, was bei dem einen oder anderen jetzt auftauchen würde.

Manuela, die neben mir saß, spielte so heftig auf ihrer Trommel, daß ich sie am Ende der Improvisation nur fragend anzuschauen brauchte, um in ihr einen Sprudel von geballter Wut auf einen Nachbarn in ihrem Heimatort auszulösen, der sie zwischen dem 5. und 10. Lebensjahr ständig sexuell mißbraucht hatte. Ausgelöst durch den Mut von Manuela berichteten sieben von den zehn Gruppenmitgliedern, daß sie in irgendeiner Form in ihrem Leben sexuelle Gewalt erlebt hätten. Unter den Betroffenen befanden sich fünf Frauen und zwei Männer. Es war klar, daß wir dieses bedrohliche, schmerzliche und gleichzeitig auch so schambesetzte Thema nicht in der normalen Gruppenzeit mit allen Gruppenmitgliedern durcharbeiten konnten. So einigten wir uns auf eine Verlängerung der Zeit und auf die Reihenfolge der Bearbeitungen.

Manuela begann. Sie wählte sich zunächst eine afrikanische Trommel, später ging sie an die große Gongtrommel und kehrte schließlich, nachdem sie ihren ganzen Schmerz und ihre Wut auf den Mann bis zu ihrer körperlichen Erschöpfung gespielt hatte, wieder an ihren Platz in der Gruppe zurück, wo sie an einer kleinen Leier leise, klagende und schwirrende Laute erzeugte, die von den Gruppenmitgliedern als das Wimmern eines verlassenen und völlig kraftlos gewordenen kleinen Kindes erlebt wurden. Der Mann, der sie mißbraucht hatte, hatte ihr unter schwersten Strafandrohungen verboten, auch nur einen Laut von dem Mißbrauch von sich zu geben und sie hatte sich bis heute (25 Jahre) nicht getraut, vor ihrer Aufnahme in unserer Klinik darüber zu sprechen oder daran zu arbeiten. Manuela interpretierte ihr Spiel auf der kleinen Leier mit ihrem Schmerz und ihrer Trauer, daß sie sich seit dieser Zeit als junges Mädchen bisher noch auf keine sexuellen Beziehungen habe einlassen können, weder zu einer Frau und schon gar nicht zu einem Mann. In ihrem Alltagsleben erlebt sie sich immer als Außenseiter und hat massive Schwierigkeiten, zu anderen Menschen mit Ausnahme einer einzigen, etwa gleichaltrigen Frau einen nicht-sexuellen Kontakt zu pflegen. Ergänzend sei hier noch angefügt, daß Manuela sich für ihr Spiel an der großen Gong-Trommel Unterstützung von der Gruppenmitgliedern gewünscht hatte, die daraufhin mit ihren Trommeln Manuela begleiteten und ihr so ein Gefühl von Energie und Kraft, aber auch der Sicherheit und Zusammengehörigkeit gaben.

Irene berichtete von ihrem Cousin, der mit ihr früher viel gespielt hatte. An die Zeit zwischen ihrem 5. und 10. Lebensjahr habe sie überhaupt keine Erinnerungen und oft plage sie der Gedanke, daß da möglicherweise etwas gewesen sei, was ihr heutiges Zusammenleben mit ihrem Freund so schwierig mache und sie immer wieder auf Distanz gehen müsse, da sie seine Nähe nur kurz aushalten könne.

Petra erzählte unter Weinen, daß sie sich als junge Frau »schmutzig« gefühlt habe und froh gewesen sei, wenn überhaupt jemand mit ihr eine Beziehung anfangen wollte. Sie sei von ihrem ersten Mann vor der Hochzeit vergewaltigt worden, später aber auch immer wieder in der Ehe. Erst vor einigen Jahren habe sie sich dann von ihm trennen können.

Für Paula taucht das Kloßgefühl in ihrem Hals wieder auf, als sie die Berichte der anderen hört. Sie fängt an zu würgen, greift sich mit der linken Hand an den Hals, beginnt zu weinen und sucht nach Worten. Bei ihr tauchen Gewaltszenen aus der ersten Ehe auf mit Würgen und durch den Mann erzwungenen Sexualkontakt, der häufig dabei sehr stark alkoholisiert war. Während der Schwangerschaft habe er sie mehrfach mit großer Gewalt gegen den Bauch getreten, so daß eine Frühgeburt nur durch ärztliche Hilfe verhindert werden konnte.

Die ältere Patientin weinte still vor sich hin. Sie war während der Arbeit der anderen immer mehr in Anspannung geraten und berichtete mit brüchiger Stimme, daß sie ihrem Großvater »zu Diensten« sein mußte. Das habe sie ihr ganzes Leben hindurch verschwiegen und sich deshalb auch nie auf eine Partnerschaft einlassen können.

Otti berichtete, daß sie in ihrem Zimmer im Krankenhaus von einem Arbeitskollegen überfallen worden sei und der Vergewaltigung nur dadurch entkommen konnte, daß sie dem Mann eine Cola-Flasche auf den Kopf schlug, ihn damit kurzfristig aktionsunfähig machte und so fliehen konnte.

Auch die beiden Männer berichteten von ihren Mißbrauchserlebnissen, der eine durch den eigenen Vater, der andere durch einen Gesellen im väterlichen Betrieb.

Die Spannung in der Gruppe stieg immer mehr an und es wurde klar, daß wir etwas gemeinsam spielen mußten, um uns aus dieser unerträglichen Anspannung und dieser Mischung aus Wut, Ärger, Hilflosigkeit und Scham zu befreien.

Wir holten unsere Trommeln und ich schlug vor, daß wir solange trommeln, bis einer aus der Gruppe ganz laut »Stop!« ruft. Dann soll dieses Gruppenmitglied einen neuen, eigenen Rhythmus trommeln, der von der Gruppe übernommen und so lange gespielt wird, bis ein anderes Gruppenmitglied »Stop!« ruft. Es war erstaunlich, wie die einzelnen Gruppenmitglieder ihre Stimmen einsetzten und selbst die Mitglieder, die sich sonst eher zurückhielten und eher leise spielten, konnten mit lauter Stimme ihr »Stop!« in den Raum hinausrufen.

Die befreiende Wirkung durch diese Trommelrunde war überwältigend. Alle berichteten übereinstimmend, wie gut es ihnen getan hätte, endlich diesem Treiben ein Ende zu setzen. Das klare »Stop!« wirkte wie eine Zauberformel, erlebten die Patienten doch, daß sie sich mit lauten und klaren Signalen auch wirklich Gehör verschaffen und etwas stoppen konnten. Für Manuela war das Spiel auf ihrer eigenen Trommel zu eingegrenzt; sie ging wieder an die große Trommel und spielte von dort mit.

Sichtlich erschöpft über diesen nicht nur emotionalen, sondern auch großen körperlichen Einsatz, verließen die Gruppenmitglieder den Musiktherapieraum.

Methodischer Exkurs zur achten Stunde

I.

Hier war es mir vor allen Dingen wichtig, all denen, die an ihren Mißbrauchserlebnissen arbeiten wollten, ausreichend Zeit und Raum zur Verfügung zu stellen.

II.

Die Übung »Stop-Trommeln« habe ich bei *Wolfgang Meyberg* in seinem Buch »Trommelnderweise« gefunden und setze sie seitdem immer wieder ein.

Eine Alternative dazu biete ich dann an, wenn es einem Gruppenmitglied nur schwer gelingt, sich von den fordernden Ansprüchen der Umwelt, der Lebens- oder Ehepartner oder der Eltern abzugrenzen und »nein« zu sagen.

Das Gruppenmitglied, das arbeiten möchte, sitzt mit seiner eigenen Trommel den anderen Gruppenmitgliedern, die jeweils auch eine Trommel haben, gegenüber. Auf ein Zeichen des Hauptspielers setzen sich die anderen Gruppenmitglieder trommelnderweise in Bewegung, indem sie entweder mit ihren Stühlen auf den Patienten zurücken, oder aber aufstehen und sich langsam ihm nähern. Auch hier spielt wieder die Abgrenzungsfähigkeit gegenüber den anderen (hier symbolisiert durch die Vielzahl der mitspielenden Gruppenmitglieder) eine wichtige Rolle. Einige Patienten rufen schon gleich zu Beginn »Stop!«, wenn sich die Gruppe gerade in Bewegung gesetzt hat. Andere finden einen mittleren Abstand, ehe sie »Stop!« rufen, und wieder andere lassen die Gruppenmitglieder ganz an sich herankommen und resignieren, indem sie weinend sagen: »Ich kann mich ja doch nicht wehren.« Eine solche Situation läßt sich im Gruppenkontext gut bearbeiten. Ich lasse mir dabei von den Patienten »helfen«, indem ich sie frage, was sie denn z.B. mir raten würden, wenn ich an ihrer Stelle wäre. Solche oder auch andere Lösungsangebote werden dann im Sinne der Verhaltensmodifikation mehrmals durchgespielt, bis es den Patienten gelingt, sich gegenüber den anderen klar und eindeutig abzugrenzen.

III.

Ein Zeichen, daß sich viel Vertrauen in der Gruppe gebildet hat, ist die Thematisierung von Sexualität, Mißbrauch und Vergwaltigungen. Jedes Gruppenmitglied entscheidet für sich, ob es diese Erlebnisse nur berichten oder aber durcharbeiten möchte. Mein Anliegen ist, für diese Themen erst einmal Raum und Zeit zu geben, auch wenn eine solche Sitzung dann länger dauern sollte. Hier gilt das Hier und Jetzt wie in der Gestalttherapie und es ist für den therapeutischen Prozeß ungünstig, eine solche schambesetzte Thematik für zwei oder mehr Tage auf Eis zu legen und sie erst in der nächsten Stunde wieder aufzutauen. Als Mann und Therapeut bin ich jedes Mal wieder tief betroffen und schäme mich dafür, daß Männer so mit Frauen und kleinen Kindern umgehen.

9. Stunde: Feuervogel – Tanz der Tücher

In der Eingangsrunde haben wir die letzte Stunde noch einmal sehr gründlich nachbesprochen, in der so viel in Bewegung gekommen war. Jedes Gruppenmitglied hatte dabei Gelegenheit, seine eigene »Gestalt« zu schließen.

Um in jeder Beziehung auch einen musikalischen Kontrapunkt zu den letzten Stunden zu setzen, lud ich die Gruppe zu einem Tanz mit Tüchern in den größeren Bewegungsraum nebenan ein. Dazu wählten die Patienten verschiedenfarbige Seidentücher. Meine Einladung dazu war, sich und die Tücher nach der Musik zu bewegen. Strawinskys »Feuervogel« klang durch den Raum und gab der nun folgenden Bewegungsimprovisation ihren musikalischen Rahmen. Am Anfang glitten die Tücher sanft durch den Raum, über den Fußboden, einige der Teilnehmer saßen oder lagen noch auf dem Boden, erhoben sich langsam mit der intensiver und lauter werdenden Musik, die Tücher wirbelten durch den Raum, um bei dem »Liebeslied der Prinzessin« wieder in sanfte Bewegungen überzugehen. Mit einem lauten Paukenschlag begann der »Tanz des Zauberers« – die Teilnehmer sprangen auf und übersetzten die Musik in tanzende, stampfende Bewegungen. Die Tücher wurden jetzt zum Schleudern benutzt. Die aggressive Stimmung der Musik übertrug sich auf die Tanzenden, bis die Ballettmusik zu ihrem versöhnlichen Ende kam und der böse Zauberer besiegt war.

Nach dem Tanz, der die Gruppenmitglieder atemlos und erschöpft gemacht hatte, setzten wir uns auf den Fußboden zu einer Nachbesprechung. Viele Gruppenmitglieder hatten sich mit den Tüchern freigetanzt und konnten den zärtlichen und lauten oder aggressiven Impulsen der Musik über das Seidentuch Ausdruck verleihen, indem sie es streichelten, es sich um den Hals legten oder wie einen Schleier über den Kopf zogen. Auch kämpferische Impulse wurden wahrgenommen und in tänzerisch-spielerischer Art realisiert.

Einige Rückmeldungen aus der Gruppe:

- Weil ich so etwas noch nicht gemacht habe, habe ich mich vorsichtig eingelassen, dann aber viel Freude dabei gehabt.
- Das Tanzen zu zweit war für mich eine Erweiterung der Beziehung. Es schien so, als ob wir uns schon lange kennen würden.
- Das kann ich nur bestätigen. Ich fühlte mich durch den Tanz mit den Tüchern freier, durch die Tücher waren wir gemeinsam verwoben, sie dienten mir aber auch zur Abgrenzung.
- Für mich war es ein spielerischer Umgang mit Nähe und Distanz.
- Die Tücher waren für mich eine Verlängerung meiner Hände und Arme.
- Ich habe das Tuch als zu mir gehörig erlebt und ich hätte es nicht tauschen mögen.
- Für mich waren die Tücher ein Stück Höhle, um auch Wände zu schaffen und Intimität herzustellen.
- Ich konnte mir mit dem Tuch Raum schaffen – ohne jemandem dabei weh zu tun.
- Das Tuch hat mich davor bewahrt, etwas darstellen zu müssen. Ich habe bei einem anderen Gruppenmitglied völlig andere Bewegungen gesehen: Kampf mit Schlangen am Bach, toll!
- Ich bin aus der Gruppe herausgegangen, ich konnte mich nicht einlassen. Ich war durch die Musik erschüttert, bewegungslos, der Rückzug war die richtige Lösung für mich.
- Für mich war das Ganze ein Tanz von Wasser und Luft.

Am Ende dieser Stunde stand eine Erfahrung von Ganzheit, der Einheit von Geist, Körper und Seele. Von fast allen wurde diese bewegungsbezogene Körperarbeit zur Musik als eine sehr geeignete Möglichkeit erlebt, sich besser wahrzunehmen.

Methodischer Exkurs zur neunten Stunde

Unter dem Begriff »Musike« verstanden die alten Griechen die Einheit von Musik, Tanz und Sprache. In den heutigen Therapieangeboten werden die einzelnen Therapien aus pragmatischen Gründen oft getrennt angeboten, obwohl diese Trennung nicht immer sinnvoll ist.

Noch ehe kreative Medien in die Therapie einbezogen wurden, haben sich aus unterschiedlichen Positionen *Carl Orff* mit seinem Konzept der Einheit von Musik, Sprache und Bewegung sowie *Rudolf Steiner* mit seiner Eurythmie dieser alten Einheit angenähert. Musik ist auch in der Bewegungs- und Tanztherapie die eigentliche Grundlage. Für mich ist es deshalb wichtig, immer wieder Tanz- und Bewegungselemente in die Musiktherapie einzubauen, um den Patienten so ein wirklich ganzheitliches Erleben zu ermöglichen.

Die Musik, besonders die für Ballett geschriebenen Werke von *Igor Strawinsky* wie »Feuervogel«, »Sacre du printemps« oder »Petruschka« eignen sich durch ihre musikalische Farbigkeit, ihre rhythmische Vielfalt und die verschiedenen thematischen Aspekte für diese Arbeit mit Bewegungsimprovisationen.

Das Seidentuch ist ein erprobtes Medium, den Umgang mit sich und seinen Gefühlen zu verstärken. Wie schon erwähnt, setzen die Patienten es ein, um sich zu schützen, zuzudecken, zu verschleiern, liebevolle und zärtliche Gefühle auszudrücken, sich heftig mit Hilfe des Tuches zu wehren oder anzugreifen. In den einzelnen, durch die Musik gestalteten Phasen gibt es verschiedene Möglichkeiten, für sich zu bleiben oder zu den anderen Gruppenmitgliedern Kontakt aufzunehmen.

Auch andere Bewegungsimprovisationen, die aus der Rhythmik übernommen wurden, sind denkbar: Zu einer ruhigeren Musik, z.B. von *Peter Michael Hamel* (»Nada«), führen die Patienten einander mit Hilfe von zwei Rohrstöckchen von etwa einem Meter Länge. Die Stöckchen werden dabei mit den Zeigefingern gehalten und durch sanften Druck oder Nachlassen des Druckes (was besonders zunächst für Ungeübte schwerer zu spüren ist) lenken sich die Patienten gegenseitig in bestimmten Bewegungsabläufen. Dieses Angebot kann dadurch erweitert werden, daß drei Patienten diese Stöckchen zwischen sich mit den Zeigefingern halten und jeder für die rechte und die linke Hand einen anderen Partner hat. Die dabei gemachten Erfahrungen haben oft sehr viel Ähnlichkeit mit den Situationen zu Hause, wo wir uns nicht nur auf einen Partner konzentrieren können, sondern andere (z.B. ein Kind, einen Elternteil, Arbeitskollegen) mit integrieren müssen. Hier bieten sich Möglichkeiten, die dabei aufgetauchten Probleme oder Schwierigkeiten dann auch mit anderen musiktherapeutischen Mitteln zu bearbeiten und psychotherapeutisch aufzuarbeiten.

Anmerkung: In der norddeutschen Klinik, in der ich einige Jahre arbeitete, gab es die Möglichkeit, eine Art musikalische Bewegungstherapie im 32° warmen Wasser des Schwimmbades zu machen. Alle Bewegungsabläufe wurden durch das Wasser erleichtert, die Bewegungen wurden harmonischer. Selbst Gruppenteilnehmer, die sich kaum durch einen Raum zu gehen trauten, bewegten sich mutig durch das Wasser. Geeignete Musik (von Wiener Walzern über Menuette oder Reigen-Tänze bis zu modernen Schlagern) und das warme Wasser sorgten für viel Lebensfreude und neuen Schwung für die sonst so anstrengende therapeutische Arbeit.

10. Stunde: Kommunikationsformen in der Musiktherapie. Dialoge mit dem inneren Kind

In den Rückmeldungen klang an, wie gut sich die einzelnen Gruppenmitglieder nach der letzten Stunde gefühlt hatten. Einigen war eingefallen, daß sie so etwas auch zu Hause machen, wenn keiner da ist – sie legen sich eine Platte oder CD auf und tanzen danach.

Gruppenthema wurde heute die kritische Auseinandersetzung mit sich und seinen Problemen, ohne dabei in die sonst üblichen Vermeidungsspielchen auszuweichen. Übereinstimmend war der Tenor der Rückmeldungen:»Mir geht es dann besser, wenn ich mich klar ausdrücke und entweder auf jemanden zugehe, wenn ich mit ihm Kontakt herstellen will, mich kritisch mit ihm auseinandersetze, wenn es dazu einen Anlaß gibt oder mich klar abgrenze, wenn ich allein sein möchte.«

Ich schlug der Gruppe vor, die schon weiter vorn erwähnten *Watzlawick*schen Kommunikationsformen in einem Spiel zu erproben.

Gruppe A: Wir sind uns in allem einig.

Gruppe B: Wir sind uns im wesentlichen einig, können aber Differenzen konstruktiv austragen.

Gruppe C: Wir ignorieren einander, wir sind uns völlig gleichgültig.

Verabredet wurde, daß diejenigen, deren Gruppe nicht dran war, erst zuhören sollten, um dann musikalisch zu antworten. Die Gruppe C meldete sich als erste Gruppe. Es ging laut und chaotisch zu. Jeder spielte für sich, Augenkontakt war nicht zu beobachten, eine Patientin zog sich hinter das Klavier zurück, andere trommelten auf der großen Gongtrommel, die Metallgongs kamen zum Schwirren, an einer Ecke pfiff eine Flöte, leise Instrumente gingen völlig unter.

Die musikalischen Rückmeldungen, die vor den verbalen Kommentaren erfolgten, waren entsprechend. Die Aggressivität des Spiels der Gruppe C übertrug sich auf all die anderen und spiegelte in eindrücklicher Weise die Verärgerung, aber auch die Verunsicherung, die Hilflosigkeit gegenüber einem solchen Chaos wider, dem sich die Zuhörer ausgesetzt fühlten.

Die Rückmeldungen waren entsprechend:

■ Mutter läßt sich nicht aus der Ruhe bringen. – Klavier ist unerbittlich, nicht beeinflußbar, komme, was da wolle, Klavier ist Schutzzone.
■ Vater ist auf und davon, die Kinder toben über Tische und Bänke.
■ Wie im täglichen Leben, sehr anstrengend, kraftzehrend.
■ Am Anfang war es noch ganz lustig, später wirkte es beklemmend auf mich.
■ Vater schreibt ein Buch, die Kinder versuchen verzweifelt, dazwischen zu gehen.
■ Die Spieler ignorieren einander völlig.

Als nächstes spielte die Gruppe B. Hier gab es gemeinsame Rhythmen und Klangfiguren, die Lautstärke war schwankend zwischen leisem und etwas lauterem Spiel, Blickkontakte wurden aufgenommen, sogar Instrumente ausgetauscht. Ab und zu spielte einer »dazwischen«, fügte sich aber bald wieder in den Gesamtklang ein.

Die musikalischen Antworten der beiden anderen Gruppen waren entsprechend und spiegelten das Gehörte wider. Es gab dissonante und konsonante Klänge, übereinstimmende und nicht übereinstimmende Rhythmen. Die Kommentare:

- Die ideale Familie, Konflikte dürfen sein und werden besprochen, bearbeitet und behoben.
- Es gibt eine tragende Basis.
- Die Kommunikation untereinander ist möglich.
- Pack schlägt sich, Pack verträgt sich.

Als letztes spielte die Gruppe A: sanfte Klänge von den Stabspielen, leise Rhythmen der Trommeln, melodisches Flötenspiel und zarte Gongklänge mischten sich zu einer schönen Klangsinfonie. Die Kommentare:

- Wir sind alle gleich.
- Keine Störungen.
- Dreieinigkeit.
- Wir sind alle gleich gesteuert.
- Nichts kann hereinkommen, nichts darf heraus.
- Familienidylle.
- Friede, Freude, Eierkuchen.

Das Feedback-Spiel der beiden anderen Gruppen zur Improvisation A (Wir sind uns in allem einig) war nicht überraschend: Das gleichbleibende, freundliche, durch seine Sanftheit bestimmte Klangbild löste so viel Ärger aus, daß sich ein lautes und aggressives Spiel als Antwort entwickelte. Das Gruppenspiel A war vergleichsweise kurz (dabei entstand bei den Spielern das Gefühl, als könne man so viel Harmonie gar nicht aushalten). Das Spiel der Gruppe C (Wir sind uns in allem uneinig) ließ eigentlich kein Ende zu. Keiner der Spieler wollte so in der Gruppe länger weiterspielen, ohne nicht wenigstens den Versuch zu machen, mit dem einen oder anderen zu einer musikalischen Annäherung zu kommen (was aber durch die Vorgabe hier künstlich blockiert war).

Schon während der letzten Improvisation bemerkte ich, daß es Edda offensichtlich nicht sehr gut ging, sie konnte sich aber noch über diese Improvisationsrunden einigermaßen stabil halten. Als ich sie aber ansprach auf das, was bei ihr los sei, brach sie in schluchzendes Weinen aus, das aus ihrem Inneren kam und sich erst nach längerer Zeit wieder legte:

>Ich bin in einer solchen Familie großgeworden, wo es nur Chaos gab und keiner von dem anderen Notiz nahm. Alle Versuche, sich mit den Geschwistern oder wenigstens dem älteren Bruder oder der jüngeren Schwester zu verbünden, mißlangen. Kontakt zu den Eltern war nicht herzustellen, da sie mit ihren eigenen Streitigkeiten beschäftigt waren.

Ich habe mich dann zurückgezogen und mich irgendwo in unserer Wohnung verkrochen.«

Ich fragte Edda, wie alt die *kleine Edda* im Augenblick sei. Sie antwortete:»Etwa drei Jahre.«Dann fragte ich sie, ob sie sich vorstellen könne, sich die *kleine Edda* auf den Schoß zu setzen, den Körper an sich zu schmiegen und das Köpfchen gegen die Schulter zu legen, sie einfach festzuhalten und vielleicht in irgendeiner Form Kontakt mit ihr aufzunehmen? Die Gruppe bat ich, auf verschiedenen Instrumenten etwas Pentatonisches dazu zu spielen. Mit unseren zarten, weichen Klängen umhüllten wir die Patientin und gaben ihr so einen äußeren und inneren Schutzraum, in dem sie intensiven Kontakt zu sich und der kleinen Edda aufnehmen konnte. Die Klänge führten bei ihr zu einer spürbaren Beruhigung und unter Tränen streichelte sie ihre kleine Edda. Das Ausmaß dieser Annäherung hatte die Gruppe im Spiel instinktiv wohl richtig ausgelotet: Am Ende dieser Improvisation fühlte sie sich von unseren Klängen getragen, gestützt und geschützt, aber zu keiner Zeit bedrängt. Unsere Musik sei ihr auch dabei nicht zu nahe gewesen. Da Edda in den Gruppenstunden gerne Leier spielte, gab ich ihr eine Leier mit auf ihr Zimmer, um ihr die Möglichkeit zu geben, über das Wochenende immer wieder mit sich und der kleinen Edda Kontakt aufnehmen zu können. Am Ende dieser Improvisation war die ganze Gruppe sehr betroffen und jeder hatte, sozusagen bildlich, sein kleines Kind auf dem Schoß oder im Arm.

Für Hermie wurde das unerträglich. Sie stieg aus der Improvisation durch»schräge Klänge«aus und berichtete später, daß sie diese Harmonien nicht mehr hätte aushalten können. Dazu erzählte sie, daß ihr ein Mitpatient in der Mittagspause eine Plastiktüte mit Müll an die Tür gehängt habe. An dieser Stelle wurde die Gruppe ärgerlich, wies Hermie zurück und war erst im Nachgespräch bereit, sich mit Hermies Störung bei dieser für die anderen so wichtigen Erfahrung auseinanderzusetzen.

Methodischer Exkurs zur zehnten Stunde

Die *Watzlawick*schen Kommunikationsformen, auf die ich weiter vorn schon eingegangen bin, eignen sich besonders, die Art und

Weise menschlichen Umgangs miteinander darzustellen. Jeder von uns erkennt in einer der drei Varianten das Kommunikationsmuster seiner eigenen Familie wieder, das wir zunächst unreflektiert und somit *fast zwangsläufig* in alle Beziehungen unseres späteren Lebens mit übernehmen. Die Kontaktlosigkeit, die in der einen Gruppe als Thema vorgegeben war, ist für viele typisch für ihre Lebenssituation. Das gleiche gilt für das (meist von Eltern oder Großeltern verordnete) Muster: »Wir sind uns in allem einig.« Das bringt viele Patienten schier zur Verzweiflung, vor allem dann, wenn sie erkennen, daß sie sich in ihrer *jetzigen* Partnerschaft so verhalten, wie es *damals* »verordnet« war. Nur sind sie jetzt selbst für ihr Verhalten verantwortlich. Jeder kennt solche Familiengesetze. Um jeden Preis wird versucht, den Anschein der Harmonie zu wahren und alles daran zu setzen, Störungen innerhalb der Familie zu vermeiden, keine Abweichungen zuzulassen und jede Auflehnung gegen die Gruppennorm mit entsprechenden Sanktionen zu belegen.

Die zwischen den Extremen A und C liegende Lösungsmöglichkeit B kann im musiktherapeutischen Spiel erprobt werden, das den Wünschen der Gruppenmitglieder Rechnung trägt, sich zu vertragen, sich zu einigen, sich zu mögen, eine tolerierende Distanz zuzulassen, gegebenenfalls aber auch dafür zu sorgen, daß Unstimmigkeiten, Ärgernisse, Störungen in der Kommunikation angesprochen und ausgetragen werden.

Wie bei anderen Gruppenimprovisationen tauchen hier besonders viele und meist traumatische Erinnerungen aus der eigenen Lebensbiographie der Patienten auf, die dann, zum Teil mit großer Macht, nach oben drängen und sich so äußern, wie ich es hier von Edda in dem Beispiel der Gruppe beschrieben habe.

Der Dialog zwischen dem erwachsenen Mann und dem inneren Kind (dem kleinen Jungen), der großen Frau und dem kleinen Mädchen ist ein therapeutischer Weg, die unterdrückten, aber doch vorhandenen Teile unseres Kinder-Ichs in die Therapie mit einzubeziehen. In der MT schlage ich vor, für den erwachsenen Teil auf einen Stuhl die entsprechenden Instrumente zu legen und auf dem Stuhl des »kleinen Kindes« dessen Instrument(e) zu plazieren.

Im Dialog nach bewährter gestalttherapeutischer »Splitting«-Technik zwischen den beiden Anteilen des arbeitenden Patienten werden zunächst mit Instrumenten, später auch mit Worten und Gesten die Wünsche, Ängste und Befürchtungen, aber auch die Gefühle von Vernachlässigung oder Mißachtung beider Seiten gespielt und besprochen und damit ein Stück weit bewußt gemacht. Am Ende einer solchen Improvisation steht dann häufig der Versuch, diese beiden Teile nicht mehr zu trennen, sondern in konstruktiver Weise zu verbinden, um nicht das Gegeneinander, sondern ein liebevolles Miteinander zu ermöglichen. Dabei ist es oft überraschend, daß es der »Kleine« ist, der viel fürsorglicher mit dem »Großen« umgeht, ihn zur Schonung ermahnt, ihn einlädt, liebevoller mit sich umzugehen, sich nicht zu überlasten und so einen sehr sinnvollen Teil repräsentiert, der für viele Menschen im Alltagsleben als Erwachsene verlorengegangen ist.

Hermies Ausstieg aus der gemeinsamen Improvisation ist ein Beispiel für ein Abwehrverhalten, das häufig frühgestörte Patienten einsetzen, um sich von der »Welle von Gefühlen« nicht überschwemmen zu lassen. Die Mülltüte, die ihr ein Mitpatient (oder eine Mitpatientin) an die Tür gehängt hatte, war sicher Anlaß für Hermies Ärger und Kränkung. Dieses Gefühl hatte sie aber nicht vorher angesprochen und in einer eigenen Arbeit bearbeitet, sondern »kippte« es einfach »unsortiert« in die Gruppe, die entsprechend reagierte. So wurde aus diesem Müll aus der Tüte ihr Beziehungs-Müll mit den anderen Gruppenmitgliedern.

11. Stunde: Träume – das fremde Land, das Baby im Himmel. Heilendes Singen. Improvisation mit Stimmen

Heute wollten wir uns Träumen zuwenden, die in den letzten Therapiestunden schon angeklungen waren, aber wegen aktuellerer Themen verschoben werden mußten. Lara erzählte folgenden Traum:

>»Ich besuche eine Freundin bei ihren Eltern in einem fremden Land. Dort war die Demokratie plötzlich durch eine Diktatur abgelöst worden, die Landesgrenzen sind zu, ich kann nicht mehr zurück. Der Vater der Freundin ist sehr einflußreich und so kann ich ohne Schwierigkeiten das Land wieder verlassen.«

Zur Darstellung dieses Traumes bat ich Lara, ein Instrument für sich und ein zweites Instrument für den Vater der Freundin, andere für die übrigen Gruppenmitglieder auszusuchen.

Im ersten Teil des Traumes spielt Lara auf einer Leier, die eine länglich-ovale Form hat und pentatonisch gestimmt ist. Mit diesem Instrument geht sie in den Kreis hinein und nimmt dort mit den einzelnen Mitspielern Kontakt auf, die ihr freundlich auf Trommeln antworten. Durch den plötzlichen Umschwung werden die Trommeln lauter und Lara kann mit ihrer Harfe nicht mehr diesen Kreis der Trommelspieler verlassen.

In einer zweiten Spielphase dieses Traumes spielt sie jetzt den Vater der Freundin und wählt dazu eine Flöte. Es gibt keine Schwierigkeiten für ihn, in den Kreis hineinzugehen, mit den Grenzbeamten Kontakt zu finden und den Kreis der Spieler (das Land) auch nach dem politischen Umschwung mit Hilfe seiner Flöte wieder zu verlassen.

Im Nachgespräch in der Gruppe tauchen Phantasien zur Sexualität auf, zu einer rigiden Familie (Diktatur der Familie/der Gesellschaft), die Schwierigkeiten beim Verlassen des Familienkreises machen, besonders, wenn sich jemand nicht »norm«-gerecht verhält.

Lara, die diesen Traum zunächst nicht verstand und ihn deshalb in die Musiktherapie mitbrachte, sitzt im Kreis und hört mit großen Augen und innerer Anspannung zu, bis sie uns plötzlich die Lösung, die sie nach unserer musikalischen Interpretation für sich selbst findet, berichtet:

»Das ist mein Problem: Ich habe Schwierigkeiten mit meiner sexuellen Identität und habe nach mehreren unglücklich verlaufenen Beziehungen zu Männern auch Kontakt zu Frauen aufgenommen.«

Die lesbische Freundin, die sie im Traum besucht hatte, war plötzlich sehr herrschsüchtig und fordernd geworden, nachdem sie lange nur ihre liebevollen und gewährenden Seiten gezeigt hatte. Da Lara bislang ihren Eltern von ihren lesbischen Neigungen nichts erzählt hatte (weil sie Unverständnis erwartete), stieß sie mit ihrer Leier als Symbol für Weiblichkeit und einer Partnerin an die Toleranz-Grenzen der Familie, die sie mit einer Flöte als Symbol für Männlichkeit, also mit einem Partner, ohne Schwierigkeiten hätte überschreiten können.

Marianne träumt seit langem das erste Mal von ihrem Vater und soll für ihn Leichenteile aus dem Keller holen. Dazu berichtete sie, daß sie in ihrem Zimmer in der Klinik eine Frauenfigur aus Ton modelliert habe, die zwar sehr fraulich sei, jedoch keine Arme und

Beine habe. In der folgenden musiktherapeutischen Traumarbeit hatte ich ihr vorgeschlagen, diesen Leib ohne Glieder selbst zu spielen und für die nicht vorhandenen Arme und Beine sich vier Spieler auszusuchen. In der darauffolgenden Improvisation gab es das, was ich eine »musiktherapeutische Integration« nennen möchte: Es entstand eine lebhafte musikalische Interaktion zwischen dem Körper und den anfänglich noch getrennten Extremitäten, die klanglich immer näher an den Körperstamm heranrückten, bis sie plötzlich zu einem funktionierenden Ganzen wurden. Aus dem anfänglich eher langsamen und bedrückt klingenden Spiel wurde ein fröhliches, fast übermütiges Miteinander des Körpers mit den auf Trommeln tanzenden Füßen und den auf den Xylophonen springenden und klatschenden Händen. Mit einem lauten Beckenschlag waren die Teile wieder vereinigt.

In der Nachbesprechung verlor der Traum durch die Bearbeitung viel von seinem Schrecken. Die Patientin, die über sexuelle Störungen (Frigidität, Anorgasmie) in ihren Partnerbeziehungen geklagt hatte, hatte bislang die Zusammenhänge ihrer Symptome mit ihrer Biogaphie nicht erkennen können. Jetzt verstand sie die Botschaft und den Sinn des Traumes, der ihr zu verstehen geben wollte, daß sie sich damals als junges Mädchen wegen der abgetrennten (und damit nicht funktionierenden) Arme und Beine nicht vor sexuellen Übergriffen zu Hause schützen konnte.

In der nachfolgenden Gruppenimprovisation suchte sich Marianne die Tempelblöcke aus und wir spielten mit der ganzen Gruppe noch einmal das Erlebnis dieser Re-Integration. Im Nachgespräch wurde Marianne auf die Wahl der Tempelblöcke angesprochen, die von vorn betrachtet Ähnlichkeiten mit »Mäulern« hatten. Und da auf dem Ständer fünf »Mäuler« waren, assoziierte sie mit diesen ihren Vater und die vier Männer, mit denen sie vorher längere Beziehungen gehabt hatte. Es habe ihr unendlichen Spaß gemacht, diesen »fünf Mäulern eins auf's Maul« zu hauen. Der größte Tempelblock habe für ihren Vater gestanden.

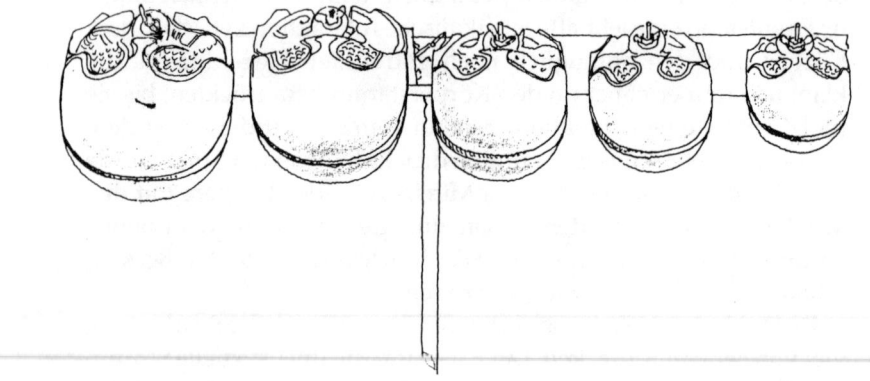

Abb.: Chinesische Tempelblöcke, »fünf Mäuler«

Edda sagt schwer atmend: »Ich muß ran ...« Sie berichtet von einem Traum, den sie in der letzten Nacht geträumt habe. Der Trauminhalt:

»Ich begegne meinem kleinen, ungeborenen Baby im Babyhimmel. Dort ist es zusammen mit vielen kleinen Babys auf schöne blaue und rosafarbene Kissen gebettet. Die Babys lachen und sind vergnügt.«

Dazu erzählt sie folgende Geschichte, die sie seit gut 35 Jahren mit sich herumträgt:

»Ich war damals noch ein junges Mädchen und wurde von einem Nachbarn geschwängert. Da diese Schwangerschaft nicht entdeckt werden durfte, mußte ich das Kind abtreiben. Seit dieser Zeit tauchen die Erinnerungen an die Abtreibung und an das ungeborene Kind immer wieder in Träumen auf.«

Ich schlage der Patientin vor, ein Instrument für sich zu wählen und ein zweites für das kleine Baby. Die Patientin spielt auf einem Glockenspiel eine ganz feine, zarte Melodie, auf die das Baby mit einer ebenso zarten Harfenmelodie antwortet. Die Patientin sucht Worte des Abschiedes und erfährt darauf Tröstliches von ihrem Baby: »Mir geht es gut hier und ich verzeihe dir.«

Tränen der Erleichterung rinnen der Patientin die Wangen herab – die Gruppe greift diesen zarten Dialog auf und spiegelt ihn für eine Weile, bis die Patientin wieder zur Ruhe kommt.

Wie auf ein gemeinsames Zeichen hin tauchen auch bei den anderen Erinnerungen an dieses Thema auf: Eine Patientin fängt bitterlich an zu weinen. Sie berichtet, daß sie sich immer sehr ein Kind gewünscht habe. Sie sei auch schwanger gewesen, habe aber das Kind wegen einer zu großen Menge Fruchtwasser nicht lebend zur Welt bringen können und habe es auch nie gesehen.

Eine andere Patientin und ihr Mann haben zwei Kinder adoptiert, bei der Adoptivtochter habe sich eine schwere psychische Erkrankung herausgestellt. Durch die Zweifel einer jungen Mitpatientin am Sinn ihres Lebens sei die Erinnerung an die Adoptivtochter aufgetaucht, die nach mehreren Suizidversuchen zur Zeit wieder in stationärer psychiatrischer Behandlung sei.

Die Gedanken an diese Tochter nehmen der Patientin zunehmend die Luft – ich setze mich neben sie und fordere sie auf, ruhig zu atmen, den Mund zu öffnen und die ausströmende Luft in Töne zu verwandeln. Ich unterstütze sie dabei, indem ich selber Töne mache und wir eine Zeit zusammen singen. Die Patientin richtet sich zunehmend wieder auf, nimmt wieder Kontakt mit mir und ihrer Umwelt auf. Das Engegefühl im Hals, die Luftnot ist verschwunden. Die Frauen in der Gruppe sind vom Singen sehr bewegt. Einer der Männer in der Gruppe bemerkt jedoch, daß er mit der ganzen »Gefühlsduselei« nichts anfangen könne, er sei ja schließlich ein Mann und er habe gelernt, seine Gefühle nicht zu zeigen und nicht zu weinen.

Auf Nachfrage eines Gruppenmitglieds antwortet er, sehr nachdenklich geworden, daß er sich ganz unsicher fühle und seine eigene Hilflosigkeit kaum aushalten könne:»Eigentlich würde ich am liebsten selber mitweinen, aber das darf ich ja nicht.«

Er hat es – einige Stunden später – beim Abschied getan und seine Rührung zum ersten Mal zugelassen.

Um diese Stunde abzuschließen, schlug ich eine gemeinsame Stimmimprovisation vor. Zunächst saßen wir noch, dann standen spontan einige Gruppenmitglieder auf, wir faßten uns an den Händen und bildeten einen engen Kreis, summten und sangen eine Art »Klagegesang«.

Methodischer Exkurs zur elften Stunde

Die Arbeit an Träumen ist auch in der Musiktherapie möglich. Die Traumbearbeitung erfolgt auf der Ebene der Subjektstufe, bei der die einzelnen Traumfragmente Teile der Persönlichkeit repräsentieren, die diesen Traum geträumt hat.

So wird in dem Traum-Besuch bei einer Freundin die Frage der sexuellen Identität angesprochen, die zu einer Lösung drängt. Mit einer Flöte – also einem männlichen Symbol – kann die Patientin ohne weiteres diesen Kreis verlassen. Mit der Leier als weiblichem Symbol kommt sie aus dem Kreis ihrer engsten Familie und ihrer Freunde nicht heraus, weil diese ihr (und sie sich selbst!) diese Identität (noch) nicht zugestehen möchten.

Auch der Traum mit den Körperteilen, die im Keller lagen, und dem Corpus, der keine Arme und Beine hatte, läßt sich auf dieser Symbolebene leicht verstehen, da man mit Händen und mit Armen ja z.B. sexuelle Übergriffe abwehren oder aber eine erwünschte sexuelle Begegnung auch zulassen könnte.

Der mit vielen Schuldgefühlen verbundene Traum von Edda über das abgetriebene Kind ist ein Signal des Unbewußten, daß es nach fast 35 Jahren an der Zeit ist, die »Gestalt des Schwangerschaftsabbruchs« zu schließen. Der Traum berichtet von dem Babyhimmel, in dem es dem kleinen Baby gut geht und es sich unter seinesgleichen wohlfühlt, daß es der Mutter verzeiht und sie von ihren Schuldgefühlen entlasten will.

Es ist ein Zeichen gewachsenen Vertrauens, wenn Patienten in der Gruppe über Tabu-Themen wie Abtreibung, Geburt eines toten oder behinderten Kindes und die sehr ambivalenten Gefühle diesen Kindern gegenüber sprechen. Auch psychische Krankheiten innerhalb der Familie oder Selbstmordversuche, die viele Patienten gemacht oder im engeren Familienverbund miterlebt haben, bleiben lange vor der Gruppe verborgen, da sie meist als ein Makel erlebt werden.

Bei Trauerarbeiten, die in solchen Situationen angezeigt sind, könnten wir Mitteleuropäer manches von den südeuropäischen Ländern übernehmen, wo die Menschen anders mit der Trauer um den Tod eines Mitmenschen umgehen. Klagegesänge, auch angeführt von richtigen »Klageweibern«, so wie wir sie heute aus dem Fernsehen z.B. aus Italien, Griechenland und Israel kennen, zeigen eine Form des Umgangs mit dem Tod und dem damit verbundenen Schmerz, die uns insbesondere in Deutschland sehr fremd ist. Um eine Trauerarbeit zu ermöglichen, setze ich deshalb in der MT Stimmen und geeignete Instrumente ein, um die eingehaltene Trauer in Fluß zu bringen und Abschiedsarbeiten zu ermöglichen.

Die Arbeit mit einer Patientin, mit der ich gemeinsam gesungen, oder richtiger gesagt, Töne gemacht habe, mag hier als Beispiel dafür dienen, daß wir Musiktherapeuten in einer solchen Situation immer unser »eigenes« Instrument zur Begleitung und Stützung zur Verfügung haben (und es auch einsetzen sollten). Durch das gemeinsame Atmen und Tönen entsteht in solchen Augenblicken (aus der Erinnerung an eigene, frühere Erfahrungen bei Patient und Therapeut) eine andere Form der Nähe, die noch intensiver und hilfreicher erlebt wird als das Spiel auf einem Instrument.

Manchmal nehmen wir Patienten in solchen Situationen auch in die Mitte der Gruppe, die sich quasi stützend um sie herum stellt, so nahe, wie es für den Patienten in der Mitte stimmig ist und stützen sie durch Wiegen, Summen oder leises Singen, um anzudeuten, daß sie in diesem Augenblick nicht allein sind. Für den, der in der Mitte steht, wird so etwas zu einem kostbaren Erlebnis. Aber auch die anderen Gruppenteilnehmer im Kreis kommen mit ihren eigenen Gefühlen von Trauer, Schmerz und Wünschen nach Nähe in Kontakt; spüren dabei aber auch ihre Fähigkeiten, einem anderen aus der Gruppe Schutz, Wärme und Geborgenheit zu geben, wissend, daß sie sich so etwas in einer ähnlichen Situation auch von den anderen wünschen können.

12. Stunde: Bilder in der Musiktherapie. Graphische Spielpartituren

Die Trauerarbeit der letzten Stunde ließ die Gruppe noch näher zusammenrücken. Ermutigt durch die Bearbeitung von Träumen brachten Teilnehmer Bilder mit, die sie gemalt oder gezeichnet hatten und über die sie gerne arbeiten wollten.

Fritz zeigte uns sein Bild, in dem er mit bunten Ölkreiden symbolhaft seine Familie dargestellt hat (siehe oben), auf dem eingerahmt von gelben und braunen Kreisbahnen zwei eiförmige Gebilde zu sehen sind, die sich an einer Stelle berühren. In diesen Gebilden sind ovale Kreise von blau, braun, gelb und im Zentrum des einen ein mehr grüner Kern und im Zentrum des anderen ein ins bläuliche gehender Kern, der ganz zentral wieder eine leichte Aufhellung hat. Über diesen beiden länglichen Gebilden in dieser Kreisform sind vier runde bis ovale Figuren angeordnet, ebenfalls wieder mit konzentrischen Kreisbildungen. Der Kommentar von Fritz dazu:»Das ist meine Familie, die großen Ovale stellen mich und meine Frau dar, die anderen kleinen Figuren stellen unsere vier Töchter dar ...«

Ich lud ihn ein, diese Familie musikalisch in Szene zu setzen und für sich, seine Frau und die vier Kinder jeweils geeignete Instrumente auszusuchen und Gruppenmitglieder zum Mitspielen einzuladen. Fritz selbst nahm sich eine Leier, für die Frau wählte er eine Klangschale, für die Kinder einen Streichpsalter, ein Quinton, eine Flöte für die mittlere und ein Glockenspiel für die kleinste Tochter.

Obwohl Fritz nur andeutungsweise die Binnenstruktur seiner Familie geschildert hatte, entwickelte sich in der Improvisation die gesamte Familiendynamik (die Deutung der einzelnen Spiele nehme ich hier schon vorweg): Die Schwierigkeiten der Eltern miteinander, das eher bittende, manchmal flehende Spiel von Fritz, in der Familie bleiben zu dürfen, die harten Klänge der Metallschale der Frau, die sich vom Mann abgrenzen wollte, und das Spiel der Kinder miteinander, die versuchten, mit beiden Eltern Kontakt zu bekommen. Als das nicht gelang, wandten sie sich in ihrer Hilflosigkeit dann der Mutter zu und ließen den Vater außen vor. Fritz kommentierte:

»Genauso ist es. Die Kinder mögen mich zwar noch, sind aber völlig abhängig von meiner Frau. Ich kann die Beziehung zu meiner Frau im Moment auch nicht besser klären und wir leben in so einem Zustand, wo wir uns gegenseitig Druck machen, uns auch oft quälen, aber weder weiter zusammenrücken und die Probleme lösen noch uns klar voneinander trennen können.«

Die Gruppe war sehr betroffen und gab entsprechende Rückmeldungen. Dann passierte etwas Bemerkenswertes: Einige Gruppenmitglieder hatten das Bild für sich »auf den Kopf« gestellt, das plötzlich so aussah wie »eine Brille mit Schnupfen« oder ein »Gesicht, das weint«. Sofort meldeten sich Patienten zu weiteren Arbeiten an: Eine Patientin wollte an ihrer Beziehung zu ihrem Mann arbeiten, dessen Gesicht mit den hervortretenden Augen sie in dem Bild gesehen hatte, der mit starrem Blick durch ganz dicke Brillengläser sie und die Welt betrachtete. In einem Paargespräch einige Tage später konnte ich diesen Eindruck bestätigen.

»Was«, frage ich die Patientin, »brauchen Sie jetzt?«

»Ich muß mich mit meinem Mann auseinandersetzen und an meiner Trennung von ihm arbeiten.«

In dem nachfolgenden Spiel hatte sich die Patientin eine Trommel ausgesucht, dem Ehemann hatte sie ein Xylophon zugeordnet. Alle musikalischen Versuche, mit ihm Kontakt aufzunehmen, prallten an den harten, nicht-schwingenden Tönen des Xylophons ab. Die Patientin hatte sich in ihrer langen Ehe vergeblich mehr Beachtung, Zuneigung und Liebe gewünscht. Er war und blieb der kühle Rechner, im Nebenberuf Hobby-Bauunternehmer und Finanzmakler, dem die Familie und insbesondere die Ehefrau gleichgültig geworden waren.

All der Schmerz, aber auch der Ärger und die Wut über die vielen Demütigungen kamen im Spiel hoch. Nach der Improvisation äußerte die Patientin ihren Entschluß, diese Leidens-Rolle aufzugeben und sich von dem Mann zu trennen. Sein Spiel (die Patientin in seiner Rolle mit seinem Instrument) war weiterhin uninteressiert und nur mit seinen Dingen beschäftigt. (Das eben erwähnte Paargespräch ergab, daß auch er sich schon Gedanken über eine Trennung gemacht hatte.)

Christoph meldete sich als nächster:

»Dieses Bild macht mir schreckliche Angst – es ist so, als blicke ich in mein eigenes Gesicht und sehe in meinen Augen ganz deutlich die beiden Seiten von mir: die grüne, eher warme, zärtliche und die blaue, kalte Seite.«

Christoph hatte es schwer im Leben gehabt. Den Vater hatte er nicht mehr gekannt, die Mutter hatte ihn als jungen Menschen wenig betreut, forderte aber jetzt im Alter, daß er sie täglich anrufe und mehrfach in der Woche vorbeikomme. Trotz seiner ärgerlichen Gefühle nannte er sie, allerdings mit spöttischem Unterton, »Muttilein«. Nicht einmal im musikalischen Spiel konnte er sich gegenüber der alten Frau durchsetzen. Christoph hatte sich eine Trommel gewählt, die Mutter spielte auf einem kleinen Glockenspiel, und brachte sich immer wieder im Spiel in Erinnerung. Christoph blieb nichts anderes übrig, als »gefälligst zu gehorchen«. Sein Konflikt schien nicht auflösbar, die Aufforderung anderer Gruppenmitglieder, doch einmal seine wirklichen Gefühle gegenüber der Mutter zu spielen, endete in immer leiser werdenden und schließlich verstum-

menden Trommeltönen und dem resignierenden Kommentar:»Ich kann mich nicht von ihr richtig abgrenzen.«
Mit einer gemeinsamen Trommelrunde brachten die anderen ihre Gefühle über die eigenen Abhängigkeiten von ihren Eltern zum Ausdruck.

Methodischer Exkurs zur zwölften Stunde

In der MT improvisieren wir nicht nur über Themen aus Vorgesprächen oder Rückmeldungen, sondern auch über Bilder (oder andere Schöpfungen), die die Patienten in die Therapiestunde mitbringen. Bilder eines Lebensflusses, eines Berufs- oder Beziehungspanoramas, in der Musiktherapiestunde gemalt, werden zu Spielpartituren für Improvisationen, die wir gemeinsam mit Klängen realisieren. Über optische und klangliche Assoziationsketten können bei Mitpatienten Erlebnisse wie die oben geschilderten ausgelöst werden, mit denen sie sonst nicht so schnell und auch nicht zu diesem Zeitpunkt in Kontakt gekommen wären.

13. Stunde: Tod und Abschied. Beispiele aus der rezeptiven Musiktherapie

In dieser Stunde wurde das Thema »Mutter« noch einmal zum Mittelpunkt: Hilda saß sichtlich betroffen und trauernd mit verweinten Augen in der Gruppe. Unter Tränen berichtete sie, daß am vergangenen Samstag ihre Mutter gestorben sei, und im Augenblick gäbe es für sie keine anderen Gedanken als die an den Tod der Mutter. Die sonst zu Beginn übliche »Bitzlicht«-Runde mußte dem aktuellen Anlaß weichen.

Nachdem sich Hilda ein wenig beruhigt hatte, bat ich sie, uns ein wenig mehr über ihre Mutter zu erzählen, besonders über das, was sie an ihr sehr gemocht hatte und – wenn sie wollte, auch über die Dinge, die schwierig gewesen waren.

So entstand das Bild einer sehr dominierenden Frau, die es der Patientin immer wieder schwer gemacht hatte, emotionalen Kontakt zu ihr aufzunehmen. Es waren besonders Mutters Leistungsansprüche an Hildas Beruf (die Patientin war Lehrerin geworden) und die Aufgaben der Familie (sie hatte geheiratet und zwei Kinder), die für die Mutter wichtiger zu sein schienen als alles andere. Auf der anderen Seite konnte die Mutter gelten lassen, daß die Patientin eine tiefe innere Bindung zur Kirche hatte und besonders auch zur Musik, was die beiden zusätzlich verband. Die Patientin erinnerte sich daran, daß die Mutter ihr einmal viel Trost gespendet hatte, als sie als kleines Mädchen mit dem Fahrrad verunglückt war und wegen eines Unterschenkelbruchs operativ versorgt werden mußte. An diese Situation erinnerte sich die Patientin ganz deutlich und sagte unter Weinen:»Das hätte ich mir noch öfter gewünscht, von meiner Mutter in den Arm genommen und getröstet zu werden.« Das aber hatte es kaum gegeben. Da es mir zu früh erschien, mit der Patientin zu diesem Zeitpunkt eine intensive Trauer- und Abschiedsarbeit zu machen, lud ich sie und die anderen Gruppenmitglieder ein, gemeinsam einem Musikstück zuzuhören, das ganz besonders den Aspekt»Trost der Mutter« zum Thema hat. Wir finden dieses Thema in den Worten des fünften Satzes aus dem *Deutschen Requiem* von *Johannes Brahms*, der wie folgt lautet:

Ihr habt nun Traurigkeit;
aber ich will euch wiedersehen,
und eure Herzen sollen sich freuen,
und eure Freude soll niemand von euch nehmen.

Ich will euch trösten,
wie einen seine Mutter tröstet.
Ich habe eine kleine Zeit,
Mühe und Arbeit gehabt
und habe großen Trost gefunden.

Etwas sehr Bewegendes war geschehen: Viele Gruppenmitglieder hatten sich enger aneinandergesetzt, die Trauernde wurde liebevoll von zwei Gruppenmitgliedern in die Mitte genommen. Einige hatten sich auf den Boden gesetzt und eine Frau den Kopf einer anderen in ihren Schoß genommen.

Es war so, als hätte die gemeinsame Trauer die Gruppenmitglieder besonders verbunden. In dem Nachgespräch, für das wir uns heute viel Zeit ließen, um jedem Gruppenmitglied die Möglichkeit zu geben, von seinen Abschieden zu sprechen, wurde offenbar, wieviel eingehaltene Trauer und wieviel Schmerz bei fast allen vorhanden war.

Das Tröstliche, das uns aus der Musik entgegenkam, wo eine Frauenstimme zu den Worten singt:

»Ihr habt nun Traurigkeit« – und
»Ich will euch trösten, wie einen seine Mutter tröstet«,

zeigt die tiefe Weisheit dieses biblischen Textes: Die Worte »Ihr habt nun Traurigkeit« sprechen den augenblicklichen Zustand an und bestätigen uns in dem, was wir im Augenblick fühlen. Wenn wir dies zulassen, dann, so singt die Frauenstimme in diesem Requiem-Satz, »will ich euch wie eine Mutter trösten«. So war es auch in der Gruppe – alle, auch die Männer, waren traurig geworden, hielten aber ihre Gefühle nicht mehr zurück. Den älteren von uns wurde klar, daß wir nach dem Tod unserer Eltern in der Hierarchie der Familie wahrscheinlich »die Nächsten« sein würden. Dies machte die Gruppe sehr nachdenklich. Zum ersten Mal war auch der Gedanke unserer eigenen Endlichkeit, unseres eigenen Todes im Raum.

Wir beschlossen diese Stunde, die schon etwas von dem Abschied aus der Gruppe vorwegnahm, indem wir den ersten Satz aus dem *Brahms*-Requiem hörten.

Selig sind, die da Leid tragen,
denn sie sollen getröstet werden.
Die mit Tränen säen,
werden mit Freuden ernten.
Sie gehen hin und weinen
und tragen edlen Samen,
und kommen mit Freuden
und bringen ihre Garben.«

Still und nachdenklich verließen wir den Therapieraum.

Methodischer Exkurs zur dreizehnten Stunde

Ausgelöst durch den Trauerfall wurde diese Gruppentherapie zu einer Stunde der rezeptiven Musiktherapie, in der wir gemeinsam zwei Sätze aus dem »Deutschen Requiem« von *Johannes Brahms* hörten. Nachdem wir in den vergangenen Stunden so viel eigene Musik gespielt und improvisiert hatten, bot das Thema des Trauerns eine Gelegenheit, sich dazu ein Werk eines der größten deutschen Komponisten anzuhören, um an seiner Ausdeutung des Schmerzes und Tröstung teilzuhaben.

Es gibt eine ganze Reihe von Musikwerken, die ich an dieser Stelle für die Trauerbegleitung verwende. Zu dieser sehr *persönlichen* Auswahl gehören Ausschnitte aus:

- den Lamentationen von *Tallis*,
- der Motette »Tristis est Anima mea« von *Orlando di Lasso*,
- den Messen von *Palestrina*,
- Motetten aus der »Geistlichen Chormusik 1648« von *Heinrich Schütz*,
- der Matthäus-Passion,
- der Johannes-Passion,
- der h-Moll-Messe,
- den Motetten
- und Werken für Orgel, Cembalo oder Orchester von *Johann Sebastian Bach*,
- dem Requiem von *Wolfgang Amadeus Mozart*,
- dem Adagietto aus der 5. Sinfonie von *Gustav Mahler*,
- den Orchestervariationen über ein Thema von *Mozart* von *Max Reger*,
- den Metamorphosen von *Richard Strauss*,
- dem Adagio for strings von *Samuel Barber*.
- Dazu gehören auch die Motette für sechsstimmigen Chor a Capella »Wie liegt die Stadt so wüst«, komponiert 1945 nach der Zerstörung Dresdens, von *Rudolf Mauersberger*, dem Kantor der Kreuzkirche,
- Trauermusik für Viola und Streichorchester von *Paul Hindemith*.

14. und letzte Stunde: Ende der gemeinsamen Therapie und Abschied

Für den Abschied, unsere letzte Stunde, hatten wir uns auf den ganzen Nachmittag geeinigt, um – mit entsprechenden Pausen – allen Gelegenheit zu geben, sich voneinander und dem Therapeuten zu verabschieden.

In der ersten Rückmeldungsrunde wurde noch einmal die Betroffenheit angesprochen, die in der vergangenen Stunde bei allen durch die Begegnung mit dem Tod ausgelöst worden war. Dennoch durchzog alle Rückmeldungen etwas Versöhnliches, das auch durch die Akzeptanz des Unvermeidlichen entstanden war.

Angesprochen wurde auch, daß sich seit einigen Therapiestunden die alten Vorurteile gegenüber dem jeweils anderen Geschlecht in der Gruppe langsam aufzulösen begannen. Dies führte besonders zu einer besseren Akzeptanz der männlichen Mitglieder, die zu Beginn der Therapie noch als gefühllos, kühl, macho-artig erlebt worden waren, in der Therapie aber ihre Gefühle und ihre schwachen und weichen Seiten immer mehr zulassen konnten, was von den Frauen in der Gruppe wahrgenommen und dankbar zurückgemeldet wurde (»Wenn es doch bei mir zuhause auch so wäre!«). Auch den Männern wurde klar, was sie mit ihrem oft unreflektierten Handeln und Tun bei den Frauen ausgelöst hatten. Auch hier gab es viele Korrekturen, verbunden mit dem Wunsch, es in Zukunft zu Hause anders zu machen.

Für den Abschied durfte sich jedes Gruppenmitglied etwas wünschen, was es in dieser Stunde mit einzelnen oder mit der Gruppe spielen oder hören wollte.

Anfangen wollte Maria. Ihr war im Laufe der Therapie die Idee gekommen, daß die Gruppe »alle meine Instrumente« spielen sollte. Mein Vorschlag dazu war, daß Maria selber dirigieren sollte. Und so spielten in ihrem Abschiedskonzert mit: Klavier, große Trommel, kleine Trommel, Tempelblöcke (»5 Mäuler«), Klangschale, Lotosflöte, Xylophon.

Maria stand in der Mitte und gab Einsätze, winkte Instrumente herein oder brachte sie zum Schweigen, regelte Lautstärke, animierte die Lotosflöte, ein entsprechendes Solo zu spielen. Am Ende sagte sie nach dem Spiel: »Eigentlich war es mir gar nicht nach Abschied und Weinen zumute, sondern eher zum Lachen.«

Ihr Stück »Alle meine eigenen Teile dirigieren« stand symbolisch für den Umgang der verschiedenen Anteile, die Maria in sich spürte: Das Getragensein von den Klangschalen, die leisen Klaviertöne, das mächtige Einherschreiten der großen Baßtrommel, die hohl klingenden Holztöne der Tempelblöcke, das vergnügliche Zwitschern der Lotosflöte und die Lebendigkeit des Xylophons. All das dirigierte Maria und schaffte so eine Integration ihrer unterschiedlichen Teile, die nun auf ihr Kommando hörten. Sie kommentierte:

> »Am Anfang kam ich mir etwas unbeholfen und zaghaft vor. Aber dann wurde ich immer zufriedener, als ich merkte, daß ich es schaffe, meine

Anteile selbst zu dirigieren und nicht mehr von anderen dirigieren zu lassen. Dies werde ich zuhause praktizieren. Dann kann ich auch ganz zufrieden sein.«

Die Gruppe dankte es ihr mit lebhafter Anteilnahme.

Heidi wollte gern ihre Ankunft und die Kontaktaufnahme zuhause spielen. Dazu verteilte sie die folgenden Instrumente an andere Gruppenmitglieder: Triangel für ihren getrennt lebenden Mann, eine Trommel und ein Glockenspiel für die Mutter und den bei ihrer Mutter lebenden Sohn, Gongs, große Trommel und Metallophone für die Freunde und Bekannten. Sie wählte »ihre« Trommel, die sie die ganze Zeit in der Therapie gespielt hatte und spielte mit allen Personen zuhause unter dem Motto »Guten Tag, da bin ich wieder, ich möchte gerne mit dir Kontakt aufnehmen«.

Die Abgrenzung zur Mutter gelang gut, sie konnte sich auf entsprechender Distanz halten, desgleichen auch die Abgrenzung von dem Sohn. Fröhliches Wiedersehen gab es bei den Begegnungen mit Freundinnen und Kolleginnen. Heidi mußte schmunzeln, als sie das Spiel mit ihrem Mann begann, dem sie eine Triangel gegeben hatte und der bei diesem Spiel mit dem Metallstab ganz heftig in dem Dreieck der Triangel umherrührte. Hier war die Reaktion der Gruppe auch entsprechend, die sehr rasch die sexuelle Symbolik des Spieles und dieser Interaktion verstand.

Helmut wollte sich verabschieden, einmal von der Gruppe und zum anderen auch noch einmal von den Ansprüchen, die er immer von seiner Mutter bekommen hatte. Ich hatte ihn dazu eingeladen, auf einem großen Zettel all die Störfaktoren aufzulisten, die es zwischen ihm und der Mutter gab, um sich »endgültig« von ihnen zu verabschieden. Er mußte in sein Zimmer laufen, um seine Brille zum Schreiben zu holen, dann brachte er sehr rasch die wichtigsten Punkte auf ein Stück Papier und ich schlug vor, dieses Papier unter Begleitung der ganzen Gruppe im Garten der Klinik zu verbrennen. Wir zogen also trommelnd und flötend durch die Klinik, bis wir an dem Platz vor der Klinik ankamen, wo wir dieses Papier verbrennen wollten. Ich forderte Helmut auf, die einzelnen Punkte noch einmal für sich und die Gruppe laut vorzulesen, um so jeden Punkt mit einer entsprechenden Improvisation zu begleiten. Am Ende dieser Liste war es dann soweit: mit zitternden Händen nahm Helmut ein Feuerzeug und zündete das Blatt Papier an, das schnell zu Asche verbrannte, die der Wind dann bald über den Garten verteilen sollte. Helmut blieb eine Weile in etwas gebückter Haltung stehen und zitterte am ganzen Körper. Wir gingen in den Therapieraum zurück. Da Helmut weiter zitterte, war mein Gedanke, ihm etwas motorisch Entlastendes vorzuschlagen. Ich bat ihn, sich in der Gruppe zu unser Trommelbegleitung zu bewegen und zu tanzen. Die Gruppe griff diese Idee auf und spielte wilde Trommelrhythmen, die zu Bewegungen einluden und Helmut immer wilder im Kreis der Gruppe tanzen und Töne ausstoßen ließ, bis er nach einer Weile völlig erschöpft und nach Luft ringend sich auf seinen Platz setzte. »Das war gut«, sagte er unter noch häufigem Luftholen, »jetzt habe ich endlich mal meine Spannung wirklich auflösen können«.

Dankbar schaute er abschiednehmend in die Gruppe, die diesen sonst eher stillen und sehr kontrollierten Menschen noch nie so lebendig erlebt hatte.

Fritz wünschte sich eine gemeinsame Improvisation. Er hatte mich einmal vor einer Gruppe auf dem Flügel einen Blues spielen hören und sagte, »das wäre genau das, was ich mir jetzt wünsche«. Schnell war unsere kleine »Jazz-Combo« mit zwei Becken, Trommeln und allerlei Rhythmusinstrumenten zusammengestellt. Es entwickelte sich eine vergnügliche Bluesstimmung. Einige, die nicht mitspielten, tanzten allein oder auch mit einem Partner.

Dann meldete sich Anna mit dem Wunsch, von jemandem in der Gruppe geführt zu werden. Dazu legte ich das Adagietto aus der 5. Sinfonie von *Gustav Mahler* auf und schlug vor, daß sich jeder einen Partner suchen möge. Anna, die sich diese Abschiedssequenz gewünscht hatte, berichtete danach:

»Ich schloß die Augen und ließ mich führen. Dieses Erleben war so bewegend, daß meine Augenlider heftig zitterten. Zwischendurch weinte ich auch – nicht aus Trauer, sondern vor Freude und Ergriffenheit. Ich konnte mich ganz in die leise, langsame, sanfte und melancholische Musik fallenlassen und blieb dabei mit mir und einem anderen Menschen in Kontakt. Später führte ich einen Mitpatienten und hatte dabei ein gutes Gefühl, das einem anderen zu vermitteln, was ich selbst als so beglückend erlebt hatte.«

Die anderen Gruppenmitglieder bestätigten diese wichtige, elementare Erfahrung des sich Anvertrauen-Könnens.

Andere Gruppenmitglieder, die keine eigenen Ideen hatten, äußerten den Wunsch, noch einmal etwas gemeinsam mit der Gruppe zu machen.

Aus den Handkontakten beim »Führen und Folgen« entstand der Wunsch, zum letzten Mal in dieser Gruppe einen »Energiekreis« zu bilden und dazu noch einmal ein Stück Musik zu hören. Die Teilnehmer legten die Arme über die Schultern der Nachbarn. Als Musik hatte ich den Kanon von *Johann Pachelbel* aufgelegt, der in seiner Chaconne-Form mit seinem klaren, sich immer wiederholenden Baßmotiv im Dreiertakt Bewegungen in der Gruppe auslöste, die sich zu dieser Musik langsam hin- und her bewegte.

Dieses war nur wirklich unsere letzte gemeinsame Arbeit in der Gruppe. Viele hatten bei dieser letzten Begegnung Tränen in den Augen. Nachdem der Kanon verklungen war, lösten wir uns langsam aus dem Kreis. In den darauf folgenden Abschiedssequenzen konnte jeder jedem in der Gruppe sagen, was er von ihr/ihm bekommen habe, wie er sie/ihn erlebt hatte, was schön, aber auch was schwierig gewesen sei und was er ihr/ihm für die Zukunft wünsche.

In die Betroffenheit über das Ende der Therapie mischte sich auch das gute Gefühl darüber, daß wir *voneinander Abschied genommen und ihn nicht vermieden hatten*. Bewegt und still verließen wir den Gruppenraum.

Methodischer Exkurs zur letzten Stunde

Die meisten Patienten kommen mit der traurigen Erfahrung in die Therapie, daß in ihrem Leben Menschen plötzlich verschwanden, weil sie weggegangen oder gestorben waren. Bisher hatten die meisten Patienten keine Gelegenheit gehabt, sich angemessen von ihnen zu verabschieden.

Um so wichtiger ist es, sich am Ende einer Gruppentherapie ausreichend Zeit für den Abschied zu nehmen. Dadurch bleibt der Abschied eine Realität, der zwar traurig macht, aber weniger Reste zurückläßt, wenn man ihn bespricht und nicht vermeidet, wie es viele noch immer gern tun und zu den Abschiedsrunden nicht erscheinen oder sogar vorzeitig abreisen. Auch bedeutet Abschied nochmal ein intensives »Hinspüren zu« und ein »Hinhören auf« die anderen. In jedem Abschied erleben wir uns noch einmal im Spiegel der anderen.

Die Gestaltung der einzelnen Abschiedssequenzen ergibt sich aus den Wünschen der Patienten, die meist etwas sehr konkretes vorhaben und es auch genau benennen können. Ist einmal etwas nicht ganz so klar, mache ich aus dem musiktherapeutischen Repertoire Vorschläge, so z.B. bei der Jazz-Improvisation, dem *Pachelbel*-Kanon, der Tanzsequenz nach dem Verbrennen des Zettels mit den Wünschen der Mutter, dem Führen und Folgen.

Für mich war es eine große Bereicherung und Erfahrung, mit einer Patientengruppe Musiktherapie machen zu können, die so viele Stunden zusammenblieb. Das Zusammenwachsen und die Interaktionen in einer solchen geschlossenen Gruppe werden natürlich viel deutlicher und auch intensiver als in halboffenen Gruppen, wie sie bei uns die Regel sind.

In der Gruppenmusiktherapie ist immer auch genügend Raum für Einzeltherapien. Von solchen Einzelarbeiten habe ich ebenfalls in den vorausgegangenen Stundenprotokollen berichtet.

Auch bei mir als dem Therapeuten, der diese Gruppe über zwei Monate therapeutisch begleiten durfte, blieb Freude und Dankbarkeit zurück. Ich habe auch von dieser Gruppe, wie von allen anderen, viel gelernt und erlebe es immer wieder als ein großes und nicht selbstverständliches Geschenk, daß sich Menschen mir anvertrauen und sich auf meine therapeutischen Angebote einlassen.

14. Einzelmusiktherapie

In der Musiktherapie gibt es wie in der Gestalttherapie in den Gruppentherapien immer wieder den Wechsel von gruppenzentrierten Arbeiten zu Einzeltherapien in der Gruppe, wie ich dies in dem vorigen Kapitel beschrieben habe.

Im folgenden Kapitel möchte ich einige besonders typische Stunden aus Einzeltherapien beschreiben, um die Vielfalt musiktherapeutischer Ansätze in der Einzeltherapie zu erläutern. Die Beispiele stammen aus inzwischen abgeschlosssenen Einzeltherapien, die über Zeiträume von ein bis zwei Jahren liefen. In den Einzelstunden folge ich dem Ansatz der *analytischen Musiktherapie* von *Mary Priestley* (die Technik habe ich in dem entsprechenden Kapitel weiter vorn beschrieben). Als besonderes Hilfmittel steht mir noch ein Tonbandgerät zur Verfügung, mit dem ich die musikalischen Sequenzen aufzeichne – nicht jedoch die Gespräche. Zu Beginn einer Einzeltherapie erkläre ich den Patienten den Einsatz des Tonbandes für den unmittelbaren Gebrauch in der Therapiestunde, aber auch als gelegentliches Demonstrationsmaterial bei musiktherapeutischen Lehrveranstaltungen. Alle Patienten haben mir dazu ihr ausdrückliches Einverständnis gegeben.

1. Beispiel: Dialog der inneren Kräfte. Der musiktherapeutische „Wettstreit"

Ein 40jähriger Patient, musikalischer Lehrer mit einer starken Angstproblematik. Durch eine massive Lebens- und Leistungskrise war er in eine psychische Dekompensation gekommen. In einer Stunde wollte der Patient sich mit seinen innerpsychischen Konflikten und den gegeneinander »kämpfenden« Anteilen auseinandersetzen.

Dazu hatte ich ihm vorgeschlagen, in der ersten Improvisation seinen leistungsbezogenen Anteil und in einer zweiten auch den weicheren, gefühlvollen, aber von dem anderen sehr »gegängelten« Persönlichkeitsanteil zu spielen, die der Patient beide im Vorgespräch thematisiert hatte. Ich wollte ihn auf dem Klavier begleiten und eventuell dem in Not geratenen Teil zu Hilfe kommen. Eine solche therapeutische »Ich-Spaltung« in einzelne Persönlichkeitsanteile hilft manchmal auf sehr überraschende Weise, dem Patienten die ständig ablaufenden innerpsychischen Dialoge zu verdeutlichen.

Der Patient stieg rasch in die Improvisation des »Leistungsteils« ein und wie von einem Computer abgerufen, perlten pausenlos Kaskaden von Klängen und raffinierten Rhythmen auf einem großen Xylophon zu mir zum Klavier herüber. Ich hatte einige Mühe, diesem Spiel des leistungsbezogenen Anteils sowohl innerlich als auch äußerlich zu folgen. Von mir absichtlich eingespielte »Disharmonien«, Störungen seines Rhythmus durch entsprechende Gegenrhythmen, brachten den Patienten jedoch nicht von seinem »Leistungskurs« ab. (Die von mir eingespielten Disharmonien und die Gegenrhythmen entsprachen meiner Wahrnehmung, daß ich mich im »Bündnis« mit dem sensiblen Anteil des Patienten »mich völlig überfordert fühlte« und im wahrsten Sinne des Wortes nicht mehr »mitspielen« konnte.) Erst als ich »nachgab« und mich auf der Ebene eines »musikalischen Wettstreites« auf ihn einließ, fand ich Kontakt zu dem Patienten. Unsere Improvisation wurde zu einem musikalischen Schlagabtausch, wobei es dem Patienten mehr darum zu gehen schien, mir seine musikalischen Fähigkeiten, sein technisches Können, das musikalische Formgefühl und seinen Ideenreichtum zu zeigen und nicht auf den anderen zu achten.

Wie anders klangen in der zweiten Improvisation die »weichen« Persönlichkeitsanteile. Hier tauchten zaghafte Klänge auf, es gab Pausen, wo wir den Klängen der einzelnen Instrumente, besonders der Gongs und der Röhrenglocken nachlauschen konnten. In dieser zweiten Improvisation hatte ich keine Schwierigkeiten, dem Patienten zu folgen und ihm ein musikalisches »Holding« anzubieten.

Nach dem gemeinsamen Anhören der Tonbandaufzeichnung war der Patient sehr betroffen. Er hatte vom Band gehört, wie wenig Chancen er im Augenblick seinen »weichen« Anteilen gibt, wenn diese vorsichtig probieren, einen Weg zu den Gefühlen zu finden, zu einer neuen, inneren Offenheit und Echtheit sich selbst und den anderen gegenüber. Der Patient erkannte, daß er in der ersten Improvisation seine Gefühle von Angst, Unsicherheit, Hilflosigkeit und Traurigkeit vermieden und mit Hilfe seiner Technik überspielt hatte.

Exkurs

Solche Sequenzen kennen viele Musiktherapeuten aus ihrer Arbeit. In solchen Situationen hat es ein Musiktherapeut natürlich leichter, wenn er neben seinen psychotherapeutischen Fähigkeiten auch über eine gute Instrumentaltechnik verfügt. Musiker, wie auch das nächste Beispiel zeigen soll, fordern uns immer wieder sehr heraus und versuchen, die Therapie zu stören, indem sie ihre musikalischen Fähigkeiten und Fertigkeiten als Widerstand benutzen, um so unbewußt die Musiktherapie zum Scheitern zu bringen. Wichtig war mir, dem Patienten mit Hilfe der Tonbandaufzeichnung seinen Widerstand vorzuspielen, ihn selbst hören zu lassen und ihm mitzuteilen, wie es mir in der Rolle der »schwachen Anteile« in dieser Improvisation gegangen war: Ich kannte den Patienten schon seit einigen Therapiestunden und ich wußte, daß er bisher immer versucht hatte, seine empfindsame Seite hinter seiner Musikalität und seiner Technik zu verstecken. Da sie in dieser Improvisation wieder auftauchte, wollte ich durch das Spielen meiner Gefühle in der oben beschriebenen Rolle diesem virtuosen Spiel als »Vertreter« der sensiblen und zarten Seiten des Patienten etwas anderes entgegensetzen. Erst nach weiteren Stunden, in denen wir immer wieder die verschiedenen Seiten von ihm gespielt hatten, begann der Patient, auch besser auf seine zarteren Töne zu hören, seine Vermeidungsstrategien zu erkennen und sie langsam auch abzubauen.

2. Beispiel: Das Choralvorspiel. Gegenübertragung

Eine junge Musikstudentin mit dem Hauptfach Orgel kam zu einer musiktherapeutischen Behandlung in die Klinik. Aus einer Reihe von Einzeltherapien, die ich mit der Patientin gemacht habe, möchte ich eine Stunde herausgreifen, um an ihr ein bestimmtes musiktherapeutisches Phänomen darzustellen.

Im Rahmen der Therapie berichtete die Patientin, daß sie sich als Gymnasiastin in der Oberstufe in ihren ersten Orgellehrer sehr verliebt hatte. Er war ein liebevoller älterer, verheirateter Mann, von dem sie einfach nicht wieder loskam.

In einer Improvisation spielte sie »meine Beziehung zu Herrn X« auf einer Reihe von Instrumenten (Metallophon, Becken, Pauke, Xylophon und Schellenkranz). Die Improvisation plätscherte so dahin. Aus einer inneren Intuition spielte ich plötzlich das Anfangsthema des Orgelchoralvorspiels »Wachet auf, ruft uns die Stimme« von *Johann Sebastian Bach*. Zunächst passierte gar nichts. Die Improvisation ging so weiter, die Patientin hatte mein leises Spiel nicht wahrgenommen. Als ich dieses Thema beim zweiten Mal etwas lauter spielte, passierte etwas ganz Überraschendes: Die Patientin spielte plötzlich mit ohrenbetäubendem Lärm auf der Pauke und wollte überhaupt nicht wieder aufhören. Ich habe versucht, mit dem Klavier mitzuhalten, bis die musikalische Katharsis langsam abebbte.

Was war geschehen? Wir haben uns dann gemeinsam das Tonband angehört. Zuerst hörte die Patientin, daß sie bei dem ersten Anklingen auf das Thema nicht eingegangen war. Erst beim zweiten Mal war sie eingestiegen und mit ihrem ganzen Ärger auf diesen Mann in Kontakt gekommen, der für sie inzwischen unerreichbar war. Aber auch die anderen Gefühle, die sie für ihn noch hatte, tauchten wieder auf, die sie lange verdrängt hatte und jetzt zunächst mit Ärger und Wut abwehren mußte.

Wir haben dann in mehreren Stunden noch weiter an der Ablösung gearbeitet, und am Ende ihrer Therapie konnte die Patientin dann sagen, daß sich die »Gestalt dieser Beziehung« für sie geschlossen habe.

Exkurs

Dieses Beispiel veranschaulicht, wie wichtig es sein kann, als Therapeut seine Wahrnehmungen in der Gegenübertragung zu spielen und sie der Patientin für ihre Arbeit zur Verfügung zu stellen. In der beschriebenen Improvisation hatte ich nach den Vorgesprächen den Eindruck, es würde etwas vermieden. Die Bestätigung dieser Wahrnehmung kam dann sehr rasch in Form der überaus heftigen musikalischen Reaktion.

Bei anderen Gelegenheiten spiele ich auch Gefühle wie Ärger, wenn ich merke, daß eine Patientin etwas vermeidet, was eigentlich dran ist. Diese Intervention entspricht in der Gestalttherapie der

Rückmeldung von Diskrepanzen, z.B. zwischen Körpersprache und verbalem Ausdruck.

3. Beispiel: »Ich bin o.k.« – Vermeidung, Verleugnung

Das dritte Beispiel stammt aus einer Therapie mit einer 23jährigen Studentin, die seit drei Monaten einmal wöchentlich ambulant zur Musiktherapie kam. Im Vordergrund stand eine depressive Verarbeitung eines Konfliktes zwischen Abhängigkeit vom Elternhaus auf der einen und Autonomie mit Suche nach Selbstverwirklichung auf der anderen Seite. Darüber hinaus hatte sie oft Schwierigkeiten mit ihrem Studium und beschrieb auch Beziehungskonflikte. Eines Tages kam diese Patientin freudestrahlend in die Therapiestunde und verkündete: »Mir geht es gut, ich fühle mich o.k.« Ich griff das Thema sofort auf und wir improvisierten darüber. (Die von der Patientin gemachten Kommentare nach der Improvisation und beim Anhören des Tonbandes füge ich in Klammern an den Stellen ein, wo sie das Erleben der Patientin im Spiel verdeutlichen.) Die Patientin suchte sich folgende Instrumente aus: Xylophon, Glockenspiel, Schüttelrohr, Guiro (Instrument aus der lateinamerikanischen Folklore, ein fischähnliches Gebilde aus Holz mit Querrillen, auf denen man mit einem Holzstab Kratz- und Schabegeräusche machen kann), Becken und Pauke (vgl. dazu die nachfolgende Darstellung der Improvisation in einer Art Spielpartitur).

Kommentar:	»Ich bin in Ordnung«	»alles zerinnt«	Unzufrieden-heit	erste Aggression	musikalische Struktur als Schutz, Abwehr und Sicherheit	erneute Unsicherheit und emotio-nale Labilität	»Kratzen an der Haut, Schale, Maske...« Auto-zu Hetero-aggressivität	

Abb.: Grafische Notation der Improvisation: „Ich bin o. k."

Da ich die Patientin mit ihrer Abwehr von Gefühlen aus früheren Therapiestunden kenne, bin ich gespannt, was sie wohl dieses Mal spielen wird. Statt der erwarteten Freudentöne nach dem Motto »Es ist alles o.k.«, höre ich schon in der Anfangsphase langsame, trauri-ge Töne vom Xylophon. Später greift sie zu einem Schüttelrohr, in dem Sand in einer Metallröhre hin- und her rinnt (»Alles zerrinnt!«). Wischende Töne auf dem Xylophon folgen (»Ich bin ratlos, ich bin mit mir unzufrieden«); dann kommen lauter werdende Paukentöne (»Eigentlich bin ich ärgerlich über mich«), starke rhythmisch struk-turierte Passagen auf dem Metallophon folgen (»Ich wehre mich, finde im Rhythmus aber auch Schutz und Sicherheit«), am Ende stehen immer lauter werdende Kratz- und Schabegeräusche auf dem Guiro (»Das ist wie das Kratzen an meiner dünnen Haut und an meiner Maske«) und heftige Schläge auf der Pauke (»Ich komme so richtig in Kontakt mit meiner Wut auf mich und meine Eltern, aber auch auf meinen Freund, mit dem ich gerade Probleme habe«).

Im Nachgespräch nach dem Anhören des Tonbandes kommt die Patientin darauf, daß sie sich – wie so häufig – auch hier etwas

245

»vorgemacht« und ihren Ärger und ihre Enttäuschung nicht wahrgenommen hat. Jetzt erinnert sie sich, daß sie schon früher Ärger, Wut oder Unmut oder andere Formen von Aggression nicht zeigen durfte, weil sie sonst Gefahr lief, von den Eltern oder, wie hier aktuell, von dem Freund abgelehnt zu werden. In der nächsten Therapiestunde berichtet die Patientin, dem Freund ihren Ärger gezeigt zu haben, der diesen auch annehmen konnte.

4. Beispiel: Beziehung zum Ehepartner. Klang- und Körpersprache

Eine 30jährige Patientin mit einer reaktiven Depression, die über Magenbeschwerden, Schlaflosigkeit, Appetitmangel, Antriebs- und Lustlosigkeit verbunden mit einen beruflichen Leistungsabfall klagte, berichtete, daß ihr Mann sie verlassen habe und zu einer anderen Frau gezogen sei. Für die heutige Einzelmusiktherapiestunde frage ich die Patientin, ob sie sich vorstellen könne, über das Thema »meine Gefühle zu meinem Mann« zu improvisieren.

Am Anfang sitzt die Patientin ratlos vor dem gewählten Xylophon und spielt mit den Schlägeln herum, ohne sie richtig anzufassen oder Kontakt zum Instrument aufzunehmen. Nach einer Weile beginnt sie, langsam und zögernd über das Xylophon mit den Schlägeln zu streichen. Die Bewegungen werden etwas schneller und ein wenig kraftvoller, dennoch bleibt die Lautstärke ihres Spieles so gering, daß ich auf dem Klavier Schwierigkeiten habe, sie zu begleiten, weil ich sie kaum hören kann und das Klavier bei zu geringem Tastendruck nicht mehr richtig anspricht. Schon nach kurzer Zeit endet das Spiel ...

Nach dem Anhören des Tonbandes sagt die Patientin, daß sie ihrem Mann gegenüber sehr ambivalente Gefühle habe. Sie deutet ihr Spiel selbst auf der einen Seite als ein »Streicheln« – eigentlich möchte sie, daß er wieder zurückkommt. Auf meine Frage, wie sie denn ihr Spiel erlebt habe und mit welchen Gefühlen sie die Schlägel gehalten habe, sagt sie: »Die Schlägel wollte ich eigentlich gar nicht richtig anfassen.«

»Woran erinnert Sie das?« frage ich sie. »Es gibt auch eine Seite in mir, diese ganze Angelegenheit mit meinem Mann und auch ihn persönlich nicht mehr anfassen zu mögen.«

Die Frage, ob sie noch irgendwelche anderen Gefühle oder Bilder beim Spiel gehabt habe, verneint die Patientin.

Exkurs

Auch das kann in der Musiktherapie passieren: Patienten spielen so leise, daß eine Begleitung auf dem Klavier, wie sie von *Priestley* für die Einzelsituation konzipiert ist, nicht mehr möglich ist.

Diese Patientin verließ die gemeinsame Spielebene, die sie von den vorausgegangenen Therapiestunden kannte und ging damit auch aus dem Kontakt zu mir. Ihr war die ganze Problematik, auch die (sexuelle) Symbolik der Schlägel, die sie »nicht mehr anfassen mochte«, zu dicht geworden und ich war in ihrer Übertragung in die Rolle des Ehemanns geraten, der das Problem eigentlich lösen sollte. Die Übertragungssituation konnten wir aber im Gespräch auflösen.

Auf der anderen Seite: Wenn die Patientin in einer bestimmten Situation nicht anders spielt, würde ich heute im Sinn der erweiterten Feldtheorie nach *Parlett* meinen Platz und mein Instrumentarium verändern oder wechseln, um im Prozeß und Kontakt mit der Patientin zu bleiben. Auf einem zweiten Xylophon oder einem anderen Instrument hätte ich genau so leise spielen können.

5. Beispiel: Bergbesteigung oder der 50. Geburtstag

Ein eindrucksvolles Beispiel für die Bewältigung ihrer Lebenssituation stammt von einer Patientin kurz vor ihrem 50. Geburtstag. In der bereits seit mehreren Monaten laufenden Musiktherapie hatten wir über die Konflikte mit ihrem Ehepartner und den Kindern gearbeitet. Eines Tages sprach sie von ihrer Angst vor dem Älterwerden, die besonders bei dem Gedanken an den 50. Geburtstag auftreten würde.

Die Patientin willigt ein, über das Thema »Bergbesteigung« zu improvisieren. Langsam, zögernd, mit vielen Pausen, mühselig geht es den Berg hinauf, es stellen sich Hindernisse in den Weg, Unwetter ziehen auf – aber nach einiger Zeit sind wir oben am Gipfel angelangt.

Im zweiten Teil der Improvisation, als wir »oben auf dem Berggipfel« stehen, wird eine Veränderung des Improvisationsmusters hörbar: Anstelle der vorher gespielten Instrumente benutzt die Patientin jetzt nur noch ein großes Becken, das sie mit ruhigen Schlägen in Schwingungen versetzt. Ich beobachte, daß sich das Gesicht und die Haltung der Patientin entspannen, während sie mit geschlossenen Augen den Beckenklängen nachlauscht.

Wir hören gemeinsam die Improvisation vom Tonband, und in dem darauf folgenden Gespräch sagt die Patientin, daß es für sie überwältigend gewesen sei, nach der sehr mühsamen Bergbesteigung, die vergleichbar mit ihrem bisherigen Lebensweg gewesen sei, plötzlich am Gipfel anzukommen.

Auf meine Frage, ob sie etwas vom Gipfel und der anderen Seite des Berges gesehen hätte, antwortete sie:

»Am Gipfel sei sie in einen Nebel gekommen, der sie warm umhüllt und ihr jede Angst genommen habe. Ins Tal auf der anderen Seite des Berggipfels habe sie nicht schauen können, da habe sie wegen des Nebels nichts sehen können. Sie habe aber die Beckenklänge als Schwingungen über dem Fußboden des Therapieraumes wahrgenommen und sich gut 'geerdet' gefühlt. Dies habe ihr ein Gefühl der Sicherheit, Zuversicht und Kraft vermittelt.«

Diese Improvisation wurde von der Patientin in den nächsten Stunden immer wieder angesprochen, weil sie zu einem Wendepunkt der bisherigen Arbeit geworden war. Sie habe auch von dieser Improvisation geträumt und konnte berichten, daß sie anstelle der Angst vor dem Älterwerden jetzt eine realistischere Beziehung zu diesem Lebensabschnitt habe aufbauen können.

Exkurs

Das Thema »Bergbesteigung« habe ich aus der analytischen Musiktherapie von *Mary Priestley* übernommen. Es bietet sich in seiner Symbolik besonders zur Klangrealisation und Imagination einer Lebenskrise an. Die Patientin erlebt nicht nur die Schwierigkeiten ihres Lebens im Aufstieg noch einmal und kommt damit in Kontakt, sondern kann auf dem Gipfel (50. Geburtstag) auch einen Blick in die Zukunft tun, wo sie in ein Tal voll Nebel blickt, das keine realen Strukturen erkennen läßt. So bleibt die Frage, wie es wohl in der zweiten Lebenshälfte weitergehen könnte und ob sie dafür irgendwelche Ziele habe, offen. Die Patientin kann sich aber »erden« und so auch mit ihrer Angst vor der Zukunft anders umgehen.

6. Beispiel: Mein Weg zur Musik. Verborgenes in einer Improvisation. Körperreaktionen

Eine 32 Jahre alte Patientin kommt zum ersten Mal in die Einzelmusiktherapie. Nach dem Vorgespräch kristallisieren sich folgende Themen heraus, die ich der Patientin für eine erste Improvisation vorschlage:

1. Mein Weg von meinem Zimmer bis zum Musiktherapieraum.
2. Meine Erwartungen an die Musiktherapie.
3. Meine erste Begegnung mit dem Musiktherapeuten.

Angeregt durch diese Vorschläge entwickelt die Patientin nach einigem Überlegen ein eigenes Thema, nämlich »Mein Weg zur Musik«. Zu diesem Thema hat sie sich Xylophon, Pauke, Becken, eine Kantele und eine Blockflöte ausgesucht. In der ersten Improvisationsphase gibt es Sequenzen, wo neben der Unruhe der Patientin, erkennbar an den schneller werdenden Rhythmen und Spielakzenten, etwas Grollendes, Unklares und Unbestimmtes, Bedrohliches von der großen Pauke hörbar ist. Am Ende dieser Spielphase spricht die Patientin sehr schnell von einem aufsteigenden leichten Kopfschmerz und von einem stärker werdenden Druckgefühl hinter dem Brustbein. Dieses Gefühl beschreibt sie als relativ fest und weder nach oben noch nach unten beweglich, was ihr offensichtlich auch körperlich sehr unangenehm zu sein scheint.

Darauf steigen wir gleich in eine zweite Spielphase ein und improvisieren über das Thema »der Druck hinter meinem Brustbein«. Das Spiel wird kräftiger, lauter, bedrohlicher, es kommen auf dem Xylophon teilweise sehr holperige Rhythmen zustande, auch das Becken beginnt zu schwirren. Am Ende dieser Phase hat der Druck hinter dem Brustbein noch nicht nachgelassen.

Sie fühlte sich wie gebremst, immer habe sie als Älteste von ihren Geschwistern für die anderen geradestehen müssen und oft mit den Eltern gestritten, da ein Elternteil das erlaubte, was der andere gerade verboten hatte und umgekehrt.

Ich schlug ihr als dritte Improvisation vor, über die »ungebremste Christine« zu improvisieren.

In dieser Phase spielte sie auch noch mit Metallstäben, die sie zum Teil mit dem Schlägel anschlug, zum Teil aber auch mit beiden Händen zusammengriff (für mich sah das so aus, als wolle die Patientin jemanden würgen) und sie dabei aneinander schlug, wodurch unangenehm zischende und klirrende Laute entstanden, die sie aber gleich wieder zum Schweigen brachte. (Für mich klang es wie etwas Erstickendes.) Am Ende dieser Improvisation weinte die Patientin: Durch das Spiel hatten sich die Spannungen der ersten Stunde und körperliche Mißempfindungen gelöst. Auch war sie sehr überrascht, wie schnell sie in der musiktherapeutischen Sequenz mit ihren Gefühlen in Kontakt gekommen war.

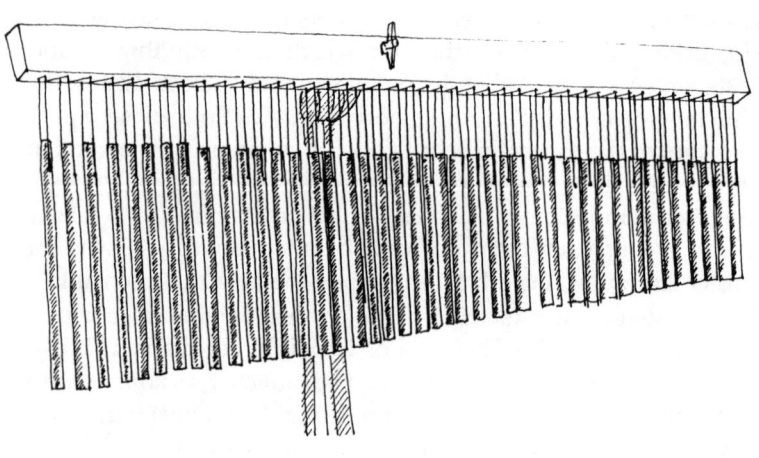

Abb.: Metallröhrenglocken

Exkurs

Diese Sequenz aus einer Einzeltherapie habe ich ausgewählt, um eine ganze Reihe von wichtigen Phänomenen zu beschreiben, die wir in der Musiktherapie beobachten können. Diese können wie hier zu Beginn einer Therapie, aber auch in jeder anderen Therapiestunde auftauchen und uns wichtige diagnostische Hinweise geben, wie ich sie bereits unter dem Begriff »Organsprache« im musiktherapeutischen Schema beschrieben habe.

Immer wieder treten plötzlich Änderungen im Befinden von Patienten auf, sie bekommen Beschwerden, in dieser Stunde waren es Kopfschmerzen oder ein Druckgefühl hinter dem Brustbein. Über klangliche Assoziationsketten wird plötzlich in einer Improvisation der ganze Umfang der Einengung deutlich, die diese Patientin als die Älteste von fünf Geschwistern im häuslichen Umfeld erlebt hatte. Auch die Handhabung z.B. der Röhrenglocken in der beschriebenen Weise läßt an Symbolik nichts vermissen.

In der Symbolsprache hat die Flöte, welche die Patientin spielte, eine Reihe von Bedeutungen: Es ist die Hirtenflöte, die beruhigen kann, oder die Panflöte mit den verführerischen Qualitäten des Gottes Pan; schließlich kann sie, laut gespielt, auch die Bedeutung einer Pfeife haben, nach denen die anderen (u.a. auch die jüngeren Geschwister) doch bitte tanzen sollten.

Über die Aspekte der verschiedenen Instrumente, die sie gewählt hatte, haben wir anschließend gesprochen. Für die Zeit des Klinikaufenthaltes hatten wir schon in dieser ersten Stunde ausreichend Material angespielt, das wir in den nachfolgenden Stunden bearbeitet haben.

7. Beispiel: Die Beziehung zur Mutter bei Vaters Tod.

Dieses Beispiel aus der Einzelmusiktherapie eines 30jährigen Patienten, der in einer Therapie seine Beziehung zu seiner Mutter bearbeiten wollte, habe ich bereits im Text im Kapitel der analytischen Musiktherapie (Seite 99) beschrieben.

8. Beispiel: Der schwierige Fall – Berufsmusiker in der Musiktherapie

Auch dieses Beispiel eines sehr zwanghaften Geigers als Patienten habe ich schon im Text weiter vorn beschrieben (Seite 73). Dieses Beispiel stammt, und aus diesem Grund ist es hier im Zusammenhang noch einmal unter den Einzelstunden erwähnt, aus der ersten und einzigen Einzelmusiktherapiestunde.

Exkurs

Das Beispiel zeigt besonders deutlich die Schwierigkeiten eines Berufsmusikers, dem es nicht gelang, sich auf eine musiktherapeutische Improvisation einzulassen, weil für ihn Musik gleichbedeutend mit Beruf und Leistung war. Zugang zu improvisierter Musik hatte er nie gehabt und wohl auch nicht gesucht.

An diesem Beispiel möchte ich deutlich machen, daß ich eine Musiktherapie nach der ersten Stunde abbreche, wenn die Voraussetzungen für ein therapeutisches Miteinander nicht gegeben oder wie in diesem Fall, der Zugang zu dem kreativen Verfahren (das Anteile des eigenen Berufes beinhaltet) durch die hohen Leistungsansprüche des Berufes verstellt sind. Der Patient konnte dann in einer körperorienierten *Feldenkrais*-Gruppe gut für sich profitieren.

9. Beispiel: Holding in der Musiktherapie. Das Spiel auf zwei Flügeln

Aus der ambulanten Therapie einer 20jährigen Studentin mit einer schweren Zwangssymptomatik, die über hundert Stunden dauerte und die auch ambulant zwischen zwei stationären Aufenthalten weiterlief, möchte ich ein wichtiges Wirkprinzip der Einzeltherapie darstellen.

Aufgrund der erheblichen Störung, die zu massiven Kontaktabbrüchen und zu einer Unterbrechung des Studiums geführt hatte, war mir schon in der ersten Stunde klar, daß hier erst eine lange

»Stützphase« angesagt sei, um eine psychotherapeutisch-musiktherapeutische Vertrauensbasis zu schaffen, auf welche die Therapie aufbauen konnte. So galt in den ersten Monaten in jeder Stunde das Thema: »Ich lade meinen Akku auf, damit ich bis zur nächsten Therapiestunde ausreichend Energie habe.«

Zu dieser Zeit standen in meinem Musiktherapieraum zwei Flügel. In einer Stunde, nachdem wir erst im »Standard-Setting« der Einzelmusiktherapie gearbeitet hatten, hatte ich plötzlich die Idee, die Patientin ebenfalls an einen Flügel zu bitten. Die Patientin willigte ein, obwohl sie gar nicht Klavier spielen konnte.

Diese Idee erwies sich in der Folgezeit als sehr tragfähig, denn im Laufe der nächsten Monate haben wir in jeder Therapiestunde an zwei Flügeln zu verschiedenen aktuellen und biographischen Themen improvisiert und die Aufzeichnungen gemeinsam wieder angehört. Nach anfänglicher Ängstlichkeit verließ sie den zu Beginn der Therapie begrenzten Ton-Raum der Mittellage und entdeckte langsam den gesamten Umfang des Instrumentes. Eines Tages spielte sie mir zu meiner großen Überraschung ein kleines Menuett aus dem Notenbüchlein von *Anna Magdalena Bach* vor. Ihre Erklärung: Sie hatte von ihren Eltern zu Weihnachten ein Keybord geschenkt bekommen und übte seitdem jeden Tag in der freien Zeit. Dieses Stück hatte sie sich nach einer einfachen Klavierschule selbst beigebracht.

Heute geht die Patientin ihrem Studium wieder nach und hat wieder Kontakte zu ihren Mitstudierenden gefunden. Ihre Symptomatik hat sich wesentlich gebessert, auch wenn sie nicht verschwunden ist und bei belastenden Situationen auch wieder stärker wird.

Exkurs

In diesem Ausschnitt aus einer Therapie zeigen sich zwei Aspekte der Musiktherapie: Ich habe auf meinem Flügel das zaghafte und vorsichtige Spiel der Patientin auf dem zweiten Flügel begleitet mit der inneren Bereitschaft, sie zu stützen, zu halten und ihr, wenn nötig, auch Schutz zu gewähren. Im Laufe der vielen Therapiestunden konnte dieser Schutzraum offensichtlich ausreichend ausgebaut werden, so daß sie sich auch an ihrem Flügel (der ja genauso groß war wie mein Instrument) immer wohler fühlte und auch immer mehr Ausdrucksmöglichkeiten für sich fand. Dieses Angebot einer zunächst auf das Instrument bezogenen Gleichberechtigung wurde für die Patientin in dieser Therapie wichtig, mußte sie sich doch zu Hause immer wieder gegen eine »überprotektive« Mutter wehren. In vielen Stunden improvisierten wir über die Probleme mit den Eltern und dem jüngeren Bruder. Musikalisch wurde es dann lauter und dissonanter, langsam fanden auch aggressive Gefühle ihren Platz, die in den Jahren vorher in der Symptomatik gebunden waren.

Der andere Aspekt: Angeregt durch die musiktherapeutische Arbeit finden Patienten zu einem eigenen Instrument oder reaktivieren früher gespielte Instrumente. In gewisser Weise hat die Musiktherapie, wie oben beschrieben, auch einen Aspekt der Hilfe zur Selbsthilfe, da Patienten auch nach einer Therapie weiter auf ihren Instrumenten spielen können.

10. Beispiel: Trauerbegleitung in der Musiktherapie

Dieses Beispiel stammt aus der Therapie einer jungen Frau, deren Mann an einem Krebsleiden verstarb, und die zu mir kam, um sich Unterstützung in der Sterbebegleitung zu holen und – nach dem Tod des Ehemannes – Raum für eine Neuorientierung. Aus der Biographie wußte ich, daß diese Patientin früher Klavier gespielt, es aber seit über zwanzig Jahren kaum mehr angerührt hatte. In den Therapiestunden nach dem Tod des Mannes war eher eine stützende Begleitung in dieser Trauer angesagt, das Reden über den Verlust, die Trauerfeier, die Formalitäten und der Umgang mit dem Umfeld, das für-sich-selber sorgen als eine therapeutische Auseinandersetzung mit dem verstorbenen Ehemann.

Auch hier, wie in dem Beispiel 9, wählte ich die beiden Flügel als unser musiktherapeutisches Arbeitsfeld und wir haben in jeder Stunde über die anstehenden Themen improvisiert. So konnte die Patientin sich allmählich ihren ganzen Schmerz und ihre Trauer von der Seele spielen, bis sie nach Monaten begann, wieder fröhlichere Töne zu entdecken und wir von den Tönen wieder zu den Worten fanden.

Exkurs

Das nur-da-sein, das Hören auf die Töne oder Worte der Patientin, das auf-den-Flügeln-miteinander-spielen, ließ eine gute Basis entstehen für die spätere, eigentliche Trauerarbeit.

11. Beispiel: Die Orgel und die Wühlmaus

Frank, 34 Jahre alt, Oberarzt in einer internistischen Klinik, baute für eine Einzelthertapie verschiedene Instrumente auf, die ihm helfen sollten, seine Beziehungen zu seinem sehr schwierigen Chef zu klären. Auf der einen Seite begegnete uns der vordergründig joviale Chef, an dem es wenig auszusetzen gab, da war aber auch gleichzeitig der Hinterlistige, die »Wühlmaus«, wie Frank ihn zu nennen pflegte, gegen den er nicht ankam.

Seine Improvisationen auf dem großen Xylophon und einer Trommel kamen nicht voran. Immer fehlte ihm noch der Teil, der seine Wut auf diesen Chef ausdrücken half. Ich schlug ihm die Orgel vor. Die musikalischen Rollen waren schnell verteilt – ein liebliches Flötenregister auf dem ersten Manual symbolisierte den freundlichen, das schnarrende Zungenregister eines Krummhorns (eines »krummen Horns«, Nachbau eines Renaissance-Instruments, das am unteren Ende so gebogen ist wie die Griffseite eines Spazierstocks) auf dem zweiten Manual den unberechenbaren, launischen Chef (»Krummer Hund«!), und das laute Pedal mit allen Registern stand für Frank selbst. Die einzelnen Register hatte Frank selbst gewählt, nachdem ich ihm das Prinzip der Orgel in wenigen Worten erläutert hatte. Die Orgelimprovisation wurde entsprechend furios. Erst erklangen auf beiden Manualen die Stimmen des Chefs – er versuchte, auf dem einen Manual freundlich einschmeichelnd Kontakt zu Frank aufzunehmen, dann auf dem anderen mit dem Krummhorn Frank zu reglementieren, der dann mit aller Lautstärke auf dem Pedal begann, auf dem Chef »herumzutrampeln«, der keine Chance hatte, sich mit seinen Orgelstimmen gegen das laute Pedal durchzusetzen. Frank klang erleichtert: »Dem habe ich es gegeben!«

In einer zweiten Spielphase wollte Frank herausfinden, wie er mit den verschiedenen Seiten des Chefs am besten umgehen könne. Dazu schlug ich ihm vor, jeweils nur eine Seite des Chefs zu spielen, also entweder mit der linken Hand mit der Zungenstimme den launischen Chef oder mit der anderen Hand mit dem »lieblich Gedackt« (so heißt das Flötenregister) die andere Seite seines Vorgesetzten.

Frank begann zu probieren – er zog verschiedene Register im Pedal, um mit den Manualregistern dialogisieren zu können. So fand er für die schwierige Seite des Chefs mit der linken Hand (ihm fiel später dazu ein, der Chef sei »link«) eine passende Zungenstimme im Pedal, wobei es Frank gelang, sich besser auf das »Linkische« des Chefs einzustellen und angemessen zu reagieren, ohne sich an die Wand »blasen« zu lassen.

Mit der anderen Seite des Chefs entstand, gespielt mit der rechten (»Der richtigen«) Hand, ein freundliches Tongespräch in Form einer Zwiesprache zwischen Manual und Pedal. Beide Stimmen nahmen vielmehr voneinander wahr, hörten besser aufeinander – und aus dem anfänglichen Durcheinander wurde ein sich-gelten-lassendes Miteinander.

In der Nachbesprechung kommentierte Frank die Tonbandaufzeichnungen mit den Worten: »In Zukunft werde ich versuchen, dem Chef anders zu begegnen, um ihn da abzuholen, wo er gerade ist.«

In den folgenden Stunden berichtete Frank, wie er allmählich lerne, auf den Chef flexibler zu reagieren. Später waren wir noch mehrere Male an der Orgel, als es darum ging, die Beziehung zu seiner Frau und den zwei Kindern zu bearbeiten.

12. Beispiel: Das Orgelpedal und das Über-Ich

Jenny hatte ein anderes Problem. In ihrem Leben, besonders ihren Beziehungen, geriet sie immer wieder in heftigen Streit mit ihren Instanzen (Es – Ich – Über-Ich). Viele Impulse des Es und des Ich wurden immer wieder von ihrem sehr stark ausgeprägten Über-Ich (ihrem Gewissen) gebremst oder gestoppt, so daß sie sich oft ihres Lebens nicht mehr so recht freuen konnte. Nach mehreren Einzelstunden wollte sie eines Tages unbedingt Orgel spielen:

»Eigentlich habe ich Angst vor diesem großen Ding. Seine riesige Höhe (etwas über 5 Meter) beunruhigt mich – auf der anderen Seite erinnert es mich an meine religiöse Erziehung, mit der ich mich heute immer noch »herumschlagen« muß, da sie mir bei meinen Beziehungen immer wieder im Wege steht. Diese große Orgel steht für mich für die Bedrohung durch die Kirche, ich muß mich dem stellen.«

Auch ihr, die etwas Klavier spielen kann, erkläre ich, wie die Orgel funktioniert und wie sie die gewünschten Klänge durch das Ziehen verschiedener Register gestalten kann.

Jenny zieht im ersten Spiel alle Register, so als wollte sie sich die große Orgel gefügig und untertan machen. Über liegenden Pedaltönen (symbolisch für das Es) entwickelt sich eine zweite Spielphase, in der die einzelnen Töne des Ich (gespielt auf dem 1. Manual) und des Über-Ich (auf dem 2. Manual) mehr aufeinander zuspielen. In einer dritten Spielphase spielt sie auf beiden Manualen mit den »schwarzen« Tasten. Das Pedal schweigt für eine Weile, dann übernimmt es die Tonfolge: Es – fis – gis – b und alle Stimmen spielen die gleichen Töne. Das Über-Ich war plötzlich im Pedal angekommen und hatte musikalischen Kontakt zum Es (als »psychische Instanz« und als Ton in der Orgel!) aufgenommen – und spielte mit, was die anderen Stimmen vorgespielt hatten. Am Ende der Improvisation ergab sich eine Art Gleichgewicht der drei Stimmen, im übertragenen Sinn war es zu einer Annäherung, im Laufe der Therapie später auch Aussöhnung mit dem Über-Ich gekommen, das in seiner Daseinsberechtigung nicht mehr als die Kontrollinstanz ausgegrenzt und bekämpft werden mußte, sondern auch als hilfreich begriffen und integriert werden konnte.

Exkurs

Das Besondere meines Musiktherapieraumes ist die freundliche Einrichtung, die nichts von der nüchternen Funktionalität hat, die sonst in vielen Kliniktherapieräumen oder -Sprechzimmern zu finden ist. Aus akustischen Gründen habe ich einen großen Teppich und zwei Läufer ausgelegt und an den Fenstern viele Vorhänge anbringen lassen, um den Nachhall und den Klang der Instrumente zu dämpfen.

Hier stehen eine Vielzahl von Instrumenten: Gongs, Xylophone, kleine Instrumente, gesammelt in Körben, Trommeln, Becken, zwei Flügel, ein Cembalo und eine große, bis unter die Decke ragende Hausorgel – bereit, je nach Thema zum Einsatz zu kommen.

Orgeln haben für Menschen, die in ihrer Kindheit oder Jugend noch in die Kirche gingen, etwas besonderes, was sie mit »überirdisch« und »heilig«, aber auch »unheimlich« bezeichnen. Nicht umsonst wird die Orgel von der Vielzahl der Register her und wegen ihres gewaltigen Klanges als »Königin der Instrumente« bezeichnet und Orgelspieler als Menschen erlebt, die mit der »besonderen Fähigkeit« ausgestattet sind, dieses sakrale Instrument spielen zu können (und zu dürfen). Viele Menschen versuchen, beim Besuch einer fremden Kirche auch auf die Orgelempore zu gelangen und, wenn möglich, die Orgel zu spielen. So waren die Patienten und Weiterbildungskandidaten überrascht, in einem Haus eine so große Orgel vorzufinden und sie sogar spielen zu »dürfen« (was doch schon lange ihr Wunsch gewesen war).

In den Therapien wird die Orgel eingesetzt, nachdem die meisten (aus Scheu oder »Ehrfurcht«) zunächst einen großen Bogen um sie herum gemacht haben: Einmal ging es darum, sich zu überwinden und es zu wagen, das größte und lauteste Instrument in diesem Zimmer zu spielen und die Orgel mit eigenen Händen und Füßen zum Tönen und Brausen zu bringen, zum anderen, durch die Möglichkeit, mit zwei Manualen und dem Pedal zu spielen und die »Macht« zu besitzen, drei »Instrumente« zur gleichen Zeit zu spielen, die wir in der Therapie mit verschiedenen Situationen und Personen besetzten, wie die Beispiele zeigen.

15. Tempo guisto

Tempo guisto bedeutet im Italienischen soviel wie richtiges Zeitmaß oder Tempo. Auf den ersten Blick mag es den Leser verwundern, daß ich diesem Thema in einer Einführung in die Musiktherapie ein eigenes Kapitel widme. Je mehr ich mich mit diesem Thema beschäftigte, um so deutlicher wurde mir aber die Bedeutung des *richtigen* Tempos auch in der Musiktherapie.

Das Ganze begann damit, daß mich vor etwa zehn Jahren *Walter Heinz Bernstein* auf das Buch von *Willem Retze Talsma* »Wiederentdeckung der Klassiker« aufmerksam machte. Darin beschäftigt sich *Talsma* mit den Tempi der Musik des 17. bis 19. Jahrhunderts. Auf Grund seiner Untersuchungen kommt er zu dem Ergebnis, daß z.b. die Sinfonien von *Beethoven* heute bis zu doppelt so schnell gespielt werden als damals.

Bernstein und ich haben nach diesen Erkenntnissen eine Reihe von gemeinsamem Konzerten auch für die Patienten der Klinik gespielt, in denen wir versuchten, uns diesen langsamen historischen Tempi anzunähern. Seitdem läßt mich der Gedanke an die »Wiederentdeckung der Langsamkeit« (so auch der Titel eines Buches von *Grete Wehmeyer*) nicht mehr los.

Um den historischen Hintergrund für diese Betrachtungen noch etwas mehr auszuleuchten, möchte ich einen ganz kurzen Abriß der Tempo-Konzeptionen der letzten Jahrhunderte geben.

Das Problem beginnt damit, daß es für die Musik von *Bach, Mozart* und *Haydn* noch keine Tempoangaben im heutigen Sinn gibt. Angegeben sind bei vielen Stücken meist nur die italienischen Satzbezeichnungen wie z.B. Andante, Adagio, Allegro oder Presto.

Wie schnell diese Stücke gespielt werden sollten, wußten die Musiker von damals, kannten sie doch die Bedeutung dieser Anweisungen aus ihrem Musikunterricht. Da man damals fast ausschließlich nur »zeitgenössische« Musik, meist auch unter der Leitung des Komponisten, spielte, gab es bei Fragen der Interpretation und des Tempos keine Probleme.

Heute dagegen spielen wir überwiegend »alte« Musik. Unsere Lehrer haben keine wirkliche Verbindung mehr zu der alten Aufführungspraxis und lehren mehr oder weniger das, was sie bereits (falsch) von ihren Lehrern übernommen haben.

Als Beispiel sei nur der Begriff »Allegro« genannt, was soviel wie »heiter, beschwingt« bedeutet und damit die innere Charakteristik des Stückes und die darauf abzustimmende Interpretation vorgibt. Die Musiker von heute spielen aber so, als hieße »Allegro« soviel wie schnell und spielen, wie *Mozart* einmal sehr ärgerlich in einem Brief an seinen Vater schrieb, »prestißißimo« (so schnell wie es nur geht!).

Die Spielvorschriften, d.h. die damals entstandenen Lehrbücher über die Art Musik zu spielen, sind erst in den letzten Jahrzehnten wieder mehr beachtet worden und haben in den sechziger Jahren, zunächst in Europa, zu einer Renaissance der historischen Aufführungspraxis geführt. Man suchte und fand alte Streich- und Blasinstrumente aus der Zeit *Bachs* und *Mozarts* oder baute sie nach, rekonstruierte alte Cembali, verwendete wieder Darmsaiten auf Kurzhalsgeigen oder Barockcelli, spielte mit historischen Streichbögen und besann sich auf die von *Johann Joachim Quantz* (Versuch einer Anweisung, die flute traversiere zu spielen), *Carl Ph. Emanuel Bach* (Versuch, über wahre Art das Clavier zu spielen) und *Leopold Mozart*, dem Vater von *Wolfgang Amadeus*, herausgegebenen Schulen, die alle zwischen 1750 und 1760 veröffentlicht wurden. Zu den Pionieren dieser Richtung zählten in den sechziger Jahren *N. von Harnoncourt, G. Leonhardt, F. Brüggen* und *A. Bylsma*.

Die von *Beethoven* angegebenen Metronomzahlen waren bei schnellen Sätzen im modernen Verständnis des Metronoms (z.B. halbe Note gleich 160 Schläge pro Minute) kaum ausführbar. Durch die Untersuchungen von *Talsma* wird deutlich, daß die Musikwelt des letzten Jahrhunderts hier einem grundsätzlichen Irrtum erlag: Da die Vorläufer des noch heute verwendeten *Mälzel*schen Metronoms Pendel waren, die hin- und zurückschwangen, konnte nur die Zeit für die Gesamtschwingung des Pendels angegeben werden, d.h. halbe Note = 160, bedeutet Viertel = 80 für den Hinweg – und Viertel = 80 für den Rückweg des Pendels bzw. Metronoms. Dies führt zu einer Halbierung des Tempos.

In diesem Tempo werden die Werke *Beethovens* und anderer Komponisten nicht nur besser spielbar, sondern sind, was noch viel wichtiger ist, für den Hörer angenehmer zu hören, weil die Musik nicht mehr so gehetzt klingt und Zeit zum »Zuhören« und Atmen mit der Musik bleibt. Für Musiker und Zuhörer stellt sich nach einer Zeit der Gewöhnung eine wohltuende Ruhe auch in den »schnellen« Sätzen ein. Musikalische Phrasierungen (Bindebögen oder Artikulationen) werden wieder hörbar, die im schnellen Tempo nicht mehr ausgeführt werden können. Die einzelnen Sätze einer Sonate oder eine Symphonie bekommen eine wundervolle Transparenz und Binnenstrukturen, z.B. werden Mittelstimmen hörbar. Die »modernen« Interpretationen der Klassiker machen die Menschen oft unruhig und aggressiv, weil sie beim Anhören solcher Musik ihr persönliches Tempo nicht mehr wiederfinden. Schon *Quantz* richtete in seiner Flötenschule 1752 die Tempi am Pulsschlag des Menschen aus – und der war damals und ist heute bei etwa 70-80 Schlägen pro Minute.

Hierzu schreibt die Pianistin und Musikwissenschaftlerin *Grete Wehmeyer*:

Die Reduktion der Spieltempi klassischer Musik bringt andere Inhalte zum Vorschein, als wir sie bisher darin gehört haben. Während mit dem schnellen Tempo Aggressivität und Lieblosigkeit verbunden sind, schieben sich im langsamen Tempo Werte, die es schon einmal gegeben hat, wieder ins Bewußtsein, sie müssen nicht neu gelernt werden: Etwas sich entwickeln zu lassen, einem Zeitablauf der Natur beizuwohnen, Einzelheiten wahrzunehmen und zu genießen und Angst zu verlieren, denn nach *Paul Virilio* gibt es eine Kausalität zwischen Hypergeschwindigkeit und Hypergewalt – so ist die ständige Erhöhung der Geschwindigkeit nur die Wachstumskurve der Angst.

Die Autorin fährt fort:

Der therapeutische Effekt der Reduktion des Spieltempos klassischer Musik, die ja auch aus Lautsprechern im Supermarkt, im Auto, im Flughafen usw. dauernd um uns ist, liegt auf der Hand.

Sie zitiert hier *Peter Sloterdijk*, der dazu deutliche Worte findet:

... Die Arbeitsrichtung einer solchen Bewußtmachung ist gerade nicht das Voran, sondern der Schritt zurück – das Sich-Ausklinken aus dem Mitgerissenwerden im Beschleunigungsprozeß ...

An dieser Stelle schließt sich der Kreis zur Musiktherapie: Langsame Sätze und »schnelle« Sätze, langsam gespielt, bekommen eine ähnliche therapeutische Wirkung. Aus diesem Grund verwende ich in der rezeptiven MT schnelle Sätze in langsamer Spielweise.

Bedauerlicherweise stehen für den Bereich der rezeptiven Musiktherapie bisher erst wenige Aufnahmen auch von Allegro-Sätzen in langsamer Spielweise zu Verfügung. Allerdings sind hier Veränderungen in Sicht, kommen doch jedes Jahr eine Reihe neuer CD's auf den Markt.

Auf die therapeutische Wirkung von langsam gespielter Orgelmusik habe ich bereits weiter vorn hingewiesen, wo eine Patientin
für die Zeit des Anhörens und danach ein Nachlassen ihrer Schmerzen beschrieb, die sie aufgrund ihres fortgeschrittenen rheumati-
schen Krankheitsgeschehens hatte. Dabei handelt es sich um psycho-
vegetative Umschaltungen, die durch die Musik ausgelöst werden.

Daß eine Menge Mut im heutigen Musikbetrieb dazugehört, langsam zu spielen, habe ich von den wenigen mir bekannten Interpreten, die sich dieser neuen Tempo-Konzeption verschrieben haben
(*G. Wehmeyer, Walter Heinz Bernstein, Uwe Klimt, Walter Nater, Urs
Probst*), immer wieder bestätigt bekommen. Auch mir wird, wenn
ich Orgelkonzerte spiele, »kaum gestattet«, langsam zu spielen. Die
heutige Musik-Konsumgesellschaft ist so auf Geschwindigkeiten
und den damit verbundenen »Kick-Effekt« fixiert, daß eine langsame Interpretation Hörer und Kritiker rat- und wohl auch hilflos
macht, da ihr musikalisches Weltbild ins Wanken gerät und sie die
»vermeintliche« Spannungslosigkeit einer langsam gespielten Musik jetzt durch etwas eigenes in ihrem Inneren ergänzen müßten,
wozu sie aber meist nicht bereit sind. (Anmerkung: Wir »Langsam-
spieler« haben uns in zäher Kleinarbeit an dieses Tempo heranar-
beiten müssen – sind wir doch alle noch durch unsere Lehrer zum
»Schnellspiel« angehalten worden.)

Aus diesen Überlegungen heraus ist es sicher nicht zufällig, daß
die Patienten in der Musiktherapie ihre eigenen Tempi finden – d.h.
jeder spielt aus seinem inneren Gestimmtsein, aus seiner inneren
Bewegung heraus seine Tonfolgen und Rhythmen, die oft zu Beginn
noch hektisch und schnell sein können, sich aber im Laufe der
Therapie verlangsamen und dem eigenen Tempo anpassen.

16. Musik und Entspannung

Unter diesem Thema möchte ich eine Reihe von Erfahrungen zusammenfassen, die ich in den letzten 20 Jahren in meiner praktischen Tätigkeit als Musiktherapeut machen konnte. Aus meiner ärztlich-psychotherapeutischen Arbeit war mir der Umgang mit der Hypnose und dem Autogenen Training (AT) nach *J.H. Schultz* schon lange vertraut und so begann ich schon in den siebziger Jahren nach Wegen zu suchen, Formen der Körperentspannung (durch AT oder die progressive Muskelentspannung nach *Jacobson*) mit dem Anhören von mir geeignet erscheinenden Musikstücken zu verbinden.

In der Folgezeit habe ich die entspannenden Verfahren dann durch Musik ergänzt, die nicht mehr dem klassischen europäischen Musikrepertoire entsprach, sondern ich wählte Musiken von *Hamel*, *Deuter*, Komponisten der Stilrichtung »minimal music« (*Riley*) oder Musik aus dem asiatischen Raum, zum Teil in einer interessanten West-Ost-Mischung, wie z.B. die Aufnahme »*Musik für Zen-Meditation*« mit *Tony Scott* (Klarinette) und zwei japanischen Spielern, die Sakohatchi-Flöte und Koto spielen.

Auch ohne die Einleitung über eine Muskelentspannung oder die Umschaltung über das Autogene Training spiele ich 13-saitige oder 26-saitige Monochorde oder auch die Koto (japanische Wölbbrettzitter), um eine Entspannung bei den Hörern auszulösen oder, wie *Strobel* in Kapitel 18 beschrieben wird, einen »trance-ähnlichen Zustand« zu ermöglichen.

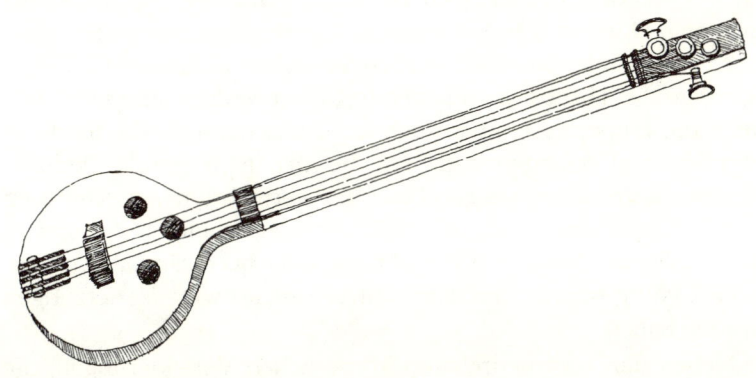

Abb.: Nordindische Tambura

Bei einer anderen Art des Zentrierens singe ich mit den Patienten zur Tampura: einem nordindischen Instrument mit vier Saiten, dessen Resonanzkörper aus einem großen Kürbis besteht, an dem ein langer Hals mit den Saiten befestigt wird. Die Tampura hat einen sehr breiten Steg, auf dem die darüberlaufenden Saiten ca. 2 cm aufliegen. Wenn man einen Wollfaden zwischen der Saite und dem Steg durchzieht und ihn langsam über den Steg schiebt, entsteht an einem bestimmten Punkt (der einem Schwingungsknoten der Saite entspricht) beim Anzupfen der Saite das gesamte Obertonspektrum, das in der Mischung mit den Obertönen der anderen Saiten diesen typisch schwirrenden Klang der Tampura ausmacht. Dazu singe ich Ober- und auch Untertöne.

Die Patienten in der Gruppe lade ich ein, Töne innerhalb des Tonspektrums der Tampura zu summen oder zu singen. Übereinstimmend berichten die Patienten, daß sie in einer halbstündigen Vokalimprovisation mit der Tampura ruhiger werden und spüren, wie die Ausatmung immer länger wird (und die Spannungen weniger werden oder ganz weggehen) und die Einatmung kürzer wird, mit der die Patienten neuen Atem, aber auch neue Kraft schöpfen. Viele geben nach einer solchen Improvisation an, daß auch körperliche Beschwerden wie Magendruck, Spannungsgefühl im Kopf oder Kopfschmerzen, Beklemmungsgefühle in der Brustgegend weniger werden oder weggehen. Auch das Gefühl, anfänglich zu wenig Luft zu haben, um die Töne auch nur kurz auszuhalten, verschwindet im Laufe der Vokalimprovisation.

Da ich selber gern singe, weiß ich aus meinen eigenen Erfahrungen, daß es mir nach Gesangsstunden, nach Chorproben oder auch nach Konzerten, in denen ich viel zu singen hatte, psychisch sehr gut ging. Durch das In-Schwingung-Geraten des ganzen Schädels beim Singen oder Summen werden die Nebenhöhlen der Nase und wichtige der Hirnbasis aufliegende Gehirnzentren stimuliert, u.a. auch die Hypophyse, aber auch das Zwischenhirn, die Stoffe in vermehrtem Umfang produzieren, die ein entsprechendes Wohlbefinden verursachen, vergleichbar der vermehrten Ausschüttung von Endorphinen bei Marathonläufern oder bei einem akuten Unfallschock, wo Menschen für kürzere oder auch längere Zeit zunächst völlig schmerzfrei sind, obwohl sie schwere Verletzungen erlitten haben.

Neben den wahrnehmbaren körperlichen Veränderungen, die sich auch positiv auf die Psyche auswirken, ist für die Musiktherapie der kommunikative Aspekt des gemeinsamen Singens besonders wichtig. Der gemeinschaftsbildende Aspekt des früher häufiger praktizierten familiären Singens wird nur noch Weihnachten praktiziert und ist im übrigen völlig »aus der Mode« gekommen. Auch das Singen in Jugendgruppen, bei den Pfadfindern, in weltlichen oder geistlichen Chören, hat heute leider viel von seiner früheren Attraktivität verloren. Damit ist uns aber eine wichtige musikalische Kommunikationsebene verlorengegangen.

Noch ein Gedanke für klavierspielende Leser, die nach einem Instrument suchen, mit dem sie Musik des 17. und 18. Jahrhunderts selber in »meditativer Weise« spielen können: ich meine das alte, historische Clavichord. Dieses Instrument, das zu den Lieblingsinstrumenten von *Johann Sebastian Bach* und seinen Söhnen, insbesondere *Carl Philipp Emanuel* zählte, ist übrigens auch das einzige Tasteninstrument, auf dem sich ein richtiges Vibrato erzeugen läßt. Auf der Geige entsteht das Vibrato dadurch, daß ich mit dem Finger auf die Saite drücke und dabei den Finger mehr oder weniger schnell hin- und herbewege. Das Vibrato auf dem Clavichord wird durch Bebungen erzeugt, wobei ich durch kleine Druckimpulse die Tasten nach unten drücke und wieder loslasse.

Dieses Instrument, das es heute in sehr guten Nachbauten verschiedener Instrumentenbauer gibt, kann man auch in einer modernen Neubauwohnung ohne ausreichenden Schallschutz zu den Nachbarn noch um Mitternacht spielen, weil es so leise ist und nur für den Spieler und einen unmittelbar neben dem Instrument sitzenden Zuhörer hörbar ist. Das Clavichord gehört in die Familie der Tasteninstrumente wie Klavier, Cembalo oder Orgel, verlangt aber eine eigene einfühlsame und sensible Anschlagstechnik und belohnt den Spieler durch die schönen und beruhigenden Klänge, die man auf ihm erzeugen kann.

17. Der schwierige Patient in der Gruppe

Mit motivierten und introspektionsfähigen Patienten zu arbeiten, ist in keinem psychotherapeutischen Verfahren ein besonderes Problem. In der verbalen Therapie auftretende Widerstände können genauso auch in der Musiktherapie auftreten und mit musikalischen Mitteln ausgedrückt werden. Auch die Auflösung von Übertragungsmustern, die ich schon weiter vorne beschrieben habe, ist mit musiktherapeutischen Mitteln möglich.

Die Praxis der klinischen Musiktherapie zeigt jedoch, daß solche »Wunschpatienten«, die therapiemotiviert, einsichtsfähig und bereit sind, ihre Lebenskonzepte zu hinterfragen, zahlenmäßig immer weniger werden und heute Patienten in die Praxis oder zur stationären Aufnahme kommen, die in das oben skizzierte Bild nicht mehr hineinpassen. Sie zeichnen sich durch eine Reihe von Verhaltensauffälligkeiten und strukturelle Störungen aus, die vom Therapeuten viel Empathie, Verständnis und Geduld verlangen, um ihnen den Weg in den therapeutischen Prozeß zu bahnen und sie in eine therapeutische Gruppe zu integrieren.

In dem längeren Kapitel über die Gruppentherapie habe ich, gestützt auf das Lehrbuch von *Yalom*, die wichtigsten therapeutischen Faktoren der Gruppentherapie abgehandelt und eine Übertragung dieser Gruppenphänomene auf unsere musiktherapeutische Arbeit versucht.

Auch für die jetzt folgenden Abschnitte beziehe ich mich auf *Yalom*, der den »Problempatienten« ein Kapitel in seinem Lehrbuch gewidmet hat. In der Einleitung schreibt *Yalom*:

> Der Erfolg der Therapie hängt davon ab, daß jeder Einzelne im Hier und Jetzt der Gruppe grundlegenden Lebensproblemen begegnet und sie meistert.

In den nachfolgenden Abschnitten möchte ich deutlich machen, daß es auch in der Musiktherapie darum geht, besonders auffällige und den Gruppenprozeß störende Verhaltensweisen als Widerstand zu verstehen und die in diesen Widerständen liegende Kraft für den therapeutischen Prozeß zu nutzen.

Der Alleinunterhalter

Hierzu schreibt *Yalom*:

Das schwarze Schaf vieler Therapiegruppen ist der gewohnheitsmäßige Alleinredner, ein Mensch, der unter dem Zwang zu stehen scheint, unaufhörlich weiterzuplappern. Diese Patienten haben Angst, wenn sie schweigen; wenn andere an die Reihe kommen, schaltet sich der Alleinunterhalter mit den verschiedensten Techniken wieder ein: Sie beeilen sich, auch das kürzeste Schweigen auszufüllen, sie reagieren auf jede Äußerung in der Gruppe; ständig stellen sie Ähnlichkeiten zwischen den Problemen der gerade Sprechenden und ihren eigenen fest, mit der immer wiederkehrenden Phrase:»Ich bin genauso!« Der Alleinredner wird darauf beharren, Gespräche mit anderen in endlosen Einzelheiten zu beschreiben, die mit den Gruppenproblemen vielleicht nur entfernt etwas zu tun haben ... Manche ... übernehmen die Rolle des Fragestellers, während andere die Aufmerksamkeit der Gruppenmitglieder fesseln, indem sie mit bizarren oder sexuell pikanten Geschichten verlocken.

Yalom beschreibt hier Patienten, die sich dadurch in den Vordergrund drängen, in dem sie andere verwirren und z.B. seltene, aus »heiterem Himmel« eingetretene Episoden beschreiben. Häufig zeigen solche Alleinunterhalter hysterische Strukturen, die die Gruppe dadurch zu manipulieren versuchen, indem sie »von größeren Umbrüchen in ihrem Leben« berichten, die immer eine intensive und langanhaltende Aufmerksamkeit zu erfordern scheinen. Andere Mitglieder werden dadurch eingeschüchtert und verstummen, da ihnen ihre eigenen Probleme vergleichsweise unwichtig vorkommen. *Yalom* zitiert einen Patienten, der einmal sagte:»Es ist nicht leicht, >Vom Winde verweht< zu unterbrechen.«

Diesem Phänomen begegnen wir auch in der Musiktherapie. Besonders zu Beginn einer Gruppentherapie werden solche Unterhalter auch noch von den anderen unterstützt, die sich dadurch nur hinter dem ständig spielenden und redenden Gruppenmitglied verstecken wollen. Aber nach kurzer Zeit werden einige Gruppenmitglieder durch dieses Verhalten frustriert und kommen in Kontakt mit ihrem Ärger. Andere, ebenfalls frustrierte Gruppenmitglieder befürchten jedoch, dann »dran zu sein« und die entstehende Lücke selbst ausfüllen zu müssen, wenn sie ihren Ärger ansprechen und sich ein Dauerspieler »beleidigt und resigniert« zurückzieht.

Solche Dauerspiele in der Musiktherapie zeigen, ebenso wie endlose und vom Thema abschweifende Kommentare, wie groß der

Druck und Zwang zum Reden bei solchen Patienten ist und eigentlich einen Versuch darstellt, ihre Angst zu bewältigen. Spüren diese Patienten dann die ansteigende Spannung in der Gruppe, verstärken sie ihr Spiel oder ihren Redefluß noch mehr, um zu verhindern, daß die anderen Patienten hier einen »direkten« Angriff starten, vor dem sie sich schützen müssen.

Die therapeutische Intervention besteht nun darin, auf eine therapeutisch wirksame Weise einen Alleinunterhalter zu unterbrechen. Wenig hilfreich ist es dabei, dem auch im Therapeuten auftretenden Gefühl (»Der Patient macht mich ärgerlich!«) nachzugeben, einen solchen Dauerredner zu unterbrechen und zum Schweigen zu bringen. Dies bringt den Patienten nicht weiter, sondern führt am ehesten zu einer Spannungsabfuhr beim Therapeuten. Ein für den Patienten hilfreicher Lernprozeß findet in diesem Stadium zunächst noch nicht statt. Auch den anderen Gruppenmitgliedern, so schreibt *Yalom*, wird mit einer solchen Intervention nicht geholfen. Im Gegenteil – viele würden sich bedroht fühlen, wenn eines der Gruppenmitglieder vom Therapeuten zum Schweigen gebracht würde.

Es ist Aufgabe des Therapeuten, solche Patienten auf ihr Verhalten aufmerksam zu machen. Die Gruppe selbst ist überfordert, besonders wenn sie noch nicht so lange besteht, ein solches Gruppenmitglied zu integrieren. Häufig verbünden sich die übrigen Gruppenmitglieder gegen einen solchen Patienten, und dem Betroffenen bleibt kaum eine andere Möglichkeit, als aus der Gruppe auszuscheiden. Für das stationäre Setting müssen hier andere therapeutische Angebote gemacht werden. Eine wichtige Aufgabe des Therapeuten ist, der Gruppe und dem betroffenen Patienten klar zu machen, was im Augenblick abläuft.

In einem solchen Stadium schlage ich der gesamten Gruppe vor, Instrumente zu holen und in zwei Spielphasen die derzeitige Situation darzustellen. In der ersten Spielphase spielt der dominierende Patient so lange und so viel er will und die anderen geben nur gelegentlich kleine Einwürfe. In der zweiten Spielphase bitte ich die Gruppe, auf das Solospiel so zu reagieren, wie es der augenblicklichen Befindlichkeit der einzelnen Gruppenmitglieder entspricht.

Durch eine solche Improvisation kann die Gruppe verstehen lernen, wie sie ihren Teil an dem Gesamtprozeß mitträgt, wenn sie es einem Alleinunterhalter ermöglicht, in ein »Vakuum« hineinzuspielen und zu reden, dabei aber die eigenen Wahrnehmungen und Gefühle gegenüber dem Mitpatienten nicht ausspricht. Im Nachgespräch frage ich auch die übrigen Gruppenmitglieder, ob ihnen klar geworden sei, in welcher Weise sie den Alleinunterhalter für sich und ihre Zwecke einsetzen.

Oft können Gruppenmitglieder dann auch ihr Verständnis für diesen Mitpatienten signalisieren, wie er durch sein Verhalten verhindert, mit ihnen Kontakt aufzunehmen. Hier gilt es, Voraussetzungen zu schaffen, die eine Kontaktaufnahme in der Gruppe ermöglichen. Für die Gruppentherapie gilt der Satz: »Wir verhalten uns in der Gruppe so, wie wir uns auch in unseren übrigen sozialen Gruppen außerhalb der Klinik oder der Therapie verhalten.« Wenn ich in solchen Situationen Patienten frage, ob sie diese Reaktionen von der Gruppe auch aus anderen Situationen kennen, werden schnell die Zusammenhänge mit dem häuslichen oder beruflichen Umfeld deutlich: Patienten stellen dann resignierend fest: »Ja, da geht es mir genauso.«

Aufgabe des Therapeuten ist es, einem Alleinunterhalter die Möglichkeit zu geben, sich besser zu beobachten und die Gruppe zu ermutigen, einem solchen Mitpatienten ständig Rückmeldung zu geben, um ihm zu helfen, seine Schwierigkeiten (bis hin zur Unfähigkeit), sich in andere Menschen hineinzufühlen, abzubauen und die eigene Wirkung auf die anderen besser wahrzunehmen und zu reflektieren.

Yalom schreibt hierzu:

Oft muß der Therapeut einem Patienten helfen, seine Empfänglichkeit für Feedbacks zu steigern. Sie müssen unter Umständen sehr bestimmt und lenkend eingreifen und beispielsweise sagen:
»Charlotte, ich glaube es wäre am besten, wenn Sie jetzt aufhörten zu reden, weil ich spüre, daß hinsichtlich Ihrer Person in der Gruppe Emotionen aufgestiegen sind, die zu kennen für Sie sehr nützlich sein würde.«
Sanft, aber wiederholt müssen die Patienten mit dem Paradoxon konfrontiert werden, daß sie auf einem Verhalten beharren, das nur Gereiztheit, Ablehnung und Frustration hervorruft, so sehr sie sich auch wünschen mögen, von den anderen akzeptiert und beachtet zu werden.

Ich versuche die Patienten in der Gruppe zu ermutigen, dem Alleinunterhalter Rückmeldungen zu geben, was sein Verhalten bei den einzelnen auslöst: »Es macht mich ärgerlich, wenn du ständig sprichst oder spielst, oder: »Mich langweilt das, was du erzählst ...«, womit eigene Gefühle zurückgemeldet werden und nicht das Handeln oder die Verhaltensweise des anderen kritisiert oder zensiert wird. (Kritik läuft sonst fast immer nach dem Schema: »Du kannst ja doch nichts anderes, du taugst nichts, du drängelst dich nur vor, du willst ständig nur im Mittelpunkt stehen«, womit jede Bereitschaft verlorengeht, sich kritische Äußerungen von anderen überhaupt nur anzuhören.)

Der schweigsame Patient

Zur stationären Aufnahme auf unsere Abteilung kommen immer wieder Patienten ohne psychotherapeutische Vorerfahrungen, die sich zunächst nicht zurechtfinden. Eine relative Schweigephase aus anfänglicher Unsicherheit in den ersten Gruppenstunden ist dabei nicht ungewöhnlich und ermöglicht eine Orientierung im Gruppenprozeß durch Beobachten und Hören auf das Spiel der anderen und ihren Umgang mit Instrumenten in der Gruppe.

Dennoch können chronische Nicht-Spieler oder Schweiger für die Gruppe und damit auch für den Therapeuten zu einem Problem werden.

Während ich früher meinte, daß die schweigenden oder kaum mitspielenden Patienten in der stationären Gruppe wenig profitieren würden, weiß ich heute aus zahlreichen Rückmeldungen, daß auch solche Patienten eine Menge für sich aus der Gruppe mitnehmen konnten. Ihre mehr innere Beteiligung am Gruppenprozeß wird in ihren Rückmeldungen deutlich. Je mehr sich Patienten in der Musiktherapie einbringen, indem sie ihre Probleme ansprechen, sie spielen und nach Lösungsmöglichkeiten suchen, umso eher bekommen sie das Gefühl, wirklich zur Gruppe zu gehören. Das Gruppenfeld hilft ihnen, an sich und eigenen Problemen zu arbeiten, und umgekehrt, für andere Gruppenmitglieder bei deren Arbeiten zur Verfügung zu stehen.

Patienten haben viele Gründe, sich in einer musiktherapeutischen Gruppe nicht zu beteiligen. Es sind dieselben wie in den verbalen oder anderen kreativen Therapien. Hierzu gehören Gefühle der Scham bei eigenen Themen oder die Vermutung, daß die Themen der anderen viel wichtiger seien und man ihnen die Zeit nicht wegnehmen möchte. Patienten spüren oft auch eine latente Angst vor ihren eigenen aggressiven Gefühlen und ihrem Zerstörungspotential. Wieder andere mit einem großen Leistungsanspruch an sich selbst befürchten, daß sie bei jeder Äußerung, bei jeder Improvisation den eigenen Leistungsansprüchen überhaupt nicht gerecht werden können.

Hinter allem steht die Angst, wegen der eigenen Themen oder des Verhaltens von den anderen abgelehnt zu werden. Aus diesen Gründen ziehen es dann manche Patienten vor, für eine kürzere oder auch längere Zeit in der Gruppe eher zu schweigen. Auch die erkennbaren Übertragungsmuster (Lateralübertragung, d.h. die Übertragung von Gefühlen auf andere Gruppenmitglieder) oder die Übertragung auf den Therapeuten spielen hier eine wichtige Rolle: Manche Patienten können viele Dinge einfach nicht benennen und fühlen sich gehemmt, etwas anzusprechen, was andere verletzen könnte. In Wirklichkeit können sie die Personen in der Gruppe von den Personen, die sie aus ihrem früheren Umfeld kennen, noch nicht richtig trennen und befürchten (wie früher) entsprechende Reaktionen.

Das heißt: Wenn z.B. eine junge Frau in der Gruppe bei einem älteren Mann plötzlich Ähnlichkeiten mit ihrem Vater entdeckt, wird sie sich diesem Mitpatienten gegenüber erst einmal so ähnlich verhalten, wie sie es bei ihrem Vater gemacht hat und es außerordentlich schwer haben, ihre wirklichen Gefühle dem Gruppenmitglied gegenüber zu äußern. Aufgabe des Therapeuten ist hier, solche Widerstände, die sich auch durch Schweigen zeigen können, aufzuspüren und in dem Fall die junge Patientin einzuladen, die Beziehung zu dem älteren Gruppenmitglied zu klären. An dieser Stelle mache ich in der Musiktherapie eine typische Gestaltarbeit: Ich bitte die beiden Gruppenmitglieder, sich gegenüberzusetzen und fordere beide auf, alles zu beschreiben, was sie an ihrem Gegenüber sehen, mit den Augen wahrnehmen können, dabei das Gesehene aber nicht zu interpretieren.

Das heißt zum Beispiel: »Ich sehe blaue Augen« – dies ist die genaue Beschreibung einer Wahrnehmung – und nicht: »Ich sehe blaue Augen, die ganz unnahbar und kalt sind, vor denen ich Angst habe.« – Denn dies wäre eine Deutung der Wahrnehmung.

Wenn ich am Ende einer solchen Arbeit die Patientin dann frage, wo es denn Ähnlichkeiten zwischen dem Mitpatienten und dem Vater gibt und worin sie sich unterscheiden, kann die Übertragung weitgehend abgelöst und auf diese Weise auch die vorher projizierte Angst vor diesem Mitpatienten abgebaut werden.

Ganz allgemein gilt es, schweigenden Patienten Raum zu geben, sich zu entfalten, ohne jedoch Druck auf sie auszüben. Relativ früh gebe ich schon in der Gruppe jedem Mitglied den Leitsatz mit, daß »jeder für sich selbst in der Gruppe verantwortlich ist« und damit für das, was er in der Gruppe tut oder unterläßt.

Schweigsame Patienten beginnen meist nach den ersten Gruppenstunden, sich in den Gruppenprozeß einzubringen und, ermutigt durch die Arbeiten der anderen, suchen sie für sich nach Möglichkeiten, sich am Gruppenprozeß zu beteiligen. Die Feedbacks über die Beteiligung an der Gruppe werden für sie zu einem weiteren Anreiz, die eigene Aktivitäten zu verstärken. Die Patienten spüren, daß es ihnen nach einer Mitarbeit oder nach gegebenen Rückmeldungen besser geht, sie dadurch etwas für sich profitieren und – ebenso wichtig – sie sich auf diese Weise auch mehr zur Gruppe gehörig fühlen können, was sie häufig in ihrer Ursprungsfamilie nicht erleben konnten.

Zu der Gruppe der schweigenden Patienten kann auch der »langweilige Patient« gezählt werden. Er wird von den Menschen seiner Umwelt kaum wahrgenommen, sie interessieren sich nicht für ihn, weder als Sport-, Lebens- noch Sexualpartner. In der Regel erleben sich diese Menschen als scheu, gehemmt, leer – halt eben »langweilig und gelangweilt«.

Hinter dem Selbstkonzept: »Ich bin für mich und die anderen langweilig«, steckt eine massive Selbstwertproblematik, die von den anderen Gruppenmitgliedern bemerkt wird und auch Thema der Gruppentherapie werden kann. Gelangweilte Patienten sind meistens sehr anpassungsfähig und drücken nur das aus, was bei den anderen Gruppenmitgliedern »ankommen« kann, verbergen dahinter aber ihre eigenen persönlichen Wünsche.

Auch diese Patienten brauchen immer wieder die Rückmeldung, wie ihr Verhalten von der Gruppe und dem Therapeuten wahrgenommen wird, verbunden mit der Frage: »Wie geht es Ihnen damit, so von der Gruppe wahrgenommen zu werden?« – »Ist es Ihr Anliegen, sich aus der Gruppe auszugrenzen oder von der Gruppe ausgegrenzt zu werden?«

Häufig gelingt es der Gruppe und dem Therapeuten, Spuren des »langweiligen Patienten« aufzunehmen, wo dieser alles andere als langweilig ist und so einen Zugang zu diesem Menschen zu finden, der es ihm ermöglicht, auf dieses »langweilige« Verhalten zu verzichten und in echten Kontakt mit den anderen zu gehen und sowohl Wünsche, Bedürfnisse als auch Abgrenzungen und Aggressionen zu äußern.

Der jammernde Patient

Diese Variante des Alleinunterhalters erleben wir im stationären Rahmen in vielen Therapieformen, also auch in der Musiktherapie. Die ständigen Jammerer in der Gruppe haben ein wichtiges Charakteristikum gemeinsam: Sie fordern durch Worte oder Gesten Hilfe von der Gruppe ein, indem sie Probleme oder Klagen vorbringen, viel Zeit für sich beanspruchen, aber dabei jede angebotene Hilfe sofort ablehnen. *Yalom* schreibt dazu:

> Diese Jammerer sind auf die Unlösbarkeit ihrer Probleme stolz und meinen, die Hilfe des Therapeuten nötiger zu haben als andere Gruppenmitglieder. Wenn die Gruppe oder der Therapeut auf ihre Klagen reagieren, verwirrt sich die Situation zur Groteske, da die Patienten die ihnen angebotene Hilfe ablehnen, wenn auch die Zurückweisung viele verschiedene und subtile Formen annimmt; manchmal wird der Rat offen abgelehnt, manchmal schlicht ignoriert, manchmal wird er verbal angenommen, aber nie befolgt, oder er führt, falls er befolgt wird, nie dazu, daß sich die »schlimme« Lage der Patienten sich wirklich bessert. Ganz selten gilt auch einmal, daß, wenn sich Erfolge einstellen, diese auf alle Fälle der Gruppe und dem Therapeuten gegenüber verheimlicht werden.

Solche Patienten, die Therapien zum Scheitern bringen, konfrontiert der Therapeut *Frank Farrelly* mit dem Ausspruch: »Wenn Sie gewinnen, und ich (als Therapeut) verliere, so verlieren Sie!«

Und hier scheint das Paradox dieses oft ärgerlich machenden Verhaltens zu liegen: Eigentlich möchten die Patienten Hilfe, weil sie sich so verrannt haben, daß sie aus dem Problem nicht mehr herausfinden – auf der anderen Seite müssen sie sich aber durch die ständigen Vorwürfe immer wieder neu die Aufmerksamkeiten der Therapeuten und der Gruppenmitglieder holen, um an ihrem eigentlichen Zustand nichts ändern zu müssen.

Wie bei den vorgenannten Patienten ist auch hier der Therapeut gefragt, dieses Verhalten als Widerstand zu erkennen und entsprechend zu reagieren, ohne ärgerlich zu werden. Wir müssen die Patienten fragen, »was sie mit diesem Verhalten eigentlich erreichen wollen und wer sie so sehen solle«. Solche Fragen führen oft zu ganz überraschenden Reaktionen und Wegen heraus aus dem Clinch: meist gilt dieses Verhalten den Eltern, dem Partner oder den Kindern. In solchen Situationen sage ich den Patienten: »Ich akzeptiere Sie so wie Sie sind, aber ich sage *nein* zu Ihren bisher praktizierten (neurotischen) Lösungsstrategien« (welche die Bearbeitung der Probleme verhindern und auch keine wirklichen Beziehungen entstehen lassen).

Ein musiktherapeutisches Angebot für solche Patienten ist der Rollentausch: Ich lade sie ein, mit mir als Therapeuten oder auch einem anderen Gruppenmitglied folgende Improvisation zu spielen: Der Patient möge die Rolle des Therapeuten übernehmen und der Therapeut oder ein anderes Gruppenmitglied übernimmt die Rolle eben jenes Patienten, der ständig jammert. Wenn wir eine solche Sequenz dann auch noch auf Tonband aufnehmen und sie dem »Jammerer« vorspielen, wird ihm sein eigenes Verhalten gespiegelt. Solche Improvisationen bewirken häufig eine Veränderung des Patienten, der beginnt, sein jammerndes zugunsten eines mehr authentischen Verhaltens zu verändern.

Patienten mit frühen Störungen

In diesem Abschnitt möchte ich Patienten beschreiben, die wir in immer größerem Umfang im klinischen Alltag sehen und die in der modernen Psychotherapie heute als sogenannte »frühe Störungen« bezeichnet werden. Dazu zählen Patienten mit:

- schizoiden Neurosen,
- narzißtischen Persönlichkeitsstörungen und
- Borderline-Störungen.

Schizoide Neurose

Zu diesem Krankheitsbild schreibt *Yalom*:

> Der schizoide Zustand, die Krankheit unserer Zeit, lenkt vielleicht mehr Patienten in die Psychotherapie, als jeder andere Formenkreis der Psychopathologie. Diese Patienten sind emotional blockierte, isolierte, distanzierte Individuen, die oft aus dem vagen Gefühl heraus um eine Therapie nachsuchen, es fehle ihnen etwas: Sie können nicht fühlen, nicht lieben, nicht spielen, nicht weinen. Sie sind Zuschauer ihrer Selbst, bewohnen ihren eigenen Körper nicht, erleben nicht ihr eigenes Erleben. In der Therapiegruppe merkt der Patient, daß die Art und Intensität

seines emotionalen Erlebens sich erheblich von denen der anderen Mitglieder unterscheidet. Der Patient mag sich über diese Diskrepanz wundern und zu dem Schluß kommen, die anderen Mitglieder seien melodramatisch, übermäßig labil, übermäßig mit Belanglosigkeiten beschäftigt oder hätten einfach ein anderes Temperament. Schließlich jedoch kommen auch schizoide Patienten dazu, sich über sich selbst zu wundern; sie beginnen zu vermuten, daß irgendwo in ihnen ein riesiges Gefühlsreservoir ist, an das sie nicht herankommen.

Der schizoide Patient braucht eine andere Einstiegsmöglichkeit in die Gruppentherapie, die es ihm ermöglicht, ausreichend Sicherheit zu empfinden, um hier seine schizoide »Mauer« ein Stück durchlässiger zu machen. Hierbei haben sich mir die Verbindungen verschiedener kreativer Medien im therapeutischen Ansatz als sehr hilfreich erwiesen: Ich lasse diese Patienten gern Symbole, ihre Befindlichkeit, ihren Lebensfluß, den »Strom« ihres beruflichen Werdeganges oder der partnerschaftlichen Beziehungen malen. Auch Soziogramme sind hier hilfreich, mit denen die unterschiedlichen Beziehungen zur nahen und näheren Umgebung dargestellt und gespielt werden können.

So benutze ich die Zeichnung eines Soziogramms wie eine »Ring«-Partitur: der Patient sitzt mit seinem Instrument in der Mitte. Wichtige Familienmitglieder plaziert er mit entsprechenden Instrumenten um sich herum. Die Wahl der Instrumente und die Distanz zu dem Patienten und seinem Instrument steht gleichzeitig auch für die Qualität und Intensität der Beziehung.

Kontaktaufnahme auf der Instrumentalebene zu einzelnen Gruppenmitgliedern gelingt meist leichter als über die verbale Ebene. Das hilft dem Patienten, die einzelnen Gruppenmitglieder differenzierter wahrzunehmen und nicht die Gruppe pauschal abzulehnen. Auch das Auftreten von Körpergefühlen wie Kopf-, Brust- oder Bauchschmerzen, Schwitzen, Zittern in einer beziehungsklärenden Arbeit werden als Rückmeldung des eigenen Körpers zunächst eher angenommen als Rückmeldungen von Mitpatienten.

Ich habe durch meine Gruppenerfahrungen gelernt, daß Patienten mit frühen Störungen durch ihre außerordentliche Sensibilität und ihr treffsicheres Gespür für Prozesse in der Gruppe und bei jedem einzelnen der Gruppe eine große Bereicherung darstellen, auch wenn sie es uns manchmal aufgrund ihrer Abwehrmechanismen nicht immer leicht machen.

Der narzißtische Patient

Auch hierzu wieder einige Zeilen von *Yalom*:

Für die Entwicklung von Selbstachtung und Selbstvertrauen ist eine gesunde Eigenliebe unerläßlich; übermäßige Eigenliebe nimmt die Form des Narzßimus an – die Liebe zu anderen ist nicht mehr möglich; der Narzißt übersieht dabei die Tatsache, daß andere ebenfalls fühlende Wesen sind, daß auch andere ein Ich haben und daß jedes Ich eine einzigartige Welt aufbaut und erlebt. Narzißten ... sind Menschen, die die Welt und andere Individuen so erleben, als seien sie nur für sie da.

Narzißtische Probleme sind verschieden stark ausgeprägt: Manche Patienten haben leicht narzißtische Züge, sie wirken eitel, selbstsüchtig oder eingebildet. Es gibt aber auch Menschen mit so überzogenen narzißtischen Tendenzen, daß die ganze Persönlichkeit um die übertriebene Selbstliebe herum organisiert ist. Bei solchen Patienten sprechen wir dann von narzißtischen Persönlichkeitsstörungen.

Stephen Johnson, ein amerikanischer Psychologe, schreibt in seinem Buch »Der narzißtische Persönlichkeitsstil«:

Einige meiner besten Freunde sind Narzißten. Viele meiner Patienten, die ich behandelt habe, sind nicht primär durch ihre Egozentrik und Selbstüberschätzung, durch ihren Stolz, ihre Ansprüche und ihre Neigung, andere zu manipulieren, gekennzeichnet, obwohl diese meist wohl verborgenen Merkmale ihrer Persönlichkeit sicher vorhanden sind. Diese Menschen sind durchaus nützliche Mitglieder der Gesellschaft, aber sie bezahlen einen hohen Preis an Schmerzen und Lebendigkeit für ihre angestrengten Leistungen. Sie sind zu sehr damit beschäftigt, ihren Wert zu beweisen – oder richtiger – ihre Wertlosigkeit zu widerlegen, um die Liebe, Anerkennung und Freude menschlicher Verbundenheit zu empfinden, die ihre guten Werke potentiell bei ihnen und anderen hervorrufen könnten. Sie sind Menschen, die gequält sind von narzißtischen Kränkungen, die behindert sind in ihren Funktionen durch die Entwicklungsbarrieren, die es ihnen unmöglich machen, ein erfülltes Leben zu führen, das sie verdienen würden. Diese Form des Narzißmus ist integraler Bestandteil unserer lebensfeindlichen Kultur, die Leistung höher bewertet als Lust, Status höher als Liebe und den äußeren Schein höher als die Wirklichkeit. Sie ist die häufige Folge des materiellen Vollkommenheitswahnes unserer Kultur. Sie hemmt einen sehr erheblichen Prozentsatz unserer Bevölkerung und lähmt manche unserer begabtesten und fähigsten Persönlichkeiten. Doch obwohl die Kultur den Narzißmus verstärkt, ist seine Brutstätte die Familie.

Ich beobachte immer wieder in der Gruppe, wie Patienten versuchen, ihr gefährdetes narzißtisches »Gleichgewicht« zu erhalten, indem sie in der Gruppe versuchen, sich von anderen Gruppenmitgliedern narzißtische Zufuhr zu holen und die Wertschätzung und Anerkennung zu bekommen, welche ihnen in der frühen Kindheit und Jugend versagt wurde.

In der Vorbereitung auf eine Gruppentherapie kann ein narzißtischer Patient mit dem Therapeuten als Gegenüber durchaus »emotional korrigierende Erfahrungen« machen. Der eigentliche Therapieplatz für narzißtische Patienten ist jedoch die Gruppe, in der sie allmählich lernen müssen, den Therapeuten und seine Aufmerksamkeit mit anderen zu teilen, sich in Mitpatienten einzufühlen, Beziehungen zu anderen aufzunehmen und auch kritisches Feedback zu akzeptieren.

Aufgrund seiner Persönlichkeitsstruktur versucht der narzißtische Patient, mit allen Mitteln, im Mittelpunkt zu stehen und auch zu bleiben. Die anderen Gruppenmitglieder werden danach bewertet, wieviel sie diesem Patienten an narzißtischer Bestätigung geben (oder zu geben bereit sind). Für die Gruppe ist es wichtig, im Laufe der Therapie zu lernen, sich gegenüber solchen narzißtischen Ansprüchen in angemessener Weise zur Wehr zu setzen. In Nachgesprächen berichten Patienten, daß gerade solche narzißtischen Verhaltensweisen bei bestimmten Mitmenschen es ihnen bislang sehr schwer gemacht haben, sich durchzusetzen und auch abzugrenzen. Für Patienten, die sich überhaupt nicht durchsetzen können, kann der narzißtische Patient sogar zu einem Vorbild werden. Narzißtische Patienten können durchaus sehr aktiv in musiktherapeutische Improvisationen einsteigen um sich darzustellen, erweisen sich aber oft als miserable Zuhörer, die sich langweilen oder schläfrig werden, wenn andere spielen oder sprechen.

Häufig zeigt der narzißtische Patient seine Betroffenheit über eine musiktherapeutische Arbeit oder die dazu gemachten Rückäußerungen der Gruppe. Seine Rückmeldung endet aber meistens mit dem Satz: »Ja, aber ...« Auch gelegentlich kränkende Rückmeldungen an die Gruppe und den Therapeuten spiegeln die eigene Verletzlichkeit als Folge früher, tiefer Verletzungen. Die einzige Chance für diese Menschen besteht darin, daß sich weder Therapeut noch Gruppenmitglieder durch diese entwertenden und destruktiven Rückmeldungen »aus dem Konzept bringen lassen«, indem sie eigene Gefühle zurückspiegeln. Ich versuche dann zu hinterfragen, was der Patient mit dieser Äußerung jetzt eigentlich erreichen wolle.

Bei der narzißtischen Persönlichkeitsstörung sind die eben beschriebenen Persönlichkeitsmerkmale noch ausgeprägter, zu denen »ein grandioses Gefühl« der eigenen Bedeutung, eine Beschäftigung mit Phantasien von grenzenlosem Erfolg, die Forderung nach ständiger Aufmerksamkeit und Bewunderung hinzukommt. Dem gegenüber stehen: extreme Empfindlichkeiten gegenüber Kritik, Gleichgültigkeit oder Niederlagen, die oft von Wut, Minderwertigkeitsgefühlen, Scham oder Gefühlen der Leere begleitet werden. Die zwischenmenschlichen Beziehungen werden von einer Reihe von Faktoren und Defiziten bestimmt:

- dem Gefühl, zu allem berechtigt zu sein;
- der Neigung, die Mitmenschen auszubeuten;
- einem Wechsel zwischen übermäßiger Idealisierung und Abwertung;
- dem Mangel an Einfühlungsvermögen;
- einem eher flachen Gefühlsleben;
- wenig Freude am Leben;
- dem Wunsch, von allen bewundert zu werden;
- der Neigung, jene abzuwerten, die ihnen (zu) wenig narzißtische Bestätigung geben.

Der Borderline-Patient

Ebenso schwierig wie bei den vorher beschriebenen Patienten gestaltet sich die musiktherapeutische Behandlung von Borderline-Patienten, die an Störungen leiden, die sich nach modernen psychotherapeutischen Konzepten in dem Grenzbereich zwischen Neurosen und Psychosen einordnen lassen und deren hervorstechendstes Merkmal die *Stabilität der Instabilität* darstellt. Besonders unter Streß sind Borderline-Patienten sehr instabil, wie *Yalom* schreibt,

> ...und reagieren mit Drogen- und Alkoholmißbrauch und vielen anderen selbstzerstörerischen Verhaltensweisen. Sie entwickeln gelegentlich psychotische Episoden, die aber eng begrenzt und kurzlebig sind.

Kernberg beschreibt die alles beherrschende Instabilität des Borderline-Patienten als Instabilität

- der Stimmung,
- des Denkens und
- der interpersonalen Aktivitäten.

Auch wenn die Arbeit mit ihnen nicht leicht ist und wir Therapeuten, besonders in der Anfangszeit einer Therapie, Kränkungen und Entwertungen aushalten müssen, arbeite ich immer wieder gern mit Patienten mit Borderline-Störungen. Mit den Patienten vereinbare ich zunächst einige Probesitzungen, erst einzeln, später in der Gruppe, und erlaube ihnen, selber »Nähe und Distanz« zu bestimmen. Diese Patienten dürfen zwischendurch auch aus einer Gruppentherapiestunde herausgehen, wenn für sie das, was gerade in der Gruppe läuft, nicht mehr auszuhalten ist.

Hier haben sie, unterstützt von dem nicht an das Wort gebundenen Verfahren, die Möglichkeit, in einer längeren Gruppe Kontakt mit den Mitpatienten und dem Therapeuten aufzunehmen, ihre Störungsmuster, besonders die Spaltungstendenzen (alles in »nur gut« oder »nur schlecht« aufzuteilen, oder: »Wer nicht für mich ist, der ist gegen mich«) zu erkennen und daran zu arbeiten.

Wichtig dabei ist die emotionale Stabilität des Therapeuten, der sich durch verschiedene Borderline-Mechanismen nicht aus der Ruhe bringen lassen darf und auf entwertende oder aggressive Äußerungen angemessen reagieren sollte. Der Therapeut muß auch in der Lage sein, Patienten zu begrenzen, wenn diese ihre »unerschöpfliche Wut« spielen, d.h. heraustrommeln wollen. Eine therapeutisch »nutzbare« Reduzierung des inneren Spannungspegels kommt durch solche kathartische Entladungen meist nicht zustande. Im Gegenteil: die Gefahr ist groß, daß ein Patient die Kontrolle verliert und sich so in seine Wut und seinen Haß hineinsteigert, daß er bereit ist, über seine Grenzen zu gehen und »alles kurz und klein zu schlagen«.

Patienten haben in solchen Situationen Schwierigkeiten, sich ihre Angst einzugestehen und sich Hilfe aus der Gruppe oder vom Therapeuten zu holen und diese auch anzunehmen. Musiktherapeutisch eignen sich für solche Phasen annehmende, haltende Gruppenimprovisationen besonders gut, die den Patienten vermitteln, daß sie trotz ihrer unausgeglichenen und sehr schwankenden Gemütslage von den anderen wahrgenommen und so lange getragen werden, bis sie die Hilfe und das behutsame Sich-Annähern der Gruppe auch ohne Widerstand oder Abwertung zulassen können.

In diesem Zusammenhang möchte ich auf Arbeiten von *Moser* hinweisen, der in unserer Nachbarabteilung Psychiatrie/Psychotherapie in Bad Zwesten Musiktherapie mit Borderline-Patienten macht, die über einen Zeitraum von 5-6 Monaten in einer Gruppe behandelt werden. Mit einer solchen Langzeit-Gruppentherapie wird der Tatsache Rechnung getragen, daß diese Patienten in einer »normalen« Neurosegruppe überfordert sind bzw. die Gruppe überfordern. Nur in einem ausreichend langen Gruppenprozeß mit Konstanz der Teilnehmer und der Therapeuten können die Defizite wenigstens teilweise bearbeitet werden, welche die Patienten in ihrem früheren Leben erleiden mußten.

Immer wieder bin ich tief beeindruckt und bewegt, wenn solche Borderline-Patienten beginnen, sich auf den therapeutischen Prozeß einzulassen und am Ende der stationären Therapie signalisieren, wie sehr ihnen gerade die Musiktherapie geholfen hat, ein stabileres Ich zu entwickeln und durch eine nachfolgende ambulante Therapie weiter zu festigen, wie ich aus späteren Rückmeldungen von Patienten immer wieder erfahre.

18. Grenzzustände in der Musiktherapie

Wolfgang Strobel

Einleitung: W. Schroeder

Ich bin sehr froh, daß *Wolfgang Strobel*, der wie ich Arzt, Psychotherapeut, Musiktherapeut und Musiker ist, dieses Kapitel für das Buch beisteuert.

Was *Strobel* hier beschreibt und macht, ist für mich die **Oberstufe der Musiktherapie**, die zu Ergebnissen führt, die wir im täglichen Therapiebetrieb einer großen Klinik leider nur sehr selten sehen, da die institutionellen Gegebenheiten diese nicht zulassen. Nicht nur aus den Kursen mit *Strobel*, sondern auch aus Therapiestunden mit Patienten kenne ich solche Grenzzustände, deren Bearbeitung ähnliche Wirkungen zeigten, wie sie *Strobel* in seinem Artikel beschreibt.

Arbeiten an Grenzzuständen setzen ein profundes therapeutisches Wissen und Können voraus, das sich *Strobel* in jahrzehntelanger Erfahrung in der Psychiatrie und Psychotherapie im stationären und ambulanten Bereich aneignen konnte. Mit der Fähigkeit, selbst in Trance zu gehen und in Trancezuständen bei den Gruppenteilnehmern und Patienten Heilungsprozesse zu initiieren, knüpft er an uralte schamanische Traditionen an, zu denen wir in den letzten Jahren immmer mehr Zugang finden.

Neben dem Können des Therapeuten und seiner Co-Therapeuten setzen die hier beschriebenen Prozesse ein vielfaches von der Zeit voraus, die uns im klinischen Alltag sonst zur Verfügung steht (2 x 100 Minuten pro Woche Musiktherapie!). *Strobels* Seminare gehen meist über eine Woche oder auch länger – jeden Tag stehen dann 6-7 Stunden für die Therapie und Selbsterfahrung zur Verfügung. Entscheidend für solche Therapien ist auch die Bereitschaft der Gruppenmitglieder, sich auf Trance-Reisen zu begeben und sich auf solche Heilungsprozesse einzulassen.

Alljährlich im September leite ich zusammen mit meiner Frau einen Kurs mit dem Thema »Klang, Rhythmus, Trance«. Wie gewöhnlich, so haben wir auch im letzten Jahr während einer Trance-Phase über eine Stunde auf zwei chinesischen Gongs vom Typ des Chau Lou gespielt. Solche Phasen dauern manchmal auch 1½ oder gar 2 Stunden. Nachdem wir geendet hatten, die Stille des Nachspürens verklungen war und alle von ihrer Reise zurückgekehrt waren, sagte eine Teilnehmerin, die Musiktherapie-Dozentin ist: »Es ist ja gar keiner psychotisch geworden. Ich dachte immer, so etwas darf man nicht machen.«

Natürlich kann man eine solche Regel aufstellen, nimmt sich dann aber in der Therapie auch viele Chancen. Da ist es doch besser, die Wirkungsweise der Klänge und auch die ausgelösten inneren Prozesse verstehen zu lernen. Das Wissen um die Resonanzvorgänge zwischen den Strukturen der Klänge oder Rhythmen einerseits und der menschlichen Seele andererseits hilft mir, sinnvoll zu handeln und deshalb ruhig und angstfrei zu bleiben. Und diese Atmosphäre der Ruhe und des Vertrauens in die haltende und heilende Kraft der Existenz ist neben den physikalischen Schwingungen des Klanges das eigentliche therapeutische Agens. Es handelt sich also genaugenommen um ein geistiges Heilen mit dem Klang als Medium. Das funktioniert in vielen Fällen auch unbewußt, im positiven wie auch leider im negativen Sinne.

Fallbeispiel

Vor über 10 Jahren habe ich einige wenige Male mit einer älteren Kollegin zusammen Wochenend-Selbsterfahrungskurse angeboten, da sie viel von Bewegung und Tanz verstand, und mich die Verbindung zur Musiktherapie interessiert hat. Nachdem meine Kollegin das Monochord kennengelernt hatte, wollte sie nicht, daß ich es in der Gruppe spiele mit dem Argument, das sei zu gefährlich und die Teilnehmer könnten psychotisch werden. Ich hatte diese Angst nicht, denn meine Einstellung war, wenn jemand in einen psychoseartigen Zustand gerät, dann tritt aus dem Unbewußten etwas zu Tage, was wir bearbeiten können, und das wird hilfreich sein. Tatsächlich aber kam jedesmal eine Atmosphäre von Angst, Unsicherheit und Bedrohung auf, gegen die ich nicht ankommen konnte. Ich hatte auch das Gefühl, meine Kollegin würde mir irgendwie in den Rücken fallen. Bei unserer dritten oder vierten Zusammenarbeit suchte ich sie am Morgen für eine gemeinsame Vorbesprechung auf. Ich fand sie zusammengekauert in einer Ecke sitzen. Sie blickte mit vor Panik weit aufgerissenen Augen über den Rand einer Decke und gab wahnhafte Äußerungen von sich. Jetzt verstand ich diese Wahnstimmung in der Gruppe beim Monochord-Spiel.

Wir müssen natürlich unsere eigene Psychosegefährdung bearbeitet haben und unsere Angst vor dem Kontrollverlust. Ich habe die Zusammenarbeit mit dieser Kollegin aufgegeben und seither nie mehr in den Gruppen das Gefühl eines derartig bedrohlichen Abgrundes erlebt. Natürlich treten mitunter wirklich extreme Ausnahmezustände auf, aber es ist mir stets gelungen, den Boden oder das Gefäß von Sicherheit, Schutz und Getragensein bereitzustellen, welches solche Zustände hält und heilt. Auf der Energieebene wirkt der Therapeut dabei wie ein Transformator, der die chaotischen psychotischen Energien in sich aufnimmt, sie harmonisiert und als ordnende und haltende Kraft wieder zurückgibt. Ich kann das niemals aus der Kraft meines Ichs, sondern bin allenfalls der Vermittler zum inneren Selbst, welches stets bereit ist, uns Halt und Unterstützung zu bieten.

In esoterischen Kreisen spricht man vom »höheren Selbst«, im tibetischen Buddhismus vom »inneren Meister«, im Zen vom »Wesen« und im Schamanismus von der »Kraft«. Genaugenommen kann nur diese »Kraft« echte Heilung bewirken. Wenn ich in Verbindung mit der »Kraft« bin, kann ich mich gefahrlos auf die riskantesten Bewußtseinsabenteuer einlassen. Die »Kraft« ist, wenn man so will, göttlichen Ursprungs. In ihr individualisiert sich das Alleine zum Menschen hin. Damit sie im Menschen wirksam werden kann, muß dieser nichts anderes lernen, als sich auf Empfang zu stellen und ein Kanal zu werden.

Wie kaum ein anderes Medium hat Musik das Bestreben, den Menschen in einen anderen Bewußtseinszustand zu führen. Hochkomplexe Musik tut dies weniger als archaische monotone und einförmige Klang- und Rhythmusmuster. Das gilt sowohl für die Klangrezeption als auch für das aktive Musizieren. Wenn Musiktherapeuten veränderte Bewußtseinszustände fürchten, nutzen sie die unglaubliche Potenz ihres Mediums nicht, die es vielen anderen Methoden voraus hat.

Klang und Rhythmus führen den Menschen jedoch nicht nur hinüber in jene anderen Welten, sondern kommunizieren dort in ihrer nonverbalen Sprache direkt mit jener Schicht, die wir von unserem Standpunkt des Wachbewußtseins auch das Unbewußte nennen.

Auf der anderen Seite sind Klang und Rhythmus manchmal unzureichende Mittel, um jemanden aus einem außergewöhnlichen Bewußtseinszustand in das Wachbewußtsein zurückzuholen, also jemanden zu erden. Hier ist neben der Sprache beispielsweise Körperkontakt ein viel geeigneterer Weg, den man kennen sollte.

Wenn wir mit Hilfe von Klang oder Rhythmus mit einem Menschen direkt auf der Ebene jener anderen, nicht-alltäglichen Wirklichkeit kommunizieren wollen, dann müssen wir die Sprache der Klänge verstehen lernen. Aus diesem Grund möchte ich nun einige Klangstrukturen charakterisieren und aufzeigen, mit welchen psychischen Qualitäten sie in Resonanz stehen.

Ocean-Drum

So wie weißes Licht die Summe aller Farben enthält, entsteht weißes Rauschen aus der Summe aller Frequenzen. Physikalisch gelingt uns mit diesem Geräusch natürlich nur eine schwache Annäherung, dennoch spüren wir aber die Fülle des Grenzenlosen, des Unstrukturierten, Formlosen und Unendlichen. Auf der oberflächlichen Ebene weckt der Klang Assoziationen von Wasserbrandung, Gischt, Meer oder Wind. Wer sich tiefer einläßt, kann ein Sich-Versenken erfahren in einem unbegrenzten Ewigen, im Nicht-Tun reiner Rezeptivität, im Freisein von allem Machen-Wollen.

Jeder Klang ist weder gut noch schlecht. Erst die Art, wie wir uns aufgrund unserer Vorerfahrungen mit ihm in Beziehung setzen, läßt ihn in einem bestimmten Licht erscheinen. So erlebt beispielsweise ein 51-jähriger Kollege, der einerseits schon achtgeben muß, daß er nicht zu sehr die aktionistische Seite des Machen-Wollens betont, andererseits aber Meditationserfahrung besitzt, diesen Klang in einer Einzelstunde als die sinnliche Verkörperung des Tao. Und in der Tat trifft dies sehr genau den Archetypus dieses Klangs. Für Lao-tse ist das Tao ewig und ohne Tun. Sein Abbild ist das Wasser. Sein Weg ist stets der Weg des Tals. Es meint so etwas wie einen Seins-Grund. Und wenn Lao-tse im sechsten Kapitel seines Werkes das Tao als Geist der Tiefe anspricht, könnte er mit den dann verbundenen Worten auch diesen Klang beschreiben: »Das ist das Ewig-Weibliche.« Des ewig-weiblichen Ausgangspforte ist die Wurzel von Himmel und Erde. Endlos drängt's sich und ist doch wie beharrend. In seinem Wirken bleibt es mühelos.

Dieser Klang kann also die Sehnsucht erfüllen, sich im Nicht-Tun und Im-Geschehen-Lassen aufzulösen. Ein hingebungsvolles Lied aus einer Kriya-Yoga-Gemeinschaft beschreibt dies mit dem Text:

»Ich bin die Welle, du bist das Meer. Ich bin die Welle, mach mich zum Meer!«

Ganz anders reagiert ein 33jähriger Mann, der mit angehaltenem Atem in Reglosigkeit erstarrt, erkaltet und nichts mehr fühlt. Er sieht Bilder von einem Meer, aber das hat ausschließlich bedrohliche Qualitäten. Er ist ein Mensch, der größere Schwierigkeiten mit der Nähe hat, vor allem gegenüber Frauen und besonders dann, wenn Nähe eine verschmelzende Qualität annimmt. Hier bekommt der Klang dann Züge seiner, Grenzen nicht respektierenden, verschlingenden Mutter, deren Bedrohlichkeit durch einen zu wenig anwesenden Vater verschärft wird. Als in der Sitzung zu dem Klang ein gleichmäßiges Trommelmetrum dazukommt, atmet er auf und sieht vor seinem inneren Auge einen Strand mit zwei Paar Fußspuren. Das Meer ist schon noch im Bild, hat aber seinen Schrecken verloren. In ihm steigt der Satz auf: »Laßt Väter und Brüder meinen Weg begleiten.«

Während der Klang der Ocean-Drum dem erstgenannten Patienten hilft, die zuvor gewußten und auch ersehnten Qualitäten der Absichtslosigkeit beglückend zu spüren, wodurch ein innerer Ausgleich zu der überrepräsentierten aktionistischen und männlichen Seite geschaffen wird, braucht der zweitgenannte Patient wohlwollende und sichernde, als männlich erlebte Strukturen und kann sich erst nach ausreichender Verinnerlichung derselben dem Tao anvertrauen. Interessanterweise ist er auch mehr der aktiven Musiktherapie zugetan.

Monochord

Verwandt und doch ganz anders ist der Klang des Monochords, wenn alle Saiten auf den gleichen Ton gestimmt sind und bei völlig kontinuierlichem Spiel über dem fließenden Grundton der tanzende Reigen der natürlichen Obertöne wahrnehmbar wird. Dadurch wird so etwas wie eine innere Gesetzmäßigkeit des Kosmos auf einer unbewußten Ebene sinnlich erfahrbar, eine innere Harmonie und tiefe Ordnung. Deshalb löst das Monochord häufig Gefühle von ozeanischer Selbstentgrenzung aus, die als himmlisch, paradiesisch oder glückselig beschrieben und mit einem schwerelosen Schweben im Wasser oder im All verglichen werden; wegen der immanenten

Ordnung wird aber gleichzeitig ein Getragen-Sein, ein Aufgehoben-Sein und Verbunden-Sein mit allem wahrgenommen.

Diese Erlebnisqualität der All-Einheit weckt Bilder von einem Glücklich-Sein in der Natur, in der Verliebtheit oder in religiösen Erfahrungen des Numinosen. Durch den Monochord-Klang ausgelöste Altersregressionen lassen die Annahme zu, daß der Säugling beim Gestilltwerden derartiges wahrnehmen kann – hier haben wir den Säugling als Mystiker –, und das im positiven Fall die frühe intrauterine Zeit für das ungeborene Kind eine derartige Qualität besitzt, nämlich die Ureinheit mit der Mutter und damit mit der Welt und dem Kosmos.

Fallbericht

Ein 26jähriger, eher zart gebauter, etwas feminin wirkender und sich grazil bewegender junger Mann, den ich in einer früheren Veröffentlichung Julian genannt habe, wird sich sofort nach dem Einsetzen des Monochordes dessen bewußt, daß er sich im Mutterleib befindet. Er weiß nichts von der Wirkung der Klänge und besitzt auch keinerlei perinatalpsychologisches Wissen. Das Erleben ist einfach evident. Es überkommt ihn ein heftiges Weinen, denn er spürt augenblicklich, daß dies die Gefühlsqualitäten sind, nach denen er sich viele Jahre gesehnt hatte, ohne es zu wissen. Während der 30 Minuten dauernden Klangphase hält dieses glückliche, stille Weinen über die nun erfüllte Sehnsucht an. Julian war eine Frühgeburt, ist in der 26. Schwangerschaftswoche mittels Kaiserschnitt zur Welt gekommen und hatte die ersten Wochen im Inkubator verbracht. Ihm fehlte also das Erfolgserlebnis, den Kampf durch den Geburtskanal bewältigt zu haben. Überdies war sein Vater 10 Monate nach seiner Geburt verstorben, so daß er ihn als männliche Identifikationsfigur vermißt hat.

Als in der Sitzung zum Monochord die Trommel hinzukommt, ist urplötzlich der von Panik durchdrungene Schrei in ihm: »Laßt mich doch hier drinnen, es ist noch nicht soweit!« Er wundert sich selbst über diesen spontan in ihm auftauchenden Satz, kommt in einen etwas wacheren Bewußtseinszustand und denkt, daß das wohl das Gefühl des drohenden Kaiserschnittes gewesen sein muß. In seinem fluktuierenden Bewußtseinszustand erlebt er jedes Mal, wenn er tiefer eintaucht, wieder die vernichtende Angst, sein glücklicher Zustand könne zu früh beendet werden.

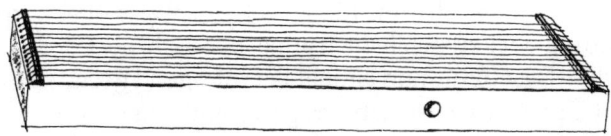

Abb.: Monochord

Auch beim Monochord ist es so, daß dieses nicht zwangsläufig einen glücklichen Zustand der Ureinheit auslöst. Es versucht schon, sich mit diesem Gefühl in Resonanz zu setzen. Wenn jedoch lebensgeschichtlich bedingt diese »Schwingungsqualität« (im übertragenen Sinne) mit anderen, traumatischen Erfahrungen verknüpft ist, dann treten eben jene ins Licht des Bewußtseins. So habe ich mehrfach erlebt, daß Abtreibungssituationen reaktiviert wurden oder etwa ein feindliches Klima von Ablehnung oder Nicht-Gemeint-Sein. Der Klang ist also ein zutiefst analytisches Instrument. Er bewirkt eine sehr erlebnisintensive Lösung, eine Lysis von verdrängten Inhalten aus dem Unbewußten, die nicht selten über eine Katharsis zu einer Auflösung, einer Ana-Lyse führt. Wenn dann nach einer Wiederbelebung die traumatisierenden Vorerfahrungen durchgearbeitet sind, kann die Patientin bzw. der Patient einen emotionalen erlebnismäßigen Zugang zu der eigentlichen archetypischen Qualität des Klanges bekommen, besser gesagt zu dem Therapeuten, der mit Hilfe des Klanges ganz bestimmte Qualitäten annimmt. Im Sinne einer korrigierenden Neuerfahrung kann der Therapeut in diesem Fall über das Monochord auf einer energetischen oder symbolischen Ebene die zuvor gestörte Ureinheit in einem guten Mutterschoß vermitteln. Dies entspricht einer tatsächlichen Veränderung der ja heute noch existierenden Vergangenheit.

Analytisch gesprochen entspricht dies der Identifizierung und der Auflösung der Übertragung des auf dem Monochord spielenden

Therapeuten. Ich möchte hier noch einmal ausdrücklich betonen, daß das nicht allein der Klang macht. Er dient vielmehr nur als Transportmittel für eine bestimmte psychische Qualität, die der Therapeut mit Hilfe des Klanges in sich entstehen läßt, in diesem Falle die eines guten Mutterschoßes. Man könnte letztlich auch einen anderen Klang als Transportmittel für die Seelenqualität verwenden, ja es gelingt auch ohne Klang, beispielsweise über körperliche Berührung oder ausschließlich atmosphärisch, aber der Klang des Monochords ist dafür nun einmal hervorragend geeignet.

Das Verhältnis zwischen Übertragung auf einen bestimmten Klang und ihre Überwindung durch die gegenwärtige Beziehung zu ihm bzw. dem dahinterstehenden Therapeuten will ich am Beispiel des Trommelmetrums (mit einer Frequenz von etwa 60 pro Minute) verdeutlichen. Wie wir an dem Beispiel von Julian gesehen haben, hat die Trommel im Vergleich zum Monochord wesentlich mehr mit dem Erdendasein zu tun. Das liegt daran, daß sie über die rhythmische Strukturierung unserer Vergänglichkeit jenes typische Phänomen unserer irdischen Alltagswirklichkeit erfahrbar macht. Der Trommelschlag hat auch sehr viel mit Akzeptanz zu tun, im Idealfall mit einem bedingungslosen Annehmen unabhängig von allen Errungenschaften und Leistungen. Sein regelmäßiges Metrum kann verläßlich sein wie ein vorgeburtliches Mutterherz, gnadenlos wie eine Kriegstrommel, unbarmherzig und erlösend wie der Gevatter Tod, wenn das letzte Stündchen geschlagen hat.

Fallbeispiel

Eine Frau, Ende 40, die ihre Körperlichkeit und Weiblichkeit ablehnt, erlebt bei der Trommel folgendes:

>»Ich stehe im Freien, ich bin ganz nackt, ich bin eindeutig ein Mädchen. Ich bin draußen in der Natur, auf einer Wiese, ich bin ganz allein in der Natur.« Die Andeutung einer Traurigkeit legt sich auf ihr Gesicht. »Ich bin da ganz allein in der Natur, da ist sonst niemand, keiner weit und breit.« Ich frage sie, was sie sich wünsche. »Es wäre halt schön, wenn da noch mehr wären, so wie ich. Jetzt sehe ich in der Ferne am Hügel auf dem Weg eine Prozession daherkommen. Ich glaube, ich muß mich verstecken, damit die mich nicht so sehen, wie ich bin. Die sind katholisch, die verurteilen und verachten, daß ich nackt bin. Das ist unmoralisch.«

Ich frage sie, ob der Trommelklang sagt, daß ihre natürliche Nacktheit etwas Unmoralisches sei. »Das ist merkwürdig, der sagt genau zweierlei. Ein Schlag sagt immer »pfui, das ist unmoralisch«, der nächste Schlag kommt aus einer anderen Ebene, aus einer archaischen, der sagt »Nacktheit ist etwas ganz Natürliches und Selbstverständliches«. Aber dann ist schon wieder der andere Schlag da, der »pfui« sagt – aber ich glaube, das ist die Stimme meiner Mutter.«

Gong

Ich komme jetzt zu dem chinesischen Gong Chau Lou. Man könnte ihn als den Shiva der Klänge bezeichnen, denn er zerstört das Alte und schafft Platz für das Neue. Wenn er ungebändigt losgelassen wird, kommt er daher wie ein Orkan oder eine Feuersbrunst und löst Erlebnisse von großer Dynamik aus. In bildhaften Visionen oder deutlichen leiblichen Erfahrungen tauchen nicht selten Geburts- und Todessituationen mit ihren dramatischen Zuspitzungen auf. Er hat eine Affinität zu Schwellensituationen, bei denen sich ein Zustand in einen anderen verwandelt, also, zu Wandlungs-, Durchgangs- und Entwicklungsprozessen. Sein Thema sind die Krisis und Transformation. Damit eröffnet sich in der therapeutischen Praxis dem chinesischen Gong ein breites Anwendungsfeld. Sind doch die meisten Situationen, die Menschen in Therapie führen, als Krisenzeiten und anstehende Wandlungsprozesse zu verstehen.

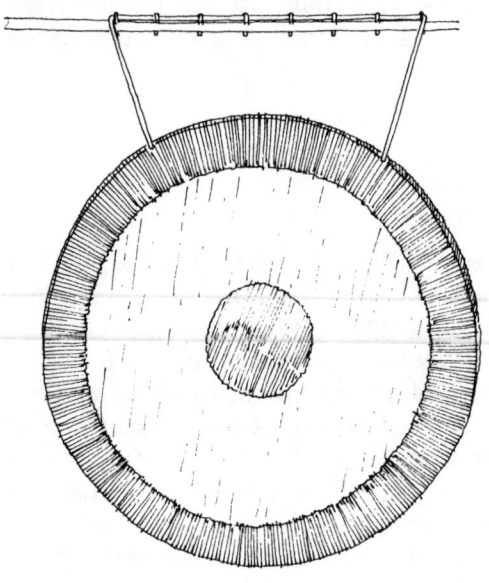

Abb.: Chinesischer Gong Chau Lov

Der Gong kann hier jene Aktivierungsenergie liefern, die nötig ist, damit sich Krankheit zur heilsamen Krisis zuspitzt und Ängste deutlich werden, die einer Verwandlung und Wiedergeburt im Wege stehen. Allerdings darf man sich seiner treibenden Kraft nur auf dem Boden einer stabilen therapeutischen Beziehung bedienen und in der sicheren Gewißheit, die Geister auch bändigen zu können, die man aus der Verdrängung hervorruft.

Die eingangs beschriebene Gruppensituation mit dem Gong fand am fünften Tag des Workshops statt, nachdem wir zuvor vier Tage mit großer Mühe an dem Aufbau eines tragenden Gruppenklimas gearbeitet hatten. Alle achtzehn Teilnehmer hatten während der

Trance-Phase einen für sie stimmigen, angenehmen und Sicherheit vermittelnden Körperkontakt, und wir hatten ihnen geholfen, zuvor auf der Ebene des Körpers oder der Imagination Zugang zu inneren Orten der Sicherheit zu bekommen. Während des Gongspiels, bei dem wir einen dramatischen Klang durch den Höhepunkt wagten, stellten sich meine Frau und ich auf eine innere Haltung ein, die verbalisiert etwa lauten würde:»Im Kontakt mit unserer inneren Kraft sind wir sicher und geschützt und können alle Krisen überstehen.« Sensitive Teilnehmer können dabei wahrnehmen, wie wir als Energietransformatoren funktionieren.

Den Gong setze ich in der Therapie dann ein, wenn ein sich im Gang befindlicher Prozeß von »stirb und werde« energetische Unterstützung braucht oder in der gegenteiligen Situation, wenn, beispielsweise in einer Langzeittherapie, eine anhaltende Stagnation auftritt, ohne daß die Hintergründe dieser Widerstände deutlich werden.

Fallbeispiel

Dies war beispielsweise der Fall in der Behandlung einer MS-Patientin, die aus einem Stadium des depressiven Rückzugs nicht herauskam, sich immer wieder im Bett verkroch und die Auseinandersetzungen mit dem Alltag und der Welt nicht wagte. Ich hoffte, mit Hilfe des Gongs an die unbewußten Hintergründe dieser Situation zu kommen.

In der ersten Stunde mit dem Gong fühlt sich die Patientin für kurze Zeit in dem Klang ganz geborgen und von ihm getragen. Dann wird es für sie beunruhigend, so als würde von außen etwas von ihr gefordert.

In der zweiten Gong-Sitzung nimmt sie sich in einer Höhle war. Die Klänge wollen etwas von ihr, kommen schiebend und zerrend. Es ist ihr unangenehm, sie will das nicht haben.

In der dritten Stunde ist sie wieder in der Höhle, sucht einen Weg in Richtung Ausgang. Aus der Höhle wird ein Gang, in dem Wasser fließt. Er wird enger, dunkler und bedrohlicher. Es treten verschiedene beängstigende Hindernisse auf. Schließlich sieht sie einen hellen Schimmer von außen; es gelingt ihr aber nicht, zu ihm hinzukommen.

Die vierte Stunde beginnt wieder mit der Situation in dem Gang. Das Wasser ist jetzt schneller und treibt sie voran. Die Hindernisse tauchen wieder auf, aber die Wellen tragen sie dieses Mal daran vorbei. Der Gang wird immer enger, die Wände kommen näher auf sie zu, es wird immer schrecklicher. Schließlich steckt sie fest, hat starke Angst und kommt weder vor noch zurück. Vor sich sieht sie eine Öffnung, gebildet von zwei gegeneinander gerichteten Halbbögen. Das Licht ist für das Auge schmerzlich. Sie will nicht hinaus, aber zurück ist unmöglich. Sie steckt fest. Sie wird von Verzweiflung geplagt, weiß, daß sie hinaus muß, schreckt aber davor zurück. Schließlich überfällt sie eine tiefe, anhaltende Resignation. Als alles ausweglos scheint, kommt ihr die Realität der Therapiestunde ins Bewußtsein. Wie ein Hoffnungsschimmer fällt ein Gedanke in ihr Erleben: Wenn da draußen jemand wäre, der mich liebevoll empfangen und halten würde, dann könnte ich mich weiterwagen. Mit dieser Hoffnung erreicht sie das Licht und kommt ein Stück heraus.

Die fünfte Gong-Sitzung liefert die Fortsetzung. Sie ist ganz draußen aus der Höhle. Es ist ein sehr unbehagliches Gefühl, sie will wieder zurück. Draußen ist alles so frei und offen, so hell und feindlich. Sie weiß, daß es kein Zurück mehr gibt, fühlt sich verlassen und verstoßen. Dann geht sie mehr auf eine Ebene des Wachbewußtseins und meint reflektierend: »So muß es wohl gewesen sein, nach meiner Geburt.« Dabei realisiert sie wieder die aktuelle Behandlungssituation und meine Nähe, denn sie sagt: »Mir wird klar, daß ich es hier draußen aushalten kann, wenn ich deine Nähe haben darf. Das tut gut so. Ich habe gar nicht gewußt, wie sehr ich das brauche.«

In der sechsten Stunde spürt sie wieder ihre altbekannten Rückzugstendenzen und hat Angst, sich auf ihrer inneren Ebene wieder in die Höhle verkrochen zu haben. Sie wünscht sich noch einmal den Gong. Dabei erlebt sie, daß alles um sie herum weiter Raum ist. Die Erinnerung an die Höhle und den Gang ist noch da, aber sie spürt, daß sie nicht mehr zurück will in diese Enge und Unfreiheit. Dann hat sie das Gefühl, ganz klein zu sein und frei auf meinem Bauch zu liegen, der in diesem Fall ein Mutterbauch ist. In dieser Nähe genießt sie die Weite. Die Szene wechselt und sie hat nun den Eindruck, auf mir liegend durch das Weltall zu schweben. Sie beschreibt ein frohes Gefühl von gleichzeitiger Geborgenheit und Freiheit. In ihrer Vision löst sie sich dann versuchsweise einmal ganz von mir und hält nur noch meine Hand. Die will sie aber noch nicht loslassen.

In der weiteren Behandlung macht sie von da an Entwicklungs-
fortschritte. Ein halbes Jahr später setzt sie sich noch einmal dem
Gong aus. Dieses Mal findet sie sich in der ihr vertrauten Höhle
wieder, die jetzt aber viel weiter, höher und mächtiger ist. Ein Bär
begleitet sie, ihr in der Zwischenzeit gefundenes Krafttier. Die Höhle ist mit vielen funkelnden Edelsteinen prächtig ausgestattet. Das
hat etwas Majestätisches und sie spürt eine Erhabenheit, wie in
heiligen Hallen. Ein tiefes, gutes Gefühl erfüllt sie, gemischt mit dem
Schmerz aus der Erkenntnis, daß sie hier nicht bleiben kann. Sie
weiß, daß sie nur in diese Höhle darf, um Kräfte zu sammeln. Der
Bär führt sie weiter. Es wird niedriger und sie kommt wieder nach
draußen auf eine Wiese mit Blumen. Sie spürt, daß sie wieder in
ihrer normalen Welt ist. Bevor er verschwindet, sagt der Bär, daß sie
nun allein weitergehen könne. Sie weiß, daß das jetzt auch geht.

Kommentierend meint sie anschließend, daß die Höhle zwar
noch Mutterleibsqualitäten gehabt habe, jetzt aber auf eine
transzendente Weise. Ihr Erlebnis bezeichnet sie als Einweihung –
in eine Dimension, die eine Kraftquelle darstellt, um das Leben in
der Alltagswelt wieder annehmen zu können. Was vorher patholo-
gischer Rückzug war, hat sich jetzt in eine Erholungsregression
verwandelt.

Ich möchte noch ergänzen, daß sie in der fünften wie auch in der
sechsten Stunde in dem Gewahrwerden ihres Bedürfnisses nach
Nähe tatsächlich zu mir Körperkontakt aufgenommen und, während ich den Gong weiterspielte, ihren Kopf in meinen Schoß gelegt
hat. Das war ganz selbstverständlich, da wir zuvor mehrfach körpertherapeutisch gearbeitet hatten. Dadurch hatte sich die Vision
der nachgeburtlichen Nähe des Säuglings auf dem Mutterbauch mit
einer realen körperlichen Erfahrung verknüpft. So wurde ihre neue
postnatale Vergangenheit in unserer »offiziellen« Gegenwart ver-
ankert.

An dieser Stelle möchte ich noch betonen, daß man in der Lage
und bereit sein muß, körpertherapeutisch zu arbeiten, wenn Klänge
so eingesetzt werden, wie ich es beschreibe. Geht es aufgrund
unzureichender Ausbildung, fehlender Selbstverständlichkeit oder
institutioneller Zwänge nicht, so kann man viele Situationen nicht
riskieren, da man sonst Gefahr läuft, nur ein altes Trauma zu wiederholen, anstatt es durch eine heilsame Erfahrung aufzulösen. Ich
will dies noch an einem Beispiel erläutern:

Fallbeispiel

Es handelt sich dabei um eine damals etwa 32jährige Patientin – ich möchte sie Natalie nennen –, die an einer Gruppentherapie teilnahm, nachdem sie bei mir zuvor jahrelang in einer analytisch orientierten Einzeltherapie gewesen war – wegen einer (meiner Ansicht nach von den Psychiatern fälschlich als endogen eingestuften) schweren Depression, einer ausgeprägten narzißtischen Gehemmtheit und häufigen Panikattacken mit länger anhaltenden Depersonalisations- und Derealisationszuständen.

Sie hatte eine von erschütternden Trennungstraumata gekennzeichnete Kindheit hinter sich. Die Einzeltherapie hatte ihre Depressionen gebessert, ihr Selbstwertgefühl hatte zugenommen und sie verhielt sich kontaktfreudig. Allerdings war sie immer noch von den anfallsartigen Depersonalisationszuständen bedroht. Es war verständlich geworden, daß es sich hier um eine Notreaktion handelte, in der sie ihren Körper verließ, wenn sie vom Verlassenwerden bedroht war. Die Angst vor einer Trennung war so groß, daß sie sich bis zu jenem Zeitpunkt nie wirklich auf emotionale Nähe eingelassen und aus diesem Grund auch jegliche Form von Sexualität vermieden hatte. In jener Gruppenstunde, von der ich nun berichten möchte, hatte ich etwa fünfzehn Minuten den Gong gespielt und dann aufgehört, weil ich wahrgenommen hatte, daß sie sich, offensichtlich vor unerträglichen Schmerzen den Kopf haltend, am Boden hin- und herkrümmte. Natalie war in einem jener Grenzzustände, von denen hier die Rede sein soll, und es stand außer Zweifel, daß sich nun alles um sie zu drehen hatte. Ich fragte sie nach ihren Wahrnehmungen. Sie hatte nur körperliche Symptome, fühlte sich am ganzen Körper eingeengt und zusammengepreßt, spürte an der Schädeldecke einen gewaltigen, schmerzhaften Druck und hatte den Eindruck, keine Luft zu bekommen. Sie hatte keine Ahnung, was mit ihr geschah. Als ich aber versuchte, ihr mit Hilfe der anderen Gruppenteilnehmer diese Einengung des ganzen Körpers und den gewaltigen Druck auf den Kopf von außen zu bieten, entwickelte sich ein autonomer Körperprozeß, der von allen Beteiligten unschwer als Geburtsvorgang erkannt wurde. Nach wenigen Minuten war im Gruppenraum eine engagierte Stimmung wie in einem richtigen Kreißsaal, und die Patientin begann mühsam, sich nach außen ans Licht zu kämpfen, wobei wir versuchten, nichts von außen zu manipulieren, sondern uns von ihrem körperlichen Geschehen leiten zu lassen. Der Druck auf die Schädeldecke wurde zu einem Ring, den wir von außen mit den Händen simulierten und so fort. Um es kurz zu machen, es dauerte über eine Stunde, bis sie unter vielen Mühen geboren war. Und jetzt geschah das Erstaunliche: Kaum war sie sozusagen draußen, geriet sie in den für sie typischen, gefürchteten, panikartigen Depersonalisationszustand. Sie war außer sich vor Angst und innerer Unruhe, gleichzeitig wie gelähmt und unter Schock und konnte sich nicht spüren. Obwohl so viele Menschen sich um sie bemühten, fühlte sie sich völlig verlassen und allein, dem Tod ausgeliefert. Es handelte sich hier offensichtlich um die Wiederbelebung ihrer nachgeburtlichen Situation, und sie hatte Kontakt bekommen mit der allerersten und möglicherweise schlimmsten Trennungs- und Verlassenheitssituation ihres Lebens. Alles, was wir früher in der Therapie bearbeitet hatten, waren spätere Situationen, die nach einem analogen Muster abgelaufen waren und diese alte, frühe Wunde vertieft hatten.

Nun war guter Rat teuer, was brauchte dieses neugeborene Kind? Menschliche Nähe und Wärme natürlich, das war offensichtlich. Doch wie sehr wir uns alle auch um dieses kleine Kind bemühten, es war durch nichts zu trösten. Es half kein Halten, kein Wiegen, kein Singen, kein Summen und kein Klang irgendeines Musikinstrumentes. Dies ist einer von den typischen Augenblicken der Grenzen der Musiktherapie: Ich war ratlos, weil ich – damals noch zaghafter als heute – nicht vorzuschlagen wagte, was ich vor meinem inneren Auge sah: Ein nacktes Neugeborenes auf dem nackten Körper seiner Mutter liegend. Als es nicht besser wurde, habe ich mir dann schließlich doch ein Herz gefaßt und die Patientin gefragt, ob sie vielleicht einfach Hautkontakt bräuchte. Sie wußte es nicht, wollte es aber ausprobieren. Wie der Zufall wollte, war eine andere Teilnehmerin der Gruppe Körpertherapeutin, für die ein unbefangener Umgang mit dem Leiblichen selbstverständlich war. Sie zog ganz ungeniert ihres und Natalies T-Shirt aus, zog sie zu sich her und legte den Kopf des »Neugeborenen« zwischen ihre Brüste. Augenblicklich wurde Natalie ganz ruhig – und jetzt wirkte auch Musiktherapie wieder, denn als Natalies Seele sich sichtlich wieder in ihrem Körper einkuschelte, hatte sie auch wieder offene Ohren für das Summen und die Wiegenlieder der anderen.

Fallbeispiel

Grenzzustände kommen nicht nur bei klanggeleiteter Trance, sondern auch in der aktiven Musiktherapie vor. Ich möchte eine Gruppentherapie-Szene schildern, in der Julian sein Thema weiterentwickelt hat, auf eine Weise, die ich »Durcharbeiten, Durchhandeln« nenne. Julians beide Erlebnisregressionen auf eine frühe intrauterine Zeit und auf den Moment vor seinem Kaiserschnitt, die aus weiter zurückliegenden Sitzungen stammen, habe ich vorhin erwähnt. In der Gruppenstunde, um die es jetzt geht, war Hemmung das allgemeine Thema, Hemmung vor Lebendigkeit, Hemmung vor Sexualität und vor allem Hemmung vor Aggressionen. All diese Regungen wurden offensichtlich als zu gefährlich betrachtet und deshalb abgewehrt. Wie gern in solchen Momenten schlug ich eine allgemeine Gruppenimprovisation vor mit der Empfehlung, das Bewußtsein einfach auf die Wahrnehmung der augenblicklichen Atmosphäre und inneren Gestimmtheit sinken zu lassen und diese auf direkte Weise – also unter Umgehung des Denkens – in musikalischen oder körperlichen Ausdruck umzusetzen.

Es entsteht ein langes, zaghaftes und undifferenziertes Geplänkel. Keiner will Farbe bekennen, keiner will hervortreten. Mehrere Versuche von einzelnen, lauter oder deutlicher zu werden, gehen immer wieder unter. Einige versuchen sich kurz an dem großen chinesischen Gong, legen den Schlägel aus Angst vor der Klangintensität aber bald wieder weg. Als hätte er allen Mut zusammengenommen, tritt Julian schließlich an den Gong und setzt ihn beidhändig mit zwei großen Schlägeln zunächst bedächtig und mit mäßiger Lautstärke, dann immer kräftiger in Schwung. Unbeirrt und stetig steigert er Tempo und Lautstärke. Der Gong schwillt zu einem orkanartigen Klang an, der den ganzen Gruppenraum ausfüllt. Einige Ängstliche verkriechen sich oder suchen bei anderen Zuflucht, wieder andere lassen sich von Julian anstecken, tun das gleiche oder feuern ihn an. Zwei müssen den Gongständer halten, damit er nicht umfällt. Eine Frau sitzt auf einer anderen und stößt zu wilden Kopulationsbewegungen spitze, gellende Schreie aus. Es wird ein wahrer Hexensabbat, der einem ekstatischen Gipfel zustrebt. Archaisch lustvolle und aggressive Energien machen sich Luft, wie nach langer Unterdrückung endlich befreit. Ich bin in Sorge, daß einiges zu Bruch geht. Gewöhnlich verhindere ich, daß dies geschieht, weil es unnötige Schuldgefühle und Scherereien macht. In diesem Moment bin ich aber wie in einem heiligen Bann, voller Ehrfurcht vor den Kräften, die sich hier endlich befreien. Ich spüre in mir die Gewißheit, daß ich mich dem nicht entgegenstellen darf, was auch immer geschieht. Und dann, mitten in diesem tosenden und brodelnden Vulkan, da, wo eine Steigerung nicht mehr möglich scheint, legt Julian, wie von Sinnen, noch einmal zu, um mit einem letzten gewaltigen Hieb den Gong zu durchschlagen. Aus seiner Mitte bricht ein kindskopfgroßes Stück heraus. Julian fällt wie ohnmächtig in sich zusammen und liegt eine ganze Weile reglos und erschöpft da. Ich setze mich neben ihn. Als er wieder zu sich kommt – strahlt er. Er ist durchdrungen von einem triumphalen Gefühl. Erst jetzt entdeckt er das Loch im Gong. Er hat seinen Durchbruch gar nicht mehr bewußt mitbekommen.

Damit Julians Handeln und Erleben verständlich wird, möchte ich noch einmal auf seine frühe Lebensgeschichte und seine Problematik hinweisen: Er war als Frühgeburt durch Kaiserschnitt zur Welt gekommen, hatte die ersten Wochen im Inkubator verbracht und mit zehn Monaten seinen Vater verloren. Er litt an Minderwertigkeitsgefühlen, mangelndem Durchsetzungsvermögen und einem fehlenden männlichen Identitätsgefühl. Er hatte Angstzustände, wegen immer wieder auftretender Impulse, mit dem Kopf durch eine Mauer rennen zu müssen. In der jetzt beschriebenen Sitzung – so berichtete er – sei in der anfänglichen allgemeinen Stimmung von Gehemmtheit und Verzagtheit auf einmal der Entschluß in ihm aufgekommen, dieses Mal all seinen Mut und seine Kraft zuzulassen. Am Gong sei aus dieser Entschlossenheit immer mehr eine verzweifelte, aber mächtige Wut geworden. Er habe nur noch den einen Gedanken im Kopf gehabt: »Dieses Mal muß ich es schaffen, dieses Mal muß ich es schaffen!«

Dann habe er um sich herum nichts mehr wahrgenommen und sei nur noch von dem einen Gefühl erfüllt gewesen: »Dieses Mal muß ich unbedingt da durch!«

Als Julian das erzählte, war bei vielen Gruppenmitgliedern spontan ersichtlich, daß es sich bei dem Durchbruch um das symbolische Nachholen des normalen Geburtsweges gehandelt hat, der Julian wegen der Kaiserschnitt-Operation vorenthalten worden war. Ich bin der Überzeugung, daß die normale Geburt und ihr Überstehen das erste Ich-bildende und Ich-kräftigende Ereignis ist. Für Julian wurde nun alles klar und deutlich. Sein triumphales Gefühl, es geschafft zu haben, und nun erlöst zu sein, bekam einen Sinn. Die folgende Zeit bestätigte, daß dieses wahrhaft durchschlagende Ereignis die Initialzündung für seine nun nicht mehr aufzuhaltende Entwicklung und Nachreifung war.

Dieses und auch die früheren Beispiele zeigen deutlich, daß wir mit den Geschehnissen und Erlebnissen in der Musiktherapie nur dann sinnvoll umgehen können, wenn wir in der Lage sind, ihre innere Sinnhaftigkeit zu verstehen. Gerade auch in der klanggeleiteten Trance sind die Reaktionen auf die Klänge oft so unterschiedlich und verwirrend vielfältig, daß wir ratlos davor stehen, wenn wir nicht ein topographisches Modell von den verschiedenen Schichten des Bewußtseins haben, denen wir die Erlebnisse zuordnen und therapeutische Handlungsanweisungen ableiten können.

An dieser Stelle möchte ich darauf hinweisen, daß die von mir beschriebenen Klangarchetypen nicht nur mit den Instrumenten in Verbindung stehen, sondern auch in ebenso hohem Maße von der Spielweise abhängig sind. Wenn ich beispielsweise den chinesischen Gong nicht konfluierend spiele, sondern mit einem stetigen und hörbaren Metrum, so verändert sich seine Wirkung vollständig, erstens wegen der haltgebenden metrischen Struktur und zweitens wegen eines Überwiegens des Grundtons.

Die archetypische Wirkung eines Klanges kommt dann nicht zum Tragen, wenn sich ein sehr energiereiches Thema im Vorbewußten befindet. Dieses nutzt praktisch die Gelegenheit eines jeden Reizes, um sich ins Bewußtsein zu drängen, ohne auf das spezifische Angebot des Reizes einzugehen. Deshalb gibt es in der klanggeleiteten Trance auch viele unspezifische Reaktionen.

Die hohe Klangschale

Der helle, gleißende Ton der geriebenen hohen Klangschale kommt mit eindringlicher Macht und Klarheit. Er verkörpert eine übermächtige, starke Kraft, der man sich entweder hingeben oder nur schmerzlich widersetzen kann. Er ist das männliche Gegenstück zu dem ewig weiblichen Seins-Grundes des Tao. Diese Kraft kann als die höchste Oktave einer transformierten Sexualität, als klare, gereinigte Lebensenergie, als Liebe, als Licht oder eben auch als göttliche Kraft wahrgenommen werden.

Abb.: Klangschale

Da viele Menschen sehr negative Erfahrungen mit dem Thema des Ausgeliefert-Seins an eine stärkere Macht oder gar Gewalt haben, können viele traumatische Situationen ausgelöst werden: Vergewaltigung, Bombenangriffe, Unterdrückung, Verlassenheit, Einsamkeit und todesnahe Eiseskälte. Die zugehörigen Gefühle sind entsprechend: Ohnmacht, Verzweiflung, Angst, Panik, Auflehnung, Widerstand, oder ein Sich-Tod-Stellen. Wenn derartige Vorerfahrungen durchgearbeitet sind oder nicht vorliegen, ermöglicht die Klangschale, wie kein anderes Instrument, das beglückende Erlebnis der völligen Hingabe an eine höhere transzendente Kraft. Kein anderes Instrument löst so viele transzendente Erfahrungen aus, erstaunlicherweise auch bei Menschen, die sich für areligiös oder atheistisch halten, wie z.B. eine Frau Ende 30, die sich wie ein großes rundes Energie-Ei fühlt. Dann sieht sie das Bild vom Heiligen Geist, symbolisiert durch einen Vogel im Licht. Schließlich taucht der auferstandene Christus auf inmitten eines gleißenden Lichtkranzes, von Wolken umgeben. Ihr Verstand beurteilt diese Vision gleichzeitig sehr kritisch, aber sie kann sich nicht einer gewissen Freude und Ergriffenheit erwehren.

Didjeridou

Hat man das System der Chakren vor Augen, so setzt sich die hohe Klangschale gern mit den beiden oberen Chakren in Beziehung. Am anderen, erdnahen Pol der Lebensenergie (also die beiden unteren

Chakren ansprechend) brummt archaisch, unzivilisiert und kraftvoll das Didjeridou.

Abb.: Didjeridou

Es hat eine Affinität zu dem Element Erde und ihren Variationen: ursprüngliche Landschaften, Naturgewalten, Erdball, Erdinneres, Lava, Schlamm, Morast, Sumpf; in weniger konkreter Form als Gefühl des Geerdet-Seins, der Erdverbundenheit, des Getragen-Seins von einer festen Basis. Gelegentlich tauchen Bilder aus der Frühzeit der Menschheit auf. Die Gefühlstönung ist animalisch, lustvoll, vital, kraftvoll, mächtig, ungezügelt und ungezähmt. Es geht um Triebhaftigkeit, Sexualität und Körperlichkeit, um Wut und Aggressivität, oder um eine handfeste Lebensfreude und Vitalität. Nicht selten ist von Potenz die Rede in ihrer männlichen und weiblichen Form, wobei sich Frauen in ihrer Weiblichkeit und Männer in ihrer Männlichkeit erleben. Das Didjeridou ist ein hervorragendes Instrument zur Klärung von Schwierigkeiten mit Körperlichkeit, Sexualität und Aggressivität. Ich möchte drei verschiedene Fallvignetten von Frauen mit Mißbrauchserfahrungen schildern aus drei unterschiedlichen Behandlungsstadien:

Fallbeispiele

Bei der ersten handelt es sich um eine Frau zu Behandlungsbeginn, die ihre gesamte Mißbrauchserfahrung völlig verdrängt hat und durch das Didjeridou zum ersten Mal mit diesem Thema konfrontiert wird. Sofort nach dem Ertönen des Klangs gerät sie in Panik, flüchtet an die Wand, rutscht in eine Hockstellung, kauert sich zusammen und verfällt in eine leblose Starre. Sie ist lange Zeit nicht ansprechbar und kommt erst nach längerem Bemühen zu sich. Erst Wochen später kann sie berichten, daß sie aus Panik und Angst ihren Körper verlassen habe. Von oben habe sie ein mit gespreizten Armen und Beinen festgeschnalltes, wie lebloses Kind gesehen, beschmutzt und besudelt. (Dies ist ein Beispiel aus einer Einzeltherapie.)

Eine andere Frau, die sich mitten in ihrer Aufarbeitung der Mißbrauchsproblematik befindet, bekommt in einer Gruppensituation Zugang zu ihrer bis dahin radikal abgewehrten Aggression und wird endlich vom reinen Opfer zur Täterin. Ohne diesen Schritt kann sich keine Synthese vollziehen. Während ich also völlig harmlos das Didjeridou spiele, verliert sie die Fassung, springt auf und schreit mich an: »Du Schwein, du alte Drecksau, daß du dich nicht schämst! Ich könnte dich würgen und dir das Gesicht zerkratzen!«

Aus der Zeit der nach langer mehrjähriger Therapie endlich überwundenen schweren Mißbrauchsproblematik stammt das Erleben einer anderen Frau:

Ich sehe einen Sumpf. Aus der lehmigen Erde lösen sich Luftblasen, es blubbert und gluckt. Da sehe ich Gestalten auftauchen – es sind Frauen, nur Frauen. Sie sind entspannt und bewegen sich wie in Trance in dieser gelben Lehmmasse. Sie tauchen auf und wieder unter, wiegen sich, alle sind nackt. Haare und Gesicht sind bedeckt mit Schlamm. Ich bewundere besonders die alten Frauen mit ihren hängenden Brüsten und den breiten Hüften und Schenkeln. Da gibt es keinerlei Scham untereinander. Eine Frau nimmt mich liebevoll in den Arm. Ich bin ein Mädchen von drei bis vier Jahren. Eine andere Frau spreizt meine Beine und küßt mein Geschlecht. Auch andere tun das. Eine Welle von Glück und Lust durchläuft meinen Körper. Ich fühle mich erwählt, angenommen und gefeiert, weil ich weiblich bin. Ich tauche mit ein in den Schlamm. Ich werde zu der Frau, die ich jetzt bin. Ich wiege mich in der warmen, breiigen Masse. Dann beginne auch ich, so wie die anderen, meine Brüste, Hüften, Schenkel und mein Geschlecht mit dem Lehm zu bestreichen. Ströme von Lust steigen durch meine Vagina in den Körper hinauf. Es baut sich ein Höhepunkt auf, der sich in ein Wohlgefühl auflöst, leicht und nicht zielgerichtet. Dann werde ich mit warmen Wasser übergossen und gereinigt. Die Frauen massieren schweigend meinen Körper. Ich weiß, daß ich für die heilige Hochzeit vorbereitet werde. Man führt mich in einen hellen Raum, von dem ich besonders den warmen Steinboden wahrnehme, von außergewöhnlich strahlendem Weiß. Ich bin nackt, hinter mir sitzt eine mütterliche Frau. Die Tür mir gegenüber öffnet sich und ein junger, sehr schöner Mann wird von einem väterlichen Begleiter herei geführt. Er trägt einen bodenlangen blauen Samtumhang und ist da nackt. Meine Erregung und meine Erwartung werden stärker. Wir gehen aufeinander zu und nehmen direkten Blickkontakt auf. Ich beginne liebevoll mit meinen Händen seinen Penis zu streicheln, der sich hoch aufrichtet. Ein wundervoller Anblick von Kraft und Würde. Dann vergehen alle Bilder, und ich nehme nichts mehr wahr außer Erregung, Lust und völlige Hingabe an diesen Augenblick des Erlebens.

Grenzzustände bei Therapeuten

Es gibt einen Grenzzustand, den zu vermitteln mir sehr am Herzen liegt. Es handelt sich um den Grenzzustand, in dem sich die Therapeutin bzw. der Therapeut befinden kann – oder sollte ich sagen, sich zu befinden lernen sollte? Der Therapeut behält dabei einerseits seine Fähigkeit bei, in der äußeren Wirklichkeit zu handeln, macht sich aber andererseits ganz frei von seinem handelnden egozentrischen Ich, indem er sich in eine Haltung der Absichtslosigkeit begibt und die Führung seinem inneren Selbst überläßt. Dadurch entsteht eine gewisse Hellsichtigkeit, man könnte auch sagen, eine teilweise Auflösung seiner Ich-Grenzen, wodurch energetische und psychosomatische Phänomene des Patienten unmittelbar in den Wahrnehmungsbereich des Therapeuten gelangen.

Das gelingt nicht durch eine Verschiebung des Bewußtseinsfokus vom Wachbewußtsein auf den nicht-alltäglichen Bewußtseinszustand, sondern durch eine Erweiterung des Bewußtseins und die Fähigkeit, sich gleichzeitig in beiden Bewußtseinszuständen zu befinden. Der Therapeut sitzt also, wie die Hexe auf dem Zaun, auf der Grenze, und kann in beiden Welten sein. Über die direkte Arbeit des Therapeuten auf der Ebene der nicht-alltäglichen Wirklichkeit unter Umgehung der kognitiven Strukturen müßte man ein eigenes Kapitel schreiben. Sie entspricht der Arbeitsweise, die Schamanen seit Jahrhunderten in allen Kulturen praktizieren. Manche Schamanen ihre Handlungen im Bereich der anderen Wirk-
dene Gegenstände. Es eignen sich aber auch alle
en Klänge, und in gewisser Weise ist diese Hand-
iner Arbeit immer beteiligt. Ich habe darüber
gentlich nicht der Klang an sich wirkt, sondern
telte heilende Seelenqualität, geboren aus einer
ht.

Manchmal jedoch stelle ich diesen Aspekt noch deutlicher in den Mittelpunkt der Arbeit, und dann wird der Psychotherapeut zum Heiler. Das geht besonders gut mit Didjeridou. In diesem Fall verwende ich den Klang für die unterschiedlichsten Botschaften, unabhängig von dem Klangarchetypus. Es handelt sich um eine direkte Arbeit auf der Ebene der energetischen Strukturen des Körpers, besser gesagt des Energiekörpers, die über ein direktes Beblasen mit dem Instrument beeinflußt werden können. Dabei spielen natürlich viele Faktoren eine Rolle: Eine Bereitschaft seitens der Patienten, eine gute therapeutische Beziehung und eine intuitive Wahrnehmungsfähigkeit seitens des Therapeuten. So etwas kann man nicht »machen«, man kann sich allenfalls zur Verfügung stellen, daß es geschieht.

Fallbericht

Ich möchte dies an einem erst kurz zurückliegenden Beispiel erläutern: Es war während einer Selbsterfahrungsgruppe Anfang dieses Jahres. Wie immer auf einem solchen Workshop kenne ich die Vorgeschichte der Teilnehmer nicht. So wußte ich auch gar nichts Näheres von der etwa 55jährigen Frau, um die es jetzt geht. Mir war lediglich ihre gedrungene Haltung aufgefallen und ihre Schwierigkeit, zu sich selbst zu stehen. Während einer Phase der freien musikalischen Improvisation habe ich auf dem Didjeridou mitgespielt und fühlte mich plötzlich zu ihr hingezogen (teilweise war das sicher beeinflußt durch ihren früher geäußerten Wunsch, einmal mit dem Didjeridou behandelt zu werden). Sie lag apathisch auf dem Rücken, Arme und Beine von sich gestreckt. Ich stellte mich neben sie, nahm innerlich mit ihr Kontakt auf und spielte mich selbst mit dem Didjeridou in einen Trance-Zustand. Ich hatte keine Ahnung, was sich da ereignen wollte und war auch völlig ohne Absicht, abgesehen von meiner Bereitschaft, mich diesem Menschen zur Verfügung zu stellen. Das ist es, was ich absichtslose Absicht nenne. Dann nahm ich auf einmal im Bereich ihres Oberbauches so etwas ähnliches wie ein Vakuum wahr. Da war nichts, da fehlte etwas, da war ein Loch, ziemlich groß. Gleichzeitig hatte ich das Gefühl einer Energiestau-Blockierung im Bereich ihres Unterleibes. Mein kurz auftauchendes Wachbewußtsein gab mir bestätigende

Unterstützung: Das Loch im Oberbauch war auf der Höhe des Namipura-Chakras, dessen Energie den Menschen dazu treibt, sein Ich und seine Identität in dieser Welt zu entwickeln. Es geht um Macht über sich selbst und Anerkennung von anderen. Nachdem ich mir diese Zustimmung gegeben hatte, überließ ich mich einfach dem weiteren Prozeß (wenn ich in der weiteren Beschreibung immer wieder sage, »ich tat dieses oder jenes«, so ist das genaugenommen unzutreffend und müßte eigentlich heißen, »es veranlaßte mich, dieses oder jenes zu tun«; aus Gründen der besseren Lesbarkeit bleibe ich jedoch bei der einfacheren, wenn auch nicht ganz zutreffenden Formulierungsweise).

Ich heizte die gestaute Energie im Unterleib kräftig auf, so als würde man Luft in eine schwelende Glut blasen, bis ein loderndes Feuer entstand. Dann schob und zerrte ich mit dem Didjeridou immer weiterblasend dieses Feuer nach oben in die Bauchgegend, immer und immer wieder, bis ich den Eindruck hatte, daß die Kraft dort jetzt Fuß gefaßt hat. Dann ging ich weiterblasend zum Hals und zum Kopf, spürte so etwas wie einen heiligen Zorn in mir aufkommen, einen Ärger darüber, daß die Patientin nicht gut für sich sorgt und immer auf die anderen achtet, anstatt sich selbst zu vertreten. Diese »dumme Angewohnheit« wollte ich ihr »ausblasen«, und habe es auch getan. Dann habe ich die positive Energie von Kopf und Hals, die in der Fähigkeit, wahrzunehmen, zu denken, zu reden und sich selbst zu vertreten liegt, heruntergezogen in den Oberbauch, mehr und mehr. Am Schluß war alles miteinander verbunden, wie ein Flächenbrand von Lebensenergie. Ich war zufrieden und bin weitergegangen. Die Improvisationsphase dauerte noch über eine Stunde. In der Nachbesprechung schwieg sie, und abgesehen davon, daß sie mich beim Verlassen des Gruppenraumes ganz liebevoll und irgendwie staunend und dankbar berührte, blieb ich im unklaren über die Auswirkungen meines Tuns.

Im normalen Bewußtseinszustand haben in mir manchmal Reste meines früheren kritischen Naturwissenschaftlers die Oberhand. Ich bin dann skeptisch und vertraue nicht darauf, daß bei dieser Art zu arbeiten wirklich etwas passiert. Kürzlich kam dann aber ein Brief von ihr, in dem sie schreibt:

»Du erinnerst dich doch, lieber Wolfgang, daß du mit dem Didjeridou meinen Magen beschallt hast. Das hat mir wirklich sehr gut getan. Ich kann es kaum fassen, aber es ist wahr. Nach 45 Jahren Magengeschwüren und Magenschmerzen habe ich jetzt keine mehr. Ich versuche, das zu bekräftigen mit dem Satz: »Ich darf es mir gutgehen lassen.« Natürlich sind danach noch ab und zu Magenschmerzen aufgetreten. Aber ich habe zufällig in der hiesigen esoterischen Buchhandlung eine Didjeridou-Kassette gefunden. Jedesmal, wenn ich nochmal Bauchschmerzen habe, spiele ich die Kassette, und sie gehen weg. Deshalb höre ich jetzt 3 x täglich meine Medizin, und es geht mir besser und besser!«

Dies klingt wie eine Erfolgsmeldung aus dem Anzeigenteil einer Gesundheitspostille. Aber ich berichte diese Geschichte nicht, um den Blick auf das zu richten, was ich mache, sondern um Mut zu machen, selbst so zu arbeiten und sich vorzuwagen, über die Grenze hinaus in die Ebenen anderer Wirklichkeiten voller Zauber, Wunder und Staunen.

Balinesischer Gong

Den balinesischen Gong möchte ich erwähnen, weil er am besten veranschaulicht, daß man nicht alle Gongs gleichsetzen darf. Seine Wirkung ist der des chinesischen Gongs Chau-Lou fast entgegen gesetzt. Der Chau-Lou oder Tamtam zerstört und fragmentiert. Er führt durch das Chaos zu neuem. Der balinesische Gong hingegen zentriert. Er ist annehmend, unterstützend, einhüllend, kann die wärmenden Herzensqualitäten bedingungsloser Liebe verkörpern. Das heißt aber nicht, daß man mit ihm nur angenehme Erfahrungen machen kann. Manche Menschen kommen in schreckliche Zustände, wenn sie mit dieser Qualität konfrontiert werden.

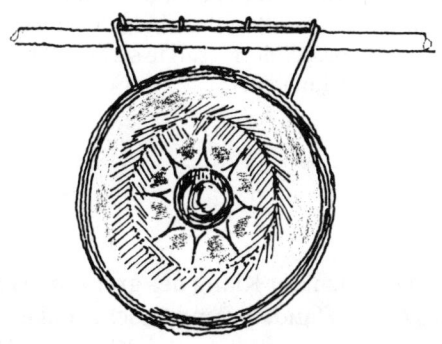

Abb.: Balinesischer Gong

Shruti-Box

Dieses Instrument kann besonders gut das Erleben von Gemeinschaft oder Geselligkeit vermitteln sowie menschliche Gefühle von Verbundenheit mit anderen oder mit der Heimat. Das Thema Gemeinschaft, Verbundenheit und Heimat gilt sowohl für den weltlichen (man denke an die Klangqualität des Schifferklaviers und Akkordeons) als auch für den religiösen Bereich (vergleiche die Klangqualitäten des Harmoniums).

Berimbao

Auf dem Berimbao spiele ich einen stimulierenden afrikanischen 12er-Rhythmus. Und aus diesem Grund macht dieses klanglich-rhythmische Muster Anleihen bei dem Klang-Archetypus des Monochords, verknüpft aber seine pränatalen oder transpersonalen Qualitäten von Harmonie und Alleinheit mit den irdischen Gefühlen von Leichtigkeit, Lebendigkeit und Beschwingtheit.

Schwirrholz

Das Schwirrholz würde wohl sagen, wenn es reden könnte:
»Ich bin das Kommen und das Gehen, ich gehe auf und gehe unter, ich werde groß und werde klein. Alles kommt und alles geht. Halte nichts fest! Mach dich leicht wie der Wind! Gründe deine Sicherheit nicht in den Dingen dieses Lebens, sondern gründe sie allein in mir, dem Geist, der Quelle tief in deinem Inneren.«

Rassel

In der Rassel vermählt sich der Klang des grenzenlosen weiblichen Seins-Grunds, des Nicht-Handelns und Geschehenlassens, der Zeitlosigkeit des Unbewußten (vergleiche den Klang der Ocean-Drum) mit der irdischen Struktur von Zeit und dem männlichen Prinzip des Handelns (durch das Rhythmuselement). Sowohl phylogenetisch wie auch ontogenetisch hat die Rassel eine Affinität zu dem Übergang vom unbegrenzten »magischen« Bewußtsein zur beginnenden Entwicklung eines abgegrenzten Ichs. In dem sie diese Polarität in sich vereint, hat sie in gewisser Weise etwas neutrales und stellt ein sehr breites Erlebnisfeld zur Verfügung. Sie eignet sich deshalb auch gut für schamanische Reisen, bei denen die Richtung des Lebens durch eine ganz bestimmte Intention – z.B. Reise in die untere Welt – vorgegeben wird und nicht durch die Klangfarbe.

Vielleicht sollte ich an dieser Stelle darauf hinweisen, daß das Erleben natürlich in höchstem Maße von der einleitenden Suggestion abhängt. So geschieht natürlich etwas völlig anderes, wenn bei der Rassel die Instruktion lautet: »Machen Sie eine Reise in die untere Welt, um Ihre Kraft hier zu suchen«, als wenn ich zur Rassel sage: »Lassen Sie sich einfach von der Qualität dieses Klanges an die Hand nehmen und sich in sein Reich führen!«

Solche Suggestionen können auch subtil und unbewußt sein und viele kontroverse Diskussionen über die Wirkung der Klänge würde sich erübrigen, wenn man dieses Phänomen mehr im Auge hätte.

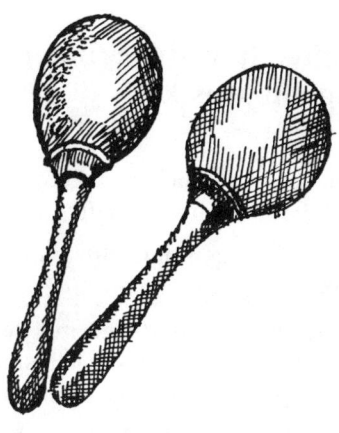

Abb.: Rassel

19. Indikationen zur Musiktherapie

Musiktherapie kann bei einem breiten Spektrum psychischer und psychosomatischer Störungen eingesetzt werden. Besonders angezeigt ist sie bei der Behandlung von Patienten mit frühen Störungen, die mit Worten oft schwer oder kaum erreichbar sind, da sie in einer Zeit entstanden, als die Kommunikation mit der Mutter überwiegend non-verbal ablief.

Da diese Menschen (noch unbewußt) gesprochenen Worten schon im ersten Lebensjahr nicht vertrauen konnten und ihnen auch heute noch mit größtem Mißtrauen begegnen, sind nonverbale Angebote mit Klängen und Rhythmen in der Anfangsphase solcher Therapien manchmal die einzige Möglichkeit, sich an die Basis solcher Störungen in der Mutter-Kind-Beziehung heranzutasten. Eine solche Annäherung kann protektive Faktoren aktivieren, die trotz widriger Lebensumstände wie kleine Inseln des Geborgenseins im Strom des Lebens ein (seelisches) Überleben in früher Kindheit und später ermöglichten.

Aus den beschriebenen Angeboten von protektiven, musiktherapeutischen und kontaktfördernden Faktoren kann eine Indikation zur MT abgeleitet werden.

Protektive Faktoren (positive Erinnerungen im Zusammenhang mit Musik)

➤ Erinnerungen an die verläßlichen, regelmäßigen Herztöne der Mutter während der Schwangerschaft;

➤ Erinnerungen an das Singen der schwangeren Mutter oder des begleitenden Vaters;

➤ gemeinsames Spielen in Kindertagen mit den Eltern, Geschwistern und anderen Erwachsenen auf leicht spielbaren Instrumenten, verbunden mit positiven Kleingruppenerfahrungen;

➤ Erinnerungen an liebevollen Musikunterricht;

➤ Kontaktaufnahme zu früher gern gehörter Musik.

Musiktherapeutische Faktoren

➤ Arbeiten im musiktherapeutischen „Spielzimmer";
➤ keine oder nur sehr geringe Bedrohung durch die Instrumente;
➤ hoher Aufforderungscharakter der Instrumente;
➤ Spiel zunächst in »absichtsloser« Absicht;
➤ gemeinsames Spielen mit Therapeuten in einem „wertfreien Raum";
➤ keine „falschen" oder „richtigen" Töne;
➤ Funktionslust durch Improvisation gesteigert;
➤ Probehandeln ohne Angst vor Bestrafung oder Liebesentzug;
➤ gemeinsamer Klangraum von Patient und Therapeut;
➤ Therapeut als reales Gegenüber erkennbar;
➤ Therapeut in der Improvisation emotional wahrnehmbar;
➤ Regulierung intrapsychischer Prozesse mit Hilfe der klanggeleiteten Trance.

Kontaktfördende Faktoren

➤ zu dem „inneren Kind" durch begleitendes Spiel am Monochord;
➤ zu Geburtsvorgängen mit dem großen Gong;
➤ zur eigenen Kraft, den Kraftorten und Krafttieren mit der Trommel;
➤ zu Verschmelzungswünschen und Begegnungen in „absichtsloser Absicht" mit der Ocean-Drum;
➤ zu Hingabewünschen und Fragen an das höhere Selbst mit der hohen Klangschale.

Therapie bei Patienten mit frühen Störungsanteilen oder frühen Störungen

➤ Gemeinsamer Schutzraum für Patient und Therapeut in der Improvisation erleichtert den Zugang zu Patienten mit Nähe-Distanz-Problemen;

> Kontaktaufnahme zu abgespaltenen Erinnerungs-und Erleb-
nisanteilen mit Hilfe von Instrumenten (musikalischen Zwi-
schenobjekten);

> Affekt*steuerung* (diese Patienten haben eher ein Zuviel als ein
Zuwenig an Affekten) und dosierte Aggressionsabfuhr durch
klangliche Katharsis an Gong-Trommeln oder anderen Instrumenten;

> Abbau der Befürchtung, durch lautes Spiel das Instrument, den
Therapeuten oder die Person, mit der eine Auseinandersetzung
gespielt wurde, zu „zerstören";

> Einleitung und spätere Begleitung einer verbalen Therapie.

Therapie bei Patienten mit reifen Ich-Strukturen

Für Patienten mit reiferen Ich-Strukturen lassen sich die von *E. Hoffmann* (zit. in: *Rüger* 1992) beschriebenen therapeutischen Ansatz-
punkte des Mediums Musik so zusammenfassen:

> Der primäre Zugang zu Gefühlen – neben taktilen – sind Töne,
Geräusche und Laute. Sie sind die ersten sensorischen Wahrnehmungen, die sich mit einem emotionalen Bedeutungsgehalt verbinden.

> die Symbolisierungsfähigkeit über die Instrumentenwahl und die
Klangfarbe der Instrumente;

> die Gleichzeitigkeit von antinomischen Strukturen: die Verbin-
dung von Primär- und Sekundärprozeßhaftem und die gleichzei-
tige Darstellung sehr verschiedenartiger und ambivalenter Ge-
fühlsfacetten;

> die schnelle Abfolge von Spannung-Lösung-Vorgängen mit der
Möglichkeit starker kathartischer Effekte;

> die Lust am Spiel und die Möglichkeit spielerischer Spannungs-
abfuhr, verbunden mit averbaler zwischenmenschlicher Kommunikation.

Indikationsspezifische Übersicht

Für die tiefenpsychologisch fundierte Musiktherapie ergeben sich
in den Bereichen Psychotherapie und Psychosomatik für die ambulante und stationäre Praxis folgende Indikationen:
➤ Neurosen, auch chronifizierte Formen,
➤ funktionelle Störungen,
➤ frühe Störungen
  – narzißtische Neurosen,
  – schizoide Neurosen,
  – Borderline-Syndrome
➤ Psychosomatosen,
➤ Psychosen (hier nur übungs- oder erlebniszentrierte Angebote).

Weitere Indikationen: Einsatz von Musiktherapie in verschiedenen
Bereichen der Rehabilitation und in der Betreuung von alten, unheil-
bar kranken und sterbenden Menschen sowie sozialen Randgrup-
pen.

20. Kontraindikationen zur Musiktherapie

> akute Psychosen,
> fehlende Motivation des Patienten,
> Rentenwunsch,
> chronisch depressive Patienten ohne Leidensdruck oder Veränderungswünsche,
> gelegentlich: Berufsmusiker als Patienten,
> relativ: Suchterkrankungen, wenn Patienten Musik als „Droge" verwenden; Einsatz im späteren Verlauf der stationären Therapie sinnvoll.

Schwierigkeiten in der Musiktherapie

Bei aller Umsicht und Empathie kann auch eine Musiktherapie einmal nicht gelingen. Dafür gibt eine Reihe von Gründen:

> Nicht auflösbare Übertragungen und Gegenübertragungen, d.h. wenn sich in den ersten Stunden zeigt, daß Patient und Therapeut nicht miteinader zurechtkommen und eine gemeinsame Arbeit nicht möglich ist.

> Die Patienten zeigen sich vordergründig für die Therapie motiviert und suchen nach Linderung und Besserung. Nach kurzer Zeit wird aber deutlich, daß die Patienten nicht motiviert sind und an ihren Beschwerden festhalten, um damit soziale oder finanzielle Vorteile zu erreichen.

> Solche Ziele wie Schonung durch Krankheit, Abgabe von Verantwortung, Ansprüche an Versicherungsleistungen, Krankengeld oder Rente versuchen die Patienten so lange wie möglich zu verbergen, um den damit verbundenen „sekundären Krankheitsgewinn" nicht zu gefährden.

> Es zeigt sich, daß ein Scheitern in der Musiktherapie meist mit einem Scheitern auch anderer Therapien einhergeht. In dem Abschnitt unter Kontraindikationen habe ich auf die Schwierigkeiten hingewiesen, die eine Musiktherapie zum Scheitern bringen können.

> Scheitern (aller Therapieangebote) erlebte ich bei einigen Patienten, die trotz intensiver Therapie suizidal blieben und die wir aus

Sicherheitsgründen in eine Psychiatrie verlegen mußten. Das gleiche gilt für einige Suchtpatienten, die ihren Drogenkonsum verschwiegen oder herunterspielten, sich nicht an die Auflagen der Klinik hielten und weiterhin Drogen nahmen. Auch bei einigen Patientinnen mit Eßstörungen hatten wir nur geringe therapeutische Erfolge.

Bei Patienten, die lieber den Therapeuten „besiegen" als etwas für sich tun wollen, zitiere ich in solchen Situationen *Frank Farrelly*: *„Wenn Sie gewinnen und ich verliere, verlieren Sie!"*

21. Ergänzendes zur Geschichte der Musiktherapie

In der Geschichte der Menschheit hat es keine musiklosen Kulturen gegeben. Menschen sangen, spielten und tanzten zu allen Zeiten. Die Verwendung von Musikinstrumenten ist seit Urzeiten gebunden an kultische oder religiöse Handlungen, z.b. dem Darbringen von Opfern, bei Feiern zur Geburt, beim Tod von Familien- oder Stammesmitgliedern oder bei Vorbereitungen zu Kämpfen. Von den heute noch lebenden Naturvölkern, ihren Schamanen oder Medizinmännern erhalten wir wichtige Informationen über deren Heilrituale, die dabei verwendeten Instrumente, deren Spielweisen und Klänge. Besonders interessiert uns die Anwendung von Musik zu Heilzwecken. Erste Überlieferungen beginnen vor über fünftausend Jahren mit schamanischen Praktiken in Asien (Sibirien, Tibet, China, Indien), Afrika, Australien und Amerika.

Dort spielten Medizinmänner und -frauen verschiedene Klang- und Rhythmusinstrumente, um böse und krankmachende Geister bei ihren „Patienten" zu vertreiben. Die Frauen und Männer, die mit solchen Heilkräften ausgestattet waren, hatten aufgrund ihrer schamanischen Initiation und ihres Wissens eine besondere Stellung in ihren Stämmen und wurden oft gebeten, entsprechende Heilrituale durchzuführen. Diese Heilungs- oder Klärungsprozesse verliefen häufig über die Achse veränderter Bewußtseinszustände, d.h. der Schamane und sein „Patient" gingen in Trance. Mit Hilfe magischer Beschwörungen wurden die „guten" Geister von Göttern, Tieren oder verstorbenen Angehörigen um Hilfe gebeten, die krankmachenden Geister zu vertreiben. Dabei war es wichtig, sich bei den „Geistern" zu bedanken, sie aus ihren Aufgaben zu entlassen und dorthin zu schicken, wo sie jetzt gebraucht würden und sie nicht durch mangelnde Dankbarkeit zu erzürnen.

Hilfsmittel für die magischen Rituale waren die Gesänge der Schamanen, die Klänge und Rhythmen ihrer Instrumente, auf den Körper aufgebrachte Farben, taktile Reize und bestimmte Düfte (von Sträuchern oder Wurzeln wie Weihrauch), die *den Therapeuten und seinen Patienten* dabei unterstützen sollten, in Trance zu gehen. Bevorzugte Instrumente der Schamanen (gemeint sind hier immer Männer und Frauen) in allen Regionen dieser Welt waren die Trommeln, mit denen sie wie „auf einem Pferd in einen anderen Bewußtseinszustand ritten", um wichtige Begebenheiten des Stammes oder einzelner Mitglieder wie Geburts-, Initiations- oder Begräbnisrituale, Aufbruch in einen Krieg, Abschluß eines Friedens oder Schlichtung von Stammesfehden oder Familienstreitigkeiten zu begleiten.

Wenn wir dieses Wirken unserer musiktherapeutischen „Vorfahren" betrachten, wird deutlich, daß wir in der modernen Musiktherapie ähnliche Themen bearbeiten (siehe oben). Auch verwenden wir heute noch immer dieselben Instrumente wie damals.

Frühe Formen des Instrumentenbaus

> ➤ Die Aborigines in Australien spielen seit Urzeiten auf Eukalyptusästen, die von Termiten ausgehöhlt wurden. Lautmalerisch nennen sie dieses Instrument Didgeridoo.

> ➤ Die Ureinwohner Afrikas schlugen mit Holzstöcken auf Baumstämme, spannten Tierfelle über ausgehöhlte Baumstämme und schufen die ersten Trommeln.

> ➤ Andere steckten kleine Steinchen oder getrocknete Früchte in Bambusröhren und imitierten damit den Klang des Regens (Instrument: Regenmacher) oder überzogen Kürbisfrüchte mit einem Netz von kleinen, getrockneten Früchten und erhielten so eine Rassel.

> ➤ Ausgehöhlte Kürbisfrüchte wurden als Resonatoren verwendet und mit dünnen Lederriemen unter gestimmte Holz- oder Metallplatten befestigt (afrikanische Ballaphone).

> ➤ In China beherrscht man seit etwa tausend Jahren Techniken der Gongherstellung.

> ➤ In Tibet wurden die ersten verschieden große Klangschalen gehämmert.

> ➤ In Balinesien legt man kleine, rechteckig geformte, gestimmte dünne Metallplatten auf Holzgestelle und erhält so Metallophone für die javanische Tempelmusik.

> ➤ Die indische Tambura und Sitar haben einen ausgehöhlten Kürbis als Klangkörper.

Bei einigen Naturvölkern haben sich diese schamanischen Rituale (und Instrumentenbauweisen) bis heute erhalten.

Ethnologen, Musiktherapeuten und andere Forscher haben o.g. Heilzeremonien vor Ort studiert und uns ihre Erfahrungen für die moderne Musiktherapie zugänglich gemacht.

Der Gebrauch der Stimme hat, besonders für Heilzeremonien in Trance oder Ekstase und für meditative Zwecke, ebenfalls besondere Bedeutung. Aus tibetischen Klöstern, aus China, Sibirien und Amerika ist uns die Kunst des Obertongesangs (genauer: das Singen von Tönen in der „normalen" Stimmlage, dazu die entsprechenden Ober- und auch Untertöne) überliefert worden.

Mit Hilfe der Archäologen können wir die Funde bestimmter Klangerzeuger ziemlich genau den entsprechenden Erdzeitperioden zuordnen:

> in der Eiszeit: Rasseln, Schlagestäbe, Flöten, Schwirrhölzer, Schraper, Schnecken- und Tubushorn
> in der älteren Steinzeit: Schlitztrommeln, Grifflochflöte, einfellige Trommeln, Musikbogen (Berimbao), Panpfeife, Zittern
> in der jüngeren Steinzeit: Querflöte und Querhorn, Xylophon, Maultrommel, Rohrblattpfeife, Nasenflöte, Trommelschlägel
> in der älteren Metallzeit: Glocken, verschiedene Zithern
> ab 4000 v. Chr.: Harfe, Leier
> ab 3000 v. Chr.: zweifellige Trommeln, Rahmentrommeln
> ab 2000 v. Chr.: Becken, Laute, Metalltrompete, Doppelrohrblattpfeife
> ab 1000 v. Chr.: Kastagnetten, Sackpfeife
> um Christi Geburt: Mundorgel
> ab etwa 1000 n. Chr.: Gong, Metallophon, Zargenlaute, Geige, später Pauken.

22. Ansprechbarkeit des Menschen auf Musik und akustische Reize – eine Zusammenfassung

Was ist eigentlich das Besondere an der Musik, die in unserem Leben eine so wichtige Rolle spielt und deren Wirkung wir uns nicht entziehen können?

Allgemein kann man physiologische, psychologische und kommunikative Wirkfaktoren der Musik unterscheiden. Ein besonderer Wirkfaktor ist dabei die nonverbale Kommunikation von Affekten über Musik. Dazu schreibt *U. Rüger* (1992): „Der nonverbale Charakter und die Unabhängigkeit von der Entwicklung verbaler und logischer Fähigkeiten erhält sich für das musikalische Erleben zeitlebens und hat auch neuroanatomische Grundlagen: Während Sprache und logisches Denken vornehmlich in der linken Hirnhäfte lokalisiert sind, steht inzwischen fest,»daß die musikalische Erfahrung und die musikalische Ausübung hauptsächlich in den symmetrischen Gebieten der rechten Hemisphäre lokalisiert sind« (*Eccles* 1988) ... Von dem so lokalisierten Musikzentrum der rechten Hirnhälfte ziehen Nervenbahnen zum limbischen System und Hypothalamus; hiermit ist die enge Verbindung zu emotional-affektiven Abläufen und über entsprechende Schaltstellen ... die ... Verbindung zum Vegetativum gegeben."

Das Hören ist einer der frühesten und wichtigsten Sinneseindrücke, die wir im Mutterleib neben den kinästhetischen Wahrnehmungen der Bewegungen unserer Mutter erfahren (und der letzte, wenn wir sterben).

Da der heranwachsende Fötus ab der 18. Schwangerschaftswoche bis zur Geburt ca. 28 Millionen Mal den Herzschlag der Mutter hört, wird das Ausmaß dieser akustischen Prägung verständlich, die über die großen Gefäße, die Plazentagefäße und über die Beckenschaufeln (Tomatis) an den Körper und die Ohren gelangen. Zu den Herzgeräuschen kommen noch die Atem-und Darmgeräusche sowie andere akustische „Informationen" hinzu wie die der Sprech- und Singstimme der Mutter, des Vaters oder musikalische „Geräusche" der musizierenden Mutter, aber natürlich auch störende Umweltgeräusche.

Folgen wir den Untersuchungen von *Schwartz* (1996, zit. in *Schroeder* 1997), so müssen wir uns von unseren bisherigen Vorstellungen von einer „himmlischen Ruhe" im Uterus wohl endgültig verabschieden: Nach seinen intrauterinen Schallmessungen „ist es im Mutterleib mit rund 80 bis 95 Dezibel fast so laut wie in einer Diskothek am Samstagabend". Er folgert daraus, daß „der Verlust dieser Geräuschkulisse bei der Geburt für ein Baby eine besonders belastende Veränderung sei" und entwickelte aus diesen Erkenntnissen heraus eine Art „Mutterleibsmusik", für die er Geräusche im Mutterleib aufzeichnete und sie im Studio mit ruhiger Musik und Frauenstimmen vermischte.

Nach erfolgreichen Versuchen mit dem eigenen Kind beschallte er 17 durchschnittlich 1700 Gramm schwere Frühgeborene in regelmäßigen Abständen für zehn Minuten mit 80 Dezibel lauter „Bauchmusik". Ergebnis: der bei „Frühchen" typische Streß nahm „trotz des Larms" offensichtlich ab. Die Kinder wurden ruhiger und schliefen länger, Blutdruck und Herzfrequenz sanken und die Sauerstoffversorgung verbesserte sich deutlich. Mit seiner „transitions music" erlebte *Schwartz*, daß die „Frühchen" besser wuchsen, da „sie ihre Energien in das Wachstum stecken konnten und nicht mehr so sehr im Kampf gegen den Streß verbrauchten".

➤ Auch in Deutschland gehören Beschallungen von Frühgeborenen in ihren Brutkästen (wenn auch nicht mit den hohen Lautstärken) vielerorts schon zum Standard der Frühgeborenenbetreuung.

➤ Die Erfahrungen von *Schwartz* bieten eine mögliche Erklärung für die Freude von Kindern, Jugendlichen und junggebliebenen Erwachsenen, die sich mit offensichtlichem Genuß den hohen Lautstärken ihres Walkman, ihrer HiFi-Anlage oder einer Diskothek aussetzen.

➤ Interessante Verbindungen ergeben sich bei eigenen Erfahrungen in der klanggeleiteten Trance, bei denen es „ähnlich laut wie in einer Diskothek zugeht", wenn Therapeuten mit viel Energie stundenlang trommeln oder auf einem chinesischen Gong von 120 cm Durchmesser spielen. Solche Stunden vermitteln den „Zuhörern" eine ungeheure Kraft und Energie. Die hohen Schalldruckpegel sind gut auszuhalten, wenn man sich entspannt dem Hören hingibt und sich nicht dagegen wehrt.

➤ Wie wichtig die Geräuschmatrix des regelmäßigen Herzschlags der Mutter für Neugeborene ist, zeigen die eindrucksvollen Versuche von *Salk,* der Neugeborenen Tonaufzeichnungen mit den regelmäßigen Herzschlägen einer gesunden Mutter mit einer Frequenz von 70 Schlägen pro Minute über Lautsprecher zuspielte. Jede Veränderung der Frequenz oder Schlagfolge (Tachykardie oder Arhythmien) wurden von den Kindern durch Unruhe, vermehrte Bewegungen oder Schreien beantwortet. Die Kinder beruhigten sich aber schnell, sobald wieder ein normaler Rhythmus zu hören war.

➤ Mir sind in meiner musiktherapeutischen Arbeit Patienten begegnet, deren Schwierigkeit im Umgang mit etwas komplizierteren Rhythmen besonders deutlich wurde: auf näheres Befragen konnte dann eine Herzrhythmusstörung der Mutter während der Schwangerschaft eruiert werden.

➤ Akustische Signale beeinflussen vegetative Abläufe im Körper und lösen psycho-physische Resonanzen aus. Elementares Beispiel dafür ist die beruhigende, schlafanstoßende Wirkung der von der Mutter gesungenen Schlaflieder. Auch die magischen, zum Teil auch gesungenen Beschwörungsformeln gegen die kleinen Schmerzen des kindlichen Alltages gehören hierher.

➤ In Experimenten läßt sich nachweisen (vgl. *Harrer* 1975), daß unser Herzschlag durch akustische Signale beeinflußbar wird und schneller oder langsamer werden kann (acustic driving). Das ruhig dahinfließende Tempo einer geatmeten, gesungenen Musik kann nach einiger Zeit auch unseren Herzschlag und die Atmung beruhigen (Schlaflied der Mutter).

➤ Bestimmte Rhythmen, scharfe Synkopen, große Lautstärken, markige Marschmusik oder Swing und Rock wirken vitalisierend, antriebsfördernd. Steigern wir die Frequenz beim Trommeln auf ca. 240 Schläge pro Minute, dann tritt bei vielen Menschen eine Veränderung des Bewußtseins im Sinne einer Trance ein.

➤ Leise Klänge mit wiegenden Rhythmen wirken eher dämpfend. Heute erhältliche Tonträger mit therapeutischer Ausrichtung versuchen mit ruhiger Musik unter Verwendung eines Tempos von 60 Schlägen pro Minute eine vegetative Dämpfung zu bewirken.

Vegetativ dämpfend wirkt auch das gleichmäßige Spiel des Monochords, der Ocean-Drum oder der hohen Klangschale. Auch diese Klänge eignen sich zur Einleitung von Bewußtseinsveränderungen bis hin zur Trance – können aber auch schlafanstoßend wirken.

➤ Für viele Menschen ist Musik eine Art klangliches Refugium: Musik gibt ihnen dabei Raum zur Ordnung von Gefühlen und Gedanken. Oft werden strukturelle Elemente in der Musik als ordnend erlebt. Auf dieser Erkenntnis basiert das musiktherapeutische Konzept von *Pontvik*, der bei der klar strukturierten Bachschen Musik eine ordnende Wirkung auf die Seele des Menschen beobachtete. Auch die emotionale Ausformung eines schmerzlichen Erlebnisses, z.b. die Trauer um den Verlust eines geliebten Menschen, kann durch geeignete Musik (Musik der Renaissance, Sätze aus den Requien von Mozart, Brahms oder Verdi) überhaupt erst richtig zugelassen werden.

➤ *Klausmeier* (1978) gibt wichtige Hinweise zum Verstehen musikalischer Aktivitäten. Für ihn stellt das Singen eine Form lustvollen Schreiens dar, wobei die Stimme als Innenresonanz erlebt wird und gleichzeitig über das Singen Energien nach außen abgeführt werden können. Das Instrumentalspiel ist für ihn eine Körperbewegung mit Instrumenten: auch hier ist die Energieabfuhr über den Körper wichtig, hinzu kommt der Wunsch, Emotionen auch instrumental verstärkt auszudrücken.

➤ Musik kann dem Menschen auch eine soziale Orientierung in seinem Umfeld vermitteln. Je nach musikalischem Können oder Interesse ergeben sich Möglichkeiten, in Chören, Kammermusik-Ensembles, Orchestern, Volksmusik-Gruppen, Jazz-oder Rock-Gruppen mitzuwirken.

➤ Weitere Erklärungen für das Wirken der Musik auf Psyche und Körper finden wir in den Grundbausteinen jeder Musik: dem Klang und dem Rhythmus, die auch Gegenstand der Untersuchungen und Erkenntnisse der Musikpsychologie und -physiologie sowie der Musikwissenschaft sind.

Einzeltöne

Jeder hörbare Ton eines Instrumentes oder der Stimme ist immer die Summe aus dem Grundton (oder 1. Teilton) bis zum 16. Teilton (Teiltöne entsprechen den Obertönen), wobei Formanten (bestimmte Obertonbetonungen) uns helfen, zum Beispiel den Klang einer Oboe von einer Geige zu unterscheiden, die bei weggefilterten Obertönen gleich klingen würden. Nur Sinustöne eines Tongenerators sind physikalisch „rein".

Ein wichtiger Zusammenhang unserer musikalischen Welt läßt sich an dieser Stelle aufzeigen: Wie schon Pythagoras mit einem Monochord herausfand, entstehen beim Teilen einer Saite durch Fingerdruck im Verhältnis 1:2:3:4:5 die Intervalle vom Grundton zur Oktave (1:2), Grundton zur Quinte (2:3), Grundton zur Quarte (3:4), Grundton zur großen Terz (4:5) usw.

Die Wiederentdeckung der uralten Oberton-Singtechnik der tibetischen Mönche für uns Europäer zeigt, daß die Obertöne, die wir mit unseren Stimmen bilden können, den gleichen physikalischen Gesetzen folgen wie die Intervalle der Obertonreihe bei Instrumenten und in unserem Akkordsystem (Oktave, Quinte, Terz, Sexte, Septime).

Akkorde

Werden nun mehrere Töne gleichzeitig oder hintereinander gespielt, erklingen entweder Akkorde oder Tonfolgen (Tonleitern oder Skalen).

Harmonisch-konsonant empfinden wir Terzen, Sextakkorde oder Dreiklänge, hingegen unharmonisch-dissonant „reibende" Klänge mit Sekund- oder Tritonusklängen, Tonkluster (Tontrauben mit vielen ganz dicht nebeneinander liegenden Tönen) oder polytonale Klänge, wie sie in der modernen Musik vorkommen, wenn in einem Klavierstück die rechte Hand in C-Dur, die linke Hand in Cis-Dur notiert ist.

Dazu schreibt *Tonius Timmermann* (1987): „Im Ohr wirken subjektive Obertöne und Kombinationstöne (in der Perilymphe entstehende zusätzliche Schwingungen) zusammen. Die Kombinationstöne haben entweder die gleiche Frequenz wie die Obertöne der beiden Grundtöne, so daß sie sich verstärken, oder sie fallen in Lücken der Obertonspektren und trüben diese dadurch. Das Zusammenfallen der Obertöne und Kombinationstöne ist nur dann möglich, wenn die Grundtöne ganzzahlige Proportionen bilden. Je nachdem, um welche Proportionen es sich handelt, ist die Anzahl der auf Obertöne entfallenden Kombinationstöne unterschiedlich und damit auch der Trübungsgrad, wodurch sich nach Rudolf Haase im Menschen Gefühle für Harmonie/Disharmonie, Konsonanz/ Dissonanz als seelische Empfindung einstellen."

Die verschiedenen modernen und traditionellen Musiksysteme gehen von Skalen aus: eine Dur-Tonleiter hat eine andere Klang„farbe" als eine harmonische oder melodische Moll-Tonleiter. Pentatonische Tonleitern, die mit ihren typischen Ganz- und Halbtonschritten häufig in Asien vorkommen, erzielen bei uns Europäern durch ihren spannungsarmen, „friedlichen" Klang eine eigenartige, oft hypnotische Wirkung.

Beispiele für Kompositionen in alten Kirchentonarten sind die *dorische* Toccata von Bach (für Orgel) oder der langsame Satz aus dem Streichquartett op. 132 von Ludwig van Beethoven mit dem Titel: „Heilige Danksagung eines Genesenen an die Gottheit in der *lydischen* Tonart".

Monochord

In diesem Zusammenhang sei nochmals auf das Monochord hingewiesen. Das Instrument ist eigentlich ein Polychord, da es mit 13, 26 oder 39 Saiten bespannt ist. Der Teil „mono" stimmt in einem anderen Zusammenhang dennoch: alle Saiten sind auf den gleichen Ton gestimmt. Da es weder mit dem Ohr noch mit einem elektronischen Stimmgerät gelingt, alle Saiten hundertprozentig identisch zu stimmen, bleibt eine minimale, feine Inharmonizität der Saiten und es entstehen nach einer Weile des Spielens (sanftes Streichen über die Saiten mit den Fingerballen der Endglieder der Mittelfinger) Obertöne. Ein feines Schwirren und *zarte Melodien* steigen aus dem Instrument. Auch hier hören wir wieder Grundton-Oktave-Terz-Sext-Septime. Die Wirkung ist, besonders wenn man es im Liegen hört, überwältigend: es beruhigt, entspannt und hypnotische Effekte können sich einstellen.

Heute gibt es verschiedene Formen von Monochorden, die als Tischinstrumente, Klangliegen, Klangwiegen oder Klangstühle angeboten werden, die zu dem hörbaren akustischen Eindruck auch noch die feinen Schwingungen der Saiten über den Resonanzboden auf den Körper übertragen und so die Wirkung des Instrumentes noch verstärken.

Rhythmus

„Am Anfang war nicht das Wort, sondern der Rhythmus" sagt der englische Dirigent *Sir Simon Rattle.*

Es ist keine Frage, daß die Menschen heute daran kranken, den eigenen Rhythmus, das eigene Tempo und das Gefühl dafür verloren zu haben. Wir sind zu oft fremdgesteuert und der irrigen Annahme, durch die „modernen technischen Fortschritte" alle Grenzen von Zeit und Raum überwinden zu können: die Tageszeiten, die Zeitzonen, die Jahreszeiten. Die äußere Uhr oder der Terminkalender werden zum Schrittmacher unseres Lebens: unsere „innere Uhr", die des Körpers und der Psyche haben wir ausgeschaltet und das rote Kontrollicht herausgeschraubt(!) – statt es zu beachten. Erst wenn wir krank werden, merken wir, was „die Uhr geschlagen hat". Herzrhythmusstörungen können zu lebensbedrohlichen Warnsignalen werden, die anzeigen, daß unser Herz aus dem Rhythmus gekommen ist.

Wir Menschen sind rhythmische Wesen (*Hildebrandt* 1997): Alle biologischen Vorgänge gehorchen inneren Uhren: der Herzschlag, die Atmung, Wach- und Ruhe- bzw. Schlafphasen, das Leben und Absterben von Körperzellen, die Menstruation und die Schwangerschaft. Und ein innerer Rhythmus bewirkt schließlich auch das Ende des ganzen Organismus, wenn die Zellen des Körpers absterben.

Rhythmen mit geraden, teilbaren Taktzahlen wie 1/2, 2/4, 4/4 führen mit ihrer Ähnlichkeit zum Herzschlag zu Ruhe und Ausgeglichenheit, wenn sie im „rechten Zeitmaß" (im Tempo guisto) gespielt werden. Unsinnige Auswüchse eines falschen Musikverständnisses oder Fehldeutungen der „Tempo"-Begriffe von Satzbezeichnungen oder Metronomzahlen führen zu überhöhten Tempi, die eher den Forderungen des Sports nach „schneller, weiter, höher" entsprechen als dem Wunsch, die Musik vergangener Jahrhunderte zur „Gemütsergötzung" (*Joh. Seb. Bach*) den Hörern vorzuspielen. (Vorschlag für die Musiker unter den Lesern: Spielen Sie einmal ein Allegro-Stück von *Bach, Mozart, Beethoven* oder *Haydn* zunächst in dem Ihnen vertrauten Tempo. Dann wiederholen Sie dieses Stück im halben Tempo, also um die Hälfte langsamer. Allegro heißt nicht schnell, sondern heiter, bewegt. [Metronom M.M. 80!] Lassen Sie die Musik auf sich wirken, ohne an die alten Gewohnheiten des

Schnellspielens zu denken. Wie finden Sie es? Was hören Sie vielleicht neu?)

Rhythmen im Dreiertakt werden mit den drei Phasen Ausatmen-Einatmen-Pause der Atmung in Verbindung gebracht. Viele Tanzstücke sind in solchen Taktarten geschrieben: der Walzer, das Menuett. Wird die Zahl der Noten pro Takteinheit verkleinert, so wird aus einem 3/4 Takt ein wiegender 6/8 oder 12/8 Takt, wie wir ihn bei Hirtenmusiken (Pastoralen) in der Barockzeit oder in der 6. Symphonie von *Beethoven* finden.

Rhythmen im 5/4, 7/8 oder 11/8 kommen in der Natur nicht vor und sind sehr gewöhnungsbedürftig: der vertraute gerade Takt ist einem ungeraden, nicht mehr teilbarem Takt gewichen, der anregend wirkt, weil er „nicht aufgeht". Während wir uns bei einem Dreier- oder Vierer-Rhythmus beim Hören „bequem im Sessel zurücklegen können", reißen solche Taktarten uns eher vom Stuhl: Beispiele finden wir in häufigen Rhythmuswechseln bei *Strawinsky* und dem *Feuervogel, Sacres des Printemps, Petruschka* oder der *Psalmensymphonie*. Komponisten des 20. Jahrhunderts benutzen diese Rhythmuswechsel als Stilelement. Im Jazz ist *Dave Brubeck* mit dem Stück „Take five" besonders bekannt geworden.

Für viele Hörer, besonders unter unseren Patienten, ist solche Musik eher „nervig", weil sie keine vertrauten rhythmischen Strukturen mehr hören, bei denen man sich „einklinken" kann. Die Verwendung dieser Musik in der Musiktherapie ist daher am ehesten sinnvoll zur Steigerung des Antriebs.

23. Rezeptive Musiktherapie

Patienten hören gemeinsam mit dem Therapeuten Musik und sprechen danach über das Hörerlebnis.

Formen:
1. Therapeut spielt selbst Beispiele der Musikliteratur auf Instrumenten vor
2. Therapeut spielt monochrome Klänge auf Trommel, Gong, Monochord, Klangschale, Ocean-Drum
3. Therapeut spielt Musik von Tonträgern (*Schwabe*)

Wirkprinzip der rezeptiven Musiktherapie:
➤ Summation von musikalischen und kommunikativen Elementen;
➤ Auswahl des Musikangebotes mit bestimmtem therapeutischem Ziel (David spielt Harfe für König Saul);
➤ Mutter tröstet Kind bei kleinen Wehwechen, singt Schlaflied (sehr spezifische, mögliche Urform „therapeutischer" Zuwendung);
➤ komponierte Musik zeigt den spielerischen, kreativen Umgang mit Tönen, Melodien, Rhythmen und Klängen. Sehr geeignet für die Therapie: Komponisten als Künstler mit der Freiheit des schöpferischen Umgangs mit Tonmaterial nach den Regeln der Musik;
➤ prozeßhaftes Eintauchen in das Aufnehmen (Rezepieren), Wirken-lassen und in den nachfolgenden Austausch über das Gehörte mit dem Therapeuten und den anderen Gruppenmitgliedern;
➤ Erfahren von Klang als Raum und Rhythmus als Zeit;
➤ *Strawinsky:* „Musik stiftet Ordnung zwischen Menschen und der Zeit";
➤ *Schroeder:* „Musiktherapie stiftet Ordnung zwischen Menschen und ihren Gefühlen";
➤ Anstoß zur Verbalisation von „Unaussprechlichem";
➤ regressive Tendenzen gefördert durch sanfte, ruhige, geatmete Musik (Renaissance), meditatives Singen oder Monochordspiel;
➤ Regression im Dienst des Ich: Erholen, Sammeln von psychischen und physischen Kräften, Regenerieren;
➤ nicht mehr erinnertes oder unbewußtes Material wird über akustische Assoziationen aufgespürt und erinnert;
➤ eher beruhigende Musik: Pachelbelkanon: Trauerfeier; Orgelmusik: Hochzeit; romantische Orchestermusik: Verliebtsein;
➤ eher aktivierende Musik: laute Musik, scharfe Akzente, ausgeprägte Dynamik (*Feuervogel* von *Strawinsky*), Musik der zweiten Hälfte des 20. Jahrhunderts: Chaos, Zerstörung der Welt; Marschmusik: Krieg;
➤ moderne Pop- bzw. Discomusik: Ekstase, Drogenersatz, wenig oder keine Kommunikation; offensichtliches Eintauchen und Wiederholen der Urszene im vorgeburtlichen Uterus mit Lautstärken von 80-95 Dezibel in einer Diskothek;
➤ musikalische Sozialisation ist für die Auswahl von Musikstücken für die rezeptive MT wichtig: welche Wertvorstellungen bestimmter Musikstile haben den Patienten geprägt: Klassik, Pop, Jazz, U-Musik?
➤ die meisten Titel aus dem Popular-Repertoire (den „charts") sind für die rezeptive MT ungeeignet.

24. Aktive Musiktherapie

Patienten improvisieren auf leicht zu spielenden Instrumenten oder mit der Stimme zu ihren Befindlichkeiten oder ihren Konflikten.

Wirkprinzip:

➤ Summation von musikalischen und kommunikativen Elementen;

➤ Instrumentenwahl als erste Annäherung an das zu spielende Thema;

➤ Instrumente als Übergangsobjekt;

➤ Instrumentenwahl drückt eigene Bedürfnisse und Wünsche aus, mit denen Affekte ausgedrückt werden sollen. Fällt die Wahl auf „nicht stimmige Instrumente" (zarte Leier oder kleines Glockenspiel für das Thema Aggressionen), so kann dies ein Zeichen der Abwehr sein;

➤ die Aufforderung zum improvisatorischen Spiel wirkt als Aufforderung und Ermutigung zur Auseinandersetzung;

➤ Art des Spiels, die Körperhaltung und die musikalische Gestalt der Improvisation erweitern den Wahrnehmungsprozeß;

➤ Patient beschreibt mit musikalischen Mitteln (non-verbal) sein Problem oder seinen Konflikt;

➤ beim Spiel entsteht Kontakt zu bewußtseinsnahen, aber auch zu den verdrängten, abgespaltenen oder nicht erinnerten Affekten;

➤ das Spielen des Themas läßt Gefühle wie Trauer, Verzweiflung, Ärger, Wut, Freude und Hoffnung aufkommen;

➤ prozeßhaftes Eintauchen in die Auseinandersetzung fördert Wahrnehmung von Gefühlen und deren Veränderung während des Spiels. Erneutes Spiel auf einer anderen Stufe der Realität möglich;

➤ Aufspüren von Lösungsmöglichkeiten;

➤ in der musiktherapeutischen Improvisation intensiver Kontakt mit eigenen schöpferischen Kräften: der Patient erlebt sich als „Komponist" eigener Musikstücke. Sein Selbstwertgefühl wächst, wenn er erkennt, daß er mit eigenen Kräften die eigene „Unfähigkeit" zum Spielen überwinden kann.

➤ *„Musiktherapie stiftet Ordnung zwischen dem Menschen und seinen Gefühlen."*

25. Musiktherapie in der Neurologie

Einen hohen therapeutischen Stellenwert hat in den letzten Jahren die Anwendung musiktherapeutischer Techniken in der Neurologie und besonders in der neurologischen Rehabilitation bekommen (*Rauhe* 1993). Wenn es *Gustorff* (1997) und ihren Mitarbeitern in Herdecke gelingt, durch Tönen mit der Singstimme Kontakt zu komatösen Patienten über deren Atemrhythmus zu bekommen, so zeigt dies, daß man auch mit Patienten im (Wach)-Koma kommunizieren kann und diese Patienten sehr wohl in der Lage sind, akustische Außenreize wahrzunehmen, also zu hören und darauf mit der Atmung zu antworten.

26. Musiktherapie in der Psychiatrie

Ich habe selbst mehrere Jahre Musiktherapie mit psychiatrischen Patienten gemacht und erlebt, wie gut sie von solchen Angeboten profitieren können. Meine Angebote waren mehr kontakt-, übungs- oder erlebniszentriert. Zweimal in der Woche habe ich auf der Aufnahmestation, auf der ich damals arbeitete, an einem Tisch mit einer Reihe von Instrumenten gesessen und so „vor mich hingespielt". Vorbeikommende Patienten fragten, ob sie mitspielen dürften, taten es eine Weile und verabschiedeten sich dann wieder.

Nach Abklingen der akuten Phase von Erkrankungen aus dem schizophrenen Formenkreis haben wir dann regelmäßig im Musiktherapieraum der Klinik pro Woche zweimal eine Stunde Musiktherapie gemacht, die übungs- und erlebniszentriert war und viele Bewegungselemente beinhaltete. Später in Bad Zwesten begegnete ich *Trudi Schoop*, der ich viele Anregungen für eine kombinierte Tanz- und Musik-Therapie mit psychiatrischen Patienten verdanke. Einen besonders hohen Stellenwert hatte bei den Patienten das gemeinsame Singen, für das wir uns in den Therapiestunden genügend Zeit nahmen. Das Singen war für viele Patienten auch ein Anknüpfen an die Zeiten vor ihrer psychiatrischen Erkrankung. Ein vielleicht etwas ungewöhnliches Beispiel aus einer Musiktherapiestunde in der Psychiatrie ist mir bis heute in Erinnerung geblieben:

Auf meine Frage, was sie in der Stunde gern spielen wollten, schlug einer der männlichen Patienten vor, er wolle einen Musiklehrer spielen – und die anderen in der Gruppe sollten Schülerrollen übernehmen. Ein Klassenzimmer mit entsprechender Sitzordnung sowie Tischen und Stühlen war schnell improvisiert, der Lehrer bekam einen Zeigestock zur Unterstützung seiner Würde und Funktion, andere suchten sich Instrumente aus dem reichlich vorhandenen Fundus. Bald war ein musikalisches Durcheinander zu hören, einige Schüler folgten brav den Anweisungen des Lehrers und spielten, was sie spielen sollten. Andere gingen „über Tisch und Bänke", bis der Lehrer mit lauten Stockschlägen auf den Tisch seine „Klasse" wieder zur Ordnung rief. Alle hatten einen ungeheuren Spaß, keiner zeigte irgendwelche psychotischen Symptome. – Nur der Kommentar des „Lehrers" hat mich sehr nachdenklich gemacht: Er sagte, „wenn uns jetzt unsere Leute von zu Hause sehen könnten, würden sie meinen, wir seien völlig verrückt!"

27. Nicht-psychotherapeutisch ausgerichtete Anwendungen von Musik

Das wichtigste Kennzeichen der psychotherapeutisch fundierten Musiktherapie, der Musik*psycho*therapie, ist ihre Definition: Psychotherapie im Medium Musik als psychotherapeutischer Prozeß und das Arbeiten mit psychotherapeutischen Techniken. Andere Verfahren, die auch den Begriff Musiktherapie im Namen tragen, intendieren keine psychotherapeutische Bearbeitung.

MusikMedizin

Das interessanteste Beispiel einer sehr wirksamen, wenn auch *nicht psychotherapeutisch* orientierten Anwendung von Musik ist die „MusikMedizin", die heute häufig in der Anästhesie zur Reduktion von Narkose- und Schmerzmitteln angewandt wird. Zur Narkoseeinleitung und während operativer Eingriffe in Chirurgie, Orthopädie und Gynäkologie werden den Patienten Musikstücke eigener Wahl über Kopfhörer vorgespielt (Pop, Soul, Happy sound à la James Last, Klassik, Kirchenmusik).

Bei Untersuchungen an über achtzigtausend Patienten fanden *Spintge* und *Droh* am Sportkrankenhaus Hellersen, daß unter Musikanwendung Narkotika bis zu 50% eingespart werden können. Ähnliches gilt auch für die Schmerzbehandlung mit Musikunterstützung.

Ebenso mißbräuchlich wäre der Begriff Musiktherapie für die Musikberieselung in Kaufhäusern, Restaurants oder Flughäfen.

Musik in der Heilpädagogik

Die Musiktherapie nach *Nordoff* und *Robbins*, wie sie besonders in Herdecke gelehrt wird, schafft es, Kontakte mit mehrfach schwer behinderten Patienten – meist Kindern – aufzunehmen und in geduldiger Arbeit über lange Zeiträume Veränderungen im Kontaktverhalten zu erreichen und so die Lebensbedingungen etwas zu erleichtern. Das gilt auch für die Behandlung von autistischen, blinden, gehörlosen(!) und mehrfach körperlich behinderten Kindern. Hier sollte man aber nicht von Musiktherapie sprechen, sondern von *musik-bezogener Heilpädagogik*.

Musik und Entspannung

Geeignete Musikstücke bewirken bei vielen Menschen eine psychophysische Entspannung und werden deshalb heute in vielfältiger Weise vermarktet. Dabei gibt es allerdings ein Problem: die langsamen Sätze aus Werken des Barock, der Klassik und der Romantik sind nach musikalischen und stilistischen Kriterien aufgebaut und eignen sich wegen ihres Aufbaus, der wechselnden Dynamik mit leisen bis zu sehr lauten Stellen und manchmal wechselnden Rhythmen nicht zur Entspannung. Auf der anderen Seite: Viele heute nur zu Entspannungszwecken komponierte Stücke sind wegen ihrer Redundanz und inhaltlichen Schlichtheit kaum anzuhören.

Neben monochromen Klängen eignen sich besonders Vokalkompositionen der Renaissance, langsame Sätze aus Barockwerken und einige wenige langsame Stücke von zeitgenössischen Kompositionen. Oder etwas ganz anderes: *„Officium"* von *Jan Gabarek* mit dem Hilliard-Ensemble oder die inzwischen schon klassische *„Zen-music for meditation"* von *Tony Scott.*

Diese Stücke mit ihrem gleichmäßigen Fluß der Melodien ohne Höhepunkte und besondere dynamische Wechsel eignen sich für Patientengruppen mit Psychotikern, Suchtkranken, Schmerzpatienten und solchen mit neurologischen oder neurotischen Erkrankungen.

Musikalische Hausapotheke

In der „Musikalischen Hausapotheke" von *Christoph Rueger* (1991) finden sich Klang-Medikamente „für jedwede Lebens- und Stimmungslage von A bis Z" (wörtlich zitiert). Im Buch schreibt *Rueger* allerdings einschränkend, „daß die Hausapotheke nicht für schwere Krankheiten zuständig sei, sondern allenfalls für »Bagatellschäden«, die Sie selbst mit Hausmitteln und rezeptfreien Medikamenten kurieren können – also sozusagen für seelischen Schnupfen. Es geht hier nicht ... um Musiktherapie."

Das Buch liest sich gut und gibt eine sehr interessante Werkanalyse zahlreicher Musikstücke, die *Rueger* auch auf fünf CDs zusammengestellt hat, die verschiedene Musikstücke für unterschiedliche Themengruppen anbieten (unter A finden wir Themen wie: Abschied, Älterwerden, Aggression, Antriebsschwäche, Aufstehen usw.). Auf dem Buch-Cover heißt es: „Die richtige Musik im richtigen Augenblick kann echte Wunder bewirken: einen Aggressionsstau auflösen oder als sanfte Einschlafhilfe dienen ... Schmerzen lindern und Heiterkeit verbreiten." Nun denn!

Daß bestimmte Musikstücke von *Mozart* angeblich gut gegen Kopfschmerzen, *Bach* gegen Gefühlsverwirrungen, flotte Marschmusik oder Swing bei allgemeiner Lustlosigkeit helfen sollen, weist in die Richtung der rezeptiven MT.

Die Musikalische Resonanztherapie Musik (MRTM)

... ist eine Entwicklung des Komponisten *Peter Hübner*, der seine Musik „zur Ehre des Schöpfers" komponiert. Er folgt dabei den tönenden Harmoniegesetzen des Welterbauers unter Anwendung der natürlichen Harmoniegesetze des Mikrokosmos der Musik. Seine Werke sind mit einem digitalen Symphonieorchester unter häufiger Verwendung von digitalen Gesangsstimmen mit Hilfe von Computern komponiert und klanglich realisiert. Aus der Serie *„Hymnen des Mondes"*, erschienen 1994, verwende ich gern den vierten Satz mit dem Titel *„Erfüllung"*. Dieses wohlklingende Stück eignet sich gut für die rezeptive Musiktherapie. Im Stil erinnert es streckenweise an *Wagner, Brahms* und *Mahler*. Der Wunsch des Komponisten, mit seinen Werken dem Hörer „Wege zu einer heilen Welt" zur vermitteln, wird deutlich spürbar.

In seinem Kompositionsstil folgt er im Ansatz genau den Wünschen an wirksame Stücke für die rezeptive Musiktherapie: das Stück fließt mit sanften Übergängen und Modulationen langsam dahin, klingt schön, vermeidet heftige dynamische Unterschiede, ist allerdings mit reichlich 72 Minuten Spieldauer zu lang, um beim Hören zu einer inneren Umschaltung zu kommen und nicht abzuschweifen oder wegzudämmern. Die kompositorisch geschickt eingesetzte Redundanz läßt in Passagen von milden Spannungen und deren Auflösung immer wieder das Gefühl entstehen, „daß doch alles gut sei".

Der Komponist empfiehlt, beim Anhören seiner Musik sich bequem hinzusetzen oder hinzulegen, die Augen zu schließen, die Musik weniger intellektuell zu analysieren als vielmehr zu erfühlen, sie einfach anzuhören und idealerweise Kopfhörer zu benutzen.

Die Werke von *Hübner* stellen eine willkommene Bereicherung des Repertoires für die rezeptive Musiktherapie dar, wenn sie in unserem Sinne in eine musiktherapeutische Vor- und Nachbesprechung mit den Patienten eingebettet ist.

Der Komponist wünscht aber, daß die Musik nur aus sich wirken möge und lehnt deshalb eine psychotherapeutische Vor-und Nachbesprechung seiner Musik ab, so daß jeder Patient mit seinen Hörerlebnissen allein bleibt und das Material, was dabei auftaucht, therapeutisch ungenutzt bleibt.

Eine empirische Studie von *T. Losch, J. Kupfer* et al. an 60 Patienten mit Hauterkrankungen zeigt, daß eine stationäre Therapie in einer Fachklinik deutliche Verbesserungen des Schweregrades, der Krankheitsverarbeitung und der vegetativen Parameter bei Neurodermitis, Psoriasis und Vitiligo bewirkt. Unterschiede zwischen der Gruppe, die zusätzlich mit der *Musikalischen Resonanztherapie Musik* behandelt wurde und der Kontrollgruppe mit der Standardbehandlung der Klinik zeigen sich nicht. Dies bestätigt meine Erfahrung, daß beim Hören bestimmter Musik ein gewisser Wohlfühl- oder Entspannungseffekt auftreten kann. Erst durch die psychotherapeutische Einbettung wird aber aus dem Musikhören eine Musiktherapie.

Klangliegen

Diese therapeutische Anwendung wird dadurch möglich, daß man die Decke (obere Holzplatte) eines 180 cm langen Monochords so verstärkt, daß sich ein Patient darauf legen kann. Wenn nun ein Spieler sanft über die Saiten an der Unterseite des Instruments streicht, spürt der Patient über den Rücken und die aufliegenden Arme, Beine und den Hinterkopf ein feines Vibrieren des Instruments und fühlt sich „getragen, schwebend, zunehmend entspannt und von aller Schwere befreit".

Seelische und muskuläre Spannungen lösen sich bei solchen etwa dreißigminütigen Anwendungen, und die Patienten versinken in einen trance-ähnlichen Zustand durch die sanften Schwingungen des Instruments und den Klang der Obertöne der Saiten. Eine sehr wirksame, heilpädagogische Anwendung eröffnet sich mit solchen Liegen bei spastischen Kindern.

Klangbad nach Skille

Der Norweger *Skille* berichtete 1982 von seinem Klangbad: Unter einer Holzliege werden ein bis zwei großvolumige Lautsprecher installiert, die den Patienten zweimal täglich bis zu 15 Minuten mit Tönen aus einem Sinustongenerator mit Frequenzen von 20-120 Hertz mit einer Lautstärke von 90 Dezibel (gemessen 50 cm über den Lautsprechern) beschallen. Hauptindikationen sind Schmerzen und Verspannungen, besonders in der Muskulatur.

Lautsprecher unter der analytischen Couch benutzte *Teirich* übrigens schon 1968, um die Wirkung der gehörten Musik noch durch die (körperliche) Wahrnehmung von Schallwellen aus dem Lautsprecher zu verstärken.

Musica Medica nach Schiftan

Schiftan verwendet Musik (Gregorianik, Barock und Klassik), die über Kopfhörer und zwei kleine Vibratoren (Minilautsprecher) gehört werden soll.

Diese kleinen Lautsprecher werden an verschiedenen Körperregionen, die behandelt werden sollen, mit Haltebändern fixiert. *Schiftan* beschreibt positive Einflüsse auf Spannungszustände, Angst und Schmerzen.

Tomatis: die akustische Geburt

Tomatis, der Pariser HNO-Arzt, geht mit der Entwicklung des „elektronischen Ohrs" interessante Wege, in denen er fast ausschließlich Mozart-Musik verwendet, die durch das Ausfiltern der Baß- und Mittelfrequenzen „deutlich verfremdet" klingt.

Bei täglichem Training von zweimal 90 Minuten kommt es bei Erwachsenen dabei zu einer Stärkung der Hörleistung, insbesondere der Knochenleitung, die audiometrisch gemessen wird.

Bei Kindern soll über eine „akustische Geburt" Einfluß auf Stottern, Lern- und/oder Verhaltensstörungen genommen werden. Dazu wird die im Institut aufgenommene Stimme der Mutter, die ein Märchen vorliest, ähnlich verfremdet wie die Stücke von *Mozart*, so daß das Kind die Stimme nicht erkennen kann. In täglichen Sitzungen zweimal pro Tag über je 60 Minuten wird im Laufe mehrerer Wochen die Verfremdung der Mutterstimme langsam aufgegeben: die „akustische Geburt" ist dann gelungen, wenn das Kind die Stimme der Mutter wiedererkennt. Mütter mehrerer Kinder, die ich in einem belgischen Tomatis-Institut kennengelernt habe, bestätigten mir die bemerkenswerten Veränderungen ihrer Kinder durch diese Art der heilpädagogischen Musikanwendung.

Tomatis hat seine Methode patentieren lassen. Die Ausbildung kann nur in Paris absolviert werden. Die erforderlichen technischen Geräte und Übungsbänder können nur über *Tomatis* bezogen werden und sind sehr teuer.

28. Über die Wirksamkeit der Musiktherapie

Die Wirksamkeit der Musiktherapie mit ihren verschiedenen aktiven oder rezeptiven Angeboten steht heute außer Frage.

Darüber gibt es zahlreiche Berichte aus den verschiedenen Anwendungsbereichen, die mit der Entlassung aus der stationären Therapie enden. Was dannach passiert, wurde für die MT bis heute nicht genau untersucht. Auf die Frage, kann der Patient nach der Entlassung seine Erfahrungen aus der Psychotherapie, besonders der Musiktherapie, auch in seinem Umfeld zu Hause umsetzen, haben wir noch keine exakte Antworten. Dies ist besonders wichtig: trifft doch ein Patient, der sich in der Therapie verändert hat, zu Hause auf ein unverändertes Umfeld.

Vom Verlauf her unterscheidet sich die Musiktherapie nicht von anderen Psychotherapien: Einige Zeit nach der Aufnahme, meist nach etwa zwei Wochen stationärer Therapie, beobachten wir bei motivierten Patienten eine Besserung der Befindlichkeit, die in den folgenden Wochen weiter zunimmt und anhält, um dann gegen Ende der Behandlung wieder abzunehmen. Zu diesem Zeitpunkt äußern Patienten Bedenken, ob sie alle Erfahrungen aus der Therapie auch zu Hause umsetzen können. Genauer gesagt, kommt es jetzt zu einer realistischeren Einschätzung der Therapieveränderungen durch die Patienten.

Untersuchungen von *Ulrich Wolf* 1996 und 1997 an der Hardtwaldklinik I in Bad Zwesten zur Wirkung stationärer Therapien einschließlich von Katamnesen nach 6 bzw. 12 Monaten nach der Entlassung zeigen insgesamt gute Behandlungserfolge, sind aber für die Musiktherapie zu unspezifisch, um deren Anteil am Therapieerfolg klar zu definieren.

In einer unveröffentlichten Pilotstudie konnten wir schon 1979 bei Untersuchungen der Befindlichkeit mit der Stichwortliste nach *Janke* und *Debus* (EWL) bei sieben Patienten deutliche Veränderungen feststellen, wenn wir die Befindlichkeit vor und nach jeder musiktherapeutischen Stunde verglichen.

Es änderten sich in Korrelation mit unseren Beobachtungen (+ bedeutet Zunahme, – bedeutet Abnahme):

Desaktiviertheit (–), Müdigkeit (–), Introvertiertheit (–), Selbstsicherheit (+), Erregtheit (–), Empfindlichkeit (–), Ärger (–), Ängstlichkeit (–), Deprimiertheit (–) und Verträumtheit (+) im Verlauf der

Stunden. Einen Rückschluß auf die Wirkung der Musiktherapie lassen die Daten nicht zu, wohl aber einen erkennbaren Trend, da die Zahl der untersuchten Patienten zu klein war und wir keine Kontrollgruppe hatten. Messungen vor und nach jeder Therapiestunde sind aber hilfreich, den Einfluß anderer Therapien weitgehend auszuschalten, da diese Patienten in der Klinik noch an einer Reihe anderer Therapien teilnahmen. Katamnestische Erhebungen fanden damals noch nicht statt.

Um die Langzeit-Wirkung der Musiktherapie überprüfen zu können, brauchen wir zusätzlich Untersuchungen, die dem Ansatz von *Rüger* und *Senf* zur klinischen Bedeutung von Psychotherapie-Katamnesen folgen. So können wir untersuchen, ob es den Patienten nach Ende der stationären Therapie gelungen ist, die in der Musiktherapie gemachten Erfahrungen auch zu Hause umzusetzen und so eine Veränderung im Sinne einer Besserung oder wenigstens Linderung ihrer Beschwerden zu erleben. Dabei erfahren wir, ob und wie der Patient im seinem Alltag, in der Familie, am Arbeitsplatz oder in seiner Freizeit zurechtkommt.

29. Ausbildung zu Musiktherapeuten

Seit Mitte der 70er Jahre haben sich im deutschsprachigen Raum verschiedene Aus- bez. Weiterbildungen etabliert:
> grundständiges Studium,
> berufsbegleitende Weiterbildungen,
> Musiktherapie als Zweitverfahren für Ärzte.

Die Fachhochschule der Stiftung Rehabilitation Heidelberg und die Hochschule für Musik in Wien bieten ein drei- bis vierjähriges Vollstudium zum Dipl. Musiktherapeuten (grad.) an.

Grundstudien werfen ein besonderes, ausbildungsbedingtes Problem auf: Musiktherapeuten sind in der Regel nach ihrem Examen etwa 24 Jahre alt. Eine Zulassung zu einer psychotherapeutischen Ausbildung setzt aber ein Mindestalter von 27-28 Jahren voraus.

Musiktherapie als Schwerpunkt in den Studiengängen der Sozialpädagogik wird in Frankfurt/Main und Würzburg gelehrt.

Berufsbegleitende Weiterbildungen in Musiktherapie
4-6semestrige berufsbegleitende Ergänzungsstudiengänge für Musiktherapie für Psychologen, Mediziner, Musiker und Heilpädagogen werden angeboten:
> am Institut für Musiktherapie an der Hochschule für Musik und Theater in Hamburg,
> an der Hochschule der Künste Berlin,
> an der Universität Münster,
> an der Universität Siegen,
> an der Universität Witten/Herdecke.

Zusätzliche Weiterbildungsangebote mit Abschlußzertifikat für Kandidaten aus psychotherapeutischen, sozialen und pädagogischen Berufen bieten folgende Ausbildungsinstitute an:
> Fritz Perls Institut, Düsseldorf,
> Freies Musikzentrum München,
> BAM (Berufsbegleitende Ausbildung Musiktherapie) Zürich.

Aspekte der musiktherapeutischen Berufspraxis

Seit Anfang der 80er Jahre arbeiten die meisten Musiktherapeuten in einer der zahlreichen psychotherapeutischen, psychosomatischen und psychiatrischen Kliniken, meist im Rehabilitationsbereich, in denen sie in der Regel nach den Kriterien ihres Diplomabschlusses in Musiktherapie oder des Erstberufes eingestellt und honoriert werden. In der Klinik ist Musiktherapie ein Teil des stationären Angebotes in Verbindung mit tiefenpsychologisch fundierten, analytisch orientierten, humanistischen oder verhaltenstherapeutischen Verfahren. (Viele Musiktherapeuten mit heilpädagogischem Ansatz arbeiten in den zahlreichen entsprechenden Einrichtungen.)

Der bisher sichere Arbeitsplatz für Musiktherapeuten in vielen Kliniken und Rehabilitationseinrichtungen wird jetzt durch die angespannte Finanzlage im Gesundheitssektor bedroht, wo Rentenversicherungsträger und Krankenkassen verstärkt Kosten senken, Kliniken schon geschlossen wurden oder von der Schließung bedroht sind.

Eine ambulante Musiktherapie, auch als Nachbehandlung nach der Klinik, kann, von wenigen Ausnahmen abgesehen, nach dem jetzigen Stand der Dinge nur privat abgerechnet werden. Dazu kommt noch für Deutschland: Nach den Bestimmungen zur Ausübung der Heilkunde berechtigen die oben genannten Institutsabschlüsse nur in Verbindung mit einer Anerkennung als Heilpraktiker zur ambulanten Ausübung der MT.

Eine Abrechnung über Krankenkassen ist nicht möglich. Das neue „Psychotherapeutengesetz" vom 1. Januar 1999, das die Zulassung von Kollegen aus dem psychologischen Bereich zur Kassenpraxis regelt, hat die Musiktherapie nicht berücksichtigt. Das heißt, daß es auf unbestimmte Zeit keine musiktherapeutischen Angebote auf „Krankenschein" geben wird.

30. Musiktherapie als Zweitverfahren für Ärzte

Diese Entwicklung konnte ich in Hessen 1981 initiieren, nachdem mir die Landesärztekammer Hessen die Ermächtigung erteilte, Ärzte in Musiktherapie weiterzubilden. Diese Weiterbildung als Zweitverfahren zum Zusatztitel „Psychotherapie" ist inzwischen auch in Niedersachsen, Schleswig-Holstein und Baden-Württemberg anerkannt worden.

Das Curriculum von 150 Stunden wird in Blockveranstaltungen wochenweise oder an Wochenenden angeboten und umfaßt:

➤ musiktherapeutische Selbsterfahrung in der Gruppe,

➤ Kleingruppenarbeit zum Erlernen und Praktizieren musiktherapeutischer Techniken (Triadenarbeit),

➤ Praxisseminare zu Spiel- und Improvisationstechniken auf den in der MT verwendeten Instrumenten,

➤ Integration anderer kreativer Medien wie Gestaltungstherapie, Bewegungs- und Tanztherapie,

➤ Musik, Meditation und Arbeit mit veränderten Bewußtseinszuständen,

➤ therapeutisches Arbeiten mit der Stimme,

➤ Einzelselbsterfahrung (mindestens zehn Stunden) in analytischer Musiktherapie.

In Theorieseminaren behandeln wir die für die Musiktherapie relevanten psychotherapeutischen Grundlagen aus der Tiefenpsychologie (u.a. Widerstand und Abwehr, Regression und Progression, Aufbau von Einzel- und Gruppenstunden, Leitungsfunktionen), den Gebrauch technischer Hilfsmittel (Tonbandgeräte, CDs), die für die Musiktherapie relevanten Verfahren wie Gestalttherapie, Verhaltenstherapie und Gruppentherapie oder Theorien der Musikpsychologie und Musikphysiologie.

Nach den neuen Richtlinien der ärztlichen Weiterbildung in Psychotherapie sind für die sogenannten Zweitverfahren nur noch 50 Stunden vorgesehen. Interessierte Kollegen können dann diesen Basiskurs und weitere Aufbaukurse besuchen.

31. Ausblick

Trotz immenser Bemühungen aller mit der Musiktherapie befaßten Therapeuten, Hochschullehrer und berufsständigen Vertreter ist es bisher nicht gelungen, den Beruf des Musiktherapeuten krisensicher im therapeutischen Feld zu verankern, obwohl der Bedarf groß ist und den nach „sprechenden" Therapeuten sicher noch übertrifft. Mit dem Zugang von Tausenden von Psychologen, die sich in über zwanzig Jahren die verdiente Zulassung zur Kassenpraxis erkämpft haben, schwinden in gleichem Maß die Chancen für niederlassungswillige Musiktherapeuten (und andere „Kreativ-Therapeuten"), jemals auch eine ambulante Musiktherapie auf Krankenschein anbieten zu können.

Langfristig brauchen wir für die Weiterentwicklung der Musiktherapie eine Neukonzeption von vergleichbaren Studiengängen, in der die therapeutisch relevanten musikalischen Inhalte eingebettet sind in eine fundierte psychotherapeutische Weiterbildung. Nur so kann Musiktherapie in den berufspolitischen Auseinandersetzungen eine größere Gewichtung bekommen, um so auch den Beruf des Musiktherapeuten wieder attraktiver und sicherer zu machen.

Strobel schreibt dazu, „daß die Musiktherapie sicher bessere Chancen in Institutionen hätte, wenn sie von Anfang an als *therapeutische Zusatzausbildung* eingerichtet worden wäre, wie alle anderen Psychotherapieformen und nicht als Grundstudium direkt nach dem Abitur".

Strobel hofft, „nicht nur im Hinblick auf die Musiktherapie, sondern auf die Psychotherapie überhaupt, auf die Entwicklung eines Gesamtkonzeptes, welches jedem der bestehenden (einseitigen) Theoriesysteme und Krankheitslehren einen (berechtigten) Platz in einer übergeordneten Struktur einräumt. Daraus könnte sich dann auch die indikationsspezifische Wahl bestimmter Therapieverfahren ableiten lassen. Mit Indikationsstellung meine ich nicht nur eine diagnosespezifische Ausrichtung, sondern auch die Unterscheidung verschiedener Behandlungsmotive, z.B. Symptombeseitigung (Lerntheorie), Veränderung (Systemtheorie), Erkenntnis (Psychoanalyse) und Wachstum (humanistische Psychologie). Musikpsychotherapie braucht keine eigene Systematik. Sie wurzelt in allen angeführten Konzepten."

Zu den Verfassern:

Wolfgang Christian Schroeder, geb. 1931, Dr. med., Arzt für Psychiatrie, Psychotherapie, Psychotherapeutische Medizin. Professor für Musiktherapie, Lehrmusiktherapeut. Studium der Medizin, Musik und Musikwissenschaften in Deutschland und den USA. Weiterbildung in Innerer Medizin, Psychiatrie, Psychotherapie/Psychoanalyse, Musiktherapie und Gestalttherapie.

1976-1980 Aufbau und Leitung des Studienganges Musiktherapie für Mediziner, Psychologen und Lehrer an Sonderschulen an der Hochschule für Musik Würzburg. Lehrauftrag an der Universität/Gesamthochschule Kassel und Gastprofessur der Hochschule der Künste Berlin. Seit 1984 Leitender Arzt der Abteilung für Psychotherapie/Psychosomatik der Hardtwaldklinik (Gestaltklinikum des Fritz Perls Instituts Düsseldorf) in Bad Zwesten. Lehrtherapeut für Musiktherapie und Gestalttherapie am Fritz Perls Institut. Weiterbildungsermächtigt für Psychotherapie und Musiktherapie durch die Landesärztekammer Hessen.

Langjährige Mitarbeit bei den Psychotherapiewochen in Lindau, Langeoog, Bad Wildungen und Bad Kissingen. Publikationen, Kurse und Vorträge zur Gestalttherapie und klinischen Musiktherapie. Konzerttätigkeit als Dirigent, Cembalist, Organist und Sänger in den USA und Deutschland.

Wolfgang Strobel, Dr. med., Arzt für Neurologie und Psychiatrie, Psychotherapie, Psychoanalyse; Musiktherapeut (DBVMT).

Nach dem Studium der Medizin und Musik (Oboe) 1976 Promotion über Musiktherapie. Zunächst internistische, anschließend psychiatrisch – neurologische Weiterbildung an verschiedenen Kliniken. Lehranalyse und Fortbildung in mehreren Psychotherapieverfahren.

Von 1981 bis 1984 Oberarzt an der Psychiatrischen Klinik und Leiter der Psychiatrischen Poliklinik der Universität Würzburg.

Besonderes Interesse für nonverbale Verfahren (Musiktherapie und Körpertherapien), transpersonale Psychologie und Schamanismus.

Seither tätig in freier psychotherapeutischer Praxis, Fort- und Weiterbildung, Supervision, Lehrbeauftragter für Musiktherapie von 1986 bis 1988 an der Abteilung für Anthropologie und Wissenschaftsforschung der Universität Ulm. Zahlreiche Publikationen über musiktherapeutische Themen.

Literatur

Benenzon, R.O., Einführung in die Musiktherapie. Kösel, München 1983.

Berendt, J.-E., Das dritte Ohr. Rowohlt, Reinbek 1985.

—, Ich höre, also bin ich. Bauer, Freiburg 1989.

Berger, L. (Hrsg.), Musik, Magie & Medizin. Junfermann, Paderborn 1997.

Brenner, Ch., Grundzüge der Psychoanalyse. Fischer, Frankfurt 1972.

Bright, R., Musiktherapie in der Altenhilfe. Fischer/Bärenreiter, Stuttgart/Kassel 1984.

Canacakis, J., Ich begleite dich durch deine Trauer. Kreuz, Stuttgart 1991.

Cousto, H., Die Oktave. Simon und Leutner, Berlin 1988.

—, Klänge, Bilder, Welten. Simon und Leutner, Berlin 1989.

Danielou, A., Einführung in die indische Musik. Florian Noetzel, Wilhelmshaven [3]1991.

Decker-Voigt, H. (Hrsg.), Therapie und Erziehung durch Musik, Bd. 1-6. Eres, Lilienthal.

—, et al., Lexikon Musiktherapie. Hogrefe, Göttingen 1996.

Diamond, J., Lebensenergie in der Musik. Verlag Bruno Martin, Südergellersen 1983.

Dinslage, A., Gestalttherapie. Pal, Mannheim 1992.

Elhardt, S., Tiefenpsychologie – eine Einführung. Kohlhammer, Stuttgart [10]1986.

Farrelly, F., Brandsma, J.M., Provokative Therapie. Springer, Berlin 1986.

—, Persönliche Mitteilung 1989.

Flatischler, R., Die vergessene Macht des Rhythmus. Synthesis, Essen 1984.

Friedemann, L., Kinder spielen mit Klängen und Tönen. Möseler, Wolfenbüttel/Zürich 1971.

Frohne-Hagemann, I. (Hrsg.), Musik und Gestalt. Junfermann, Paderborn 1990.

Gustorff, D., Schöpferische Musiktherapie in der Neurologie. *TW Neurologie Psychiatrie* 7/8 1997.

Haardt, A.-M., Klemm, H., Musiktherapie. Heinrichshofen, Wilhelmshaven 1982.

Hamel, M.P., Durch Musik zum Selbst. Scherz, Bern/München 1976.

Harnoncourt, N. von, Der musikalische Dialog. dtv/Bärenreiter, München/Kassel 1987.

Harrer, G., Grundlagen der Musiktherapie und Musikpsychologie. Fischer, Jena/Stuttgart 1975.

Hartmann-Kottek-Schroeder, L., Gestalttherapie. In: *Corsini*: Handbuch der Psychotherapie. Beltz, Weinheim/Basel 1983.

—, Gestalttherapie. In: *Seifert, T., Waiblinger, A.* (Hrsg.): Therapie und Selbsterfahrung. Kreuz, Stuttgart 1986.

—, Chancen in der Gestalttherapie. In: *Hartmann-Kottek-Schroeder, L.* (Hrsg.): Spaltung und Ganzheit, Kösel, München 1988.

Hegi, F., Improvisation und Musiktherapie. Junfermann, Paderborn [4]1993.

Heigl-Evers, Heigl, Ott, Lehrbuch der Psychotherapie. Springer, Heidelberg 1992.

Hildebrandt, G., Biologische Rhythmen im Menschen und ihre Entsprechungen in der Musik. In: Berger, L., Musik, Magie und Medizin. Junfermann, Paderborn 1997.

Hoffmann, S.O., Hochapfel, G., Einführung in die Neurosenlehre und psychosomatische Medizin. UTB, Stuttgart [4]1992.

Hörmann, G., Musiktherapie. Ferdinand Hettgen Verlag, Münster 1988.

Hübner, P., CD Cover Enjoy Records Deutschland, 1994.

Janssen, P.L., Psychoanalytische Therapie in der Klinik. Klett-Cotta, Stuttgart 1987.

—, Psychoanalytisch orientierte Mal- und Musiktherapie im Rahmen stationärer Therapie. *Psyche* 6/1982.

Jindrak, K., Jindrak, H., Sing, clean your brain. Jindrak, Forest Hills, New York 1986.

Johnson, St. M., Der narzißtische Persönlichkeitsstil. Edition Humanistische Psychologie, Köln 1988.

Jung, C.G., Im Gespräch mit Margaret Tilly 1956. Daimon, Zürich 1986.

Klausmeier, F., Die Lust, sich musikalisch auszudrücken. Rowohlt, Reinbek 1978.

Klußmann, R., Psychoanalytische Entwicklungspsychologie, Neurosenlehre und Psychotherapie. Springer, Berlin/Heidelberg 1988.

—, Psychotherapie. Springer, Heidelberg [2]1993.

—, Psychosomatische Medizin. Springer, Heidelberg [2]1992.

Kohut, H., Über den Musikgenuß und Betrachtungen über die psychologischen Funktionen der Musik. In: *Kohut, H.*: Introspektion, Empathie und Psychoanalyse. Suhrkamp, Frankfurt 1977.

König, K., Kleine psychoanalytische Charakterkunde. Vandenhoeck & Ruprecht, Göttingen 1992.

Kümmel, W.F., Musik und Medizin. Alber, Freiburg 1977.

Losch, T., Musiktherapie bei Hauterkrankungen. Dissertation, Zentrum für Psychotherapie der Universität Gießen 1999.

Loos, G., Spiel-Räume. Fischer/Bärenreiter, Stuttgart/Kassel 1986.

Maler, Th., Klinische Musiktherapie. Verlag Dr. R. Krämer, Hamburg 1989.

Meyberg, W., Trommelnderweise. Großer Bär Verlag, Hemmoor 1989.

Meyer-Denkmann, G., Struktur und Praxis neuer Musik. Universal Edition, Wien 1972.

Möller, H.-J., Musik gegen „Wahnsinn". Fink, Stuttgart 1971.

Monro, S., Musiktherapie bei Sterbenden. Fischer/Bärenreiter, Stuttgart/Kassel 1986.

Nater, W., „Viel zu geschwinde!" Pan, Zürich 1993.

Ouantz, J., Der Versuch einer Anweisung, die Flute traversiere zu spielen. Breslau [3]1789. Faximile Reproduktion Bärenreiter, Kassel [3]1964.

Parlett, M., Feldtheorie für Gestalttherapeuten. In: *Freiler, Ch.* et al. (Hrsg.), Tagungsband: 100 Jahre Fritz Perls. Facultas, Wien 1994.

Perls, F.S., Das Ich, der Hunger und die Aggression. dtv/Klett-Cotta, München/Stuttgart [2]1991.

—, Gestalt – Wachstum – Integration. Junfermann, Paderborn [5]1992.

—, *Hefferline, R., Goodman, P.*, Gestalttherapie. dtv/Klett-Cotta, München/Stuttgart [2]1992.

—, Gestalt-Therapie in Aktion. Klett, Stuttgart 1974.

—, Grundlagen der Gestalttherapie. Pfeiffer, München 1976.

Peters, U.H., Wörterbuch der Tiefenpsychologie. Kindler, München 1978.

Petzold, H.G., Die Gestalttherapie von Fritz Perls, Lore Perls und Paul Goodmann. *Integrative Therapie* 1-2/1984.

—, Heilende Klänge. Junfermann, Paderborn 1989.

—, *Sieper, J.* (Hrsg.), Integration und Kreation. Band 1-2, Junfermann, Paderborn 1994.

Polster, E. & M., Gestalttherapie. Fischer, Frankfurt 1993.

Pristley, M., Analytische Musiktherapie. Klett/Cotta, Stuttgart 1983.

—, Musiktherapeutische Erfahrungen. Fischer/Bärenreiter, Stuttgart/Kassel 1982.

Rahm, D. et al., Einführung in die Integrative Therapie. Junfermann, Paderborn [3]1995.

Rauchfleisch, U., Mensch und Musik. Amadeus Verlag, Winterthur 1986.

—, Musik und Identität. In: *Benedetti, G., Wiesmann, L.* (Hrsg.), Ein Inuk sein. Vandenhoeck & Ruprecht, Göttingen 1986.

Rauhe, H., Musik hilft heilen. Arcis Verlag, München 1993.

Roud, E., Mans, W., Meta-Musiktherapie. Fischer, Stuttgart 1982.

Rudolf, G., Psychotherapeutische Medizin. Enke, Stuttgart 1993.

Rueger, C., Die musikalische Hausapotheke. Ariston, Genf/München 1991.

Rüger, U., Musiktherapie. In: *Heigl-Evers, Heigl, Ott,* Lehrbuch der Psychotherapie. Springer, Heidelberg 1992.

Salk; in: *Harrer, G.,* Grundlagen der Musiktherapie und Musikpsychologie. Fischer, Jena/Stuttgart 1975.

Sandler, J., Grundbegriffe der psychoanalytischen Therapie. Klett, Stuttgart 1973.

Schiftan, Y., Informationsblatt zur Musica Medica, CH-8307 Effretikon, Ilnauer Str. 10.

Schneider, K., Grenzerlebnisse. Edition Humanistische Psychologie, Köln 1990.

Schroeder, W.C., Musik als Psychotherapie. *TW Neurologie Psychiatrie* 7/8 1997.

—, Musiktherapie in der Psychiatrie. *Blätter der Wohlfahrtspflege* 5/1979.

—, *Hartmann-Kottek-Schroeder, L.,* Integrative Therapie: Überlegungen zur Integration von Musik- und Gestalttherapie. *Integrative Therapie* 4/1982.

—, *Hartmann-Kottek-Schroeder, L.* & *Frohne, I.,* Curriculum zur berufsbegleitenden tiefenpsychologischen Aus- und Weiterbildung zum klinischen Musiktherapeuten. *Integrative Therapie* 4/1982.

—, Musiktherapie. In: *Dogs, W.* (Hrsg.), Dynamische Psychotherapie. Braun, Duisburg 1976.

—, Zum heutigen Verständnis der Musiktherapie. *Schlesw. Holst. Ärzteblatt* 10/1982.

—, Musiktherapie - Psychotherapie im Medium Musik. In: *Spintge, R., Droh, R.* (Hrsg.), Musik in der Medizin. Springer, Heidelberg 1987.

—, Musiktherapie. In: *Schepank, H., Tress, W.* (Hrsg.), Die stationäre Psychotherapie und ihr Rahmen. Springer, Heidelberg 1988.

—, Musiktherapie als integrativer Prozeß. In: *Hartmann-Kottek-Schroeder, L.* (Hrsg.), Spaltung und Ganzheit. Kösel, München 1988.

—, Integrative Musiktherapie. *nota bene medici* 1/3/1989.

Schubert, G., Klänge und Farben. Fischer/Bärenreiter, Stuttgart/Kassel 1982.

Schwabe, Ch., Musiktherapie bei Neurosen und funktionellen Störungen. Fischer, Stuttgart 1972.

—, Regulative Musiktherapie. Fischer, Jena 1979.

—, Methodik der Musiktherapie. Johann Ambrosius Barth, Leipzig 1978.

—, Aktive Gruppenmusiktherapie. Thieme, Leipzig 1983.

Schwabe, M., Musik spielend erfinden. Bärenreiter, Kassel 1992.

Skille, O., The Music Bath. In: *Spintge, R.* & *Droh, R.,* Musik in der Medizin. Springer, Heidelberg 1987.

Smeijsters, H., Musiktherapie als Psychotherapie. Fischer, Stuttgart 1994.

Spintge, R., Droh, R., Musik – Medizin. Fischer, Stuttgart 1992.

Strawinsky, I.; in: *Gebser, J.,* Ursprung und Gegenwart. dtv, München 1973.

Streich, H., Musik im Traum. *Musiktherapeutische Umschau* 1/1980.

—, Freud, Adler, Jung, Kleine Einführung in die Tiefenpsychologie. *Musiktherapeutische Umschau* 3/1982.

Strobel, W., Von der Musiktherapie zur Musikpsychotherapie. *Musiktherapeutische Umschau* 11/1990.

—, *Huppmann, G.,* Musiktherapie: Grundlagen - Formen - Möglichkeiten. Hogrefe, Göttingen [2]1992.

—, Klang - Trance - Heilung. Die archetypische Welt der Klänge in der Psychotherapie. *Musiktherapeutische Umschau* 9/1988.

—, Klanggeleitete Tance. *Hypnose und Kognition* 1/2/1992.

—, Didjeridou, *Musiktherapeutische Umschau* 4/1992.

—, *Loos, G., Timmermann, T.,* Die musikalische Balintgruppe. *Ärztliche Praxis und Psychotherapie* 2/1990.

Talsma, W.R., Wiedergeburt der Klassiker, Band 1. Wort und Welt, Innsbruck 1980.

Teirich, H.R., Musik in der Medizin. Fischer, Stuttgart 1958.

Timmermann, T., Musik als Weg. Pan, Zürich 1987.

Thomä, H., Kächele, H., Lehrbuch der psychoanalytischen Therapie. Springer, Berlin/Heidelberg, 1985 bzw. 1988.

Tomatis, A., Der Klang des Lebens. Rowohlt, Reinbek 1990.

—, Klangwelt Mutterleib. Kösel, München 1994.

Waardenburg, W., Musik. In: *Wils, L.* (Hrsg.), Spielenderweise. Hans Putty Verlag, Wuppertal 1977.

Willms, H., Musiktherapie bei psychotischen Erkrankungen, Band 1. Fischer, Stuttgart 1975.

—, Musik und Entspannung. Musiktherapie Band 2. Fischer, Stuttgart 1977.

Wehmeyer, G., Prestississimo, die Wiederentdeckung der Langsamkeit in der Musik. Rowohlt, Reinbek 1993.

—, Zu Hilfe, zu Hilfe! Sonst bin ich verloren. Mozart und die Geschwindigkeit. Kellner, Hamburg 1990.

—, Carl Czerny und die Einzelhaft am Klavier. Bärenreiter, Kassel 1983.

Winnicott, D.W., Vom Spiel zur Kreativität. Klett-Cotta, Stuttgart 1979.

Wolf, U., Unveröffentlichte Untersuchung zur Effektivität stationärer Psychotherapien. Hardtwaldklinik I, Bad Zwesten 1997.

Yalom, I.D., Theorie und Praxis der Gruppenpsychotherapie. Pfeiffer, München 1989.

—, Existentielle Psychotherapie. Edition Humanistische Psychologie, Köln 1989.

Personen- und Stichwortregister

347

Auswahl von Bezugsquellen von geeigneten Instrumenten für die Musiktherapie

Hersteller:

Sonor Schlaginstrumentenwerk, 57312 Bad Berleburg

Studio 49, Musikinstrumentenbau GmbH, 82166 Gräfelfing bei München

(Beide Firmen liefern nur über den Musikalienfachhandel)

Herstellung und Verkauf:

Allton Klangkunst, Dipl. Ing. Caspar Harbeke, Wiesenweg 1, 34596 Bad Zwesten, Tel.: 06693/8350

Asian Sound, Michael W. Ranta, Venloer Str. 176, 50823 Köln

Fa. Boing, Ingo Böhme, Klangkörper, Ludwig-Rinn-Str. 14-16, 35452 Heuchelheim, Tel.: 0641/65457

Jochen Gagelmann, Klaviere, Instrumente für die Musiktherapie, Kunoldstr. 17, 34131 Kassel, Tel.: 0561/35389

Joachim Marz, Naturton Musik (Monochorde, Tamburas), Bütz 282, CH - 4339 Sulz, Tel. Schweiz: 064/651810

Andreas Wandrey, Klangobjekte, Schloßvorhof, 88633 Heiligenberg, Tel.: 07554/8140

Herbert Wölfel, Werkstatt für afrikanische Trommeln, Treysaer Str. 11, 34630 Sachsenhausen, Tel.: 06696/347

NATURTON MUSIK

Die Tambura ist die klassische Bordun-Laute Indiens.
Die Tambura hat 4 oder 5 Saiten und kleine Bünde. Die Saiten werden gleichmäßig rhytmisch angezupft. Durch den Steg (Jevari) und einen dünnen Seidenfaden zwischen Saiten und Steg entsteht der typische obertonreiche, warme, meditative Klang der Tambura.
Die Tambura eignet sich besonders zur Begleitung von Stimme und Instrumenten im Rahmen modaler Musik.
Naturton Musik Tamburas werden aus Massivholz in südindischer Bauweise hergestellt oder in eigener Form.
Beide Modelle überzeugen mit ihrem Klang.

Weitere Informationen sowie Preislisten erhalten Sie von:

Joachim Marz
Bütz 282
CH-4339 Sulz

Telefon: 0 64 / 65 18 10

Der Klang der Seele

424 Seiten, kart.
DM 64,–
ISBN 3-87387-353-2

Sprache, Musik und Therapie in ihren Übergängen – ein Aufbruch ins Zwischenreich der Wörter und Töne. Im kreativen Prozeß vom Gespräch zum Spiel liegt das Geheimnis der Wirkung von Musiktherapie: Was passiert zwischen sprachlichem und musikalischem Kontakt? Wie verwandelt sich verbaler Eindruck in nonverbalen Ausdruck und umgekehrt? Wer führt in das mediale Experiment und welches Wort folgt dem letzten Ton? Wie wird musikalische Sprache übersetzt und wie entsteht daraus Bewußtheit? Kurz: Wann wirkt welche Musik weshalb? Solchen Fragen kann durch eine literarische Verdichtung und durch Kunstgriffe in der Textgestaltung lesenderweise zugehört werden. Die Sprache spielt mit Klängen, die Musik spricht zwischen den Zeilen, und die Bilder erzählen ganze Geschichten.

Während der Autor in seinem Buch „Improvisation und Musiktherapie" die Komponenten-Methode entworfen hat, stellt er hier die phänomenologische Untersuchung ihrer Wirkungen dar.

Fritz Hegi promovierte mit dieser Arbeit zum Dr. rer. sc. mus.; ist Musiktherapeut (SFMT) und Psychotherapeut (SPV), Dozent und Musiker. Er studierte Linguistik, Sozialpädagogik und Psychologie, bildete sich weiter in Musik- und Gestalttherapie, womit er langjährige sozialpsychiatrische und klinische Erfahrungen in ambulanten und stationären Therapieeinrichtungen sammelte. Seit 1980 führt er eine selbständige Praxis für Musiktherapie in Zürich, leitet die „Berufsbegleitende Ausbildung Musiktherapie (bam)" und ist Lehrtherapeut und Ausbildner an verschiedenen Therapie-Instituten und Hochschulen.

JUNFERMANN VERLAG • **Postfach 1840**
33048 Paderborn • **Telefon 0 52 51/3 40 34**